Quant à moi…

Quant à moi…

Témoignages des Français et des Francophones

MANUEL DE CLASSE

FIFTH EDITION

Jeannette D. Bragger
The Pennsylvania State University

Donald B. Rice
Late of Hamline University

HEINLE
CENGAGE Learning™

Australia • Brazil • Japan • Korea • Mexico • Singapore • Spain • United Kingdom • United States

Quant à moi: Témoignages des Français et des Francophones, Fifth Edition, International Edition
Jeannette D. Bragger, Donald B. Rice

VP, Editor-in-Chief: PJ Boardman

Publisher: Beth Kramer

Senior Acquisitions Editor: Nicole Morinon

Assistant Editor: Kimberly Meurillon

Senior Editorial Assistant: Timothy Deer

Senior Media Editor: Morgen Murphy

Associate Media Editor: Katie Latour

Marketing Director: Lindsey Richardson

Marketing Program Manager: Caitlin Green

Marketing Coordinator: Claire Fleming

Content Project Manager: Tiffany Kayes

Art Director: Linda Jurras

Senior Print Buyer: Betsy Donaghey

Rights Acquisition Specialist: Mandy Groszko

Production Service: PreMediaGlobal

Text Designer: PreMediaGlobal

Cover Designer: Bill Reuter

Cover Image: iStockphoto.com/MACIEJ NOSKOWSKI

Compositor: PreMediaGlobal

International Edition:

ISBN-13: 978-1-133-30750-1

ISBN-10: 1-133-30750-7

Cengage Learning International Offices

Asia
www.cengageasia.com
tel: (65) 6410 1200

Australia/New Zealand
www.cengage.com.au
tel: (61) 3 9685 4111

Brazil
www.cengage.com.br
tel: (55) 11 3665 9900

India
www.cengage.co.in
tel: (91) 11 4364 1111

Latin America
www.cengage.com.mx
tel: (52) 55 1500 6000

UK/Europe/Middle East/Africa
www.cengage.co.uk
tel: (44) 0 1264 332 424

Represented in Canada by Nelson Education, Ltd.
www.nelson.com
tel: (416) 752 9100 / (800) 668 0671

Cengage Learning is a leading provider of customized learning solutions with office locations around the globe, including Singapore, the United Kingdom, Australia, Mexico, Brazil, and Japan. Locate your local office at:
www.cengage.com/global

For product information and free companion resources:
www.cengage.com/international
Visit your local office: **www.cengage.com/global**

Printed in the United States
1 2 3 4 5 6 7 15 14 13 12 11

Table des matières

To the Student

Bonjour! Welcome to Quant à moi..., a comprehensive intermediate French program designed to follow up on the beginning French course(s) you've taken in high school or college.

The Quant à moi... program consists of the following components:

- The **Manuel de classe** is your in-class textbook. You'll need to bring it to class every day.

- The **Manuel de préparation** provides follow-up for work done in class and preparation for your next class period(s). Your instructor may ask you to bring this to class also. The Manuel de préparation is also available electronically via the **Heinle eSAM.**

- The **Audio Program** contain interviews with native speakers of French, so that you can experience and work with authentic spoken language on a regular basis. These speakers come from different parts of the French-speaking world and they each have a unique speech pattern (faster, slower, regional accents, etc.).

- The new Premium Website (*www.cengagebrain.com*) is a one-stop portal to an online suite of digital resources. Students have complimentary access to the complete in-text audio program, auto-graded tutorial quizzes, cultural Web activities, Google Earth coordinates, YouTube playlist featuring the songs from the new music feature, and Web links. Premium password protected content is also conveniently posted to the Quant à moi... Website. These resources include the complete SAM audio program, the complete new video program, flashcards, vocabulary and grammar podcasts, and over 30 grammar tutorials.

Quant à moi... is organized as follows:

CHAPITRE PRELIMINAIRE: «C'est la rentrée»

This preliminary chapter helps you reactivate the French you already know as you get acquainted with your classmates and your instructor. Even if you're a bit rusty on the first day, you'll find that you'll get back into the language fairly easily through the familiar material in this chapter.

CHAPITRE 1: «Passons à table!»

CHAPITRE 2: «Chacun chez soi»

CHAPITRE 3: «On s'amuse»

CHAPITRE 4: «Qui êtes-vous?»

CHAPITRE 5: «Raconte!»

CHAPITRE 6: «Hier, aujourd'hui, demain»

In Quant à moi..., you'll get the opportunity to enhance your writing and discussion skills through a variety of topics of broad general interest. You'll deal with social issues that concern us all (human relationships, hunger, homelessness, prejudice, the environment, etc.), and you'll read different types of texts (magazine articles, literary excerpts, short narratives, folk tales, etc.) that will help you acquire the vocabulary and writing / discussion skills you need to engage in interesting exchanges either in writing (e.g., e-mails, compositions, short essays) or in speaking.

Acknowledgments

Many people have contributed to the development of **Quant à moi...**, **Fifth Edition**. In particular, I would like to thank Nicole Morinon and Kimberly Meurillon, who guided this revision project with expertise and patience. I would also like to express my thanks to Hélène Gresso, who was invaluable in helping to identify cultural texts, films, and songs; and the team at Heinle, including Beth Kramer, Tiffany Kayes, Caitlin Green, Timothy Deer, Kristy Zamagni, and Sev Champeny. Special thanks to Julie Baker at the University of Richmond for her work on the Premium Website activities.

I would also like to acknowledge the following colleagues who made excellent suggestions for revisions:

Reviewers

Julie Baker, *University of Richmond*
Dikka Berven, *Oakland University*
Anne Carlson, *Southern Illinois University*
Sam Di Iorio, *Hunter College*
Bernadette Donohue, *Oakland University*
Lara Lomicka Anderson, *University of South Carolina*
Christina Lux, *University of Kansas*
Frances Novack, *Ursinus College*
Linda Quinn Allen, *Iowa State University*
John Westlie, *William Jewell College*
Fabienne Witte, *Irvine Valley College*

Finally, I dedicate this new edition to my co-author Donald Rice, who passed away unexpectedly in March of 2010. His influence is still deeply felt and I believe that he would have approved of the revisions I made to **Quant à moi...** And, throughout this project, my thoughts have been with Don's wife, Mary, and their two now very successful adult children, Alexander and Hilary. They will always be a part of my family.

J.D.B.

Le monde francophone

As the title **Quant à moi...** and the subtitle (**Témoignages des Français et des Francophones**) indicate, this program gives you a variety of perspectives on the many topics you'll be studying. On this page, you can meet for the first time the "witnesses" (**témoins**) from all over the French-speaking world who will be giving you their points of view. You can use the maps located in the **Manuel de classe** as well as **Google Earth**™ (Visit: **academic.cengage.com/french/quantamoi**) to pinpoint their geographical locations.

Anne-Marie Floquet
Paris, France
professeur de lettres classiques

Emmanuel Roger
Lille, France
professeur d'anglais

Robin Côté
Rimouski, Québec
chercheur en physique

Delphine Chartier
Toulouse, France
professeur

Xavier Jacquenet
Dijon, France
étudiant en histoire

Valérie Ecobichon
Saint-Maudez, France
bibliothécaire

Christophe Mouraux
Liège, Belgique
instituteur

Fatim Kramer
Casablanca, Maroc
ingénieur projet

Henri Gaubil
Ajaccio, Corse
représentant de commerce

Corinne Bernimoulin-Schmid
Genève, Suisse
physiothérapeute ostéopathe

Anne Squire
Levallois-Perret, France
musicienne

Mireille Sarrazin
Lyon, France
comédienne de théâtre

Canada

Québec

Nouveau-Brunswick

Québec
Montréal

St-Pierre-et-Miquelon

Amérique du Nord
États-Unis

Maine

Nouvelle-Angleterre

Nouvelle-Écosse

Louisiane

La Nouvelle-Orléans

Océan Atlantique

Haïti

Les Antilles

Port-au-Prince

Guadeloupe
Martinique

Cayenne

Guyane française

Océan Pacifique

Amérique du Sud

Wallis et Futuna

Polynésie française

Vanuatu

Australie

Nouvelle-Calédonie

Tahiti

Dovi Abe
Dakar, Sénégal
fonctionnaire

Nadia Aouad
Beyrouth, Liban
professeur de français

Philippe Heckly
Asnières, France
ingénieur

Véronica Zein
Savigny-sur-Orge, France
étudiante en droit

Pierre Hurel
Paris, France
musicien
et professeur

Sophie Everaert
Bruxelles, Belgique
psychologue

Bruxelles
Europe
Asie
Belgique
Paris
Luxembourg
Genève
France
Suisse
Andorre
Corse
Monaco
Tunis
Rabat
Alger
Tunisie
Liban
Maroc
Algérie
Viêt-Nam
Hanoi
Laos
Vientiane
Mauritanie
Mali
Niger
Tchad
Cambodge
Sénégal
Pondichéry
Phnom
Penn
Guinée
Burkina-Faso
République
centrafricaine
République
de Djibouti
Côte
d'Ivoire
Togo
Gabon
Ruanda
Burundi
Seychelles
Bénin
Congo
Comores
Océan
Indien
Cameroun
Mayotte
République
démocratique
du Congo
Afrique
Maurice
Réunion
Australie
Antananarivo
Madagascar

Océan
Atlantique
Océan
Indien
Antarctique
Océan
Pacifique
Terres australes
et antarctiques
françaises

Pays et régions où le
français est langue officielle

Pays et régions où le
français est langue co-officielle

Pays et régions où le
français est langue administrative

Pays et régions où l'influence
culturelle française reste importante
et où le français est encore une
langue courante

Florence Boisse-Kilgo
Carpentras, France
employée de bureau

Habib Smar
Bordeaux, France
représentant de
commerce

Nezha Le Brasseur
Casablanca, Maroc
professeur de sciences
naturelles

Hélène Perrine
Marseille, France
employée de magasin

Djamal Taazibt
Alger, Algérie
professeur de psychologie
industrielle

Le monde francophone **1**

CHAPITRE

P

C'est la rentrée

Cinq étudiants

C'est la rentrée et cinq étudiants français vous parlent de leurs études et aussi de leurs vacances.

Aminata Mansour

Ahmed Alaoui

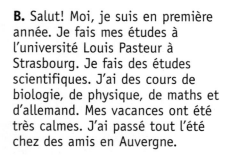

Lola Ducharme

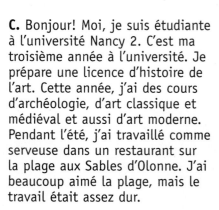

A. Bonjour! Je suis en première année à l'université Pierre Mendès-France à Grenoble. Je prépare une licence de psychologie. Ce semestre, j'ai deux cours de psychologie, un cours de statistiques et un cours d'anglais. L'été dernier j'ai voyagé en Europe de l'Est avec des copains. Nous avons visité la République tchèque et la Hongrie.

B. Salut! Moi, je suis en première année. Je fais mes études à l'université Louis Pasteur à Strasbourg. Je fais des études scientifiques. J'ai des cours de biologie, de physique, de maths et d'allemand. Mes vacances ont été très calmes. J'ai passé tout l'été chez des amis en Auvergne.

C. Bonjour! Moi, je suis étudiante à l'université Nancy 2. C'est ma troisième année à l'université. Je prépare une licence d'histoire de l'art. Cette année, j'ai des cours d'archéologie, d'art classique et médiéval et aussi d'art moderne. Pendant l'été, j'ai travaillé comme serveuse dans un restaurant sur la plage aux Sables d'Olonne. J'ai beaucoup aimé la plage, mais le travail était assez dur.

Sébastien Hamel

Objectives

In this chapter, you will learn to:

■ introduce yourself to your classmates;

■ talk about your vacation;

■ talk about the courses you're taking;

■ talk about where you're from and where you're living;

■ talk about stereotypes.

Marie-Noëlle Alazard

Après les grandes vacances!

D. Bonjour! Moi, je suis en deuxième année à l'université de Toulouse-Le Mirail. Je me spécialise en anglais. J'ai un cours de littérature américaine, un cours de langue anglaise écrite et un cours de langue anglaise orale ainsi qu'un cours de civilisation américaine. L'été dernier, j'ai fait un stage dans une maison d'édition à New York. C'était vraiment formidable!

E. Salut! C'est ma deuxième année à l'université Paris X-Nanterre. Je prépare une licence d'économie et gestion. Ce semestre, j'ai des cours de microéconomie, de statistiques, de relations internationales et d'espagnol. Pendant l'été, j'ai travaillé comme monitrice dans une colonie de vacances près de Montpellier. C'était très amusant!

DICO

la licence *first degree after three years of university studies*

www.cengagebrain.com

Culture, Grammar Activities, Videos

Pair work

Group work

CD1, Track 2

A faire! MP: pp. 1–12

 CD1, Track 2

A. Trois étudiants au café. Ecoutez la conversation entre trois étudiants (Mélodie, Anne, Cyril) qui se trouvent à la terrasse d'un café près de l'université de Bourgogne à Dijon. Ensuite, complétez le tableau en précisant leur ville d'origine, leur année à l'université, leur spécialisation, leurs cours et ce qu'ils ont fait pendant les vacances d'été.

Nom	Ville	Année	Spécialisation	Cours	Vacances
Mélodie					
Cyril					
Anne					

B. Questions et répliques. Trouvez dans la colonne de droite la meilleure réplique aux questions de la colonne de gauche.

1. Tu t'appelles comment?
2. Tu viens d'où?
3. Tu es en quelle année?
4. Qu'est-ce que tu prépares comme diplôme?
5. Qu'est-ce que tu fais comme études?
6. Qu'est-ce que tu as comme cours?
7. Qu'est-ce que tu as fait cet été?
8. Comment est-ce que tu as passé les vacances?

a. Je prépare une licence d'allemand.
b. Rien d'intéressant.
c. J'ai travaillé pour mon oncle.
d. Je suis de Rennes.
e. En troisième année.
f. Moi, c'est Jean-Pierre.
g. Je suis en philosophie.
h. J'ai latin, grec et espagnol.

Pour mieux vous exprimer

Demander et donner le nom de quelqu'un

Tu t'appelles comment?   Moi, c'est...
Comment tu t'appelles?   Je m'appelle...

Demander et dire d'où on vient

Tu viens d'où?   Je viens de...
Tu es d'où?   Je suis de...

Demander et dire ce qu'on fait comme études

Qu'est-ce que tu prépares comme diplôme?   Je prépare un diplôme de (maths).
Qu'est-ce que tu fais comme études?   Je fais des études de (droit).
Tu es en quelle année?   Je suis en première (deuxième,...) année.
Qu'est-ce que tu as comme cours?   J'ai un cours de... (des cours de...).
Quels cours (est-ce que) tu as?   J'ai (littérature espagnole,...).

Demander et dire ce qu'on a fait pendant les vacances

Qu'est-ce que tu as fait pendant les vacances?   Moi, je suis allé(e)...
    Rien d'intéressant.
Comment est-ce que tu as passé les vacances?   Moi, j'ai passé (un mois) à...
    J'ai travaillé chez (avec, pour...)
    J'ai rendu visite à...
    J'ai fait un voyage en (au)(à)...
    Je suis resté(e) ici.

Présenter quelqu'un

(Mike), je te présente (Judy). (Judy, Mike).
(Monsieur... / Madame...), je vous présente (Alex).

C. Faisons connaissance! Posez des questions à un(e) camarade de classe afin de vous renseigner sur:

1. sa ville d'origine
2. son année à l'université
3. sa spécialisation
4. ses cours
5. ce qu'il/elle a fait pendant les vacances

D. Faisons connaissance! (suite) Faites le tour de la classe en vous présentant aux autres étudiants et en vous renseignant sur leur ville d'origine, leur année à l'université, etc.

E. Faisons des présentations. Présentez à la classe un(e) des étudiant(e)s avec qui vous avez parlé (Exercice D). Donnez tous les renseignements que vous avez appris.

Do **A faire! (CP-1)** on page 2 of the **Manuel de préparation.**

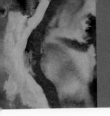

Contrôle des connaissances

Le présent de l'indicatif

Grammar Tutorials

F. Une journée typique. Expliquez à vos camarades ce que vous faites dans une journée typique quand vous avez des cours. Commencez avec l'heure où vous vous réveillez, où vous vous levez et continuez avec tous les détails.

Les stéréotypes

Les Américains sont-ils tous matérialistes et superficiels? Les Français
sont-ils tous distants et intellectuels?
Les stéréotypes sont-ils faux? Ont-
ils une part de vérité? Comment
peut-on parler des gens qui viennent d'une autre culture?

Des Français à Paris

Des Américains à New York

G. Des stéréotypes qui caractérisent les Américains? Avec vos camarades
de classe, mettez en commun les mots que vous avez encerclés dans l'Exercice
III du **Manuel de préparation.** Lesquels des mots sur votre liste semblent
contenir une part de vérité en ce qui concerne les Américains? Quand vous
aurez terminé votre discussion, écrivez ces mots au tableau.

H. Et les valeurs? En vous basant sur les choix que vous avez faits dans
l'Exercice IV du **Manuel de préparation,** mettez-vous d'accord avec vos camarades sur les trois valeurs les plus importantes qui caractérisent la société
américaine. Soyez prêt(e)s à expliquer (avec des exemples) pourquoi vous avez
mis l'accent sur ces trois valeurs.

> **Modèle:** —*A mon avis, une valeur importante, c'est la réussite matérielle.
> Ici, aux Etats-Unis, tout le monde veut vivre dans le confort.
> On veut une grande maison, une ou plusieurs voiture(s) et
> beaucoup d'autres objets matériels. On a beaucoup de respect
> pour les gens qui ont beaucoup d'argent.*
>
> —*Je suis d'accord. La réussite matérielle est beaucoup plus
> importante que l'honneur ou la justice ou même la liberté.*
>
> —*C'est vrai. Mais en même temps il y a beaucoup de gens pour
> qui le respect de l'individu est plus important que la réussite
> matérielle. Par exemple, mon oncle...*

I. Comment sont les Français? Identifiez les stéréotypes que vous avez à propos des Français et mettez-les sous forme de questions écrites que vous pourrez
poser à votre professeur.

> **Modèle:** *anti-Américains*
> *Est-ce que les Français sont vraiment anti-Américains?*

● Do **A faire! (CP-2)** on page 11 of
the **Manuel de préparation.**

CHAPITRE 1

«Passons à table!»

Un marché en plein air (outdoor)

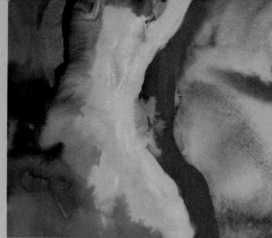

Objectives

In this chapter, you will learn to:

- talk about food and eating;
- ask questions;
- use negations;
- interview someone;
- write up an interview.

In addition, you will read about and explore eating habits in France and the Francophone world, as well as efforts to deal with hunger.

Un fast-food

© Fabrissa Delaville/Maxppp/Landov

www.cengagebrain.com

Culture, Grammar Activities, Videos

Pair work

Group work

CD1, Tracks 3–16   **A faire!** MP: pp. 13–54

Repères

Repères *Reference points*

Vous voulez manger quelque chose?

▲ **C'est le matin.** *Vous prenez quelque chose à la maison? Un jus de fruit? Des céréales? Ou bien un café et un croissant? Avec ou sans lait?*

▲ **Il est 10h du matin.** *Vous avez faim? C'est le moment de grignoter quelque chose. Pourquoi pas un gâteau ou un bout de fromage?*

▼ **Comment!** *Vous ne déjeunez pas? Ah, vous allez faire votre jogging. Vous avez sans doute raison: plus d'une personne sur trois vivant en France est en surpoids.*

A. Mots-clés. Trouvez dans **Repères** l'équivalent français des mots et des expressions suivants.

1. to eat (2)
2. snacking (1)
3. something fast, quick (1)
4. to be overweight (1)
5. to drink (1)
6. food, cooking (1)
7. to make a contribution (1)
8. humanitarian organization (1)
9. hunger (1)
10. poor nutrition (1)

🔊 CD1, Track 3

B. On prend quelque chose? Vous allez écouter cinq conversations. Associez chacune de ces conversations à un endroit où on peut prendre quelque chose à manger et/ou à boire.

1. _____   **a.** dans une boulangerie-pâtisserie
2. _____   **b.** dans un café
3. _____   **c.** dans une crêperie
4. _____   **d.** à la maison
5. _____   **e.** au Quick
                 f. dans un restaurant chinois
                 g. dans un restaurant marocain

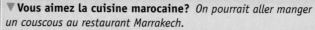

Bienvenue chez Quick

Ouvert

du lundi au jeudi de 10h30 à 0h
vend. et samedi de 10h30 à 1h
le dimanche de 11h00 à 0h

▲ **Midi.** *Vous voulez prendre quelque chose de rapide? Allez au Quick!*

▼ **Vous aimez la cuisine marocaine?** *On pourrait aller manger un couscous au restaurant Marrakech.*

© Roger Hagadone/SuperStock

© Niko Guido/iStockphoto

▲ **Il est six heures du soir.** *Vous sortez du travail. Vous avez le temps de boire quelque chose? Un express? Un demi? Un Orangina? Une eau minérale? Un apéro?*

▶ **C'est la fin de la journée.** *Vous avez bien mangé aujourd'hui. Pourquoi pas faire un don à Action Contre la Faim? C'est une association humanitaire française qui est présente dans une vingtaine de pays, surtout en Afrique et en Asie, et qui combat la faim et la malnutrition.*

© Frederique Cffuentes Morgan/Alamy

C. Il/Elle aimerait probablement… Utilisez une des expressions suggérées pour indiquer où et comment les personnes suivantes voudraient probablement manger.

> English regularly uses the verbs *to eat* or *to have* with meals: *Have you eaten (had) lunch yet? Where are we going to eat (have) dinner?* French speakers use the verb **prendre (A quelle heure est-ce que tu vas prendre le petit déjeuner?)** or a specific verb for each meal **(On va déjeuner ensemble? Où est-ce que vous voulez dîner?).**

Vocabulaire: dîner en famille / grignoter un biscuit ou un morceau de fromage / manger seul / prendre quelque chose de rapide / prendre quelque chose de léger *(light)* / prendre un repas copieux dans un restaurant deux ou trois étoiles / sortir manger avec des amis

1. M. Robardier vient d'être nommé président-directeur-général de la société *(company)* pour laquelle il travaille. Il veut fêter sa promotion et son augmentation de salaire avec sa femme.
2. Julien a deux examens importants à préparer, mais il a très faim aussi.
3. Laure Couturier et son mari Charles sont au régime *(on a diet)*. Ils espèrent perdre 10 ou 15 kilos chacun en trois mois.
4. Didier vient d'apprendre qu'il a très bien réussi au concours d'entrée au Conservatoire d'art dramatique. Il va pouvoir poursuivre son rêve de devenir acteur.

Quant à moi...

Témoignages: «Quels repas est-ce que vous prenez?»

 D. A vous d'abord! Posez les questions suivantes à un(e) camarade de classe afin de vous renseigner sur ses habitudes alimentaires.

> **Vocabulaire:** d'habitude / à peu près (environ)… fois par jour / vers… heures / ça dépend de… / manger seul(e) (avec…, en famille) / quelque chose de léger ou de rapide / un repas copieux / le repas principal (le repas le plus important)

1. Combien de fois par jour est-ce que tu manges (vous mangez) quand tu es (vous êtes) chez toi (chez vous)? Quand? Où? Avec qui?
2. Qui fait la cuisine chez toi (chez vous)? Il/Elle fait la cuisine tous les jours?
3. Tu vas (Vous allez) souvent au restaurant en semaine? Le week-end? Avec tes (vos) amis? Avec ta (votre) famille?

E. Les témoins vous parlent. En écoutant quelques Français et Francophones vous parler de leurs habitudes alimentaires, faites les exercices selon les indications données.

 CD1, Tracks 4–7

Visit the **témoins** in their home-town on Google Earth.

Robin Côté
Rimouski, Québec

Le Québec
Population: 7 870 026
Langues: français, anglais
Importance: seule province canadienne où le français est la langue officielle; 70% des habitants se disent bilingues; Montréal, Québec; lacs et rivières

Vocabulaire utile

rôties *(toasts, French Canadian expression)*, **casse-croûte** *(snack)*, **en boîte** *(to a nightclub)*, **morceau** *(bite)*

1. Ajoutez les mots qui manquent. Utilisez une autre feuille de papier.

   —Bonjour, Monsieur.
   —Bonjour.
   —Comment vous appelez-vous?
   —Je m'appelle Robin Côté.
   —Vous pouvez épeler votre _____?
   —C-O accent circonflexe-T-E accent aigu.
   —Et quel âge avez-vous?
   —J'ai _____ ans.
   —Où est-ce que vous habitez?
   — Je _____ du Canada. J'habite un petit village _____ s'appelle Sainte-Luce, qui est à environ _____ kilomètres d'une ville de _____ habitants qui s'appelle Rimouski, et cette ville est située à environ _____ kilomètres au nord de Québec. C'est sur la rive _____ du fleuve Saint-Laurent.

—Est-ce que vous pouvez épeler Rimouski?

—C'est R-I-M-O-U-S-K-I.

—Combien de fois par jour est-ce que vous mangez normalement? A quelles heures, où, avec qui?

—Environ de _____ à _____ fois, dépendamment des journées, de mon horaire. Un petit déjeuner—on dit chez nous _____—simplement un café avec quelques rôties...

—Rôties?

—Des «toasts»... Puis, après ça, il y a ce qu'on appelle, nous, _____: le déjeuner. Bon, ça, c'est avec des copains, ça peut être un sandwich ou je sais pas trop... Après ça, il y a _____, ce que vous appelez le dîner. Ça peut être dans un restaurant ou à la maison. Puis, souvent, _____, après, il peut y avoir un petit casse-croûte, ça dépend. Si je vais aussi en boîte ou si _____, bon... ben... on va peut-être aller manger un petit morceau après.

Savigny-sur-Orge
Population: 36 612
Importance: commune de l'Ile de France (banlieue de Paris), lycée Jean-Baptiste Corot (aménagé dans un château du 12ᵉ siècle), Ecole d'Arts Plastiques

Véronica Zein
Savigny-sur-Orge, France

Savigny-sur-Orge
ILE-DE-FRANCE

France

Vocabulaire utile

vers les alentours de *(about)*, **on s'assoit** *(we sit down [at the table])*, **soit... soit...** *(either . . . or . . .)*, **douée** *(talented)*

2. Complétez le dialogue en reproduisant les questions qui manquent. Utilisez une autre feuille de papier.

—Bonjour, Mademoiselle.

—Bonjour, Madame.

—_____?

—Je m'appelle Véronica Zein.

—Z-E-deux N?

—Z-E-I-N.

—_____?

—J'ai vingt ans.

—_____?

—J'habite à Savigny-sur-Orge. C'est dans la banlieue sud de Paris.

—_____?

—En général, trois fois: le matin, au petit déjeuner, avant d'aller en cours, vers midi, une heure, pendant mon heure de déjeuner, et le soir, quand tout le monde est à la maison, vers les alentours de huit heures et demie, neuf heures.

—_____?

—Oui.

—_____?

—Petit déjeuner, assez léger: en général, du pain et de la confiture, et un café...

—_____?

—Euh... non, parce qu'on ne se lève pas tous à la même heure, donc ça dépend... souvent avec la personne qui va partir en même temps que moi, ou toute seule. Le café est toujours prêt. A midi, je vais manger avec des amis, souvent au café. On reste à discuter.

—_____?

—Oh, quelque chose de très léger. Ça coûte trop cher!

—_____?

—Un sandwich, et puis un petit café pour terminer, toujours. Et le soir, on s'assoit, on mange un bon repas en famille.

—_____?

—Soit ma mère, soit moi.

—J'ai entendu que votre mère est très douée.

—Oui, c'est une excellente cuisinière, elle m'a très bien appris.

Casablanca
Population: 3 700 000 (ville), 7 000 000 (agglomération)
Langues: arabe (langue officielle), français (langue d'affaires)
Importance: plus grande ville du Maroc et d'Afrique du Nord, capitale économique du pays, port le plus important du Maroc

3. Précisez:
   a. le nombre de fois par jour qu'elle mange;
   b. l'heure de son petit déjeuner;
   c. l'heure de son déjeuner;
   d. l'heure du café;
   e. l'heure de son dîner;
   f. qui fait la cuisine chez elle;
   g. la différence principale entre les plats américains et marocains.

La Corse
Population: 307 000
Langues: français, corse
Importance: île montagneuse en Mer Méditerranée qui comprend deux départements français, destination touristique, production de vins

4. Notez au moins cinq faits que vous apprenez en écoutant Henri.

F. Pareil ou différent? Ecoutez encore une fois les témoins en prenant des notes afin de trouver: (1) le témoin auquel vous ressemblez le plus et (2) le témoin auquel vous ressemblez le moins en ce qui concerne les repas. Ensuite, justifiez vos réponses à des camarades de classe.

Do **A faire! (1-1)** on page 14 of the **Manuel de préparation**.

Modèle: *Je suis (un peu) comme Véronica. Elle et moi, nous… Comme elle, je…, etc. Je ne suis pas du tout comme Henri. Lui, il…, mais moi, je…, etc.*

Et vous?

FICHE VOCABULAIRE

LES REPAS

les repas *(m. pl.) meals*
  le repas principal *main meal*
  un repas copieux *heavy meal*
  un repas léger *light meal*
  un repas équilibré *well-balanced meal*
le petit déjeuner *breakfast*
le déjeuner *lunch*
le dîner *dinner*

un snack (un casse-croûte)
un (petit) en-cas *quick meal, snack*
un goûter *afternoon snack*
quelque chose de léger *something light*
quelque chose de rapide *something fast*
manger un petit quelque chose *to eat a little something*
boire quelque chose *to have something to drink*
  je bois, tu bois, il/elle/on boit, nous buvons, vous buvez,
    ils/elles boivent
manger (un morceau) sur le pouce *to have a bite*
grignoter *to snack*

avoir faim *to be hungry*
  crever de faim *to be dying of hunger*
  je crève, tu crèves, il/elle/on crève, nous crevons, vous
    crevez, ils/elles crèvent
avoir soif *to be thirsty*
  mourir de soif *to be dying of thirst*
  je meurs, tu meurs, il/elle/on meurt, nous mourons, vous
    mourez, ils/elles meurent

dîner en famille *to eat with your family*
retrouver un(e) ami(e) pour déjeuner (dîner) *to meet a friend
  for lunch (dinner)*
manger seul(e) *to eat alone*
sortir dîner *to go out to eat*
  au restaurant
  dans un restaurant chinois (mexicain, japonais, etc.)
  au restaurant universitaire

dans une cafétéria
dans un bistrot *at a restaurant-bar*
dans un fast-food
à la terrasse d'un café *sidewalk café*
à un kiosque *at a street stand*

combien de fois... par jour (semaine, mois) *how many
  times . . . a day (week, month)*
une fois, deux fois... plusieurs fois *once, twice . . . several
  times*
d'habitude *usually*
normalement *normally*
la plupart du temps *most of the time*
quelquefois *sometimes*
de temps en temps *from time to time*

A quelle heure...? *What time . . . ?*
  à... heure(s) *at . . . o'clock*
  vers... heure(s) *around . . . o'clock*
en (dans la) semaine *during the week*
  le lundi, le mardi, etc. *on Mondays, on Tuesdays, etc.*
le week-end *on the weekend*
avant d'aller à l'université (au travail) *before going to school
  (to work)*
après les cours (le travail) *after school (work)*

ça dépend *that depends*
ça dépend du jour (de l'heure) *that depends on the day
  (the time)*

faire la cuisine *to cook*
cuisiner *to cook*
préparer les repas *to prepare the meals*

la cuisine traditionnelle *traditional cooking*
la cuisine exotique *exotic or foreign cooking*
  des spécialités *(f. pl.)* africaines (chinoises, italiennes, etc.)
la cuisine bio *organic food*

un(e) bon(ne) cuisinier (cuisinière) *a good cook*

G. Les habitudes alimentaires. Parlez de vos habitudes alimentaires avec quelques camarades de classe. Les questions suivantes vous aideront à organiser la conversation. N'oubliez pas de donner des réponses précises et aussi complètes que possible.

1. Combien de fois par jour est-ce que vous mangez en semaine? Le week-end?
2. Quand est-ce que vous mangez d'habitude?
3. Où est-ce que vous mangez? Avec qui?
4. Qui fait la cuisine chez vous? Toujours?
5. Vous mangez au restaurant? Quelles cuisines est-ce que vous aimez particulièrement?

Magazine Culture Les modèles alimentaires français et américains

Il faut manger pour vivre. Se nourrir est une activité fondamentale de la vie. Mais cela peut être aussi un art et un plaisir—surtout dans un pays tel que la France, qui est renommée dans le monde entier pour sa cuisine. Il est donc intéressant de noter que, selon une étude du CRÉDOC (Centre de Recherche pour l'Etude et l'Observation des Conditions de vie, 2010), le modèle du déjeuner et du dîner reste une tradition française. Une tradition conviviale, qui peut en partie expliquer la faible proportion d'obésité en France par rapport aux Etats-Unis.

Le repas à la française reste une institution

© Eye Ubiquitous/Glow Images

Trois repas principaux par jour—et par-dessus tout le déjeuner et le dîner—à des heures relativement fixes et communes à tous. Neuf Français sur dix prennent chaque jour un déjeuner (entre 12h et 13h30) et un dîner (entre 19h et 20h30). Le «phénomène massif» de cette tendance, sa stabilité et sa spécificité française, sont confirmés par plusieurs études récurrentes. Une étude européenne révèle par exemple qu'à midi et demie, 57% des Français sont occupés à manger contre 38% des Belges, 20% des Allemands et 14% des Britanniques.

Certes, le temps passé à table se réduit. Mais, pour le CRÉDOC, «le modèle alimentaire français reste une véritable institution». Et ce, «malgré les contraintes liées au monde du travail, à la crise du modèle familial traditionnel et à la simplification des repas constatée depuis de nombreuses années».

LES HORAIRES DES REPAS DES AMÉRICAINS SONT DAVANTAGE ÉTALÉS QUE CEUX DES FRANÇAIS
Distribution des prises alimentaires des Américains selon le moment de la prise (en %)

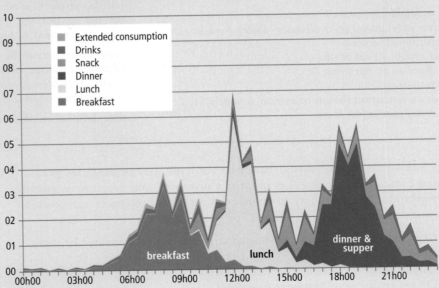

Base : prises alimentaires des adultes (18 ans et plus), en % du nombre total de prises sur deux jours de consommation alimentaire.
Source : National Health and Nutrition Examination Survey, 2005–2006.

Distribution des prises alimentaires des Français selon l'heure et les occasions de consommation (en %)

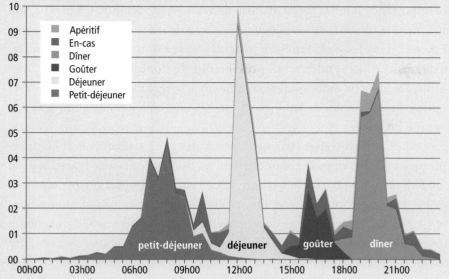

Base: prises alimentaires des adultes normo-évaluants (18 ans et plus), en % du nombre total de prises sur
sept jours de consommation alimentaire.
Source: CRÉDOC, Enquête CCAF 2007.

LE GRIGNOTAGE RESTE LIMITÉ

Autre caractéristique de l'alimentation à la française: la convivialité. Dans 80%
des cas, les repas sont pris en compagnie d'autres personnes (famille, amis, collègues…). «L'association entre la nourriture et la convivialité constitue ainsi un
facteur de régularité des prises alimentaires dans des horaires resserrés», analyse
le CRÉDOC.

Conséquence: en dehors des deux grands repas—et dans une moindre part du
petit-déjeuner et du goûter—la prise d'en-cas est «un phénomène relativement
mineur, et qui n'augmente pas». Cette «concentration d'apports énergétiques»
sur les principaux repas est l'opposé du modèle américain: en France, moins de
10% de la prise de calories se fait hors-repas; aux États-Unis, plus de 21%.

LA CONSOMMATION HORS REPAS EST DEUX FOIS MOINS IMPORTANTE
EN FRANCE QU'AUX ÉTATS-UNIS

Répartition des apports énergétiques (kcal/jour) selon les types de prise alimentaire (en %)

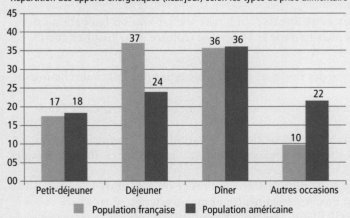

Base : Populations française et américaine (18 ans et plus).
Sources : Enquête Comportements et Consommations Alimentaires en France, 2007 – National Health
and Nutrition Examination Survey, 2005–2006.

«UN ÉQUILIBRE QUI PRÉSERVERAIT DE L'OBÉSITÉ»

D'où l'importance pour la santé de faire de vrais repas. Selon le CRÉDOC, qui s'appuie sur des travaux de sociologues, ce «sens donné à l'acte alimentaire» — en France et dans les pays latins en général—apparaît comme l'un des «principaux garants d'un équilibre qui préserverait de l'obésité». A l'inverse, aux États-Unis, «se nourrir est considéré comme un acte technique, reposant sur une conception fonctionnelle de l'alimentation». D'où une tendance au grignotage qui favorise l'obésité.

Le modèle français (repas structurés pris à des heures régulières et comportant plusieurs plats) s'oppose notamment au modèle en cours aux États-Unis, un pays où l'alimentation hors repas est privilégiée et où la proportion de personnes obèses est nettement plus élevée: elle atteint 26,9% de la population adulte contre 14,5% en France. Donner davantage d'importance au modèle alimentaire et à la tradition culinaire ne serait-il pas un moyen de se préserver de l'obésité? Les comparaisons réalisées par le CRÉDOC entre les consommateurs français, européens et américains permettent de le penser.

Source: Le repas à la française reste une institution. Arnaud Bihel, Les Nouvelles News, Vendredi 17 Septembre 2010.

Source: Le modèle alimentaire français contribue à limiter le risque d'obésité. Gabriel Tavoularis et Thierry Mathé, Crédoc N°232, ISSN 0295-9976, Septembre 2010.

DICO

apports énergétiques *high-energy (high-calorie) foods*
atteint *reaches*
comportant *including*
consommateurs *consumers (here, people who consume food)*
consommation hors-repas *eating outside of meals (snacking)*
contraintes *constraints, limitations*
convivialité *good company*

dans une moindre part *to a lesser extent*
davantage *more*
en cours *current, prevalent*
en dehors *besides*
étalés *spread out*
faible *small, low*
garants *guarantee*
hors-repas *outside of meals*
liées à *tied to, associated with*
malgré *despite*
moyen *means, way*
nettement *considerably*

par-dessus tout *above all, especially, in particular*
préserverait de *could protect against*
prise (alimentaire) *meal (literally: taking of food)*
reposant sur *based on*
resserrés *specific, limited*
s'appuie sur *bases itself (its findings) on*
se fait *happens*
selon *according to*
sens *meaning*
véritable *true*
vrais *real*

H. Qu'est-ce que vous avez appris? Indiquez si c'est vrai ou faux en faisant allusion à ce que vous avez lu dans le **Magazine Culture** pour justifier votre réponse.

1. La grande majorité des Français prend trois repas par jour à des heures précises.
2. En général, les heures du dîner sont les mêmes en France qu'aux États-Unis.
3. Les heures de travail, la disparition de la famille traditionnelle et la simplification des repas on beaucoup changé les habitudes alimentaires des Français.
4. L'horaire des repas est plus resserré en France qu'aux États-Unis.
5. Par comparaison aux Américains, les Français grignotent très peu.
6. Selon l'étude du CRÉDOC, les prises d'en-cas sont plus fréquentes aux États-Unis parce que les repas ne sont pas très bons.
7. Selon l'étude du CRÉDOC, manger de vrais repas en compagnie d'autres personnes serait peut-être la formule pour éviter l'obésité.

♦♦♦ I. Mini-discussion. Discutez des questions suivantes avec quelques camarades de classe.

1. L'étude du CRÉDOC sur les modèles alimentaires est plutôt négative en ce qui concerne les États-Unis. Quels données *(data)* est-ce qu'ils utilisent pour soutenir leur étude?
2. Quels problèmes dans les habitudes américaines sont identifiés dans l'étude? Est-ce que vous et vos amis suivez le modèle américain dans votre façon de manger? Est-ce que vous connaissez des Américains qui suivent plutôt le modèle français? Décrivez leurs habitudes alimentaires.
3. Est-ce que vous êtes d'accord ou pas avec la conclusion de l'étude que les repas traditionnels (sans grignotage) pourraient peut-être nous préserver de l'obésité? Donnez des raisons pour soutenir votre point de vue.

«Frites moules» par Les Nonnes Troppo

Les Nonnes Troppo: Groupe musical des années 80 et 90 qui continue à avoir des «fans» fidèles. Le nom du groupe veut dire «pas trop», de l'italien «non troppo». Leur musique se situe dans le genre «Non-Music» avec un style «Alternative Rock» ou «Spoken Word».

© Arie J. Jager/iStockphoto

La chanson *«Frites moules»*: Il s'agit d'un gars *(guy)* qui se trouve sur l'autoroute et qui a soudainement une grande envie de manger un casse-croûte de pommes frites et de moules *(mussels)*. Il trouve enfin un restaurant où il en mange à sa faim *(until he's full)*. Il reprend ensuite la route.

NOTES CULTURELLES

Frites et moules: Repas (souvent pris avec de la bière ou du vin blanc) populaire en France. Dans certains restaurants, c'est une spécialité.

Jacques Borel: Chaîne de restauration rapide sur les autoroutes

Namur: Ville en Belgique (capitale de la Wallonie—la Belgique de langue française)

A discuter

Est-ce que ça vous arrive d'avoir envie de manger un plat particulier qui s'associe pour vous à un souvenir, à une situation ou à un odorat? Comme le gars dans la chanson, est-ce que vous êtes parfois presque obsédé(e) par le désir de manger ce plat? Discutez de l'idée que certaines nourritures jouent un rôle très important dans notre vie.

Contrôle des connaissances

Les questions d'information

Grammar tutorials

RAPPEL

Questions qui ont pour réponse *oui* ou *non*

To get a **oui** or **non** answer, either:

a. raise your voice at the end of a declarative sentence (**Tu vas au cinéma ce soir?**)

or

b. place **est-ce que** before the subject and verb and then raise your voice at the end of the sentence (**Est-ce que tu vas au cinéma ce soir?**)

J. Oui ou non? Utilisez les éléments donnés pour poser des questions auxquelles les gens représentés sur les images peuvent répondre par **oui** ou par **non**.

1. Nous habitons à Paris. (aimer la ville / avoir un appartement / travailler à Paris aussi)

Modèle: *Vous aimez la ville? (Est-ce que vous aimez la ville?, etc.)*

2. Nous sommes très sportifs. (jouer au football / aimer regarder les matchs à la télé / aller aux sports d'hiver)
3. Nous prenons grand plaisir à manger. (préparer les repas vous-mêmes / aimer la cuisine thaïlandaise / dîner souvent au restaurant)
4. Nous passons les vacances d'été au bord de la mer. (prendre le train pour y aller / savoir nager / aimer faire de la planche à voile)
5. Je suis étudiante. (être à l'université / avoir un emploi du temps très chargé / apprendre une langue étrangère)

Modèle: *Tu es à l'université? (Est-ce que tu es à l'université?, etc.)*

6. J'ai un petit boulot; je suis serveuse. (travailler dans un restaurant français / être bien rémunérée / aimer ton travail)
7. J'ai de la famille qui habite en Bretagne. (y aller souvent / vouloir retourner y habiter un jour / parler breton)
8. Je suis fana de cinéma. (aimer les films étrangers / avoir un lecteur DVD / voir des films toutes les semaines)

Patrick Daily et Bruno Desmazes (vous)

Nathalie Le Meur (tu)

RAPPEL

Les questions d'information

a. To find the person who is performing (has performed, will perform) an action, use **qui** *(who)*.

Qui est là?   **Qui a téléphoné?**

b. To find other types of information, use the appropriate question word + **est-ce que**.

Où est-ce que tu fais tes études?
Pourquoi est-ce qu'elles ne sont pas venues?

où *(where)*   **comment** *(how)*
quand *(when)*   **combien de** *(how many)*
à quelle heure *(what time)*   **que** *(what)*
pourquoi *(why)*

In both cases, your voice falls at the end of the question.

K. Des rencontres. Vos amis parlent de quelques personnes qu'ils ont rencontrées. Ecoutez ce que disent vos amis, puis répondez aux questions à propos de ces personnes.

CD1, Track 8

Votre ami Jacques a rencontré Jean-Luc Tessier.

1. Quand est-ce qu'il l'a rencontré?
2. Comment s'appelle la femme de Jean-Luc?
3. Où est-ce qu'ils habitent maintenant?
4. Combien d'enfants est-ce qu'ils ont?

Votre amie Janine a rencontré Pierre et Isabelle Martineau.

5. Pourquoi est-ce que les Martineau étaient au magasin de meubles?
6. Qu'est-ce qu'ils ont acheté?
7. Qui a invité qui à une soirée?
8. A quelle heure commence la soirée?

L. La famille et les amis. D'abord, posez des questions à un(e) camarade de classe pour trouver les renseignements suivants. Puis, circulez dans la classe en posant les mêmes questions à d'autres camarades. Demandez à un(e) camarade de classe:

1. le nombre de personnes dans sa famille
2. où habite sa famille
3. s'il/si elle habite toujours chez ses parents
4. pourquoi il/elle (n')habite (pas) chez ses parents
5. ce que les membres de sa famille aiment faire pour se distraire
6. où habite son/sa meilleur(e) ami(e)
7. comment il/elle s'appelle
8. s'il/si elle le/la voit souvent
9. quand il/elle l'a vu(e) récemment
10. ce qu'il/elle aime faire pendant son temps libre

● Do **A faire! (1-2)** on page 23 of the **Manuel de préparation.**

Vocabulaire: une famille nombreuse *(large family)*, une petite famille, le père, la mère, le fils, la fille, le frère aîné (cadet), la sœur aînée (cadette), le demi-frère, la demi-sœur, le grand-père, la grand-mère, le petit-fils *(grandson)*, la petite-fille *(granddaughter)*, le beau-père *(stepfather, father-in-law)*, la belle-mère *(stepmother, mother-in-law)*, le beau-frère, la belle-sœur, l'oncle, la tante, le neveu, la nièce, le cousin, la cousine, l'ami, l'amie, le copain, la copine

Comment se renseigner (1)

RAPPEL

L'inversion

1. QUESTION WORD + VERB + NOUN + ?

Comment s'appelle ta cousine?
Où sont mes bottes?
A quelle heure finit ce cours?

2. QUESTION WORD + (NOUN) + VERB + PRONOUN + ?

Pourquoi sont-ils partis?
Comment vos grands-parents voyagent-ils?
A quelle heure se lève-t-on d'habitude?

M. Des mini-conversations. Utilisez les renseignements donnés pour créer de petites conversations avec votre partenaire.

Vous voulez aller au musée Rodin à Paris.

Demandez à votre ami(e):

1. la situation du musée (dans la rue de Varenne)
2. l'heure d'ouverture du musée (9h30)
3. l'heure de fermeture du musée (16h45)
4. le prix d'un billet d'entrée (4€)

Vous êtes avec une amie dans un magasin de vêtements.

Demandez à votre amie:

5. ce qu'elle cherche (une jupe)
6. combien elle veut payer (entre 60 et 70€)
7. sa taille (38)
8. quand elle va porter la jupe (pour aller au théâtre samedi soir)

Vous êtes avec un ami dans un magasin de matériel électronique.

Demandez à votre ami:

9. ce qu'il regarde (un agenda électronique)
10. pourquoi il regarde cet agenda (il en a besoin pour noter ses devoirs)
11. comment marche l'agenda (à l'aide d'une pile *[battery]*)
12. le prix de l'agenda (39€)

Vous attendez l'arrivée de vos cousins qui habitent en Afrique.

Demandez à votre frère (sœur):

13. quand ils vont arriver (mardi matin)
14. qui va les chercher à la gare (Papa)
15. comment il va y aller (en voiture)
16. à quelle heure ils vont rentrer à la maison (vers 11h)

Votre ami vous a invités, vous et votre femme (mari), à dîner au restaurant, mais sa femme ne vient pas.

Demandez à votre ami:

17. le nom du restaurant (Le Pavillon de la Tourelle)
18. où se trouve le restaurant (à Vanves)
19. à quelle heure on va se retrouver (vers 20h30)
20. pourquoi sa femme ne vient pas (elle est à Londres pour son travail)

RAPPEL

Les expressions interrogatives *que, qu'est-ce que* et *quel*

1. QUE, QU'EST-CE QUE = no limitations on the answer

Que cherches-tu?
Qu'est-ce qu'ils veulent voir?

2. QUEL (QUELLE, QUELS, QUELLES) = answer limited to a choice or a category

Quel film tu veux voir ce soir, *Jardins en automne* ou *L'Immeuble*?
Quelle est la capitale du Cameroun?

N. Pour obtenir des précisions. En suivant les indications données, posez des questions à un(e) camarade de classe afin de préciser certains faits.

D'abord, essayez de découvrir:

1. comment il/elle va
2. ce qu'il/elle va faire après le cours
3. quand il/elle va manger
4. ce qu'il/elle va faire ce soir

Ensuite, utilisez les précisions entre parenthèses afin de découvrir:

5. quand il/elle est né(e) (en quel mois / quel jour / en quelle année / à quelle heure)
6. où il/elle est né(e) (dans quel état [pays] / dans quelle ville)

Enfin, utilisez des questions avec **quel** afin de découvrir:

7. son adresse / le prénom de son/sa (ses) camarade(s) de chambre (mari, femme) / son numéro de téléphone
8. les cours qu'il/elle suit ce semestre / son cours le plus difficile / son cours le plus intéressant
9. les films qu'il/elle a vus récemment / son acteur préféré / son actrice préférée

O. Renseignez-vous! Posez des questions à un(e) camarade de classe afin de trouver les renseignements qu'il vous faut. Il/Elle vous répondra en consultant les documents à la page 24.

1. Vous avez été blessé(e) dans un accident de voiture. Vous cherchez:
   a. le nom d'un avocat
   b. l'adresse de son cabinet *(office)*
   c. son numéro de téléphone
   d. ses heures de consultation

2. Vous allez faire une excursion pour voir les châteaux de la Loire. Vous voulez savoir:
   a. le lieu de départ de l'autocar (d'où)
   b. l'heure du départ de l'autocar
   c. les châteaux qu'on va visiter
   d. les lieux où on va déjeuner et dîner
   e. ce qu'on va faire le soir
   f. l'heure du retour à Paris
3. Vous allez au musée Carnavalet. Vous voulez savoir:
   a. où se trouve le musée
   b. les heures d'ouverture du musée
   c. le prix d'un billet d'entrée au musée
   d. le sujet de l'exposition temporaire du musée

Maître Jacques Athéonor
Avocat

12, rue Grand-Carroi 37500 Chinon
Tél./Fax: 02 48 99 30 21

Consultations: sur rendez-vous
Lundi: 16h–19h
Mardi–Vendredi:
10h–12h et 14h–17h
Samedi: 9h–12h

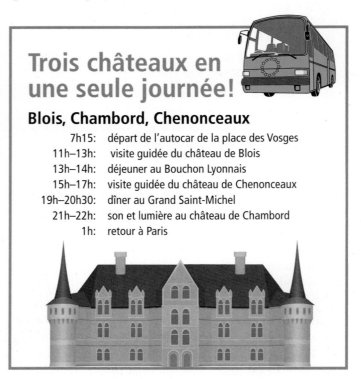

Trois châteaux en une seule journée!

Blois, Chambord, Chenonceaux

7h15:	départ de l'autocar de la place des Vosges
11h–13h:	visite guidée du château de Blois
13h–14h:	déjeuner au Bouchon Lyonnais
15h–17h:	visite guidée du château de Chenonceaux
19h–20h30:	dîner au Grand Saint-Michel
21h–22h:	son et lumière au château de Chambord
1h:	retour à Paris

© John Kellerman/Alamy

CARNAVALET, Musée de l'histoire de Paris, 23, rue de Sévigné (Métro Saint-Paul). 01.44.59.58.58. Tous les jours sauf lundi et jours fériés de 10h à 17h45. Entrée gratuite aux collections permanentes. Entrée payante pour les expositions temporaires: 4,50€. **Collection de la préhistoire au XXe siècle. Exposition: Les peintres américains à Paris au XIXe siècle.**

Quant à moi...

Témoignages: «Qu'est-ce que vous aimez manger?»

 P. A vous d'abord! Posez des questions à vos camarades de classe au sujet de ce qu'ils/elles aiment manger au petit déjeuner, au déjeuner et au dîner.

Q. Les témoins vous parlent. En écoutant les trois Français et Francophones parler de ce qu'ils mangent, faites les activités indiquées.

 CD1, Tracks 9–11

🌐 Visit the **témoins** in their hometown on Google Earth.

Mireille Sarrazin
Lyon, France

Lyon
Population: (472 330 ville), 1 757 180 (agglomération)
Importance: troisième ville de France, centre industriel, capitale de la gastronomie et de la production des textiles (soie), centre international d'Interpol et d'EuroNews

Vocabulaire utile

féculent *(starchy food)*, **charcuterie** *(cold cuts)*, **quelconque** *(any)*

1. Choisissez la bonne réponse.
   a. Mireille Sarrazin est âgée de...
      1. 30 ans. 2. 39 ans. 3. 40 ans.
   b. Au petit déjeuner, normalement Mireille *ne* prend *pas* de...
      1. pain. 2. céréales. 3. café. 4. croissants.
   c. Au déjeuner, normalement Mireille *ne* prend *pas* de...
      1. salade. 2. viande. 3. poisson. 4. légumes. 5. fruits. 6. soupe.
   d. Au dîner, Mireille...
      1. mange toujours la même chose.
      2. mange toujours un repas copieux.
      3. mange en fonction des *(according to)* saisons.

Dovi Abe
Dakar, Sénégal

Dakar
Population: 1 075 582
Langues: français (langue officielle), wolof
Importance: capitale du Sénégal, port régional, ancienne capitale de l'AOF (Afrique Occidentale Française—1895–1958), île de Gorée (embarquement des esclaves)

Vocabulaire utile

mil *(millet, a grain)*, **lait caillé** *(milk with curds)*, **miel** *(honey)*, **emplois du temps des uns et des autres** *(everyone's daily schedules)*, **arachide** *(peanut)*, **séché** *(dried)*, **épices** *(spices)*, **ail** *(garlic)*, **gingembre** *(ginger)*, **clous de girofle** *(cloves)*

2. Dovi Abe mentionne plusieurs plats typiquement africains. Associez le nom de chaque plat à sa description.

    a. la bouillie de mil
    b. le tiéboudienne (tcheboudjen, tiep bou dienn)
    c. la sauce aux feuilles de manioc
    d. le couscous

        _____ 1. riz et poisson cuits ensemble dans une sauce
        _____ 2. mil qu'on mange avec une sauce faite de tomates, de légumes et de poisson séché
        _____ 3. céréale servie avec du lait caillé et du miel
        _____ 4. sauce à base d'une sorte de pomme de terre

Delphine Chartier
Toulouse, France

Toulouse
Population: 439 453 (ville), 858 233 (agglomération)
Importance: centre des industries aéronautiques (Airbus) et spatiales, la «ville rose» (à cause de la couleur des matériaux de construction—briques en terre cuite)

Vocabulaire utile

fait griller *(toasts, grills)*, **pain de mie** *(sliced white bread in a loaf)*, **salade composée** *(mixed salad)*, **réunie** *(together)*, **cuisine davantage** *(cook more)*, **concombres** *(cucumbers)*, **mélange** *(mixture)*, **compote de fruits** *(fruit sauce)*, **noix** *(nuts)*, **serré** *(pressed)*

3. Pour chaque repas, identifiez trois choses à manger que mentionne Delphine Chartier.
    a. le petit déjeuner
    b. le déjeuner en semaine
    c. le déjeuner du week-end
    d. le dîner

R. Les Français, les Francophones et les Américains. Ecoutez encore une fois les témoins en prenant des notes afin de trouver quelques différences entre ce que mangent les Américains (les Etats-Uniens) et ce que mangent les trois témoins français et francophones.

Do **A faire! (1-3)** on page 29 of the **Manuel de préparation**.

    Modèle: *Pour beaucoup d'Américains le repas le plus important de la journée, c'est…*
                    Pour Mireille, c'est…

Et vous?

FICHE VOCABULAIRE

L'ALIMENTATION

la viande
 du bœuf
 du mouton (de l'agneau)
 du porc
 du veau

la volaille *poultry*
 du canard (de la canette) *duck (duckling)*
 de la dinde (du dindon) *turkey*
 du poulet

le poisson
 un poisson d'eau douce / de rivière *freshwater fish*
 un poisson de mer *saltwater fish*
 du saumon *salmon*
 une sole
 une truite *trout*

les crustacés *(m.) shellfish*
 du crabe
 des crevettes *(f.) shrimp*
 du homard *lobster*
 des langoustines *(f.) prawns*
 des moules *(f.) mussels*

les pâtes *(f.)* et le riz *(rice)*
 des macaronis *(m.)*
 des nouilles *(f.) noodles*
 du riz sauvage *wild rice*
 des spaghettis *(m.)*

les légumes *(m.)*
 des artichauts *(m.) artichokes*
 des aubergines *(f.) eggplants*
 des brocolis *(m.)*
 des carottes *(f.)*
 du chou *cabbage*
 du chou-fleur *cauliflower*
 des concombres *(m.)*
 des courgettes *(f.) zucchinis*
 des haricots verts *(m.)*
 du maïs *(corn)*
 des oignons *(m.)*
 des petits pois *(m.)*
 des poivrons verts *(m.) green peppers*
 des pommes de terre *(f.)*
 des radis *(m.)*

de la salade / de la laitue
des tomates *(f.)*

les fruits *(m.)*
 des abricots *(m.) apricots*
 des ananas *(m.) pineapples*
 des bananes *(f.)*
 des cerises *(f.) cherries*
 des citrons *(m.) lemons*
 des fraises *(f.) strawberries*
 des framboises *(f.) raspberries*
 des oranges *(f.)*
 des pamplemousses *(m.) grapefruits*
 des pêches *(f.)*
 des poires *(f.)*
 des pommes *(f.)*
 des pruneaux *(m.) prunes*
 des prunes *(f.) plums*
 du raisin *grapes*

les produits laitiers *(m.) dairy*
 du beurre
 de la crème
 du fromage (du brie, du camembert, du chèvre, du gruyère)
 de la glace *ice cream*
 du lait
 de la margarine
 un yaourt

les assaisonnements *(m.) seasonings*
 de l'ail *(m.) garlic*
 de l'huile *(f.) salad oil*
 du ketchup
 de la mayonnaise
 de la moutarde
 du persil *parsley*
 du poivre *pepper*
 du sel
 du vinaigre

Autres expressions
 des plats préparés *(m.) precooked meals*
 des produits *(m.)* bios *organic foods*
 en boîte *canned*
 en conserve *canned*
 frais / fraîche *fresh*
 surgelés *frozen*
 du sucre *sugar*
 un édulcorant de synthèse *artificial sweetener*

S. Les plaisirs (et les déplaisirs) de la table. Parlez avec quelques camarades de classe de vos préférences alimentaires en indiquant dans les catégories suivantes ce que vous aimez manger et ce que vous n'aimez pas manger.

Modèle: la viande et la volaille

Moi, j'aime beaucoup le porc et le mouton. Je mange souvent du poulet. J'adore le canard. Mais je mange très peu de bœuf.

1. la viande et la volaille
2. le poisson et les crustacés
3. les légumes
4. les fruits
5. les produits laitiers

Magazine Culture Que mangent les Francophones?

Il n'y a pas de cuisine francophone proprement dite. La cuisine de chaque pays, de chaque région varie en fonction de sa situation géographique, de ses ressources agricoles et de son histoire. Certains pays, certaines régions sont connus pour certains plats—par exemple, la fondue suisse, les moules et les frites belges, le couscous marocain, le ti-punch antillais, les nems vietnamiens. Dans ce **Magazine Culture,** nous allons nous intéresser plus particulièrement à trois cuisines— la cuisine sénégalaise, la cuisine québécoise et la cuisine antillaise.

La République du Sénégal

Capitale: Dakar
Superficie: 197 000 km^2
Population: 14 086 103
Langue officielle: le français
Economie: agriculture, pêche, tourisme
Langue la plus parlée: le wolof

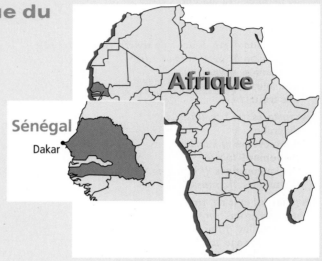

Manger au Sénégal

La cuisine sénégalaise est réputée pour être la meilleure de l'Afrique de l'Ouest. A Dakar, la capitale multiculturelle du Sénégal, on trouve un grand nombre de restaurants qui proposent des plats d'origines très diverses—chinoise, indienne, libanaise, française, ivoirienne, italienne, américaine, vietnamienne, marocaine, mexicaine et antillaise. On y trouve aussi des restaurants qui servent des plats traditionnels. Mais c'est surtout dans les régions rurales qu'on trouve les meilleurs exemples des spécialités typiques de la cuisine sénégalaise.

CE QUE MANGENT LES SÉNÉGALAIS

La cuisine sénégalaise est à base de mil, de riz et d'huile d'arachide. A ces ingrédients principaux on ajoute du poisson et des coquillages (gambas, langoustes, huîtres) ainsi que de la viande (bœuf, agneau et surtout poulet). Parmi les plats les plus connus sont: le poulet au yassa (voir la recette ci-contre), le tiéboudienne (riz au poisson), le dem à la Saint-Louisienne (poisson farci), le mafé (bœuf aux arachides) et le curry d'agneau.

Le Sénégal n'est pas un grand producteur de fruits en raison de la quasi-absence de pluie. Mais on peut y trouver des mangues, des oranges, des papayes, des goyaves ainsi que des bananes et des ananas importés de Côte d'Ivoire. Les légumes sont plutôt un ingrédient annexe, servant surtout à parfumer les sauces. On y boit des jus de fruits et de fleurs ainsi que du vin de palme et une bière locale (La Gazelle) brassée à Dakar.

Il y a aussi, au Sénégal, des fast-foods. Dans les rues on vend de l'arachide grillée sans huile dans le sable. Des petites échoppes appelées «dibiteries» font griller de la viande de bœuf ou d'agneau enrobée d'épices. Et on peut toujours s'arrêter dans un fast-food libanais pour s'offrir un chawarma (sandwich à la viande avec frites, tomates, oignons et sauces à base de sésame).

© Owen Franken/Corbis

Une recette du Sénégal: le poulet au yassa

Le poulet au yassa est une spécialité du sud du pays. En voici la recette, tirée d'un livre de cuisine sénégalaise; en France, on dirait «ingrédients» et «préparation» plutôt que «matière d'œuvre» et «méthode de fabrication».

Matière d'œuvre:

un poulet	sel
3 citrons verts	poivre
3 gros oignons	1 piment frais
25 cl (centilitres) d'huile d'arachide	ail

Méthode de fabrication:
1. Couper le poulet en morceaux.
2. Emincer *(Dice)* les oignons et couper le piment en morceaux.
3. Mariner le poulet pendant plusieurs heures avec l'huile d'arachide, le jus et le zeste des citrons, les oignons émincés, le piment, de l'ail, du sel et du poivre.
4. Egoutter *(Drain)* les morceaux du poulet et faire sauter *(brown)* de tous les côtés.
5. Faire revenir *(brown)* les oignons égouttés dans l'huile d'arachide, laisser cuire doucement.
6. Rajouter la marinade, les morceaux du poulet et ajouter un verre d'eau. Laisser mijoter *(simmer)* 30 mn.
7. Servir avec du riz.

On peut aussi faire ce plat avec d'autres viandes ou avec du poisson. Dans ce cas, faites griller la viande ou le poisson avant de les faire revenir dans de l'huile.

COMMENT MANGENT LES SÉNÉGALAIS

Avant de manger, on se verse de l'eau sur les mains puis on les essuie sur un linge de coton, puis on s'installe—par terre ou à table. Le plat principal est servi dans des assiettes creuses en terre cuite pouvant contenir assez pour trois ou quatre personnes.

© Owen Franken/Corbis

On plonge les trois premiers doigts de sa main droite dans l'assiette pour prendre le morceau de son choix. Le repas se termine par un fruit et souvent par du thé à la menthe, servi en trois étapes: le premier verre, à peine sucré; le deuxième un peu plus; le troisième au contraire très doux.

La poutine québécoise

© David Boily/AFP/Getty Images

Pour quelques humoristes, le Québec se définit par un seul mot: la poutine! C'est quoi, la poutine? C'est un mets très populaire qui comprend des frites, du fromage en grains de cheddar et une sauce brune espagnole type BBQ (qu'on appelle parfois un gravy). Inventée dans les années 1950 dans le Québec rural quand un client a demandé à un restaurateur de mettre des patates frites et du fromage en grain dans un sac en papier et que le restaurateur a répondu: «Ça doit faire une maudite poutine (mixture étrange)», la poutine jouit aujourd'hui d'une grande popularité.

On la sert en accompagnement des hot-dogs et des hamburgers dans les restaurants-minute et dans les grandes chaînes internationales (McDonald's, Burger King), mais aussi en famille en accompagnement des œufs au petit déjeuner ou en plat principal au souper. La poutine est très populaire aussi après une soirée arrosée de vin ou de bière pour «aider la digestion» (les discos de Montréal et de Québec en servent dans un bol en carton à 4h du matin).

La popularité de la poutine se voit aussi dans les œuvres de plusieurs chanteurs et musiciens. Le groupe musical **Mes Aïeux** en parle ainsi dans sa chanson «hit» *Hommage en grains:*

Quand vient l'heure du last-call et que s'allument les néons
Exposant nos teints, éteignant nos ambitions,
Quand aller se coucher n'est pas une solution
Nos cerveaux embrouillés n'envisagent qu'une option

Patates, sauce brune et fromage font un excellent ménage
Passé trois heures et demie, c'est de la grande gastronomie […]

Ah, quelle joie de savoir que partout au Québec
A la même heure chaque soir, l'expérience se répète
Des épaves imbibées noyent l'alcool dans l'gravy
Et le ventre ballonné en rotant le bon gravy.
Gravy de:

Patates, sauce brune et fromage, c'est engraissant, quel dommage!
Patates, sauce brune et fromage, une part de notre héritage
Patates, sauce brune et fromage, nous te rendons cet hommage
En grains!

Source: Hommage en grains, (Mes Aïeux), par S. Archambault, É. Desranleau, M-H Fortin, F. Giroux, M-A Paquet. Éditions S.B.

La cuisine antillaise: reflet du passé historique

La cuisine de la Guadeloupe et de la Martinique reflète les traces des différents peuples qui ont habité les îles à travers les siècles.

- Des premiers occupants (les Arawaks), la cuisine a hérité des assaisonnements fortement pimentés.
- Les Caraïbes, qui ont conquis les Arawaks, ont laissé le goût du boucanage (viandes et poissons fumés).
- Les esclaves venus d'Afrique ont apporté avec eux les accras (beignets de morue ou de crevettes), le calalou (potage aux herbes et au lard) et l'emploi des «racines» (ignames, patates douces).
- Les Hollandais y ont implanté la canne à sucre et ont initié les habitants aux blaffs (plats de poissons ou de crustacés cuits à l'eau épicée).
- Des Indiens des Indes, venus après l'abolition de l'esclavage, on a adopté les colombos (plats de viande assaisonnée de curry).
- Les Français y ont contribué en apportant, entre autres choses, les pâtisseries, le boudin, les brandades de morue et les courts-bouillons de poisson.

Un repas typique des Antilles commence toujours par un ti-punch—boisson à base de rhum, de sucre de canne et de citron vert ou d'autres fruits macérés—servi peut-être avec des accras. Viennent ensuite les poissons grillés ou en court-bouillon, les fruits de mer (crabes farcis, langoustes grillées) ou les viandes (colombos, poulet boucané ou fricassé); ces plats sont accompagnés de fruits et de légumes. A la fin du repas, encore des fruits ou des desserts plus élaborés (blanc-manger au coco, banane flambée au rhum ou gâteau à la noix de coco). Le repas est arrosé de jus de fruits ou de vin ou parfois de bière.

Le saviez-vous

- En Belgique, on mange des frites avec de la mayonnaise.
- Dans l'île de Tahiti, sur le front de mer de Papeete, on trouve des roulottes, petits restaurants ambulants où on peut manger de tout (pizza, plats chinois, steak-frites, crêpes) à des prix très raisonnables.
- Dans toutes les villes de la Côte d'Ivoire, on trouve des alokodromes comprenant des tables que se partagent plusieurs vendeurs à partir de la fin de l'après-midi. On choisit son plat et on s'assied pour manger des spécialités ivoiriennes—brochettes, poissons et poulets braisés, aloko (grosses bananes coupées en tranches et frites dans de l'huile).
- La fondue au fromage est le plat national suisse. On se réunit autour d'une cocotte, on pique avec une longue fourchette un morceau de pain et on le trempe dans le fromage bien chaud. La tradition veut que si on laisse tomber son morceau de pain dans la cocotte où on prépare la fondue, on est obligé d'embrasser un(e) des autres invité(e)s.

DICO

arrosée *washed down (as in drinking)*	**farci** *stuffed*
assiettes creuses en terre cuite *shallow clay plates*	**gambas** *large shrimp*
	huile d'arachide *peanut oil*
beignets *fritters, doughnuts*	**jouir** *to enjoy*
boudin *blood sausage*	**macérés** *soaked in liqueur*
brandade de morue *cod cooked with milk and garlic*	**ménage** *combination*
	mets *food item*
cerveaux embrouillés *confused brains*	**noix de coco** *coconut*
cocotte *casserole*	**noyer** *to drown*
coquillages *shellfish*	**piment** *red pepper*
court-bouillon *water with spices*	**pimenté** *highly spiced*
engraissant *fattening*	**rotant** *belching*
enrobée *coated*	**sable** *sand*
épaves imbibées *drunken wrecks*	**verser** *to pour*
essuyer *to wipe*	**veut que** *has it that*
éteignant *extinguishing*	

T. Qu'est-ce que vous avez appris? Lisez les documents, puis choisissez la bonne réponse.

1. … *n'est pas* un ingrédient principal de la cuisine sénégalaise.
   a. L'huile d'arachide
   b. Le riz
   c. Le mil
   d. L'huile d'olive

2. Au Sénégal on *ne* mange *pas* beaucoup de…
   a. poissons.
   b. porc.
   c. poulet.
   d. fruits de mer.

3. Est-ce qu'on trouve des fast-foods au Sénégal?
   a. Oui.
   b. Non.

4. Comment mange-t-on au Sénégal? Laquelle de ces phrases n'est pas juste?
   a. On se lave les mains avant de manger.
   b. Chaque personne a sa propre assiette.
   c. On mange avec les doigts.
   d. Chaque personne choisit le morceau qu'elle veut.

5. Au Sénégal on boit du thé…
   a. avant le repas.
   b. pendant le repas.
   c. après le repas.

6. Au Québec on *ne* mange *pas* de poutine normalement…
   a. dans les fast-foods.
   b. dans les discos.
   c. à la maison.
   d. au restaurant.

7. ... *n*'ont *pas* contribué à la cuisine de la Martinique et de la Guadeloupe.
    a. Les Indiens des Indes
    b. Les Africains
    c. Les premiers occupants des îles
    d. Les Français
    e. Les Anglais
    f. Les Hollandais

8. Aux Antilles on *ne* mange *pas* beaucoup de...
    a. bœuf.
    b. poisson.
    c. fruits de mer.
    d. poulet.

U. Mini-discussions. Discutez des questions suivantes avec quelques camarades de classe.

1. A quelle(s) autre(s) cuisine(s) ressemble la cuisine sénégalaise? En quoi?
2. Comment prépare-t-on le poulet chez vous? Quelles différences y a-t-il entre un plat de poulet typiquement américain et le poulet au yassa?
3. Si on vous invitait à prendre un repas avec une famille habitant dans un petit village sénégalais, accepteriez-vous? Pourquoi (pas)? Si vous acceptiez, quelles habitudes seriez-vous obligé(e) de modifier afin de vous conduire en bon(ne) invité(e)?
4. Quelles difficultés les Sénégalais pourraient-ils rencontrer à table avec votre famille?
5. Auriez-vous envie de manger de la poutine québécoise? Pourquoi (pas)?
6. La cuisine antillaise reflète le passé historique des îles. Qu'est-ce qui a influencé la cuisine de votre région? A votre avis, y a-t-il une cuisine nationale états-unienne?

Comment se renseigner (2)

> ## RAPPEL
>
> ### Les questions avec préposition
>
> preposition +
> qui
> quoi
> où
> quel(le)(s)
> combien de temps
>
> + est-ce que + subject + verb?
> or
> + verb + subject?

V. Alors... Quand votre camarade de classe vous dit quelque chose, posez-lui une question pour en apprendre davantage. Utilisez quelques-uns des éléments proposés pour lui poser cette question.

Modèles: Jeanne a trouvé un job. (travailler)
Ah, bon? Pour qui est-ce qu'elle va travailler?

Mon petit frère ne veut pas entrer dans cette maison. (avoir peur)
Ah, bon? De quoi est-ce qu'il a peur?

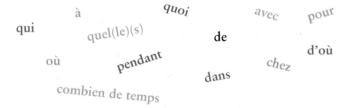

qui à quoi avec pour
quel(le)(s) de d'où
où pendant chez
dans
combien de temps

1. Je suis allé au cinéma hier soir. (aller)
2. Cette fille-là ne vient pas des Etats-Unis. (venir)
3. Vincent n'habite pas chez ses parents. (habiter)
4. Mireille a des poissons rouges. (garder = *to keep*)
5. Les Bazantay ne sont plus au troisième étage. (être)
6. Je n'écris plus avec un stylo à bille. (écrire)
7. Non, elle ne parlait pas de Didier. (parler)
8. Annick n'a pas besoin de ces livres-ci. (avoir besoin)
9. Je ne pensais pas à l'examen. (penser)
10. Nous allons passer le week-end à Deauville avec Claude et Jacques. Ils y ont chacun un appartement. (descendre = *to stay*)
11. Margaux ne dort pas beaucoup. (se coucher)
12. Les Mermet vont faire un voyage en Russie. (rester)

👥 W. Entre amis. Utilisez les verbes et les expressions donnés pour poser des questions à un(e) camarade de classe, qui vous répondra. Attention à l'emploi des prépositions.

> **Modèle:** Vous avez vu un(e) ami(e) à la bibliothèque avec une personne que vous n'avez pas reconnue. (parler)
>
> *A qui est-ce que tu parlais quand je t'ai vu(e) à la bibliothèque? ou: Je t'ai vu(e) à la bibliothèque hier avec un(e) ami(e). De quoi est-ce que vous parliez?*

1. Votre ami(e) est en train d'écrire un mél. (écrire)
2. Votre ami(e) est en pleine rêverie et ne vous écoute pas. (penser)
3. Votre ami(e) semble chercher quelque chose. (avoir besoin)
4. Votre amie vous dit qu'elle est musicienne, mais c'est la première fois qu'elle vous en parle. (jouer / instrument de musique)
5. Ce sera demain l'anniversaire de votre ami(e), mais vous ne savez pas son âge. (être né(e) / année)
6. Votre amie semble très impatiente. (attendre)
7. Votre ami(e) a l'air inquiet (inquiète). (avoir peur)
8. Votre ami(e) cherche un numéro de téléphone. (téléphoner)
9. Votre ami(e) est invité(e) à passer le jour de Noël chez quelqu'un, mais vous ne savez pas qui. (passer le jour de Noël)
10. Vous voulez obtenir un permis de stationnement, mais vous ne savez pas le nom de la personne qui les délivre. (s'adresser)
11. Votre oncle vient d'acheter une nouvelle maison et vous aimeriez savoir comment elle est. (couleur / maison)
12. Vos parents sont allés voir un vieux film français qui s'intitule *Les Enfants du paradis*. Vous n'avez jamais entendu parler de ce film. (il s'agit / dans ce film)
13. Vous avez invité des gens à dîner et vous voulez servir du bœuf avec une sauce béarnaise, mais vous ne savez pas préparer la sauce. (préparer)
14. On vous a donné un poisson, mais il est trop grand pour vos casseroles. (faire cuire = *to cook*)
15. Le safran est une épice très rare et très chère. On vous en a donné, mais vous ne savez pas l'utiliser. (ajouter)

 Do **A faire!** (1-4) on page 36 of the **Manuel de préparation.**

REPRISE

Les expressions interrogatives

👥 X. Une enquête (suite). Posez des questions à quelques camarades de classe afin de vous renseigner sur leurs habitudes alimentaires. Utilisez les questions que vous avez préparées en faisant l'Exercice XXIV (**Manuel de préparation**).

Chapitre 1 ▪ *Fonction* **35**

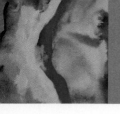

Quant à moi...

Témoignages: «La faim est-elle un problème dans votre pays?»

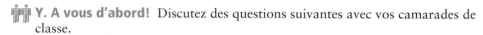

Y. A vous d'abord! Discutez des questions suivantes avec vos camarades de classe.

1. Dans quelle mesure la faim est-elle un problème dans votre ville (région, pays)?
2. Que fait-on pour aider les gens qui ont faim?

🔊 CD1, Tracks 12–14

🌐 Visit the **témoins** in their hometown on Google Earth.

Z. Les témoins vous parlent. En écoutant quelques Français et Francophones vous parler de la faim, faites les exercices selon les indications données.

Anne-Marie Floquet
Paris, France

Paris
Population: 2 193 031 (ville), 11 174 740 (agglomération)
Importance: capitale de la France, une des villes les plus célèbres du monde, la tour Eiffel, l'arc de Triomphe, le musée du Louvre, l'avenue des Champs-Elysées

Vocabulaire utile

meurent *(die)*, **en dessous du seuil de la pauvreté** *(below the poverty line)*, **sans-abri** *(homeless)*, **Coluche** *(popular French actor-comedian)*, **Restos du Cœur** *(organization providing food for the hungry)*, **lancée** *(started, launched)*, **fondées** *(founded)*, **l'Abbé Pierre** *(Catholic priest known for his aid to the homeless)*, **se rendre compte** *(to realize)*

1. Ajoutez les mots qui manquent. Utilisez une autre feuille de papier.
   —Bonjour, Madame. Je m'appelle Anne-Marie Floquet. F-L-O-Q-U-E-T. Je suis _____. J'ai _____ ans. Je fais de la recherche et j'enseigne dans le domaine des _____.
   —Dans quelle mesure la faim est-elle _____ dans votre région / pays?
   —Euh... dans ma région, dans mon dans mon pays même, j'dirais que la France est un pays _____, euh avec beaucoup de ressources. Donc, dans l'ensemble, _____, au sens vraiment fort de de problème, c'est-à-dire des gens qui meurent de faim, c'est _____. Euh cela dit, euh, bien sûr, il y a, il y a _____ en dessous du seuil de de pauvreté, _____, mais il y en a, et des sans-abri.
   —Que fait-on pour _____ les gens qui ont faim?
   —Il y a, il y a pas mal d'aide, euh d'initiatives _____ euh et _____, qui aident les gens qui ont faim. Je pense _____ à celle de Coluche, le comique Coluche, dans les années _____... Donc ça, c'était une initiative qui, je pense, _____ parce qu'elle était lancée par une figure _____, une figure sympathique, celle du comique Coluche. Et ça a permis vraiment de de faire passer _____ et que que... il y ait une réaction assez _____ et ça a vraiment aidé euh, je pense, les gens qui _____. Il y a aussi euh des

initiatives de la part de... d'institutions euh qui ont été fondées par _____.
Je pense par exemple à l'influence de l'Abbé Pierre, euh vous connaissez
peut-être le film «Hiver _____», qui était un hiver très très_____. Donc
euh, pour les sans-abri, c'était une question de logement mais aussi euh
de _____ et ça a été une occasion de se rendre compte de _____ gens
étaient _____ à l'extérieur et l'Abbé Pierre _____ des mouvements
importants pour aider les gens _____.

Corinne Bernimoulin-Schmid
Genève, Suisse

Genève
Population: 185 958 (ville), 460 400 (canton)
Langue: français
Importance: deuxième ville de la Suisse, centre bancaire et commercial (horlogerie, mécanique de précision), siège de la Croix-Rouge

2. Choisissez la ou les meilleure(s) réponse(s).
   a. Selon Corinne, en Suisse...
      1. la faim est un gros problème.
      2. personne n'a faim.
      3. seuls les vieilles personnes et les malades souffrent de malnutrition.
   b. En Suisse, à quelle région n'associe-t-on pas la faim?
      1. L'Asie.
      2. L'Amérique du Sud.
      3. L'Afrique.
   c. Lesquels des moyens suivants utilise-t-on en Suisse pour aider les gens qui ont faim dans les pays lointains?
      1. Les écoliers vont de maison à maison en demandant de l'argent.
      2. Il y a des émissions télévisées avec des célébrités.
      3. Quelques personnes participent à des événements sportifs.
      4. Des chanteurs connus donnent des concerts.

Christophe Mouraux
Liège, Belgique

Liège
Population: 194 230 (ville), 600 000 (agglomération)
Langue: français
Importance: ville historique avec de nombreux musées, églises et monuments, université importante

3. Répondez aux questions.
   a. Selon Christophe, quel est le nombre approximatif de gens qui ont faim en Belgique?
   b. Précisez deux moyens pour aider les gens qui ont faim mentionnés par Christophe.

AA. Chez vous. Les témoins trouvent pour la plupart que la faim est un problème dans les pays du Tiers Monde *(Third World)* plutôt que dans les pays où ils habitent. Dans quelle mesure partagez-vous leur opinion? Pourquoi?

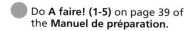
Do **A faire! (1-5)** on page 39 of the **Manuel de préparation.**

Et vous?

FICHE VOCABULAIRE

LA FAIM

la faim
- avoir faim
- souffrir de la faim
- mourir de faim / mourir d'inanition *to starve to death*

la malnutrition / la sous-alimentation
- être mal nourri(e)(s) *to be malnourished, not eat a healthy diet*
- être sous-alimenté(e)(s) *to be undernourished, not have enough food*

la famine
- manquer de nourriture *to lack food*
- les causes principales
- les catastrophes naturelles
- les inondations *(f. pl.) floods*
- les tremblements de terre *(m. pl.) earthquakes*
- la sécheresse *drought*
- les guerres *(f. pl.)*
- les problèmes économiques *(m. pl.)*

aider les gens qui ont faim
- des initiatives publiques / des organismes gouvernementaux
- des initiatives privées / des associations non gouvernementales
- des banques alimentaires *(f. pl.) food pantries*
- des Restos du Cœur *(m. pl.) food kitchens*
- des collectes *(f. pl.) fund-raising drives*
- des concerts *(m. pl.)*
- distribuer des vivres *(m. pl.) to give out food*
- réunir des fonds *(m. pl.) to raise money*

BB. La faim chez vous. Discutez du problème de la faim pour les gens de votre région ainsi que pour les gens à travers le monde.

1. Dans quelle mesure la faim est-elle un problème dans votre ville ou région? Aux Etats-Unis? Dans le monde?
2. A votre avis, quelles sont les principales causes de la faim?
3. Que fait-on dans votre ville ou votre région pour aider les gens qui ont faim? Qu'est-ce qu'on pourrait faire d'autre pour les aider?

Magazine Culture Manger à sa faim?

Prendre trois repas par jour, grignoter quand on veut, se régaler d'un grand dîner pour fêter un anniversaire ou un mariage ou le Nouvel An—pour beaucoup d'entre nous, ça, c'est normal. Mais il y a beaucoup de gens qui ne mangent pas à leur faim. Qui sont-ils? Pourquoi manquent-ils de nourriture? Que fait-on pour les aider?

La faim mondiale

Il y a dans le monde plus de 850 000 000 personnes (dont 160 000 000 enfants âgés de moins de cinq ans) qui ont faim. La plupart se trouvent dans les pays en voie de développement en Afrique, en Asie et en Amérique du Sud. Chaque année 15 000 000 enfants meurent de faim. Et malgré les efforts des pays développés, le nombre de personnes sous-alimentées continue d'augmenter.

Les causes de la sous-alimentation sont multiples: catastrophes naturelles (sécheresse, ouragans, tremblements de terre), maladies (sida), conflits armés (guerres civiles) et, bien sûr, pauvreté.

En Afrique francophone, la République démocratique du Congo a vu tripler la sous-alimentation: 72% de la population est touchée. Au Cameroun et au Mali, près d'un quart de la population a faim. Et au Sénégal, où on continue de faire des progrès dans le domaine de l'agriculture, 20% de la population est sous-alimentée.

© Frederique Cifuentes Morgan/Alamy

AVOIR FAIM EN FRANCE

Il est rare de mourir de faim en France au XXIᵉ siècle. Mais il reste quand même des millions d'enfants, d'hommes et de femmes qui vivent en marge de la société. Le taux de pauvreté est de 6%, représentant plus de 3 600 000 gens, et un grand nombre de ces personnes bénéficient de l'aide alimentaire. On ne sait pas le nombre exact de gens qu'on aide, mais on sait que la quantité d'aliments distribués par les banques alimentaires a triplé depuis 1990.

En France, la sous-alimentation est due surtout à la pauvreté. Là où les dépenses alimentaires représentent moins de 20% du budget d'une famille «normale», elles peuvent monter jusqu'à 50% du budget d'une famille pauvre. Le résultat: les pauvres mangent moins de fruits et de légumes frais, trop de produits sucrés et salés.

TROIS TENTATIVES POUR AIDER CEUX QUI ONT FAIM

1. Une tentative européenne: le collectif ALIMENTERRE

Le collectif ALIMENTERRE réunit trois ONG (organisations non gouvernementales): le CFSI (Comité français pour la solidarité internationale), SOS Faim Belgique et SOS Faim Luxembourg. Le collectif a pour but l'amélioration des conditions de vie des populations en voie de développement. En Afrique, par exemple, ils soutiennent directement les paysans dans plusieurs pays (dont le Burkina Faso, le Mali, la Mauritanie, le Niger, la République du Congo et le Sénégal). Il les aide à:

- exercer leur métier (i.e., trouver accès à la terre, acheter les outils nécessaires pour l'agriculture, garantir la disponibilité en eau);
- améliorer leur production agricole et la commercialisation de leurs produits;
- maintenir des prix agricoles suffisants pour vivre de leur travail.

Ces organisations dépendent de la générosité du public, des subsides publics nationaux et européens et du travail de nombreux bénévoles.

2. Une tentative française: les Restos du Cœur

C'est en 1985 que l'humoriste et acteur français Coluche a eu l'idée des Restos du Cœur. Il s'agit de donner à manger à des gens qui ont faim et qui ne peuvent pas se payer de repas chauds. Les Restos du Cœur sont ouverts toute l'année, avec une plus forte activité en hiver. La distribution de l'aide alimentaire a lieu dans plus de 2 000 centres de distribution en France où travaillent 63 000 bénévoles. Les plus démunis y vont plusieurs fois par semaine pour parler, boire un café et chercher de la nourriture.

Il y a deux formules: les *colis alimentaires* (pour ceux qui ont ce qu'il faut pour cuisiner) et les *repas chauds* (pour les autres).

Ce qu'on appelle un colis alimentaire est un panier dans lequel on met des aliments qui permettent aux «bénéficiaires» de préparer chaque semaine six repas complets et équilibrés. Le panier comprend, par exemple: viande ou poisson, légumes, pâtes et riz, fromage ou yaourt, pain ainsi que des produits de base (lait, beurre, huile, etc.). On y ajoute souvent de quoi faire plusieurs petits déjeuners.

Les repas chauds, destinés à ceux qui n'ont pas de cuisine ou qui ne savent pas cuisiner, sont servis à table dans les centres de distribution, normalement à midi. Mais, dans certaines villes, il y a aussi des Camions du Cœur qui circulent dans les rues et qui servent sur le trottoir une soupe, un plat chaud et un café. Et un grand nombre de centres de distribution restent ouverts pendant toute l'année pour aider les plus pauvres des pauvres (environ 10% des personnes).

Pour l'année 2010–2011 les Restos du Cœur ont distribués 110 millions de repas à 830 000 personnes.

3. Une tentative bi-culturelle: la Coopération Sud-Sud (Viêt-Nam/Sénégal)

Sous les auspices de la FAO (Organisation des Nations-Unies pour l'alimentation et l'agriculture), des experts agricoles vietnamiens sont venus au Sénégal pour aider les agriculteurs sénégalais. Depuis 1997 une centaine d'experts se chargent de nombreux petits projets ruraux dans plus de 400 villages de 11 régions du Sénégal. Le but est d'améliorer la sécurité alimentaire en apprenant aux paysans sénégalais de nouvelles techniques et stratégies. Voici trois exemples de projets qui ont bien réussi.

A une centaine de kilomètres au sud-est de Dakar, on trouve des rizières plantées parfaitement en ligne et bien irriguées. Les habitants du village de Ndioudof n'ont plus faim grâce aux conseils de leur expert vietnamien (un ingénieur agronome) et aux efforts des hommes et des femmes du village, qui travaillent quatre ou cinq heures par jour dans les rizières. En 2 ans les terres du village rendent sept fois plus de riz, ce qui permet aux villageois de manger à leur faim et aussi de revendre du riz sur le marché.

Un peu plus au nord, au milieu des terres arides de Thiès, on trouve des arbres fruitiers, des salades, des courgettes et d'autres légumes. De grands eucalyptus protègent les arbres fruitiers, qui à leur tour abritent du soleil les salades et légumes. Avec l'aide de leur expert vietnamien, les habitants ont des produits à manger et à vendre tout au long de l'année.

Un peu plus au sud, sur la côte, au village de M'bour, on trouve une coopérative composée uniquement de femmes. Là se fabrique, sous l'œil vigilant de leur experte vietnamienne, une sauce (le «Nuoc Mam») très populaire au Viêt-Nam, faite de poissons et de sel, qui est une excellente source de protéine et de vitamines. Ces femmes contribuent donc beaucoup à l'économie de la région en achetant leurs poissons aux pêcheurs locaux et puis en exportant le produit final dans toute l'Afrique.

Source: Trung Dung Vo blog in *Le Monde,* http://trungdungvo.blog.le monde. fr/2006/08/29/2006_08_les_nouveaux_nh/

DICO

ajouter *to add*
but *goal*
camions *trucks*
disponibilité *availability*
en marge de *on the edge of*
fêter *to celebrate*
manger à sa faim *to eat one's fill*
métier *occupation*
panier *basket*

rendre *to yield*
rizières *rice paddies*
salés *salty*
sécheresse *drought*
se régaler *to treat oneself*
sucrés *sweet, sugary*
taux *rate*
tremblements de terre *earthquakes*
trottoir *sidewalk*

CC. Vous avez compris? Indiquez si les déclarations suivantes sont vraies ou fausses.

1. Un peu moins de 10% des enfants sous-alimentés dans le monde finissent par mourir de faim.
2. De nos jours une des principales causes de la faim dans le monde est le développement rapide des OGM (organismes génétiquement modifiés).
3. Un grand nombre de personnes meurent de faim en France chaque année.
4. La cause principale de la faim en France est la pauvreté.
5. Le collectif ALIMENTERRE est sous la direction de l'ONU (Organisation des Nations-Unies).
6. Le collectif ALIMENTERRE aide les grandes sociétés coopératives agricoles.
7. Les Restos du Cœur ressemblent aux banques alimentaires qu'on trouve dans beaucoup de villes américaines.
8. Les Restos du Cœur ne fonctionnent pas en été.
9. La Coopération Sud-Sud est un exemple d'un programme où deux pays échangent des experts.
10. La présence des experts vietnamiens au Sénégal a contribué à améliorer la nutrition et l'économie au Sénégal.

Les Restos du Cœur: l'exemple d'un colis alimentaire

Dans un panier typique pour une personne, on trouve: 1 boîte de pâté, 1 boîte de sardines, 100 g de steak haché, 100 g de poisson pané *(breaded)*, deux boîtes de légumes, 500 g de pâtes, 150 g de pommes de terre, 100 g de légumes frais, 1 compote de pomme *(apple sauce)*, 1 barre de chocolat, 1 boîte de petits gâteaux, 1 gâteau fourré *(with filling)*, 1 barre de céréales, 2 fruits, du sucre, du beurre et de la farine (pour faire des crêpes ou un gateau).

Adapté d'*Okapi*

Une femme pauvre qui parle

«Nous avons tous l'air d'affamés. Nous n'avons pas eu grand-chose à manger aujourd'hui et nous ne savons pas quoi faire à dîner pour demain. Les pauvres gosses, c'est triste quand ils vous disent qu'ils ont faim et que l'on n'a rien à leur donner. La viande, 180 grammes par semaine. Les légumes, quand on va au marché, il n'y a que les queues *(stalks)* pour les épinards et on vous pèse *(weigh)* les radis avec les feuilles et les choux-fleurs avec les côtes *(ribs)* et les feuilles. On est obligé de manger tout ça... comme des lapins ou des vaches.»

Adapté de http://matisson-consultants.com/affaire-papon/contributions.

La campagne «Poulets congelés»

Au Cameroun, SOS Faim a poursuivi la campagne «Poulets congelés»—c'est-à-dire, il s'agissait de dénoncer l'exportation massive vers les marchés africains de volaille congelée. Le bas prix des poulets congelés rendait la production locale non compétitive. On a remis à un Commissaire européen une pétition de 65 000 signatures recueillies en Europe et en Afrique. Les actions de SOS Faim ont contribué à l'établissement de quotas et d'une taxe d'importation pour améliorer considérablement la situation des producteurs locaux. SOS Faim pense élargir ses actions à d'autres produits agricoles importés: le mot d'ordre «Consommons ce que nous produisons et produisons ce que nous consommons».

Adapté de www.sosfaim.org.

1. Que pensez-vous du colis alimentaire des Restos du Cœur? (Vous semble-t-il nourrissant? Appétissant? Qu'est-ce que vous voudriez y ajouter?) Y a-t-il des banques alimentaires dans votre ville? Quelles autres choses fait-on chez vous pour aider les plus démunis?

2. Vous êtes-vous jamais trouvé(e) dans la situation où vous n'aviez pas assez à manger? Comment vous sentiez-vous? Qu'avez-vous fait? A votre avis, qu'est-ce que la société devrait faire pour aider la femme qui parle de ses enfants?

3. Les campagnes de SOS Faim contre l'exportation des produits agricoles vous semblent-elles une bonne solution aux problèmes économiques des pays en voie de développement. Pourquoi (pas)? Quelles autres solutions pourriez-vous suggérer?

Fonction

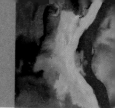

Comment exprimer la négation

RAPPEL

Les expressions négatives

ne... rien
> Je ne vois **rien**.
> Nous n'avons **rien** acheté.
> Je n'ai besoin de **rien**.
> Que voulez-vous? **Rien**.

ne... personne
> Elle **ne** connaît **personne** à Lyon.
> Je **n'**ai rencontré **personne**.
> Ils **n'**ont parlé à **personne**.
> Qui a téléphoné? **Personne**.

ne... plus
> Elle **n'**est **plus** là.
> Je **ne** peux **plus** supporter le stress.

ne... pas encore
> Je **n'**ai **pas encore** mangé.
> Ils **ne** sont **pas encore** rentrés.

EE. Toujours non. Répondez négativement aux questions suivantes.

1. Est-ce que quelqu'un a téléphoné ce matin? Non,...
2. Est-ce que tu as besoin de quelque chose? Non,...
3. Est-ce qu'il neige encore? Non,...
4. Tu as déjà dîné? Non,...
5. Il lui faut quelque chose? Non,...
6. Quelqu'un veut voir ce film? Non,...
7. Tu as vu quelqu'un dans la rue? Non,...
8. Elle a acheté quelque chose au magasin de musique? Non,...
9. Quelqu'un connaît le numéro de téléphone de Jean-Jacques? Non,...
10. Elles sont déjà parties pour l'Afrique? Non,...
11. Vous allez souvent au musée? Non,...
12. Ils sont toujours au restaurant? Non,...
13. Tu vas envoyer un mél à quelqu'un? Non,...
14. Elle a peur de quelque chose? Non,...
15. Quelqu'un t'a accompagné? Non,...

FF. Deux sœurs qui ne se ressemblent pas du tout. En utilisant des expressions négatives, expliquez en quoi Jacqueline diffère de sa sœur Myriam.

Modèle: Myriam aime tout le monde.
Jacqueline n'aime personne.

1. Myriam aide toujours ses parents à la maison.
2. Myriam salue beaucoup de gens en allant à l'école.
3. Myriam a déjà trouvé un job d'été.
4. Myriam embrasse encore ses parents avant de se coucher.
5. Myriam a offert des CD et un bijou à Jacqueline pour son anniversaire.
6. Myriam téléphone à sa meilleure copine tous les soirs.
7. Myriam connaît beaucoup de gens en dehors de l'école.
8. Myriam a envoyé une carte de Noël à ses grands-parents.
9. Myriam porte souvent une jupe.
10. Myriam fait beaucoup de choses le week-end.

GG. Des caricatures. Avec l'aide des expressions négatives, caricaturez les personnages suivants. Utilisez l'expression «C'est quelqu'un qui...»

Modèle: le (la) timide
C'est quelqu'un qui ne parle à personne. Il (Elle)...

1. le (la) pessimiste
2. le (la) distrait(e)
3. l'avare *(miser)*
4. le (la) paresseux(se)
5. le (la) misanthrope
6. l'hypocondriaque

● Do **A faire! (1-6)** on page 45 of the **Manuel de préparation.**

Littérature

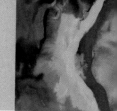

«Ndo Cup: Tête de poule»

Marie-Angèle Kingué

Marie-Angèle Kingué was born in Cameroun and has written a number of stories and novels about growing up in that country. She currently lives in Pennsylvania, where she teaches French at Bucknell University.

AIDE-LECTURE

In Cameroon, when serving chicken to guests, the custom is to include every part of the chicken.
• Why?
• What often happens to the parts not eaten?

Quand on invite quelqu'un à dîner, on prépare en général du poulet. Or il est très important, lorsqu'on sert du poulet, de s'assurer que toutes les parties principales, la tête et les pattes (bien nettoyées évidemment), le cœur, le foie° et le gésier°, sont présentées à l'invité. Mon oncle Martin m'a expliqué que, jadis, les sorciers° se servaient de certaines parties du poulet telles que les pattes ou la tête, pour lancer un mauvais sort° à leurs ennemis. C'est donc pour cela qu'il faut que les parties principales du poulet soient présentes afin de rassurer l'invité et qu'il sache qu'aucune action néfaste° n'a été entreprise contre sa personne. Habituellement, les invités ne mangent pas ces parties et ce sont les enfants de la maison qui s'en régalent° en grignotant les os°.

liver / gizzard
wizards, magicians

cast an evil spell

no evil action

regale themselves with them / bones

AIDE-LECTURE

The children (and especially Denise) helped their mother prepare the meal.
• What reward did the mother promise Denise?
• What was Denise worried about?

Un soir, mes parents invitèrent monsieur Eboa à manger. Ce dernier se fit accompagner par un de ses cousins. Nous avions passé toute la journée à cuisiner des mets divers; ma sœur Denise s'étant particulièrement distinguée, ma mère lui promit en récompense tous les restes du poulet.

—Mais, Mama, tu sais bien que les adultes mangent beaucoup et qu'ils vont tout finir!

—Chut! Ne parle pas comme ça! Tu sais qu'en général ils laissent au moins la tête et le cou, répondit ma mère, alors calme-toi et attends patiemment. Et puis il y a plein d'autres choses tout aussi délicieuses!

AIDE-LECTURE

• Where and when did the children eat if there were guests? Why?
• What did the children do while the grownups were eating?

Il faut comprendre que nous avions un gros faible° pour le poulet.
Ma mère nous servit à manger à la cuisine. D'habitude, lorsqu'il y avait des invités chez nous, nous mangions à la cuisine un peu plus tôt, soit parce que nous étions trop nombreux pour nous mettre à table avec les invités, soit parce que, les repas d'adultes durant des heures, ma mère avait peur que nous ne nous comportions pas bien°. Après s'être occupée de nous, elle retourna donc à la salle à manger accomplir son devoir d'hôtesse.

a major weakness

not behave ourselves

Pour bien comprendre la suite des événements, il faut que vous sachiez comment notre maison était construite. La maison comportait un salon, une salle à manger et des chambres à coucher; derrière le bâtiment principal, un peu à l'écart°, il y avait une cuisine, un magasin et une salle de bains; des escaliers donnaient directement sur la salle à manger. Nous nous assîmes sur ces escaliers et commençâmes à observer les invités par le trou de la serrure°. Il n'était pas possible de voir les visages des personnes qui se servaient, mais nous avions une belle vue du centre de la table et des fourchettes qui faisaient des allers et retours trop fréquents à notre gré°, entre le plat qui nous intéressait et une destination inconnue.

off to the side

keyhole

to our liking

AIDE-LECTURE
- What did the children see through the keyhole?
- How did Denise react at first? Why? And later? Why?

—Tiens! L'aile vient de disparaître!
—Aïe! Le cou a disparu aussi!
Cependant, nous gardions encore espoir parce qu'il restait la tête et les pattes. Denise, pendant que nous nous relayions° au poste d'observation, écoutait calmement, gardant son sang-froid°; nous devions être gentils avec elle pour nous assurer un petit morceau du poulet… J'étais aux aguets° lorsque je vis la tête du poulet disparaître. J'annonçai la triste nouvelle à Denise qui perdit son calme et, d'un bond°, m'écarta de la porte pour vérifier la gravité de la situation. Elle avait les larmes° aux yeux…

were taking turns
composure
on the watch

with a leap
tears

AIDE-LECTURE
- After the meal, the grownups went into the living room.
- What did the children do?
- Why did the grownups come back into the dining room?

Le repas terminé, ma mère ouvrit la porte et nous demanda de l'aider à débarrasser°; les invités passèrent au salon pour continuer leurs discussions et nous nous installâmes dans la salle à manger pour les écouter. Chez nous, les enfants apprennent beaucoup de choses en observant et en écoutant parler les adultes.
Au moment de partir, les invités revinrent dans la salle à manger pour nous dire au revoir. Tour à tour, ils nous serrèrent la main et dirent à nos parents combien nous étions sages. On entendait alors:
—Mais tiens, tu as grandi, et tu es au cours moyen déjà! Et ils accompagnaient leurs paroles de pincements de joues° et de tapes° dans les dos. Ce faisant, nous reconnûmes° la fameuse main qui s'était emparée° de plusieurs morceaux de poulet et surtout de la tête.

clear the table

pinching of cheeks / pats
recognized / had seized

AIDE-LECTURE
- How did the other children greet the guest who had taken the last piece of chicken?
- How did Denise greet him?
- What was the mother's reaction?
- And the father's?

Nous saluâmes quand même cet invité en lui lançant des regards désapprobateurs°. Lorsqu'il arriva en face de Denise, elle ne put se retenir° et s'écria: *Ndo cup!* Tête de poule!

disapproving / couldn't control herself

Ma mère, qui était juste à côté, faillit s'étrangler°; elle se précipita vers le monsieur, s'excusa et l'invita selon la coutume, à revenir à la maison chaque fois qu'il serait dans les parages°. Lorsque mon père nous rejoignit, ma mère lui relata l'incident pendant que nous essayions de maîtriser nos fous rires°. Mon père éclata de rire et demanda à ma mère de nous préparer du poulet pour le lendemain... C'est ainsi que nous mangeâmes du poulet en plein milieu de la semaine.

almost choked

in these parts, in the area
stop from laughing uncontrollably

Source: Marie-Angèle Kingué, *Echos d'enfance.* Ville La Salle (Québec): Editions Hurtubise, 1993, pp. 8–12.

HH. Compréhension: «Ndo Cup: Tête de poule». Donnez votre opinion sur les déclarations suivantes à propos du texte de Marie-Angèle Kingué. Justifiez vos réponses en faisant allusion à l'action du conte.

1. La famille du conte semble être très riche.
2. La famille du conte semble être très pauvre.
3. Présenter toutes les parties du poulet aux invités est un signe de politesse.
4. Parfois, les enfants de la maison semblent assez bien élevés.
5. D'autres fois, les enfants se comportent comme de vrais enfants.
6. Les invités ne sont pas très polis.
7. Un des invités est assez gourmand. Lequel, à votre avis?
8. Denise devrait être punie.
9. La fin du conte est juste et amusante.

II. Discussion: comparaison culturelle. Discutez des questions suivantes avec quelques camarades de classe. N'oubliez pas de marquer votre accord ou votre désaccord avec les idées de vos camarades.

Pour mieux vous exprimer

Exprimer votre accord
　　C'est vrai (exact, juste).
　　Je suis d'accord (avec...).

Exprimer son désaccord
　　Ce n'est pas vrai (exact, juste).
　　Je ne suis pas (tout à fait / du tout) d'accord (avec...).

1. Quels aspects du conte vous semblent spécifiquement africains?
2. Quels aspects du conte vous semblent plus universels?
3. Pouvez-vous imaginer une situation pareille aux Etats-Unis? Pourquoi (pas)?

Comment se renseigner (1)(2); Comment exprimer la négation

JJ. Un interrogatoire. D'abord, lisez l'article de journal «Suspect arrêté». Ensuite, avec un(e) camarade de classe, jouez les rôles de l'inspecteur de police et du suspect. L'inspecteur posera les questions indiquées ci-dessous; [?] indique une question à laquelle on peut répondre oui ou non. Le suspect répondra aux questions en s'inspirant des renseignements donnés dans l'article; [*] indique une réponse à laquelle on répond avec une des expressions négatives étudiées dans ce chapitre.

Suspect arrêté

Emile Mailochon, 27 ans, garagiste au chômage, domicilié au 17, rue de Bignoux, Poitiers, vient d'être mis en examen pour l'assassinat, en juin 2008, d'un épicier d'origine marocaine. Hakim Kaïtani avait été abattu d'une balle dans la tête et son corps retrouvé dans le Parc de Blossac. A l'époque, le suspect travaillait dans un garage Peugeot situé dans la rue de la Tranchée à proximité du parc. Il ne nie pas avoir visité l'endroit avec sa petite amie le soir du meurtre, mais il proclame son innocence en ce qui concerne la mort du jeune Maghrébin.

1. quel / votre nom (présent)
2. où / habiter (présent)
3. [?] / travailler toujours au garage Peugeot dans la rue de la Tranchée (présent) [*]
4. [?] / téléphoner déjà à votre avocat (passé composé) [*]
5. où / être à 11 heures du soir le 17 juin (imparfait)
6. avec qui / aller au parc (passé composé)
7. qui / voir au parc (passé composé) [*]
8. qu'est-ce que / dire à la victime [*]
9. [?] / faire du mal à quelqu'un ce soir [*]
10. [?] avoir quelque chose d'autre à dire (présent) [*]

Do **A faire! (1-7)** on page 50 of the **Manuel de préparation.**

C'est à vous maintenant!

KK. Une interview. Vous allez interviewer un(e) Français(e) ou un(e) Francophone ou bien une personne qui a voyagé en France ou dans un pays francophone. Vous commencerez par poser des questions générales pour faire connaissance avec cette personne avant de passer à des questions plus spécifiques sur ses habitudes alimentaires et sur ses attitudes à l'égard de la nourriture et de la cuisine.

Attention: Vous aurez à écrire un court article basé sur cette interview. Vous ferez donc bien de prendre des notes pendant l'interview.

LL. Vous avez bien compris? Comparez les notes que vous avez prises avec celles de quelques camarades de classe pour vérifier que vous avez bien compris les réponses aux questions.

Do **A faire! (1-8)** on page 51 of the **Manuel de préparation**.

«Chacun chez soi»

Un village dogon au Mali

Un bel immeuble au centre-ville

Objectives

In this chapter, you will learn to:

- describe housing, things, and people;
- talk about relationships between people and space;
- talk about your surroundings;
- interview someone;
- write up an interview.

In addition, you will read about and explore the following topics: housing in France, Mali, Martinique, and Switzerland; the student housing crisis in France.

 www.cengagebrain.com

Culture, Grammar Activities, Videos

 Pair work

 Group work

 CD1, Tracks 17–26
CD2, Tracks 2–7

● **A faire!** MP: pp. 55–104

Vous habitez où?

Evolution de la population française (en millions d'habitants)	
1800	28,7
1850	36,4
1900	40,6
1939	41,3
1998	58,7
2009	62,6
2025*	61,7
2050*	59,9

*Projections de l'ONU (Organisation des Nations Unies)

Chacun chez soi. *Voilà une belle idée qui suggère non seulement que chacun a un «chez soi» mais qui évoque peut-être même une habitation confortable aménagée selon les goûts du propriétaire. Il est vrai qu'en France, 56% (2011) des ménages (households) habitent une maison individuelle et que 44% (2011) sont logés dans des habitats collectifs (des appartements dans des immeubles). Mais il faut aussi reconnaître que 90 000 personnes environ sont sans domicile fixe (les SDF ou les sans-logis) et dorment dans les rues, dans des voitures et dans des centres commerciaux. A ce nombre, il faut ajouter au moins 7 000 Français qui sont provisoirement logés dans des centres d'accueil ainsi que 280 000 à 340 000 gens du voyage (les Roms). Dans ce chapitre, vous allez examiner quelques aspects du logement en France et en francophonie.*

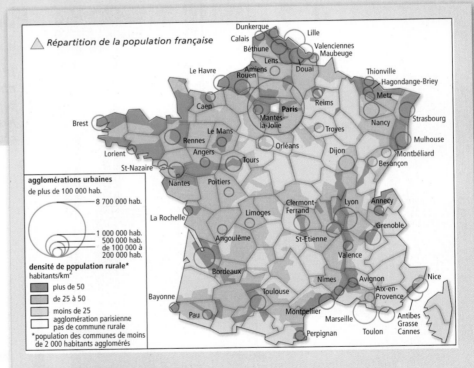

Où habitent les Français?

- Plus de la moitié des Français vivent dans les grandes villes (agglomérations) de plus de 200 000 habitants.
- Un Français sur quatre habite à la campagne. Beaucoup de ces Français habitent des villages et travaillent dans des villes voisines.
- 20% de la population française (un Français sur cinq) vit dans la région parisienne.
- Aujourd'hui, plus de la moitié des Français sont propriétaires de leur logement (56% en 2005).
- 3 millions des habitations sont des résidences secondaires (e.g., maisons de campagne).

► **A vendre en Bretagne**
La Bretagne est une région de l'ouest de la France. Rennes, la ville principale de la région, compte 206 229 habitants. C'est une ville historique et une ville d'art.

DEMEURE A VENDRE EN BRETAGNE

© Jeff Cowan/Shutterstock.com

A 30 minutes de Rennes: près d'une petite ville, cette maison date du XVIIe siècle. Surface habitable: 350 m² divisés en 6 pièces principales sur 2 étages. Grand living avec cheminée, salon de réception, 4 chambres. Grande cuisine avec rénovations récentes. Sur un terrain de 3 500 m². Bois et étang. 350 000 €

A VENDRE A PARIS Joli appartement de ville, sur deux niveaux, grand séjour, 2 chambres, intérieur refait à neuf, balcons. Quartier calme. A proximité des écoles. **950 000 €**

© WDG Photo/Shutterstock.com

▲ **A vendre à Paris** *Avec une population de 2 186 097 (2011), Paris est divisé en 20 arrondissements, tous très distincts les uns des autres. Maisons moyenâgeuses et immeubles modernes, la ville offre des logements pour tous les goûts.*

► **A vendre à Morillon**
Morillon est une petite commune d'à peu près 500 habitants de Haute-Savoie (sud-est de la France). C'est une station touristique hiver comme été (sports d'hiver, randonnées et camping).

A VENDRE A MORILLON

© Yoann Morin/Shutterstock.com

Appartement confortable, intérieur style loft, 2 chambres, living avec coin cuisine. Salle de bain toute neuve. Petite terrasse. Idéal pour les skieurs (pentes à proximité) et ceux qui aiment les randonnées. 200 000 €

A. Mots-clés. Etudiez les informations des premières pages du chapitre et des **Repères** pour trouver les équivalents français des mots et des expressions suivants.

1. for sale (1)
2. lodging – general (3)
3. lodging – specific (5)
4. to live (3)
5. large city (2)
6. countryside, rural area (1)

© Tom Prokop/Shutterstock.com

GERS: Belle maison dans la campagne, terrain de plus de 1.5 hectare. 4 chambres avec possiblité d'une 5e, petit bureau, grand séjour ouvrant sur une terrasse, cuisine récemment refaite, cave. **300 000 €**

▲ **A vendre dans le Gers** *Le Gers est un département du sud-ouest de la France. Il est connu pour ses spécialités gastronomiques à base de champignons.*

© Dianne Maire/Shutterstock.com

Situation exceptionnelle dans un quartier calme de Toulouse, cette maison avec cour fleurie intérieure et piscine, offre tous les conforts. Trois chambres, séjour, grande cuisine, chauffage gaz. 400 000 €

▲ **A vendre à Toulouse** *Située dans le sud-ouest de la France, Toulouse et son agglomération comptent 1,2 million d'habitants (2007). C'est le centre de l'industrie aérospaatiale d'Europe. L'université est une des plus vieilles d'Europe (fondée en 1229) et la ville est au deuxième rang (après Paris) pour le nombre d'étudiants.*

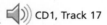 CD1, Track 17

B. De quoi s'agit-il? *(What's it about?)* Associez chaque description à des personnes, à un endroit ou à un type de logement.

C. Qu'est-ce que vous avez appris? Lisez les phrases suivantes et décidez si elles sont vraies ou fausses selon les renseignements donnés dans **Repères**. Si une phrase est fausse, corrigez-la.

1. Selon la répartition de la population française (voir la carte), l'agglomération lyonnaise est plus peuplée que l'agglomération parisienne.
2. Plus de 50% des Français habitent dans des villes de plus de 200 000 habitants.
3. En 2050, la France sera plus peuplée qu'en 2025.
4. Amiens et Toulouse sont des villes de 100 000 à 200 000 habitants.
5. La ville de Paris est divisée en 20 arrondissements.
6. Beaucoup de Français qui vivent dans un petit village travaillent dans la ville voisine.
7. Un quart de la population française habite dans la région parisienne.
8. Il y a assez de centres d'accueil en France pour tous les SDF.

D. C'est quel logement? Associez chaque description à un des logements dans les photos à la page suivante.

1. Comme environ 15 millions de personnes en France, la famille Achad est logée dans une HLM (une habitation à loyer modéré) dans un grand ensemble (groupement de très grands immeubles) à la périphérie d'une ville. Monsieur Achad a un salaire très modeste et sa femme ne travaille qu'à mi-temps comme vendeuse dans un magasin. Ils habitent au 10e étage d'un des immeubles (un bâtiment [un building] avec beaucoup d'appartements).

a.

b.

c.

d.

e.

f.

2. Hélène a hérité de la maison de ses parents. Avec son mari Yvan, elle s'est donc installée dans cette maison du centre-ville. C'est une vieille maison à deux étages qui date de la fin du XVIIIe siècle. La maison est dans un quartier (la partie d'une ville) où il y a tout: magasins, restaurants, théâtres, cinémas… enfin tout pour faciliter la vie d'un couple qui aime sortir.

3. Thierry est étudiant en médecine. Sa famille habite assez loin de l'université et Thierry a donc décidé de prendre une chambre dans une résidence universitaire (un bâtiment où les étudiants habitent dans des chambres individuelles). Sa résidence est un bâtiment assez laid et très ordinaire. Mais la chambre de Thierry est bien aménagée (arrangée) et confortable.

4. Véronique et ses parents habitent dans un pavillon (une maison individuelle dans la banlieue d'une ville). Très souvent, un pavillon a un petit jardin. Il peut y avoir un étage et parfois aussi un sous-sol.

5. Les Buthier sont agriculteurs en Franche-Comté (une région de l'est de la France) et ils habitent dans une ferme. Ils cultivent des légumes et ils ont quelques vaches *(cows)* et cochons *(pigs)*. Leur ferme est assez grande, les murs sont en pierre pour protéger contre le froid de l'hiver et la maison est entourée de champs *(fields)*.

6. Marie-José a un studio dans un vieil immeuble au centre-ville. C'est un très bel immeuble qui date du XVIIe siècle. Le studio de Marie-José est au rez-de-chaussée. Elle a une grande pièce avec deux fenêtres. La pièce est bien aménagée et confortable. Il y a un lit (qui sert de canapé pendant la journée), une table avec quatre chaises, un fauteuil, une télé, quelques plantes vertes et, au mur, des posters de chanteurs célèbres. Il y a aussi un coin-cuisine où Marie-José prépare ses repas.

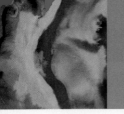

Quant à moi...

Témoignages: «Où est-ce que vous habitez?»

 **E. A vous d'abord!** Posez les deux questions à vos camarades afin de vous renseigner sur leur logement. Utilisez **tu** ou **vous** selon la personne à qui vous parlez.

1. Où est-ce que tu habites (vous habitez)? (Dans quelle partie de la ville?)
2. Dans quel type de logement est-ce que tu habites (vous habitez)?

F. Les témoins vous parlent. En écoutant quelques Français et Francophones vous parler de leur logement, faites les exercices selon les indications données.

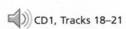 CD1, Tracks 18–21

Visit the **témoins** in their hometown on Google Earth.

Mireille Sarrazin
Lyon, France

Vocabulaire utile

au bord de la Saône *(on the banks of the Saône river)*, **piétonnier** *(pedestrian)*, **moyenâgeux** *(of the Middle Ages)*, **étroites** *(narrow)*, **dehors** *(outside)*, **artisanales** *(artisan, crafts)*, **la vie nocturne** *(nightlife)*

1. Complétez l'interview en ajoutant les mots qui manquent. Utilisez une autre feuille de papier.

—Bonjour, Madame.
—Bonjour, Madame.
—Comment vous appelez-vous?
—Mireille Sarrazin.
—Et quel âge avez-vous?
—_____ ans.
—Où est-ce que vous habitez?
—J'habite à Lyon.
—Dans quel type de _____?
—Dans un _____ au bord de la Saône.
—Est-ce que vous pouvez décrire un peu le _____ où vous habitez?
—J'habite dans le vieux Lyon. Donc c'est le plus _____ quartier de Lyon. C'est un quartier assez intéressant _____... une partie... même la majorité du quartier est piétonnier. C'est un quartier moyenâgeux, avec des _____ très étroites, où il y a une vie dehors, où il y a _____ restaurants. Il y a beaucoup de petites _____ artisanales aussi, et c'est un quartier où il y a une _____ nocturne assez importante.

Valérie Ecobichon
Saint-Maudez, France

Saint-Maudez, France
Population: 265
Importance: petit village pittoresque typique de la Bretagne; seule ville de France portant le nom «Saint-Maudez»

Vocabulaire utile

épeler *(to spell)*, **une ferme** *(farmhouse)*, **une maison d'habitation** *(main house)*, **en pleine nature** *(out in nature)*, **dans la campagne** *(in the countryside)*

2. Complétez l'interview en ajoutant les questions qui manquent. Utilisez une autre feuille de papier.

—_____?
—Valérie.
—_____?
—Ecobichon.
—_____?
—Oui. C'est E-C-O-B-I-C-H-O-N.
—_____?
—J'habite en Bretagne, dans un petit village qui s'appelle Saint-Maudez.
—_____?
—Oui, c'est S-A-I-N-T et Maudez, c'est M-A-U-D-E-Z.
—_____?
—J'ai vingt-cinq ans.
—_____?

—J'habite dans une grande ferme... Nous avons une grande maison d'habitation en pleine nature dans la campagne. C'est une maison assez longue sur deux étages.
—_____?
—J'habite avec toute ma famille: mes parents, ma grand-mère et mes frères et sœurs.
—_____?
—J'ai un frère et deux sœurs.
—_____?
—Nous sommes assez isolés dans la campagne et le village est à deux kilomètres de chez nous.

Nezha Le Brasseur
Casablanca, Maroc

Vocabulaire utile

c'est majuscule? *(is it capitalized?)*, **ont été bâties** *(were built)*, **on a été colonisé** *(we were colonized)*, **«Roches Noires»** *(literally, Black Rocks; name of the neighborhood)*, **malheureusement** *(unfortunately)*, **usines, zone industrielle** *(factories, industrial area)*, **en marchant** *(on foot)*, **proche** *(close)*

3. Précisez:
   a. son âge
   b. le logement qu'elle habite
   c. le type de quartier qu'elle habite
   d. la situation du logement
   e. le temps qu'il faut pour aller jusqu'à la zone industrielle

Philippe Heckly
Asnières-sur-Seine, France

Vocabulaire utile

banlieue *(suburbs)*, **cimetière aux chiens** *(dog cemetery)*, **Rin Tin Tin** *(American TV dog from the 50s and 60s)*, **enterré** *(buried)*, **immeuble** *(apartment building)*, **années trente** *(thirties)*, **ascenseur** *(elevator)*, **coude à coude** *(close together, literally: elbow to elbow)*, **escalier** *(stairs)*

4. Notez aux moins cinq faits que vous avez appris sur Philippe.

G. Une interview. Posez les questions suivantes à un(e) camarade de classe. **Attention:** Utilisez la forme «vous» si la personne que vous interviewez est beaucoup plus âgée que vous.

   1. Moi, je m'appelle [votre nom]. Et tu es... (vous êtes...)?
   2. Tu peux (Vous pouvez) épeler ton (votre) nom de famille?
   3. Où habite ta (votre) famille? Comment ça s'écrit?
   4. Quel âge as-tu? (**Attention:** Ne pas poser cette question à une personne plus âgée!)
   5. Où est-ce que tu habites (vous habitez), dans quel type de logement?
   6. Où se trouve ton (votre) logement?
   7. Tu habites (Vous habitez) seul(e) ou avec d'autres personnes?
   8. Comment est le quartier où tu habites (vous habitez)?

Do **A faire! (2-1)** on page 56 of the **Manuel de préparation.**

Et vous?

FICHE VOCABULAIRE

LE LOGEMENT

l'environnement (m.) *environment, surroundings, location*
    une agglomération *urban area*
    un arrondissement *neighborhood (administrative division)*
    la banlieue (dans la / en banlieue) *suburbs (in the suburbs)*
    la campagne (à la campagne) *countryside, rural area (in the country)*
    le centre-ville (au centre-ville) *city center, downtown (in the city center)*
    une commune *municipality*
    un quartier (dans un quartier) *neighborhood (in a neighborhood)*
    une région (dans une région) *region, area (in a region)*
    un village (dans un village) *village, very small town (in a village)*
    une ville (en ville, dans une ville) *city (in the city, in a city)*

les gens (m. pl.) *people*
    les gens du voyage (les Roms, les Romanis, les gitans) (m. pl.) *Romani travelers, gypsies*
    un(e) locataire *renter*
    les personnes sans domicile fixe (f. pl.) **(les SDF** [m. pl.]) *homeless people*
    un(e) propriétaire *owner*
    les sans-logis (les sans-abri) (m. pl.) *homeless people*
    les sédentaires (m. pl.) *people living in permanent housing*

se loger
    être logé(e) dans *to live in*
    habiter (dans, en, à) *to live (in)*

les types de logements
    un appartement
    un bâtiment *building*
    une caravane *trailer*
    un centre d'accueil *homeless shelter*
    une chambre *room*
    une ferme *farm*
    une habitation *lodging*
    une HLM (habitation à loyer modéré) *affordable (low-income) housing*
    un immeuble *apartment building*
    un logement *lodging*
    un logement (habitat) collectif *apartment complex*
    une maison *house*
    une maison de banlieue *suburban house*
    une maison de campagne *country home*
    une maison individuelle *single-family home*
    un pavillon *suburban house*
    une résidence secondaire *second home*
    une résidence universitaire *dormitory, residence hall*
    un studio

décrire un logement
    agréable *nice*
    aménageable *ready to be finished*
    aménagé(e) *arranged, furnished*
    à... étages *a . . .-story (building)*
    au rez-de-chaussée *on the ground (first) floor*
    au... étage *on the . . . floor*
    beau (belle) *beautiful*
    bien situé(e) *well located*
    bruyant(e) *noisy*
    calme *quiet*
    clair(e) *light*
    climatisé(e) *air-conditioned*
    délabré(e) *run-down*
    en bon état *well maintained, in good shape*
    ensoleillé(e) *sunny, light*
    facile à entretenir *low-maintenance*
    grand(e) *big, large*
    de grand standing *luxurious*
    haut(e) *tall*
    intime *private*
    isolé(e) *isolated*
    luxueux(se) *luxurious, fancy, high-end*
    meublé(e) *furnished*
    moderne *modern, contemporary*
    neuf(ve) *brand-new*
    petit(e) *small, little*
    pittoresque *picturesque*
    privé(e) *private*
    propre *clean*
    refait(e) *redone, renovated*
    rénové(e) *renovated, redone*
    sale *dirty*
    sombre *dark*
    spacieux(se) *roomy, spacious*
    tranquille *quiet*
    vieux (vieille) *old*

H. Comment c'est? Faites des descriptions d'après ce que vous voyez sur les photos ci-dessous. Identifiez d'abord le type de logement; faites-en ensuite une petite description (inventez les détails); imaginez enfin l'environnement dans lequel se trouve le logement.

Utilisez les mots et les expressions de la Fiche Vocabulaire.

Modèle: *La banlieue de Toulouse*
C'est un pavillon dans la banlieue de Toulouse. Il y a un jardin. La maison a peut-être deux étages. La maison est assez ensoleillée mais pas très grande. Elle est à proximité de quelques magasins et d'un centre commercial. Mais les enfants doivent prendre le car de ramassage (schoolbus) *pour aller à l'école. Le quartier est plus calme que le centre-ville, etc.*

1. *Paris*

2. *Chalet suisse*

3. *Calmoutier, France*

4. *Une maison en Guadeloupe*

Magazine Culture Se loger en France

«Chez moi», qu'est-ce que ça veut dire? Ça peut être une maison (petite, grande, délabrée, refaite, etc.), un appartement (grand, petit, etc.), une caravane (en bon état, etc.), une roulotte, un studio, une tente, un centre d'accueil ou même une voiture. Etre propriétaire de son logement, c'est le rêve de beaucoup de Français. Mais il y a aussi les gens qui préfèrent rester locataires et avoir moins de responsabilités pour l'entretien du logement. Et, enfin, il y a ceux qui aiment la vie itinérante, même avec toutes ses difficultés.

C'est qui, les Roms?

Magda a 15 ans. Elle fait partie d'une communauté de Romanis (les Roms) dans le Midi (le sud) de la France. Plus précisément, la famille de Magda est gitane (une ethnie particulière des Romanis). Mais les sédentaires les appellent les Roms, les Tziganes, les Gitans ou les gens du voyage. Et ce n'est pas toujours avec bienveillance. Magda connaît très bien les préjugés, la discrimination, la peur et l'incompréhension dont son peuple est quelquefois victime.

Elle ne sait ni lire ni écrire; elle a été rejetée des écoles à cause de ses longues absences. Ses jeunes frères et sœurs, par contre, vont souvent à l'Ecole du voyage installée près des campements où se trouve la caravane de la famille de Magda. Magda, elle, veut faire comme sa mère, comme sa grand-mère et comme toutes les autres femmes de son groupe: elle veut se marier jeune, elle veut avoir beaucoup d'enfants et créer sa vie à elle, dans une caravane plus confortable. Lire et écrire, c'est peut-être important pour les plus jeunes. Magda préfère suivre l'exemple de ses ancêtres et pour elle, ce qui compte, ce sont les traditions des Gitans. Elle est sûre qu'elle va réussir dans la vie, elle aime le voyage, l'aventure, la musique, la danse, la liberté et le confort de la famille. Elle sait que la vie peut être très difficile mais elle est jeune et optimiste. Les gadjos ne l'intimident pas et elle a même trouvé quelques jeunes sédentaires avec qui elle s'entend assez bien. C'est une amitié précaire parce que Magda et sa famille continuent leur vie de nomades et ne restent donc pas longtemps au même endroit. Mais quand elle retrouve quelques amis, elle a toujours beaucoup d'histoires à leur raconter.

Quelle est sa nationalité? Magda est fière d'être, tout d'abord, gitane. «Mais je suis de nationalité française.» Elle a son carnet de circulation qu'elle fait vérifier à la gendarmerie tous les trois mois. Ce document d'identité est très important parce qu'il reconnaît officiellement la vie itinérante de Magda et de sa famille.

Et sa langue? «Chez moi, je parle le dialecte de mon peuple. Mais je parle aussi couramment le français, que je considère ma deuxième langue maternelle.»

Le saviez-vous?

- Il y a à peu près 9 à 10 millions de Romanis en Europe (dont 2 millions en Roumanie). C'est la minorité la plus importante d'Europe.
- Il y a entre 280 000 et 340 000 Roms en France (1 million aux Etats-Unis).
- Chez les Roms, les familles nombreuses de plus de 6 enfants sont fréquentes.
- Les Roms se divisent en plusieurs groupes ethniques. En France, par exemple, les Gitans (écrit avec majuscule) se trouvent surtout dans le sud. Les Sintis sont en Alsace et dans d'autres régions de la France.
- Métiers traditionnels chez les Roms: vannier, ferrailleur, musicien. Aujourd'hui, avec la musique, c'est surtout la cueillette de fruits, le travail saisonnier dans les fermes et le bricolage chez les particuliers. Ce ne sont jamais des employés salariés.
- Plus de la moitié des Roms en France mènent une vie nomade.

COMMENT SONT-ILS LOGÉS?

Les Roms se logent comme ils peuvent. Ils ont très peu d'argent et, pour ceux qui sont itinérants, le logement est une tente, une caravane ou une roulotte avec un cheval. Quand ils s'arrêtent, ils s'installent provisoirement dans des campements où ils retrouvent d'autres gens du voyage.

© Owen Franken/Corbis

Une loi du 31 mai 1990 oblige les communes françaises de plus de 5 000 habitants à prévoir le passage et le séjour des gens du voyage sur des terrains spécialement aménagés pour eux. La loi les autorise alors à interdire le stationnement sauvage sur le reste de la commune.

France: L'exode urbain?

Entre 1850 et 2000, le mouvement de la population française était facile à suivre: En 1850, 75% des Français habitaient les régions rurales (25% les centres urbains); en 2000, la situation était presque l'inverse, avec 15% de ruraux et 85% d'urbains.

Depuis 1999, la mobilité démographique se fait vers les communes rurales qui

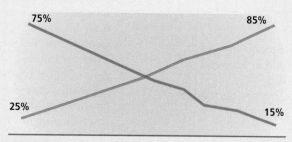

75%	85%
25%	15%

1850 1870 1890 1910 1930 1950 1970 1982 1990 2000

▲ Population Rurale   ▲ Population Urbaine

se trouvent à proximité des villes. Pourquoi ce mouvement vers les campagnes? Qu'est-ce qui pousse les Français à chercher des logements dans la nature? Plus de 23 millions d'entre eux vivent aujourd'hui hors des centres urbains et certaines villes commencent à ressentir les effets de cet exode urbain.

Les raisons de ce mouvement vers la nature ne sont pas difficiles à comprendre. Les villes sont devenues très stressantes: il y a trop de bruit, trop de circulation et d'embouteillages, trop de pollution et trop de délinquance. En plus, les logements en ville sont très chers. Par contre, la campagne offre une vie moins stressante, moins coûteuse, avec moins de criminalité et moins de pollution. Et ce qui facilite la vie loin des villes, c'est la technologie: téléphones portables, informatique, Internet et tous les autres moyens de communication.

L'exode urbain ne signifie pas forcément l'abandon des villes. Les jeunes, surtout, préfèrent souvent rester près de tout ce qu'offrent les villes: cinémas, musées, restaurants, centres sportifs, piscines, cafés, magasins, diversité culturelle, vie nocturne. Peut-être, dans les années à venir, un équilibre s'établira entre les villes et la campagne. Ce qui est important pour le moment, c'est que les Français ont plus de choix et peuvent s'installer là où ils se sentent le mieux.

Le saviez-vous?

- En France, si on ne paie pas son loyer, on peut être expulsé de son domicile. Mais la loi interdit l'expulsion entre le 1er novembre et le 15 mars parce qu'il risque de faire trop froid.

- Environ 15 millions de personnes (17% des ménages) sont logées dans les HLM (Habitations à Loyer Modéré). Les HLM permettent aux personnes qui ont des ressources modestes de se loger à moindre coût. Une grande partie des locataires d'HLM sont ouvriers, employés, personnels de service ou retraités.

DICO

amitié précaire *limited friendship*
à prévoir *to anticipate*
au même endroit *in one place*
avec bienveillance *with kindness*
bricolage *odd jobs*
bruit *noise*
campements *campgrounds, encampments*
carnet de circulation *permit to move around*
ceux *those*
circulation *traffic*
coûteuse *costly*
cueillette de fruits *fruit picking*

délinquance *crime*
embouteillages *traffic jams*
familles nombreuses *large families*
ferrailleurs *scrap metal collectors / dealers*
fière *proud*
forcément *necessarily*
gadjos *Romani word for* sédentaires, *people who live in permanent housing*
gendarmerie *police station*
interdire *prohibit, forbid*
itinérants *itinerants, wanderers, travelers*
loyer *rent*
majuscule *capitalized, upper case*

moindre coût *lower cost*
ouvriers *blue-collar workers*
particuliers *private individuals*
peur *fear*
provisoirement *temporarily*
ressentir *feel*
retraités *retirees*
séjour *stay*
se sentent le mieux *feel the most comfortable*
stationnement sauvage *random parking*
terrains *land*
travail saisonnier *seasonal work*
vanniers *basket-makers*
vie de nomades *nomadic life*

I. Qu'est-ce que vous avez appris? Lisez les documents, puis complétez chaque affirmation en choisissant la bonne réponse.

Les gens du voyage (Les Roms)

1. Les Gitans sont…
   a. une ethnie de la Roumanie.
   b. une ethnie particulière des Romanis.
   c. une ethnie française du Midi de la France.
   d. une ethnie d'origine espagnole.
2. Les gens qui vivent dans des logements permanents s'appellent…
   a. des Roms.
   b. des Tziganes.
   c. des Gitans.
   d. des sédentaires.
3. Les femmes Roms ont tendance à se marier…
   a. très jeunes (à moins de 15 ans).
   b. jeunes (à moins de 20 ans).
   c. après l'âge de 30 ans.
   d. assez tard dans la vie (après 40 ans).
4. Les gadjos (ou gadjés) est le nom donné par les gens du voyage…
   a. aux gens qui ont un domicile fixe.
   b. aux jeunes qui ne savent ni lire ni écrire.
   c. aux gens de leur groupe.
   d. aux familles nombreuses.
5. En France, le nombre de Roms qui mènent une vie nomade est…
   a. de 20 à 25%.
   b. de 35 à 40%.
   c. de 50 à 55%.
   d. de 100%.
6. Le travail des gens du voyage est…
   a. très stable.
   b. très précaire.
   c. très bien payé.
   d. très facile.

7. Les communes françaises de plus de 5 000 habitants…
   a. sont obligées de trouver un logement permanent pour les Roms qui arrivent chez eux.
   b. ne sont pas obligées d'accepter les Roms dans leurs communes.
   c. sont obligées d'aménager des terrains pour les caravanes et roulottes des Roms.
   d. ne sont pas obligées d'aménager les terrains réservés pour les Roms.

Le logement en France

8. Aujourd'hui encore, la grande majorité des Français habite…
   a. dans les centres urbains.
   b. dans la banlieue des villes.
   c. à moins de 20 km des agglomérations urbaines.
   d. à la campagne.
9. En même temps, le mouvement de la population française se fait…
   a. vers les villes.
   b. vers la banlieue.
   c. vers le nord de la France.
   d. vers la campagne près des villes.
10. Les gens qui continuent à préférer la vie urbaine sont…
    a. les retraités.
    b. les jeunes.
    c. les plus de 40 ans.
    d. les ouvriers.
11. Les quatre raisons les plus fréquemment invoquées pour quitter les villes sont…
    a. la vie nocturne, le stress, la circulation, la diversité.
    b. les centres sportifs, la délinquance, les embouteillages, le coût du logement.
    c. la délinquance, les embouteillages, la pollution, le coût du logement.
    d. le stress, la pollution, les cinémas, les magasins.

12. En France, on ne peut pas être expulsé de son logement entre...
   a. octobre et février.
   b. septembre et janvier.
   c. décembre et avril.
   d. novembre et mars.
13. Les HLM sont des immeubles surtout pour...
   a. les personnes qui n'ont pas beaucoup d'argent.
   b. les membres des professions libérales et les cadres.
   c. les jeunes.
   d. les personnes qui ont des salaires assez élevés.

J. Mini-discussion. Discutez des questions suivantes avec quelques camarades de classe.

Pour mieux vous exprimer

Parler de l'endroit où on veut habiter

parce que + verbe conjugué
pour + infinitif (ou nom)

Raisons

avoir trouvé un nouveau job dans une autre région (état, ville, pays, etc.)
avoir plus de place *(space)* (de chambres, etc.)
avoir besoin de plus de place
être plus près (proche) de...
être moins serré(e)(s) *(to be less crowded)*
payer un loyer moins élevé
préférer la nature (le calme, la campagne, la ville, etc.)
préférer vivre (habiter) à la campagne (en ville, au centre-ville, près de l'université, etc.)
vouloir (une maison, un appartement) plus grand (spacieux, confortable, etc.)
vouloir être au centre-ville (près des écoles, en banlieue, à la campagne, etc.)
vouloir éviter la circulation *(traffic)* (les embouteillages [*traffic jams*])
vouloir une vie plus calme (tranquille)
vouloir habiter un quartier plus propre *(clean)* (intéressant, etc.)
vouloir avoir un jardin (un garage, etc.)
vouloir se rapprocher *(to be closer)* du travail (des magasins, des cinémas, etc.)
vouloir être plus près de la famille
vouloir changer de région
vouloir vivre en pleine nature

---

1. «Chez moi» *("Home")*, qu'est-ce que ça signifie pour vous? C'est quelle sorte d'environnement, quelle sorte de logement et d'ambiance? En quoi est-ce que vos idées diffèrent de celles de vos camarades?
2. Est-ce que l'exode urbain qui commence à se produire en France se manifeste également aux Etats-Unis? A votre avis, quelles sont les positions des gens que vous connaissez en ce qui concerne le choix ville / campagne?

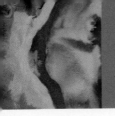

L'accord des adjectifs; le comparatif; le superlatif

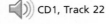 CD1, Track 22

K. Des précisions. Répondez aux questions selon ce que vous entendez (n'oubliez pas l'accord des adjectifs). Ensuite, justifiez vos réponses avec les raisons données dans les descriptions sur le CD.

Modèle: **Vous entendez:** Le prof est très marrant. Il nous raconte des histoires amusantes et nous faisons des jeux pour apprendre les maths.

Question: le cours de maths (monotone? intéressant?) Expliquez.

Vous dites: *Le cours de maths est intéressant parce le prof raconte des histoires amusantes et parce qu'il utilise des jeux pour faire apprendre les maths.*

1. la maison (petite? grande?) Expliquez.
2. le film (intéressant? monotone?) Expliquez.
3. Sarah (optimiste? pessimiste?) Expliquez.
4. le prof (patient? impatient?) Expliquez.
5. la résidence universitaire (calme? bruyante *[noisy]*?) Expliquez.
6. les bâtiments (délabrés? rénovés?) Expliquez.
7. la bibliothèque (ouverte? fermée?) Expliquez.
8. l'appartement (ensoleillé? sombre?) Expliquez.
9. la chambre (propre *[clean]*? sale *[dirty]*?) Expliquez.
10. Vanessa (française? américaine?) Expliquez.

L'accord des adjectifs (formes irrégulières)

au singulier

masculin	féminin	masculin	féminin
premier	premi**ère** (**-er** devient **-ère**)	beau	belle
bon	bo**nne** (**-n** devient **-nne**)	nouveau	nouvelle
délicieux	délici**euse** (**-eux** devient **-euse**)	vieux	vieille
violet	viol**ette** (**-et** devient **-ette**)	blanc	blanche
secret	secr**ète** (**-et** devient **-ète**)	long	longue
traditionnel	traditionn**elle** (**-el** devient **-elle**)	frais	fraîche
sportif	sport**ive** (**-f** devient **-ve**)		

au pluriel

- Pour la plupart des adjectifs, ajoutez **-s** aux formes singulières

bleu	bleu**s**	sportif	sportif**s**
nouvelle	nouvelle**s**	curieuse	curieuse**s**

- Les adjectifs singuliers en **-s** ou **-x** ne changent pas au pluriel.

vieux	vieux
mauvais	mauvais
frais	frais

L. Des descriptions. Utilisez au moins un des adjectifs donnés pour décrire chacune des photos.

Adjectifs: beau / cher / délicieux / frais / luxueux / neuf / sportif / vieux

Modèle: *La maison est vieille.*

1.

2.

3.

4.

5.

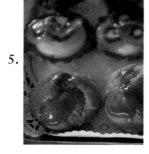

6.

7.

8.

© Yuri Arcurs/Shutterstock.com

RAPPEL

Le comparatif

- *supériorité*   **plus** + adjectif + **que**

  Il est **plus** beau **que** son frère.

  Ce chocolat est **bon.** Ce chocolat est **meilleur que** ces bonbons.
  Ces bonbons sont **bons.** Ces bonbons sont **meilleurs que** ce chocolat.
  Cette pomme est **bonne.** Cette pomme est **meilleure que** ces poires.
  Ces poires sont **bonnes.** Ces poires sont **meilleures que** ces pommes.

- *infériorité*   **moins** + adjectif + **que**

  Tu es **moins** patiente **que** ton ami.

  Cette pomme est **moins** bonne **que** cette poire.
  Ces bonbons sont **moins** bons **que** ce chocolat.

- *égalité*   **aussi** + adjectif + **que**

  Je suis **aussi** fatigué **que** toi.

  Cette pomme est **aussi** bonne **que** cette poire.
  Ces bonbons sont **aussi** bons **que** ce chocolat.

M. Des comparaisons. Faites des comparaisons en utilisant les éléments donnés et vos expériences personnelles.

> **Modèle:**   vacances (long)
> *Chez nous, les vacances d'hiver sont plus longues que les vacances d'automne.*

1. prof (amusant)
2. film (populaire)
3. ami(e) (sérieux)
4. cours (intéressant)
5. chansons (triste)
6. restaurant (bon)
7. vidéo (ennuyeux)
8. chansons (sentimental)

N. A mon avis... Faites les comparaisons suivantes. Utilisez les adjectifs suggérés pour vous guider. N'oubliez pas l'accord des adjectifs.

1. Comparez deux logements que vous connaissez.

   Adjectifs: agréable / beau / bien situé / bruyant *(noisy)* / calme / clair / climatisé *(air-conditioned)* / délabré / ensoleillé / facile à entretenir / grand / haut / intime / isolé / luxueux / moderne / petit / pittoresque / privé / propre / sale / solide / sombre / spacieux / tranquille / vieux

2. Comparez deux personnes que vous connaissez.

   Adjectifs: agréable / aimable *(likable)* / ambitieux / amusant / bavard *(talkative)* / bon (en maths, en langues étrangères, en sciences, etc.) / calme / charmant / énergique / généreux / gentil / intelligent / intéressant / marrant *(funny)* / négatif / optimiste / organisé / ouvert / patient / poli / pessimiste / positif / réservé / responsable / sensible *(sensitive)* / sérieux / sociable / sportif / studieux / sympathique

RAPPEL

Le superlatif

- *supériorité*   noun + **le plus (la plus, les plus)** + adjective + **de** + noun

  C'est le film **le plus** intéressant **de** l'année.
  C'est l'étudiante **la plus** intelligente **du** groupe.
  Ce sont les appartements **les plus** spacieux **de la** ville.
  Ce sont les pièces **les plus** ensoleillées **de la** maison.

- *infériorité*   noun + **le moins (la moins, les moins)** + adjective + **de** + noun

  C'est le studio **le moins** cher **de** l'immeuble.
  C'est la maison **la moins** moderne **du** quartier.
  Ce sont les logements **les moins** confortables **de la** ville.
  Ce sont les étudiantes **les moins** ambitieuses **du** groupe.

O. Les choses les plus importantes.   Répondez aux questions avec des phrases complètes.

1. Quels sont les cours les plus (les moins) intéressants de votre programme d'études?
2. Quel est l'endroit le plus calme pour vous dans votre environnement?
3. Quelles sont les personnes les plus importantes dans votre vie?
4. Quelles sont les vacances les plus (les moins) amusantes pour vous?
5. Quels sont les profs les plus (les moins) patients dans votre programme?
6. Quelle est la journée la plus (la moins) stressante pour vous?
7. Quel moyen de communication est le plus (le moins) pratique pour vous?
8. Quelles sont les émissions télévisées les plus (les moins) ennuyeuses que vous regardez?

Do **A faire! (2-2)** on page 69 of the **Manuel de préparation.**

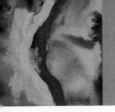

Fonction

Comment décrire les choses et les personnes (1)

🌐 Grammar Tutorials

RAPPEL

La place des adjectifs

C'est une région **pittoresque**.
C'est un **nouvel** ami.
C'est une **belle** cathédrale **gothique**.
Ce sont des enfants **intelligents** et **studieux**.
C'est un roman policier **américain**.

- Most adjectives are usually placed *after* the noun.
- The following adjectives are usually placed *before* the noun: **grand, vieux, long, beau, autre, petit, nouveau, bon, mauvais, court, joli, jeune.**
- The adjectives **beau, nouveau,** and **vieux** have a special form when they come before a masculine singular noun that begins with a vowel or a mute **h: bel, nouvel, vieil.**

P. Quatre tableaux *(Four paintings)* **de Cézanne.** Utilisez les adjectifs et les noms donnés pour décrire les tableaux suivants. Attention à l'accord et à la place des adjectifs.

Modèle: *Dans ce tableau, il y a (je vois, on voit)…*
A gauche… (A droite…, Au centre…, En haut…, En bas…)

Paul Cézanne (1839–1906) est un peintre français qui est né à Aix-en-Provence. Comme les autres impressionnistes de l'époque, il a été inspiré par son environnement. Portraits, baigneuses en plein air, natures mortes *(still lifes)* et paysages sont ses thèmes principaux. Il a beaucoup influencé l'art du XXᵉ siècle, surtout le cubisme et l'art abstrait.

© Réunion des Musées Nationaux/Art Resource, NY

Basse-cour dans Auvers, c. 1879–1880

1. Noms: une ferme / un arbre / un bâtiment / un toit *(roof)* / un mur *(wall)* / le ciel *(sky)* / une ombre *(shadow)*
Adjectifs: vert / vieux / gris / rouge / orange / petit / beige / bleu-violet

© Private Collection, Zurich/SuperStock

La Vue d'Auvers, 1874

2. Noms: un village / un arbre / un champ *(field)* / une cheminée / une route / une maison / un toit / une vallée / le ciel / des nuages *(m. pl.)*
Adjectifs: blanc / petit / vert / grand / brun / beige / bleu / bleu-violet

Le Vase bleu, c. 1885–1887

Le Jardinier Vallier, c. 1906

3. **Noms:** une fleur / une feuille *(leaf)* / un encrier *(ink bottle)* / une pomme / un vase / une assiette / une bouteille / une fenêtre (ou un miroir?) / un mur / une table
Adjectifs: bleu / joli / jaune / rouge / blanc / brun

4. **Noms:** un chapeau / une barbe / une chaise / un pantalon / des chaussures *(f.)* / des plantes *(f.)* / un fond *(background)* / l'extérieur d'une maison / un mur / les jambes croisées *(crossed legs)* / les yeux cachés *(eyes hidden)*
Adjectifs: jaune / bleu / long / vert / brun / noir / violet / beige

Q. Et vous? Dans l'Exercice XV du **Manuel de préparation,** vous avez rédigé des phrases qui caractérisent votre situation personnelle à propos de certains sujets. Parlez-en maintenant à vos camarades et faites bien attention à l'accord et à la place des adjectifs.

> **Modèle:** mon quartier
> *Mon quartier (J'habite dans un quartier qui) est très intéressant mais assez bruyant. C'est un nouveau quartier avec beaucoup de magasins et de boutiques. Il y a (Nous avons) un cinéma, un restaurant indien, des fast-foods, un jardin public, etc.*

1. ma maison / mon appartement (mon immeuble) / ma chambre (dans une maison ou dans une résidence universitaire)
2. ma ville / mon village
3. mon quartier
4. un endroit que j'ai visité

Quant à moi...

Témoignages: «En quoi le type de logement et sa situation influencent-ils la façon de vivre et les habitudes?»

R. A vous d'abord! Discutez des questions suivantes avec vos camarades de classe.

1. Comment est votre maison (appartement, chambre)?
2. Si vous habitez dans une maison ou un appartement, dans quelle(s) pièce(s) est-ce que vous passez la plupart de votre temps?
3. Dans quel cadre se trouve votre logement? (centre-ville, banlieue, près ou loin des magasins, près ou loin des restaurants et cinémas, etc.)
4. En quoi est-ce que votre logement influence

   a. votre vie sociale? (**Modèle:** *Ma chambre est très petite et je ne peux pas inviter beaucoup de gens chez moi. Ça veut dire que je sors plutôt avec mes amis ou je vais chez une amie qui habite dans un appartement,* etc.)

   b. vos activités? (**Modèle:** *Dans notre appartement, j'ai ma chambre à moi. Je ne vais donc pas souvent à la bibliothèque parce que c'est très calme chez moi, j'ai mon ordinateur et le matériel scolaire,* etc.)

   c. votre emploi du temps? (**Modèle:** *J'habite dans une résidence universitaire et je mange à la cafétéria. Je suis donc obligé[e] de prendre mes repas à des heures précises quand la cafétéria est ouverte, même si je n'ai pas très faim,* etc.)

CD1, Tracks 23–26

Visit the **témoins** in their hometown on Google Earth.

S. Les témoins vous parlent. En écoutant quelques Français et Francophones parler de l'influence de leur logement sur leur vie, faites les exercices en suivant les indications données.

Véronica Zein
Savigny-sur-Orge, France

> ### Vocabulaire utile
>
> **un complexe** *(residential development / subdivision)*, **privé** *(private)*, **les mêmes** *(the same)*, **donne sur** *(overlooks)*, **bruyant** *(noisy)*, **on s'habitue à tout** *(you get used to everything)*, **c'est-à-dire** *(that is to say)*, **co-propriétaires** *(co-owners)*, **l'essence** *(gas)*, **il faudra** *(you will have to)*, **j'ai grandi** *(I grew up)*, **s'en vont** *(go, move away)*, **au milieu du** *(in the middle of)*, **au-dessus** *(further up)*, **un coiffeur** *(hairdresser)*

1. Choisissez la bonne réponse selon ce que vous avez compris.

   • Véronica habite dans...
     a. une boulangerie.
     b. une maison.
     c. un appartement.
     d. un centre commercial.

- Dans un complexe privé...
  - **a.** tous les habitants sont propriétaires.
  - **b.** tous les habitants sont de la même génération.
  - **c.** tous les habitants sont allés à l'école ensemble.
  - **d.** tous les habitants ont grandi ensemble.

- Véronica a grandi...
  - **a.** toute seule.
  - **b.** avec des enfants qui déménageaient très souvent.
  - **c.** avec des enfants qui n'étaient pas très populaires.
  - **d.** avec les mêmes enfants.

- Dans le complexe de Véronica, il y a...
  - **a.** une école, une pharmacie, une boulangerie, un coiffeur, un restaurant.
  - **b.** une école, une pharmacie, un cinéma, un coiffeur, un restaurant.
  - **c.** une école, une pharmacie, une station-service, un coiffeur.
  - **d.** une école, une boulangerie, un coiffeur, un cinéma, une pharmacie.

- Le complexe est...
  - **a.** loin de l'autoroute, en banlieue.
  - **b.** au centre-ville.
  - **c.** près de l'autoroute, en banlieue.
  - **d.** à la campagne.

Anne Squire
*Levallois-Perret,
France*

Levallois-Perret, France
Région: Ile-de-France
Population: 63 225
Importance: 26 habitants/km^2—une des communes qui a la plus forte densité de population d'Europe

Vocabulaire utile

un carrefour *(crossroads, intersection)*, **bruyant** *(noisy)*, **populaire** *(working class)*, **du genre** *(such as)*, **vivant** *(lively)*, **à part ça** *(besides that)*, **au fond de** *(at the back of)*, **en principe** *(in theory)*, **je m'entends très bien avec eux** *(I get along very well with them)*, **vraiment** *(really)*, **je ne circule qu'en** *(I get around only with)*

2. Décidez si les phrases sont vraies ou fausses selon ce que vous savez sur Anne Squire.

   a. Anne habite avec ses parents dans une maison.
   b. Elle habite au nord-ouest de Paris.
   c. Dans son bâtiment, il y a un ascenseur.
   d. Son quartier est très calme.
   e. Le logement d'Anne est dans un quartier populaire sur un grand boulevard.
   f. Anne passe la plupart de son temps dans sa chambre.
   g. Elle joue du violon le matin.
   h. Elle ne s'entend pas très bien avec ses parents.
   i. Quand elle va quelque part, elle prend toujours le métro ou l'autobus.

Djamal Taazibt
Alger, Algérie

Alger, Algérie
Population ville: 1 977 663 (2008)
Population agglomération: 4 250 000
(la plus grande agglomération du
Maghreb [Afrique du Nord])
Importance: capitale et plus grande
ville d'Algérie, la Casbah (vieille ville),
Grande Mosquée d'Alger, stations
balnéaires

Vocabulaire utile

comme je vous le disais *(as I told you)*, **tout à l'heure** *(a minute ago)*,
chic *(fashionable)*, **postes** *(positions, jobs)*, **l'Etat** *(government)*, **cultivés** *(cultured)*,
chahut *(noise)*, **de marche à pied** *(on foot)*

3. Répondez aux questions.

    a. Pourquoi est-ce que le quartier où habite Djamal est considéré un
       quartier chic?

    b. Pourquoi est-ce que son quartier est bien situé?

Dovi Abe
Dakar, Sénégal

Vocabulaire utile

la cour *(courtyard)*, **le lieu** *(place)*, **lorsqu'ils** *(when they)*,
cimentée *(covered in concrete)*, **gazon** *(lawn)*, **disponible**
(usable), **à tout moment** *(any time)*, **courante** *(everyday)*,
tenues *(owned)*, **se sont établis** *(established themselves)*, **ils
tiennent** *(they run manage)*, **ils vivent** *(they live)*, **pour la
plupart** *(for the most part)*

4. Oui ou non? Dites si Dovi a fait les constatations suivantes ou non.

    Modèle: On passe beaucoup de temps à l'intérieur de la maison.
                  Non.

    a. Dovi et sa famille passent beaucoup de temps dans la cour avec des
       amis.

    b. La cour, c'est un lieu qui est complètement cimenté.

    c. Il n'y a pas d'hiver à Dakar.

    d. Il y a aussi un peu de gazon dans la cour.

    e. On joue souvent de la musique dans la cour.

    f. Dans le quartier, il y a surtout des usines et des supermarchés.

    g. Les propriétaires des petites boutiques sont des Marocains.

    h. La plupart des petits commerçants habitent dans le quartier.

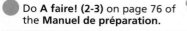

Do **A faire! (2-3)** on page 76 of
the **Manuel de préparation.**

T. Expliquez! Les quatre témoins semblent aimer l'endroit où ils habitent.
Expliquez pourquoi. Et vous? Est-ce que vous aimez l'endroit où vous habitez?
Pourquoi ou pourquoi pas?

Et vous?

FICHE VOCABULAIRE

LA VILLE

les endroits de la ville
    un arrêt de bus
    une bibliothèque municipale (départementale)
    une boucherie
    une boulangerie-pâtisserie
    une boutique
    un café
    une cathédrale
    un centre commercial
    un centre culturel
    une charcuterie *delicatessen*
    un château
    un cinéma
    un collège *junior high school, middle school*
    un coiffeur *beauty salon*
    une école *school*
    une école de danse (de musique)
    une église
    une épicerie *general store, small grocery store*
    un fast-food
    une gare
    un jardin public (un parc)
    un lieu *place*
    un lycée *high school*
    un magasin
    une médiathèque *media center*
    le métro (une station de métro)
    un monument (historique)
    une mosquée
    un musée
    un parking
    un petit commerce *small store*

    une pharmacie
    une piscine
    un restaurant
    une salle de théâtre
    un stade
    une station d'essence *gas station*
    un supermarché
    une synagogue
    le tramway *tramway*
    les transports publics *(m. pl.)*

verbes utiles
    circuler *to get around*
    donner sur *to look out on (over)*
    s'habituer à *to get used to*

se situer
    à côté de *next to*
    à... km (de) *... kilometers (from)*
    à l'est (de)
    à l'ouest (de)
    au centre (de)
    au nord (de)
    au sud (de)
    au nord-est (de)
    au nord-ouest (de)
    au sud-est (de)
    au sud-ouest (de)
    à proximité de *near*
    au milieu de *in the middle of*
    (pas) loin de *(not) far from*
    près de *near*
    tout près de *very near*
    dans une avenue (une rue)
    sur un boulevard (une route)

U. Le logement de mes rêves. Décrivez le logement idéal que vous avez imaginé dans l'Exercice XIX dans le **Manuel de préparation.** Vos camarades peuvent vous poser des questions pour obtenir des renseignements supplémentaires.

1. le type de logement préféré et les raisons de ce choix
2. propriétaire ou locataire?
3. description détaillée du logement (noms et adjectifs)
4. le type d'environnement où se trouve ce logement (e.g., campagne, centre-ville, banlieue, etc.)
5. les raisons du choix de cet environnement (voir **Pour mieux vous exprimer, Manuel de classe,** p. 63)
6. la région du monde où se trouve ce logement (indiquez la situation géographique précise)
7. ce qu'il y a dans le quartier (activités culturelles, scolaires et sportives, transports, etc.)
8. les raisons pour lesquelles ces activités sont importantes pour vous (un petit portrait de votre personnalité et de ce que vous aimez faire)

Magazine Culture Se loger en francophonie

Quand on dit «francophonie» ou «monde francophone», il s'agit d'une très grande variété de cultures réparties dans le monde entier. Il est donc évident que les logements qui caractérisent chacune de ces régions sont adaptés au climat, à la situation économique des habitants et aux normes culturelles qui définissent en partie les goûts personnels.

En gros, on peut tout de même constater que les logements des grandes villes, où qu'elles soient, ont certains traits en commun: grands immeubles (appartements, studios), maisons ou villas selon le style de la région, bâtiments publics et, bien sûr, beaucoup de circulation et d'embouteillages (avec tous les problèmes urbains). Pour trouver ce qu'il y a de plus particulier dans le logement, il faut plutôt aller dans la campagne ou regarder les vieilles habitations: les habitations en argile au Mali, les cases à la Martinique, les chalets suisses, voilà ce qu'il y a d'intéressant et de culturellement vraiment distinct.

L'architecture d'argile des Dogons (Mali)

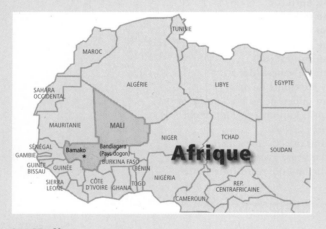

Le Mali

La République du Mali

- *Capitale:* Bamako
- *Superficie:* 1 240 190 km² (2 ½ fois la France)
- *Population:* 13 010 209 (2009)
- *Langue officielle:* le français
- *Langue la plus parlée:* le bambara
- *Economie:* un des pays les plus pauvres du monde
- *Ethnies:* près de 20 ethnies différentes composent le Mali, comme les Bambaras, les Berbères, les Dogons, les Touaregs, les Peuls

Les maisons d'argile du pays dogon

Les Dogons du Mali, nommés aussi le peuple des falaises, sont une ethnie malienne d'à peu près 300 000 personnes. Leurs maisons, construites en terre crue adobe (argile ou *banco* en Afrique), sans bois ni pierres, sont parfaitement adaptées au climat et à l'environnement de la région. L'argile protège contre la chaleur extrême pendant la journée et maintient une température confortable pendant la nuit. Il y a un grand intérêt aujourd'hui dans cette construction parce que l'utilisation de l'argile n'est pas nuisible à l'environnement.

© Ozimages/Alamy

La Grande Mosquée de Djenné

Située dans la ville de Djenné, cette mosquée impressionnante est le plus grand bâtiment du monde en argile (terre crue adobe). Il y a assez de place à l'intérieur pour 1 000 personnes. Les trois minarets donnent sur la grande place où se tient le grand marché du lundi. Depuis des siècles, des marchands s'y réunissent chaque semaine pour vendre leurs produits.

Tous les habitants de Djenné participent à l'entretien de leur mosquée. Une fois par an, ils organisent un festival qui a pour but principal les réparations de l'extérieur du bâtiment avec un enduit préparé de façon traditionnelle. Tout ça accompagné de musique, de jeux et de bonnes choses à manger.

© Image Source/Getty Images

Cases et maisonnettes de la Martinique

Les cases et les maisonnettes créoles représentent les habitations traditionnelles des Antilles. Ces petites maisons modestes sont presque toujours construites en bois sur une base en béton et avec un toit de tuiles. Des couleurs vives les caractérisent. Aujourd'hui on reconnaît l'importance de ces maisons traditionnelles et la Martinique fait un grand effort pour protéger ce patrimoine architectural qui commence à disparaître. Avec tout leur charme, il ne faut cependant pas oublier que les cases rappellent les habitations typiques de l'époque des esclaves.

© Ray Roberts/Alamy

Les chalets suisses

Le chalet suisse est un style d'architecture qui existe en Europe aussi bien qu'en Amérique du Nord. C'est une habitation bien adaptée aux terrains montagneux et aux abondantes chutes de neige. Le chalet traditionnel, quelle que soit sa surface, est une construction en bois avec un toit en pente pour éviter l'accumulation de neige. Puisque le bois est plus isolant que le béton ou les briques, il maintient mieux la chaleur à l'intérieur de la maison. Le chalet typique se caractérise par un balcon au premier ou deuxième étage, des volets peints de couleurs vives et des découpages décoratifs.

© PCL/Alamy

DICO

bois *wood*	**isolant** *insulating*
but *goal, purpose*	**jeux** *games*
cases *small houses, huts, cabins*	**maisonnette** *small house, cabin*
cependant *however*	**le monde entier** *the whole world*
découpages décoratifs *decorative carvings*	**nuisible** *harmful*
donnent sur *look over*	**où qu'elles soient** *wherever they may be*
en argile *made out of clay (mud)*	**patrimoine** *heritage*
en béton *made of concrete*	**peuple des falaises** *cliff-dwelling people*
enduit *coating, filler*	**pierres** *stones*
entretien *upkeep*	**rappellent** *recall*
esclaves *slaves*	**se tient** *is held*
ethnie malinienne *ethnic group from Mali*	**s'y réunissent** *come together, meet*
étrangères *foreign*	**terre crue adobe** *clay, mud, adobe*
	toit de tuiles *roof made of clay tiles*
	toit en pente *slanted roof*
	volets *shutters*

V. Vrai ou faux? Consultez les textes du **Magazine Culture** et dites si les constatations sont vraies ou fausses. Si une idée est fausse, corrigez-la.

1. Toutes les grandes villes, même si elles présentent des différences culturelles, ont certaines choses en commun.
2. Pour trouver ce qu'il y a de traditionnel dans l'architecture d'une région, il vaut mieux regarder les grands immeubles urbains.
3. Djenné est la capitale du Mali.
4. Une fois par an, les habitants de Djenné s'organisent pour réparer la Grande Mosquée.
5. Le Mali est un des pays les plus prospères du monde.
6. La langue officielle du Mali, c'est le français.
7. L'architecture des Dogons est bien adaptée au climat du pays.
8. Les Martiniquais utilisent des pierres pour construire leurs cases traditionnelles.
9. Les premières cases des Antilles ont probablement été construites par/pour les esclaves.
10. Aujourd'hui, il n'y a aucun effort pour sauvegarder les cases martiniquaises.
11. La case martiniquaise et le chalet suisse ont ceci en commun: ils sont tous les deux construits en bois.
12. Le toit en pente du chalet a pour but de protéger contre le vent.
13. Le béton est plus isolant comme matériau de construction que le bois.

W. Mini-discussions. Discutez des questions suivantes avec quelques camarades de classe.

1. Quel est le style architectural particulier de votre région? En quoi est-ce que ce style est adapté au climat dans lequel vous habitez (décrivez votre climat)? Quel mélange *(mixture)* de styles est-ce qu'il y a dans votre région? A votre avis, quels bâtiments de votre région font partie de votre patrimoine architectural?
2. Est-ce qu'il y a une région des Etats-Unis qui se caractérise par un style architectural particulièrement intéressant? Laquelle? Décrivez ce style et essayez d'expliquer comment il est adapté au climat.

Fonction

Comment décrire les choses et les personnes (2)

RAPPEL

Les pronoms relatifs

● Grammar Tutorials

	PEOPLE / ANIMALS / THINGS
SUBJECT	**qui**
DIRECT OBJECT	**que, qu'**

The relative pronoun **où** replaces nouns that refer to place and time.

X. Est-ce que vous savez? Devinez *(Guess)* de quoi ou de qui il s'agit.

1. Dans ce film, il s'agit d'un jeune homme qui est sorcier *(sorcerer)*.
   a. *Atonement*
   b. *Harry Potter and the Deathly Hallows*
   c. *The Diving Bell and the Butterfly*
   d. *Juno*

2. C'est une fleur qui est blanche et qui permet de savoir si quelqu'un vous aime ou pas.
   a. C'est une tulipe.
   b. C'est une rose.
   c. C'est une marguerite *(daisy)*.
   d. C'est une violette.

3. C'est le jour où les Français célèbrent la prise de la Bastille (une prison) et qui est donc leur fête nationale.
   a. le 4 juillet
   b. le 1ᵉʳ août
   c. le 6 juin
   d. le 14 juillet

4. C'est une spécialité culinaire que les Marocains apprécient beaucoup.
   a. la boullabaisse
   b. le cassoulet
   c. le tagine (tajine)
   d. la salade niçoise

5. C'est le musée parisien où se trouve la *Joconde (Mona Lisa)*.
   a. le Louvre
   b. le musée d'Orsay
   c. le musée Rodin
   d. le musée de Montmartre

6. C'est un style architectural qu'on trouve souvent en Suisse.
   a. la case
   b. le chalet
   c. la maison en argile
   d. la maison en béton

Y. Ça se dit comment? Complétez les phrases avec le pronom relatif convenable.

Modèle: C'est le jour _____ je me suis mariée.
C'est le jour où je me suis mariée.

1. C'est la personne _____ m'a envoyé un livre sur l'architecture antillaise.
2. C'est le style de maison _____ je préfère.
3. C'est le style architectural _____ il nous a recommandé.
4. C'est le sujet _____ tu as choisi pour ton exposé oral?
5. C'est Mme Porter _____ a déménagé en Suisse.
6. Jean Marchand? C'est le gars *(guy)* _____ nous avons rencontré chez Suzy.
7. Elle a une cousine _____ est malienne.
8. C'est la ville _____ je suis née.
9. Nous avons une très vieille maison _____ nous avons rénovée l'année dernière.
10. La maison _____ ils ont construite est énorme!
11. Les immeubles _____ sont en banlieue sont moins chers que les immeubles urbains.
12. L'endroit _____ j'aimerais habiter, c'est le désert de la Californie.
13. C'est le bois _____ est le matériel idéal pour la construction des cases.
14. L'appartement _____ vous avez choisi n'est pas assez grand pour toute la famille.

Do **A faire! (2-4)** on page 83 of the **Manuel de préparation**.

REPRISE

La place des adjectifs; les pronoms relatifs *qui, que, où*

Z. Faisons des descriptions! Utilisez un pronom relatif (**qui, que, où**) et les adjectifs donnés pour créer des phrases logiques. Attention à l'accord et à la place des adjectifs. Les adjectifs entre parenthèses ne sont pas nécessairement dans l'ordre convenable.

1. (étranger, mauvais) Les Dogons sont un peuple _____ a réussi à résister la _____ influence des colonisateurs _____.
2. (beau, rural) Les villages _____ habitent les Dogons se trouvent dans une _____ région _____ du Mali.
3. (systématique, grand) Une fois par an, les habitants de Djenné organisent un festival _____ a pour but des réparations _____ de la _____ mosquée.
4. (vieux, jeune) Le marché en plein air _____ il y a tous les lundis à Djenné attire les _____ personnes aussi bien que les _____ artisans _____ vendent leurs objets d'art.
5. (agricole) Les greniers, ce sont les structures _____ les Dogons préservent les produits _____ _____ ils cultivent.
6. (autre) Les oignons et le blé sont deux des produits agricoles _____ les Dogons vendent aux _____ peuples de la région.
7. (secret) Les membres de la société des masques ont une langue _____ _____ leur permet de communiquer entre eux.

Quant à moi...

Témoignages: «Que font les défavorisés, les démunis, chez vous pour se loger?»

AA. A vous d'abord! Discutez des questions suivantes avec vos camarades de classe.

1. Quels sont les problèmes de logement dans votre région?
2. Est-ce qu'il y a des gens qui n'ont pas les moyens *(means)* de se loger? Que font-ils?
3. Que fait votre gouvernement local pour aider les sans-logis? Est-ce que vous avez des centres d'accueil? Est-ce qu'il y a des logements à loyer modéré disponibles?

BB. Les témoins vous parlent. En écoutant quelques Français et Francophones parler de la situation des personnes défavorisées dans leur région, faites les exercices en suivant les indications données.

 CD2, Tracks 2–5

Visit the **témoins** in their home-town on Google Earth.

Anne-Marie Floquet
Paris, France

> ### Vocabulaire utile
> **sur les bords de la Seine** *(along the banks of the Seine river)*, **ponts** *(bridges)*, **au bord du périphérique** *(along the Paris beltway)*, **pour vous dire** *(as an example)*, **à toute vitesse** *(at high speeds)*, **venir les embêter** *(to come bother them)*, **cela dit** *(that having been said)*, **les fameux** *(the infamous)*, **bâtis** *(built)*, **sûrs** *(safe, secure)*

1. Choisissez la bonne réponse d'après ce que vous avez appris.
   - Selon Anne-Marie,...
     a. il y a très peu de sans-logis (sans-abri) à Paris.
     b. l'existence des sans-abri pose quelquefois des problèmes.
     c. les sans-abri trouvent toujours un toit pour la nuit.
     d. les sans-abri peuvent être logés dans les HLM.
   - À Paris, les sans-abri dorment...
     a. là où ils peuvent.
     b. seulement dans des logements aménagés par la ville de Paris.
     c. seulement dans des abris aménagés par des organisations bénévoles.
     d. dans des HLM.
   - HLM veut dire...
     a. Habitation à Loyer Maximum.
     b. Habitation à Loyer Moyen.
     c. Habitation à Loyer Médiocre.
     d. Habitation à Loyer Modéré.

- Les HLM sont situées surtout…
  - **a.** au centre-ville.
  - **b.** près du périphérique.
  - **c.** loin des centres urbains.
  - **d.** dans les banlieues des zones urbaines.
- Les quartiers des HLM sont des quartiers…
  - **a.** pas très sûrs.
  - **b.** assez sûrs.
  - **c.** généralement sûrs.
  - **d.** très sûrs.
- Il y a des sans-logis qui dorment au bord du périphérique parce que c'est un endroit…:
  - **a.** facile d'accès.
  - **b.** un peu protégé.
  - **c.** dangereux.
  - **d.** sûr.

Corinne Bernimoulin-Schmid
Genève, Suisse

Vocabulaire utile

revenu *(income)*, **avoir le droit** *(to have the right)*, **la cave** *(basement)*, **salles de jeu** *(recreation [game] rooms)*, **animateurs** *(facilitators, counselors)*, **la mendicité** *(begging, panhandling)*, **interdite** *(against the law)*, **mendient** *(beg)*, **par terre** *(on the ground)*, **bocal** *(container, can)*, **tourne** *(makes the rounds)*, **amène** *(takes)*, **le lendemain** *(the next day)*, **elle les refait partir** *(they make them leave)*

2. Dites si les phrases sont vraies ou fausses selon ce que dit Corinne Bernimoulin-Schmid.
   - **a.** Corinne habite en France.
   - **b.** Il y a beaucoup de sans-abri à Genève.
   - **c.** A Genève, il faut avoir un certain revenu pour habiter dans les HLM.
   - **d.** En Suisse, les HLM se trouvent au centre des grandes villes.
   - **e.** Il y a souvent des salles de jeu dans les HLM, avec des animateurs.
   - **f.** Une des fonctions des animateurs est d'aider les enfants à faire leurs devoirs.
   - **g.** La mendicité est légale en Suisse.
   - **h.** A Genève, les sans-abri peuvent dormir et manger un repas dans des abris.
   - **i.** Les sans-logis ont le droit d'habiter dans les abris plus ou moins en permanence.

Christophe Mouraux
Liège, Belgique

Vocabulaire utile

propriétaires *(homeowners)*, **emprunt** *(loan)*, **à un taux très réduit** *(at a reduced [interest] rate)*, **les moyens** *(means)*, **primes** *(subsidies)*, **qui est mise par l'Etat** *(that's provided by the State)*, **coûts** *(prices, costs)*, **nettement moindres** *(considerably lower, reduced)*, **nettement moins importants** *(considerably lower)*, **malgré tout** *(nevertheless)*, **choix** *(choice)*, **suite à** *(due to, because of)*, **une perte d'emploi** *(the loss of a job)*, **insertion sociale** *(social integration)*, **refuges** *(shelters)*, **éducateurs de rue** *(social workers)*, **aller à la rencontre** *(meet, find)*

3. **Oui ou non?** Dites si Christophe Mouraux a fait les constatations suivantes ou non.

   a. En Belgique, le gouvernement aide les jeunes à acheter leur première maison.

   b. L'Etat donne aussi de l'argent aux jeunes pour rénover leur maison.

   c. Il n'y a pas de logements sociaux en Belgique.

   d. Il y a des possibilités en Belgique d'être propriétaire, même si on ne gagne pas trop d'argent.

   e. Il n'y a pas de sans-logis en Belgique.

   f. Il n'y a donc pas de refuges en Belgique.

   g. Il y a certaines personnes qui préfèrent la vie des sans-logis.

   h. Les éducateurs de rue circulent parmi les sans-logis pour les aider.

Nadia Aouad
Beyrouth, Liban

Beyrouth, Liban
Population: Entre 938 940 et 1 303 129 (aucuns chiffres depuis 1932)
Langue officielle: arabe, la moitié de la population parle aussi le français, l'anglais est aussi utilisé
Importance: Capitale de la République libanaise, 5 colonnes romaines, thermes et bains publics, la Grande Mosquée Al-Omari, musées, la Tour de l'Horloge

Vocabulaire utile

un peu partout *(everywhere)*, **la Côte d'Azur** *(French Riviera)*, **la classe moyenne** *(the middle class)*, **ils se retrouvent** *(there are)*, **parfois** *(sometimes)*, **hébergés** *(housed)*

4. Répondez aux questions.

   a. Où habite Nadia?

   b. Quel âge a-t-elle?

   c. Qu'est-ce qu'elle fait dans la vie?

   d. Quelle est la situation des gens aisés au Liban en ce qui concerne le logement?

   e. Où habitent les gens défavorisés au Liban?

   f. Est-ce qu'il y a des sans-logis au Liban? Que font-ils pour survivre?

CC. Chez vous. Les témoins parlent des personnes défavorisées dans leur pays. Laquelle des quatre situations semble la plus proche de la situation dans la région où vous habitez? Pourquoi?

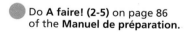
Do **A faire!** (2-5) on page 86 of the **Manuel de préparation**.

Et vous?

FICHE VOCABULAIRE

LE PROBLEME DU LOGEMENT

les quartiers défavorisés *impoverished neighborhoods*
   une décharge sauvage *improvised dump*
   une bouche d'aération *steam / air vent*
   une embrasure *doorway*
   une entrée de magasin *store entryway (doorway)*
   un ghetto *ghetto, slum*
   une habitation tombée en ruine *crumbled house (building)*
   une HLM (habitation à loyer modéré) *low-income (affordable) housing*
   un logement misérable *poor housing*
   un logement social *affordable (low-income, subsidized) housing*
   les ordures *(f. pl.) trash, garbage*
   un quartier chaud *rough (troubled) neighborhood*
   un quartier de taudis *slum area*
   un quartier sensible *sensitive (unstable) neighborhood*
   une région en difficulté *depressed area*
   un taudis *slum*
   un terrain vague *abandoned lot*
   la zone *slums*
   une zone de violence *violent neighborhood*

les conditions de vie (noms)
   la criminalité *crime*
   la délinquance *crime*
   la délinquance (criminalité) juvénile *juvenile delinquency*
   la pauvreté *poverty*
   la pauvreté chronique *entrenched poverty*
   un salaire de misère *bare subsistence wages*
   la saleté *dirt, filth*
   la ségrégation dans le logement *housing discrimination*
   le strict nécessaire *the bare necessities of life*
   la violence *violence*

les conditions de vie (verbes)
   dormir sur les bancs publics *to sleep on public benches*
   être dans une misère noire *to be in dire straights*
   être jeté(e) dans la rue *to be thrown into the street*
   être prisonnier(ère) du ghetto *to be condemned to the slums*
   être réduit(e) à l'indigence *to be reduced to poverty*
   être sans abri *to be homeless*
   être sans domicile fixe *to be homeless*
   être sans ressources *to be destitute*
   vivre dans le besoin *to live in need*

les conditions de vie (adjectifs)
   défavorisé(e) *underprivileged*
   délabré(e) *run-down, decrepit*
   crasseux(se) *grimy, grubby*
   incendié(e) *set on fire, burnt*
   lugubre *dismal, bleak*
   sordide *squalid*
   vandalisé(e) *vandalized*

les défavorisés *underprivileged*
   un clochard *hobo, vagrant (péj.)*
   une clocharde *bag lady (péj.)*
   les exclus *outcasts, excluded people*
   les indigents *poor, destitute, indigent*
   un instable *drifter*

les marginaux *(m. pl.) marginalized (people), outcasts*
   un mendiant *beggar (péj.)*
   les opprimés *oppressed (people)*
   un(e) pauvre *poor person*
   les sans-abri (les sans-logis) *(m. pl.) homeless, street people*
   les SDF (sans domicile fixe) *homeless*
   un travailleur saisonnier *migrant worker*
   un vagabond *vagrant, hobo (péj.)*

DD. Les défavorisés chez vous. Discutez avec vos camarades des problèmes liés à la pauvreté dans un endroit que vous connaissez. Consultez vos notes et les questions pour vous aider dans la discussion.

1. Quel endroit est-ce que vous avez choisi? Pourquoi est-ce que vous le connaissez?
2. Est-ce qu'il y a un nombre important de personnes démunies dans cet endroit? Comment le savez-vous?
3. Que font les personnes démunies dans cet endroit pour trouver un logement? Où habitent-elles? Dans quelle sorte de situation sont-elles?
4. Est-ce qu'il y a des sans-logis dans cet endroit? Où est-ce qu'ils se trouvent? Où est-ce qu'ils dorment?
5. Que fait la communauté pour aider les personnes démunies et les sans-logis (e.g., centres d'accueil, Restos du Cœur, assistance sociale, etc.)?
6. Qui sont les personnes de cette communauté qui aident les sans-logis et les pauvres? Est-ce que vous avez déjà travaillé pour un organisme *(organization)* qui aide ces personnes? Qu'est-ce que vous avez fait?

Magazine Culture Comment se logent les étudiants français?

En France, il y a une crise du logement. Et cette crise touche surtout la population défavorisée (les gens à bas revenu, les étudiants, les femmes seules—veuves ou divorcées avec des enfants— et les personnes âgées). La France, comme la plupart des pays du monde, est très loin de satisfaire aux demandes de logements sociaux pour les quelques 1,5 million de Français qui vivent dans des situations précaires ou de rénover les résidences délabrées qui logent quelques 6 millions de personnes défavorisées. Pour les étudiants universitaires, il y a plusieurs solutions à la crise du logement, y compris la «maison container» et le logement intergénérationnel.

Où habitez-vous?

Je m'appelle Djillali, je suis étudiant en droit à Limoges et j'ai une chambre en cité-U. Le premier avantage, c'est le prix: 130 euros par mois! Pour ce prix, évidemment, on n'a que le minimum: 10 m², avec un lit simple, une étagère pour mettre nos livres, un bureau et une chaise pour travailler, un placard pour ranger nos affaires et un lavabo. C'est basique mais ça va. A l'étage on a la salle de douches et la cuisine: là c'est plus difficile parce que ce n'est pas souvent nettoyé. Heureusement, je mange au resto-U et je rentre chez moi le week-end. Alors ma mère fait ma lessive. C'est bien mieux que d'aller à la laverie automatique du quartier.

© Bennewitz/iStockphoto

© Raisa Kanareva/Shutterstock.com

Salut, je suis Léa. Comme je suis en 2e année en informatique à Blagnac, je suis restée habiter chez mes parents. Comme je ne paie donc rien, cela me permet de faire des économies parce que l'année prochaine je veux aller à une école d'ingénieurs à Toulouse où le logement est assez cher. C'est sûr que, dans ma situation, je ne profite pas autant de la vie étudiante parce que je dîne presque tous les soirs avec mes parents. Mais je me dis que c'est un sacrifice pour l'an prochain. Et puis je n'ai pas à m'occuper des courses, de la vaisselle, de la lessive. J'aide un peu à la maison, mais je me concentre surtout sur mes études.

© Rui Vale de Sousa/Shutterstock.com

Je m'appelle Hugo et j'ai été admis à une des meilleures écoles pour créateurs de jeux vidéo en France! La première année, j'ai loué un studio pas loin de l'école. Je venais à pied en cours, je faisais mes courses dans la supérette du quartier, j'allais lire au Musée de la Bande Dessinée. Mais le studio était un peu cher: 340 euros par mois et puis j'aime la compagnie et je ne voulais plus vivre seul. Alors avec deux copains, on a pris une colocation en centre-ville. On paie chacun 280 euros et on a un appartement super-grand! Le week-end on peut faire la fête comme on veut, on s'organise des parties géantes de jeux vidéo dans le salon (qui est réservé à ça).

Moi, c'est Océanie. Cette année, je suis en 1ère année en sciences po à Paris. Mes parents habitent à Pantin mais mes deux sœurs et moi, on se partage une seule petite chambre chez eux. Pour étudier, c'est impossible. J'ai donc une chambre à la Cité Internationale sur le campus de mon école. C'est sympa parce que ma chambre est confortable et, pour travailler, je peux aller à la bibliothèque qui est tout près. Nous avons un très beau campus avec des arbres et des pelouses. Nos tuteurs et les anciens organisent des sorties au cinéma, au théâtre, dans les musées. On stresse beaucoup pour les études, mais l'ambiance est bonne. Les conditions sont idéales pour ceux qui veulent travailler sérieusement.

© ilolab/Shutterstock.com

Le Havre: Maison container étudiant

Les premières résidences pour étudiants en container ont été inaugurées aujourd'hui...! Ces résidences s'inspirent des différentes réussites réalisées aux Pay-Bas et à Londres.

La cité A Docks aménagée en six mois va accueillir 99 étudiants. Ces studios d'un nouveau genre seront d'une surface de 25 m² séparés par des cloisons afin de distinguer le coin cuisine, la pièce de séjour et la salle de bains. Niveau isolation: les promoteurs annoncent une isolation phonique et thermique équivalente à une construction classique ainsi qu'un système de ventilation.

L'architecte [...] a constitué une structure métallique supportant les conteneurs et permettant un décalage entre les studios afin d'implanter passerelles, balcons et terrasses. L'ensemble s'étage sur 4 niveaux, autour d'un jardin intérieur. Pour préserver l'intimité des résidents le rez-de-chaussée a été surélevé.

© Benoît Decout/REA/Redux

© Emmanuel Lelaidier/Maxppp/Landov

Source: Eco-création environnement-blog post 30 août 2010. Courtesy Florian Beauchet.

Logement intergénérationnel: un choix économique et solidaire

Le principe du logement intergénérationnel est simple: une personne âgée vous héberge à son domicile en échange de quoi vous vous engagez à lui rendre quelques petits services: faire les courses, préparer les repas… et surtout lui tenir compagnie. [...] Avec le soutien de l'Etat et des collectivités locales qui misent sur cette cohabitation pour répondre à la fois au manque de logement étudiant et à la solitude des personnes âgées. [...]

Economique et solidaire, ce mode de logement est clairement encadré par une charte de bonnes pratiques, baptisée «Un toit, deux générations». Celle-ci oblige d'abord à passer par une association qui veille à former le binôme étudiant-sénior adéquat. [...] Chaque association impose donc dans un premier temps un entretien. La participation aux charges de loyer varie souvent selon l'implication de l'étudiant.

Etudiante en master d'ingénierie à l'université de Versailles, Amina entame sa deuxième année «auprès d'une mamie»: «C'est une relation chaleureuse, presque familiale qui se construit. Cela demande d'avoir envie de donner et de recevoir», note cette jeune femme pour qui «l'argument financier ne peut pas être la seule motivation». Même constat pour Cécile, étudiante en master de biologie à Rennes: «Au départ, on suit les règles et puis, au fil du temps, je me suis rendu compte que ce n'est absolument pas une contrainte mais un plaisir d'échanger avec ma colocataire de 88 ans». Quant à Alexandre, étudiant en droit à Nantes, qui cohabite avec un homme de 90 ans, il précise que «ce n'est pas un mode de logement pour les étudiants fêtards». «Cela me convient parce que, pendant l'année, je sors peu le soir, pas plus d'une fois par semaine. Cette cohabitation m'oblige à travailler et m'évite la solitude à moi aussi».

Source: Emmanuel Vaillant. *Logement intergénérationnel: un choix économique et solidaire,* L'Etudiant.fr, Septembre 2010.

DICO

à bas revenu *with a low (limited income)*
aménagée *built*
anciens *seniors (upper-class students)*
À l'étage *On the same floor*
binôme *two-person team*
ceux *those*
chaleureuse *warm*
charte de bonnes pratiques *charter of best practices*
cité-U *university dorm*
colocation *shared apartment (lodging)*
colocataire *roommate, housemate*

construction classique *traditional buildings*
décalage *separation*
d'un nouveau genre *of a different kind*
encadré *controlled*
ensemble *the whole thing*
entame *is starting*
étagère *shelf*
fait ma lessive *does my laundry*
fêtards *who like to party*
héberge *houses*
implication *involvement*
isolation (phonique, thermique) *(sound, heat) insulation*
je me suis rendu compte *I realized*
lavabo *sink*
laverie automatique *laundromat*

logements sociaux *subsidized housing*
mamie *grandma*
me convient *suits me*
misent sur *count on*
passerelles *corridors, passageways*
pelouses *lawns*
resto-U *university cafeteria*
s'étage *has*
suit les règles *follows the rules*
supérette *convenience store*
surélevé *raised off the ground*
toit *roof*
tuteurs *teachers*
veille *oversees*
10 m² (mètres carrés) *107.6 square feet*
25 m² *269 square feet*

EE. Des conclusions logiques. Selon ce que vous avez appris dans le **Magazine Culture**, trouvez une conclusion logique à chaque début de phrase.

Modèle: En France, il y a…
En France, il y a *une crise du logement.*

1. Près de 6 millions de Français habitent dans des logement qui sont…
2. 1,5 million de Français se trouvent dans des situations…
3. La France ne peut pas satisfaire aux demandes de…
4. Djillali habite une chambre en…
5. Léa continue à…
6. Hugo a une colocation avec…
7. Océanie a une chambre à la…
8. Une maison container est un…
9. Le mode de logement intergénérationnel réunit deux personnes dans un seul logement,…
10. Dans ce binôme, le sénior héberge l'étudiant(e) et l'étudiant(e) lui…
11. L'Etat compte sur cette cohabitation pour répondre au manque de logement étudiant et…

FF. Mini-discussions. Discutez des questions suivantes avec quelques camarades de classe.

1. Quels modèles de logements étudiants sont présentés dans les articles? Qu'est-ce que vous pensez de l'idée de la maison container et du logement intergénérationnel? Est-ce que ces modèles de logement existent aux Etats-Unis? A votre avis, est-ce qu'on devrait adopter ces solutions? Pourquoi ou pourquoi pas?
2. Quelles autres solutions pouvez-vous suggérer pour répondre aux demandes de logements étudiants? Expliquez les avantages et les inconvénients de ces solutions.

«La maison où j'ai grandi» par Françoise Hardy

Françoise Hardy: Auteur, compositrice, interprète française qui a commencé sa carrière en 1962 avec son premier disque *Tous les garçons et les filles* (plus de 2 millions d'exemplaires vendus). Plus récemment, elle a fait sortir l'album *La Pluie sans parapluie* (2010). Entre ces deux titres, au cours des années, sont sortis 24 albums et plusieurs reprises *(remakes)* édités en France et à l'étranger. Sans compter les chansons qu'elle a écrites pour d'autres chanteurs. Pour son œuvre de 40 ans, Françoise Hardy a reçu, en 2008, la Grande Médaille de la chanson française. La même année est sortie son autobiographie *Le désespoir des singes... et autres bagatelles* qui, pour 2008, était l'un des livres les plus lus en France.

«La maison où j'ai grandi» par Françoise Hardy

La chanson *«La maison où j'ai grandi»*: Il s'agit ici des souvenirs d'enfance de Françoise Hardy. Elle «revient» à la maison où elle a grandi, la maison avec les roses dans le jardin, les arbres, les jeux d'enfance avec des amis, le bonheur. Mais cette maison a disparu et n'existe que dans les souvenirs de la chanteuse. C'est une chanson nostalgique et quelque peu triste, car il s'agit d'un passé qui a disparu à tout jamais.

A discuter

Comme Françoise Hardy, est-ce que vous avez des souvenirs d'enfance qui ont une très grande importance pour vous? Est-ce qu'ils s'associent à un endroit, un logement, une personne, un événement? Discutez de l'importance de la mémoire dans la vie.

Fonction

Comment décrire les choses et les personnes (3)

RAPPEL

Résumé des pronoms relatifs

	PEOPLE / ANIMALS / THINGS
SUBJECT	**qui**
DIRECT OBJECT	**que, qu'**
OBJECT OF THE PREPOSITION **DE**	**dont**
OBJECT OF A PREPOSITION OTHER THAN **DE**	**qui** *(for people only)*

The relative pronoun **où** replaces nouns that refer to place and time.

GG. Des devinettes. (Riddles.) A tour de rôle *(Taking turns),* suivez le modèle pour poser ces devinettes à votre camarade. Utilisez des pronoms relatifs dans vos descriptions. Votre camarade va vous poser des questions pour trouver la réponse.

Modèle: Je pense à une personne. *(Think about a person your classmate is likely to know.)*
—*Je pense à une personne.*
—*C'est une personne que je connais?*
—*Oui, tu la connais. C'est quelqu'un que nous voyons tous les jours.*
—*C'est le prof de français?*
—*Non. La personne dont je parle est plus jeune. C'est une personne qui porte toujours une casquette des Red Sox.*
—*C'est Tracy?*
—*Oui, c'est Tracy.*

1. Je pense à une personne. *(Think about a person your classmate is likely to know.)*
2. Je pense à une ville. *(Think about a city that would be known to your classmate.)*
3. Je pense à un logement. *(Think about a residence that both of you know.)*
4. Je pense à un style architectural. *(Think about one of the architectural styles you learned about in this chapter.)*
5. Je pense à un film. *(Think about a film your classmate is likely to have seen.)*
6. Je pense à un cours. *(Think about a course your classmate is taking or a course that is required at your university.)*

Do **A faire! (2-6)** on page 94 of the **Manuel de préparation.**

«La vie dans les HLM»

Christiane Rochefort

Christiane Rochefort, auteur de cet extrait, est née dans le 14ᵉ arrondissement à Paris. Cet extrait est tiré de son roman *Les petits enfants du siècle* (1961) où elle présente les problèmes de l'urbanisme moderne. Le personnage principal, c'est Josyane. C'est à travers ses yeux que nous découvrons la vie dans les résidences collectives. Dans ce premier extrait, la famille de Josyane vient de s'installer dans un nouvel appartement.

> **AIDE-LECTURE**
> Josyane's family used to live in a one-bedroom apartment. Since, by law, large families had priority access to a larger apartment in an HLM, her family was able to move.
> • How did they make use of their new space?

Maintenant, notre appartement était bien. [...] ... on nous avait mis ici; on était prioritaires; dans cette Cité les familles nombreuses étaient prioritaires. On avait reçu le nombre de pièces auquel° nous avions droit selon le nombre d'enfants.

to which

Les parents avaient une chambre, les garçons une autre, je couchais avec les bébés dans la troisième; on avait une salle d'eau°, la machine à laver était arrivée quand les jumeaux° étaient nés, et une cuisine-séjour où on mangeait; c'est dans la cuisine, où était la table, que je faisais mes devoirs.

room with a shower (bathroom)
twins

> **AIDE-LECTURE**
> Evenings, after ten o'clock, were special to Josyane.
> • Why?

C'était mon bon moment: quel bonheur quand ils étaient tous garés°, et que je me retrouvais seule dans la nuit et le silence! Le jour je n'entendais pas le bruit°, je ne faisais pas attention; mais le soir j'entendais le silence. Le silence commençait à dix heures: les radios se taisaient°, les piaillements°, les voix°, les tintements° de vaisselles; une à une, les fenêtres s'éteignaient°. A dix heures et demie c'était fini. Plus rien. Le désert. J'étais seule. Ah! comme c'était calme et paisible autour, les gens endormis, les fenêtres noires, sauf° une ou deux derrière lesquelles° quelqu'un veillait° comme moi, seul, tranquille, jouissant° de sa paix!

put to bed (literally, parked)
noise

were quiet; squawking (of a child); voices; clanging; became dark

except; which
was awake; enjoying

> **AIDE-LECTURE**
> After the birth of the new baby, they were given an additional allowance by the government.
> • What two things did the family do before buying something new?
> • How did different family members want to spend the remaining money?
> • Why did these discussions bother Josyane?

Grâce à Nicolas on pourrait faire réviser° la machine à laver et ça c'était une bonne chose parce qu'autrement les couches°, et j'en avais marre° des couches, marre, marre, marre. On pourrait ravoir° la télé, ce qui m'arrangeait aussi parce

to service
diapers; I was sick of
get back

que, quand elle était là, on avait bien plus la paix. Après ça, avec de la veine°, on pourrait peut-être penser à la bagnole°. C'était ça qu'ils visaient° maintenant, plutôt que le frigo, la mère aurait voulu un frigo mais le père disait que c'était bien son tour d'avoir du bien-être, pas toujours celui de sa femme, et avec la fatigue pour venir d'une banlieue à une autre il commençait à en avoir plein le dos°. La mère pouvait bien aller au marché tous les jours, d'ailleurs° c'était moi qui y allais, ils n'avaient pas l'air d'y penser. Ils calculèrent tout un soir pour cette histoire de bagnole, s'il y avait moyen°, … de l'avoir, en grattant° ici et là et compte tenu de la télé en moins… ce qui foutait tout par terre° c'est si on devait acheter un nouveau lit pour Catherine si Nicolas allait dans le berceau°, un lit c'est cher. Ils avaient étalé° les papiers sur ma table, me gênant°; ils me gâtèrent° toute ma soirée, heureusement que ça n'arrivait pas tous les jours.

luck
car (slang); aimed for

to have enough; besides

if there was a way; here, saving
what would destroy all their plans
baby crib
spread out; bothering me; spoiled

AIDE-LECTURE
• What did they finally decide to do?

Finalement avec l'oncle Georges, qui bricolait°, pas comme papa qui ne savait rien faire de ses dix doigts, on monta un petit lit par-dessus celui de Chantal, qui grimperait° d'un étage, tandis que Catherine, quittant le lit du bébé, s'installerait au rez-de-chaussée, et qu'est-ce qu'on ferait après, le plafond° ne serait jamais assez haut si on continuait. Comme ça il n'y avait plus que la paillasse° à acheter.

did handiwork

would climb up
ceiling
mattress (slang)

Source: Christiane Rochefort, *Les Petits enfants du siècle* © Editions Grasset & Fasquelle, 1961, pp. 41–43

HH. Discussion. Répondez aux questions suivantes selon vos interprétations de l'extrait de Rochefort.

Vocabulaire pour la discussion
le personnage (principal) *the (main) character (in a novel or play)*
être prioritaire *to have priority*
l'assistance sociale *social services*
l'urbanisme moderne *modern urbanization*
le bruit *noise*
une idée principale *a main idea*
la solitude *solitude*
être seul(e) *to be alone*
la paix (paisible) *peace (peaceful)*
la vie dans les logements collectifs *living in housing projects*
une vie dure *a hard life*
bondé(e) *crowded*

1. Pourquoi pensez-vous que Josyane apprécie tellement la nuit?
2. Ce texte nous donne une très bonne idée des responsabilités de Josyane à la maison. De quoi est-ce qu'elle s'occupe?
3. Quand Josyane parle de ses parents, elle dit «le père» et «la mère». Quelles attitudes traduit l'emploi de l'article défini?
4. A votre avis, pourquoi est-ce que les questions budgétaires n'intéressent pas Josyane?

La place des adjectifs; les pronoms relatifs

👥 **II. Faisons l'inventaire de notre appartement.** Ajoutez l'adjectif (les adjectifs) entre parenthèses à chacune des phrases suivantes. Attention à la place et à l'accord des adjectifs.

> **Modèle:** (vieux) C'est un meuble que nous pouvons vendre.
> *C'est un vieux meuble que nous pouvons vendre.*

1. (autre) C'est un meuble que nous pouvons vendre.
2. (délabré) C'est une table que nous pouvons jeter *(throw away)*.
3. (vieux) Cette lampe est parfaite pour mon cousin.
4. (chinois) J'aimerais garder *(keep)* ces chaises.
5. (ancien) Voilà une machine à écrire que nous allons donner au musée.
6. (confortable, nouveau) C'est une chaise que nous allons garder.
7. (allemand, petit) Je ne suis pas d'accord pour vendre ces figurines.
8. (beau, français) Où est-ce que tu as trouvé ces assiettes?
9. (ridicule) On va jeter ces posters? (bon) C'est une idée.
10. (beau) Qu'est-ce qu'on fait de cet objet que tu as trouvé au marché aux puces *(flea market)*? (cadet) On le donne à ta sœur?
11. (beau, mexicain) J'aimerais bien garder cette guitare.
12. (vieux) Qu'est-ce que nous allons faire de ces vidéos? (municipal) Pourquoi ne pas les donner à la bibliothèque?
13. (policier) Et à qui donner ces romans? A Laure. (policier, français) Elle adore les romans.
14. (grand) On garde cette armoire? (italien, jeune) Non, on le donne à la femme d'à côté. Elle a besoin de meubles.

JJ. Le logement en France (résumé). Les paragraphes suivants résument quelques idées sur le logement que vous avez apprises dans ce chapitre. Complétez les paragraphes en utilisant des pronoms relatifs (**qui, que, où, qui** avec préposition, **dont**).

1. En France, comme dans la plupart des pays du monde, il y a une grande variété de logements. Il y a le centre-ville _____ on trouve souvent les immeubles luxueux et les maisons _____ ont été construites il y a très longtemps. Il y a les banlieues _____ sont souvent logées les personnes les plus défavorisées du pays. Il y a les gens du voyage _____ les sédentaires n'acceptent pas facilement dans leurs communautés. Et, enfin, il y a les sans-logis _____ n'ont aucun des conforts _____ on a besoin.

2. En France, le centre-ville des grandes villes est l'endroit _____ se logent les gens les plus privilégiés de la société. C'est le contraire des Etats-Unis, _____ les *inner cities* sont souvent les taudis des centres urbains. En France, c'est donc dans les banlieues _____ on voit les cités et les HLM construites pour la partie défavorisée de la population. Dans les meilleures circonstances, il y a une HLM rénovée _____ les locataires ont l'aide _____ rend leur vie plus ou moins confortable. Malheureusement, ce n'est pas assez souvent le cas. A Clichy-sous-Bois, par exemple, les jeunes _____ on voit dans les rues et les parkings sont pour la plupart au chômage et sans espoir pour l'avenir. Ces jeunes, _____ les parents ou grands-parents étaient souvent des immigrants, se trouvent dans une situation très précaire. Malgré le fait _____ ils sont de nationalité française, ils ont rarement les mêmes opportunités _____ les Français de souche (nés de deux parents français).

3. Les Roms, c'est une population de 300 000 personnes _____ on appelle souvent «les gens du voyage». Ce sont des gens pour _____ il y a très peu de services sociaux. Les sédentaires se méfient d'eux et leur refusent souvent l'aide _____ ils ont besoin. Les Roms souffrent donc souvent de préjugés _____ rendent leur vie extrêmement difficile. Leur vie nomade et précaire, _____ sont absents presque tous les conforts, les sépare des institutions sociales _____ donnent accès à la scolarité, à l'assistance sociale et même aux soins médicaux. Les Roms avec _____ on parle sont tous d'accord: ce sont des préjugés injustes _____ mènent à la discrimination contre leur peuple.

4. Et que faire pour les quelques 100 000 sans-logis _____, eux, restent souvent invisibles dans les quartiers les plus pauvres des villes. Pour comprendre leur situation, il faut aller les trouver dans les embrasures de portes, dans les entrées des magasins, sous les ponts *(bridges)*, sur les terrains vagues. C'est dans ces endroits _____ ils se font une petite place pour dormir. Comment faire comprendre aux gouvernements _____ cette situation est intolérable et _____ il faut agir pour trouver des solutions?

● Do **A faire! (2-7)** on page 99 of the **Manuel de préparation.**

C'est à vous maintenant!

KK. Une interview. Vous allez interviewer une personne de langue française ou une personne qui a habité en France ou dans un pays ou une région francophone. Commencez avec des questions générales pour faire connaissance avec cette personne avant de lui poser des questions sur son logement, sur l'environnement dans lequel elle habite et sur les problèmes du logement dans la région où elle habite. Prenez des notes (questions et réponses) pour vous aider à écrire votre article dans le **Manuel de préparation.**

LL. Vous avez bien compris? Comparez les notes que vous avez prises avec celles de quelques camarades de classe pour vérifier que vous avez bien compris les réponses aux questions.

● Do **A faire! (2-8)** on page 100 of the **Manuel de préparation.**

Synopsis: Un jeune homme est en voyage à Madagascar. Ce film, c'est la partie du voyage où il raconte la fête de Famadihana (fête des morts) dans le village d'Ambano (au sud de la capitale Antananarivo).

MADAGASCAR, CARNET DE VOYAGE
(France, 2009)
Court métrage d'animation
Metteur en scène: Bastien Dubois
Durée: 12 minutes
Candidat aux Oscars (2011)

Films are accessible via the Quant à moi Premium Website

ciné-club

Commentaire culturel: Beaucoup de jeunes Français, surtout les lycéens et les étudiants à l'université, font partie de ciné-clubs. Il est même obligatoire d'en avoir un dans chaque lycée, avec une projection hebdomadaire de grands classiques de tous les pays. Les membres des ciné-clubs se réunissent régulièrement pour regarder des films et en discuter.

Avant le film

1. Est-ce que vous avez jamais fait un carnet qui donne tous les détails d'un voyage? Si oui, décrivez le voyage.
2. Décrivez un voyage pendant lequel vous avez appris quelque chose de nouveau sur une autre culture.
3. Quelles régions du monde est-ce que vous voudriez visiter et pourquoi?

Commentaire culturel

La République de Madagascar: pays (île) indépendant dans l'océan Indien; séparé du continent africain par le canal du Mozambique; Antananarivo (capitale); malgache et français (langues officielles); 21 281 844 (population en 2010); colonie française entre 1895 et le 26 juin 1960 (date de l'indépendance); biodiversité unique au monde

Famadihana: fête des morts avec cérémonies et musique; selon les croyances, les morts ne peuvent rejoindre en permanence leurs ancêtres que s'ils sont exhumés et réenterrés après la décomposition totale du corps; on les exhume, on leur remet un linceul blanc propre et on les enterre une deuxième fois lors de cérémonies avec beaucoup de danse, de théâtre, de musique et d'autres festivités; à Madagascar, se fait généralement sept ans après le premier enterrement *(burial)*; se fait pendant la période froide de l'année (entre juin et septembre)

VISIONNAGE

Madagascar CARNET DE VOYAGE

Au village d'Ambano avec Georges
pour le Famadihana

Petit dico malgache

hira gasy théâtre populaire musical malgache
lamba tissu *(cloth)*
mahazo obtenir
salàma bonjour
toka gasy alcool (rhum) malgache
vahaza un Blanc (personne)
vari be menaka un plat avec du riz et du porc

Petit dico français-anglais

assieds-toi have a seat
(un) corps body, corpse, deceased
déterré exhumed, unearthed
emmailloté wrapped in
gras greasy, fatty
(un) lémur lemur (endemic to Madagascar)
(un) linceul shroud, burial cloth
malgache Malagasy (of Madagascar), Malagasy language (langue apparentée aux langues indonésiennes)
(un) mort deceased, dead person
Tana short for Antananarivo (capital of Madagascar)
(un) taxi brousse brush taxi
(un) tombeau tomb, grave

1. Qu'est-ce que vous savez sur la personne qui rédige ce journal de voyage?
2. Dans quelle ville est-ce qu'il se trouve au début du film?
3. Pourquoi est-ce qu'il va au village d'Ambano?
4. Décrivez ce qui se passe pendant la cérémonie qui s'appelle le Famadihana.

APRES LE FILM

Discutez des sujets suivants.
1. Est-ce que vous avez jamais assisté à des funérailles *(funeral)*? Comment est-ce que la vie du défunt ou de la défunte *(deceased)* a été célébrée? Qu'est-ce qui s'est passé avant, pendant et après la cérémonie?
2. Est-ce que vous avez jamais entendu parler de cérémonies funéraires qui sont tout à fait différentes de ce qu'on fait généralement aux Etats-Unis? Ces rituels se font dans quelles parties du monde, dans quelles cultures? Décrivez-les.
3. A votre avis, pourquoi est-ce que certains pensent que les cérémonies funéraires sont importantes pour les personnes en vie *(the living)*?
4. Qu'est-ce que vous avez appris sur Madagascar selon ce carnet de voyage? Donnez autant de détails que possible.

Source: Sacrebleu Productions

CHAPITRE 3

«On s'amuse»

Une baignade en mer

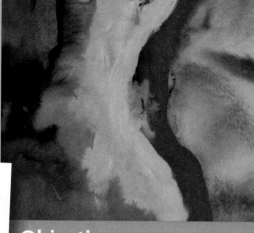

Du VTT en montagne

Objectives

In this chapter, you will learn to:

- talk about leisure activities;
- tell a story;
- make plans;
- talk about the past;
- organize paragraphs.

You will also read about and explore leisure time in France and the Francophone world as well as issues dealing with work and leisure.

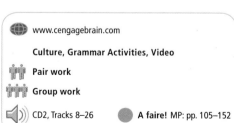

www.cengagebrain.com

Culture, Grammar Activities, Video

Pair work

Group work

CD2, Tracks 8–26   **A faire!** MP: pp. 105–152

Repères

Que font les Français aux heures de loisir?

▲ **Ils vont au cinéma** *voir des films américains à succès mais aussi des films français. La production cinématographique française est la plus importante d'Europe, représentant plus du tiers des entrées dans les salles de cinéma.*

▼ **Ils font du vélo** *et d'autres sports de plein air. Le vélo est l'activité la plus pratiquée (18 millions de cyclistes en France) suivi de la natation (à la piscine ou en mer), de la randonnée (marche à pied en ville ou en montagne) et du roller.*

© Directophoto.org/Alamy

A. Mots-clés. Trouvez dans **Repères** (pages 94–97) l'équivalent français des mots et des expressions suivants.

1. more than a third
2. movie theaters
3. outdoor sports
4. swimming
5. hiking
6. rollerblading
7. to learn by experience
8. hands-on cultural activities
9. drawing, sketching
10. to participate in sports
11. sports club
12. members
13. a game similar to bocce ball
14. Thanks to
15. to do without
16. digital channels
17. free
18. television news programs
19. children's programs
20. to do odd jobs around the house (2)
21. to garden
22. Internet users
23. to download

▼ Ils pratiquent des activités artistiques—*la danse, la peinture, le dessin, la sculpture, la musique, la photographie. Ces artistes amateurs sont surtout des jeunes qui font l'apprentissage de ces activités artistiques et des gens de plus de cinquante ans qui découvrent (ou redécouvrent) ces pratiques culturelles.*

© Andrew Lichtenstein/Aurora Photos

© Bob Thomas/iStockphoto

▲ Ils font du sport. *Quinze millions de Français (c'est-à-dire environ un Français sur quatre) sont membres d'une association sportive, qui organise des compétitions entre équipes ou entre individus. Parmi les sports les plus populaires, on trouve le foot, le tennis, le judo, l'équitation et le basket. Et il ne faut pas oublier la pétanque, qui compte environ 400 000 licenciés.*

B. Des emplois du temps. En écoutant les dialogues, complétez le tableau d'activités suivant. Utilisez une autre feuille de papier.

CD2, Track 8

Vocabulaire utile: **ranger** *(to pick up, tidy),* **du tricot** *(knitting),* **les mots croisés** *(crossword puzzles),* **la lecture** *(reading),* **un stage de pilotage** *(flying lessons)*

	EN SEMAINE		**LE WEEK-END**	
	pendant la journée	le soir	le samedi	le dimanche
1.				
2.				
3.				
4.				

◄ Ils écoutent de la musique.
Grâce aux nouveaux modes d'accès (Internet, MP3, téléphone portable), les Français peuvent écouter en moyenne deux heures de musique par jour. Trois quarts des Français déclarent que la musique est la forme d'art dont ils voudraient le moins se passer. Chez les jeunes, on aime la pop, le rock, le rap et le reggae; chez les gens plus âgés, on préfère la chanson française, le jazz et la musique classique.

▲ Ils font du bricolage. *Les trois quarts des adultes en France disent avoir fait des travaux de réparation ou d'amélioration de leur logement—et les femmes bricolent aussi souvent et aussi bien que les hommes. Si les Français aiment bricoler, ils aiment jardiner aussi. Plus de la moitié des adultes cultivent un jardin sans compter ceux qui entretiennent des fleurs et des plantes vertes chez eux.*

▲ Ils surfent sur Internet. *Les internautes français occupent la troisième place mondiale en ce qui concerne le temps passé devant l'ordinateur (près de 30 heures par semaine: il n'y a que les Brésiliens et les Australiens qui les devancent). Envoyer et recevoir des mails, rechercher des informations, télécharger de la musique ou des films, jouer à des jeux: les internautes français profitent de toutes les possibilités d'Internet.*

▲ **Ils regardent la télévision.** *Depuis 2010, tous les téléviseurs sont numériques, avec 19 chaînes gratuites (publiques) et 200 chaînes par câble et satellite (payantes), sans compter les chaînes régionales et locales. Sur les grandes chaînes, les types de programmes les plus populaires sont la fiction et les magazines et journaux télévisés; par contre, par câble et satellite, on favorise le sport, la déco, la gastronomie, la musique et les émissions pour jeunes.*

C. Votre emploi du temps. Les sociologues distinguent quatre types d'usage du temps: 1) *le temps physiologique* (alimentation, toilette, sommeil, soins personnels), 2) *le temps du travail et/ou des études*, 3) *le temps des déplacements* (actions d'aller d'un endroit à un autre) et 4) *le temps libre*. En pensant à une journée typique, calculez le nombre d'heures que vous consacrez à chacun de ces quatre temps. Comparez vos résultats à ceux de quelques camarades de classe.

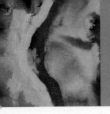

Témoignages: «Quel est votre emploi du temps?»

D. A vous d'abord! Posez les questions suivantes à quelques camarades de classe afin de vous renseigner sur leur emploi du temps habituel.

1. Quel est ton emploi du temps en semaine quand tu es à l'université? Qu'est-ce que tu fais le matin? L'après-midi? Le soir?
2. Et le week-end? Qu'est-ce que tu fais le samedi? Le dimanche?
3. En quoi est-ce que ton emploi du temps change quand tu es chez toi (quand tu n'es pas à l'université)?

🔊 CD2, Tracks 9–12

🌐 Visit the **témoins** in their home-town on Google Earth.

E. Les témoins vous parlent. En écoutant quelques Français et Francophones vous parler de leur emploi du temps, faites ce qu'on vous demande de faire.

Henri Gaubil
Ajaccio, Corse

> **Vocabulaire utile**
>
> **se rendre** *(to go)*, **de bonne heure** *(early)*, **étant donné** *(given)*, **règne** *(reigns)*, **d'ailleurs** *(moreover)*, **effectivement** *(in fact)*, **climatisation** *(air-conditioning)*

1. Ajoutez les mots qui manquent. Utilisez une autre feuille de papier.

—Est-ce que vous pouvez parler de votre emploi du temps _____ et pendant le week-end?

—Oh, c'est toujours le même. La semaine, c'est _____, le week-end, _____. _____ consistent à se rendre à la plage, à la plage d'Ajaccio ou, quelquefois, nous avons des amis _____ de l'île chez lesquels nous nous rendons.

—Mais pendant la semaine, vous travaillez _____, par exemple?

—La semaine, on travaille de bonne heure, étant donné la chaleur qui règne en Corse. On commence _____, et ensuite seize heures, dix-neuf heures.

—De seize heures à dix-neuf heures.

—Il ne faut pas avoir peur de le dire: nous faisons la sieste _____, en Corse. D'ailleurs, tous les Corses font la sieste. Les magasins sont fermés, bien souvent, _____ même.

—Parce qu'il fait trop chaud pour travailler?

—_____, effectivement. Et la climatisation n'est pas installée dans tous les _____.

Valérie Ecobichon
Saint-Maudez, France

Vocabulaire utile

Dinan *(small city in Brittany)*, **horaires** *(time schedules)*, **gros travaux** *(heavy work)*, **ramasser le foin** *(to gather the hay)*, **bétail** *(livestock)*, **nourrir** *(to feed)*

2. Précisez:

    a. où elle travaille
    b. les jours de la semaine où elle travaille
    c. ses heures de travail
    d. où elle passe le week-end
    e. ce qu'elle fait pendant le week-end
    f. quand elle aide sa famille
    g. comment elle aide sa famille

Vocabulaire utile

chercheur en physique *(research physicist)*, **de sorte que** *(that way)*, **malgré tout** *(in spite of everything)*, **calculs** *(calculations)*, **m'entraîner** *(to work out)*, **bouquins** *(books)*, **le lever** *(getting up)*, **spectacles** *(shows)*, **Mont Royal** *(suburb of Montreal)*, **tam-tam** *(type of drum)*, **amène** *(brings along)*, **aux alentours de** *(around, about)*

Robin Côté
Rimouski, Québec

3. Notez deux ou trois activités pour chaque catégorie.

    a. en semaine
    b. le week-end en général
    c. le dimanche en particulier

Anne Squire
Levallois-Perret,
France

Vocabulaire utile

matinées *(mornings)*, **répétitions** *(rehearsals)*, **quotidien** *(daily)*, **autre part** *(elsewhere)*, **à plein temps** *(full time)*, **fac** *(short for* **faculté**, *part of the university)*, **quatuor** *(quartet)*

4. Notez au moins cinq faits que vous avez appris en écoutant Anne.

F. Les témoins et vous. En discutant avec des camarades de classe, comparez votre emploi du temps à celui des témoins que vous venez d'écouter.

1. Pour Henri Gaubil: «L'emploi du temps, c'est toujours le même. La semaine, c'est le travail, le week-end, les loisirs.» Votre emploi du temps est-il toujours le même?
2. Valérie Ecobichon dit qu'elle a pas mal de temps libre: «J'ai deux jours le week-end, le samedi et le dimanche. Et le soir après le travail.» Et vous, avez-vous beaucoup de temps libre? Pourquoi (pas)?
3. Selon Robin Côté, «la fin de semaine, le lever est un peu plus tard… et les soirées sont généralement très occupées». Est-ce que vous vous levez plus tard le week-end? Est-ce que vos soirées sont généralement très occupées? Expliquez.
4. Anne Squire habite près de Paris, qui, selon elle, «est une ville extraordinaire pour le cinéma». Allez-vous souvent au cinéma? Votre ville et votre université offrent-elles la possibilité de voir beaucoup de bons films? Expliquez.

● Do **A faire! (3-1)** on page 106 of the **Manuel de préparation.**

Et vous?

FICHE VOCABULAIRE

L'EMPLOI DU TEMPS

le matin
  se réveiller
    se lever (tout de suite)
    rester au lit
    faire la grasse matinée *to sleep late*
  prendre une douche (un bain)
  faire sa toilette *to wash up*
  se coiffer *to fix one's hair*
  se maquiller *to put on make-up*
  s'habiller
  déjeuner
    prendre le petit déjeuner
    manger (un petit) quelque chose

le soir
  avoir sommeil *to be sleepy*
  se coucher
  lire
    (je lis, tu lis, il/elle/on lit, nous lisons, vous lisez,
    ils/elles lisent)
  s'endormir *to fall asleep*

les études
  avoir (un) (des) cours *to have (a) class(es)*
  avoir des travaux pratiques *to have lab*
  aller en cours *to go to class*
    y aller à pied (en auto)
    prendre l'autobus (le métro)
  faire ses devoirs
    rédiger une dissertation *to write a paper*
    réviser ses notes *to review, go over one's notes*
    passer un examen (un test) *to take a test (quiz)*

le travail
  travailler à mi-temps *to work half-time*
    à temps partiel *part-time*
    ... heures par semaine
    de (9) à (18)h *to work from (9) to (6)*
  avoir un (petit) job

devant l'ordinateur
  un(e) internaute *Internet user*
  consulter ses mails (emails) *to check one's e-mail*
    lire des mails (emails)
    envoyer des mails (emails) *to send e-mails*
      (j'envoie, tu envoies, il/elle/on envoie, nous envoyons,
      vous envoyez, ils/elles envoient)
  bloguer
  se retrouver sur msn / sur facebook
  surfer
  naviguer
    utiliser des moteurs de recherche *to use search engines*
  télécharger des logiciels *to download software*
      des jeux
      de la musique
      des films
  faire des achats en ligne

le temps libre
  avoir du temps libre
  profiter de son temps libre pour...
    s'amuser
    se reposer
    faire la sieste *to take a nap*
    se relaxer
    s'entraîner à *to practice + activity*

Autres expressions
  avoir un emploi du temps très chargé *to have a very full
    schedule*
  avoir une journée (une matinée, une après-midi, une soirée)
    très chargée
  avoir une journée de libre (sans cours) *to have a free day
    (a day without class)*
  envoyer un texto *to text*
  passer du temps (des heures, ... heure[s]) à + infinitif (ou +
    lieu)

G. Trouvez quelqu'un qui... En parlant de votre emploi du temps, posez des questions à d'autres étudiants afin de trouver quelqu'un qui...

1. se lève avant vous.
2. reste au lit le matin en semaine.
3. aime faire la grasse matinée le week-end.
4. prend une douche ou un bain presque tous les matins.
5. se coiffe avant de s'habiller.
6. déjeune avant d'aller en cours.
7. a plus de deux cours le matin.
8. a des travaux pratiques.
9. a une journée de libre en semaine.
10. travaille à temps partiel en semaine.
11. a un job le week-end.
12. pratique un sport régulièrement.
13. a beaucoup de temps libre.
14. a au moins deux journées très chargées.
15. passe au moins une heure par jour devant son ordinateur.
16. consulte ses mails tous les jours.
17. télécharge régulièrement de la musique, des jeux ou des films.
18. lit régulièrement le journal.
19. se couche après vous.
20. se couche et s'endort tout de suite.

Magazine Culture L'emploi du temps des Français

«Métro, boulot, dodo». Trajet au travail le matin, journée de travail, nuit de sommeil. Cette idée, qui représentait autrefois la vie quotidienne typique de toute personne active, est aujourd'hui mise en cause par le désir de se détendre et de s'engager dans des activités de loisir et de développement personnel. La tension entre travail et loisirs est ressentie particulièrement dans les pays industrialisés où les gens vivent de plus en plus longtemps mais travaillent de moins en moins. Dans ce **Magazine Culture,** vous allez voir comment les Français utilisent leur temps et comment ils font pour équilibrer travail et divertissements.

Panorama général

HEURES DE TRAVAIL

- La durée légale est de 35 heures mais les Français travaillent en moyenne 41 heures (plus qu'en Allemagne, par exemple).
- Les heures supplémentaires sont parfois payées en supplément (+10% ou +25%).
- Mais généralement les patrons préfèrent proposer des «réductions du temps de travail» (RTT), c'est-à-dire qu'on a droit à une demi-journée ou une journée de congés payés quand on a accumulé 4 ou 8 heures supplémentaires.
- Le temps de travail des salariés est fixe, donc toutes les 2 semaines ou tous les mois, ils ont un jour de congé. Certains les accumulent afin d'avoir une semaine de congés supplémentaires.
- Tout le monde a droit à 5 semaines de congés payés, certains plus, selon l'ancienneté.
- Les personnes qui travaillent en interim (temporairement) n'ont pas droit aux congés payés.
- Les cadres (responsables) n'ont pas droit aux heures supplémentaires mais ils reçoivent beaucoup de RTT qui font partie de leurs bénéfices.
- Les enseignants n'ont pas droit aux RTT mais ils ont droit à 3 heures supplémentaires par semaine (maximum).

CONDITIONS DE TRAVAIL

- Les conditions de travail sont très stressantes car les employés doivent faire en 35 heures ce qu'on fait ailleurs en 40 heures. Les Français sont donc très productifs mais ils sont aussi les plus gros consommateurs de tranquillisants (somnifères) du monde.
- Les salaires sont bas: le salaire médian est de 1 500 euros par mois (50% des actifs gagnent moins de 1 500 euros par mois, 50% des actifs gagnent plus de 1 500 euros par mois).
- Les jeunes diplômés (dans l'enseignement, la police, le commerce, etc.) gagnent autour de 1 300 euros par mois.
- Seuls 10% des Français gagnent plus de 4 000 euros par mois.
- Entre 70 et 90% du revenu n'est pas disponible car il est utilisé pour le loyer, les transports et la nourriture. Il reste donc peu d'argent pour les loisirs (généralement téléphone mobile et abonnement Internet).

- 95% des familles abonnées à Internet ont accès au haut débit (réduction de prix), en général grâce à une combinaison «téléphone illimité + télévision numérique + Internet» qui coûte peu cher (environ 34 euros par mois pour l'ensemble).

- Surfer sur Internet et jouer à des jeux vidéo sont devenus les activités de loisirs préférées des Français.

- Sur Internet, à la télé, dans les magazines, c'est la grande mode de la déco et de la gastronomie. Par exemple, le magazine *Déco* et le site *Déco.fr* sont consacrés à la décoration (styles, tendances, déco par pièce, déco écolo, décos de table, etc.).

- Les Français sont les plus gros lecteurs de magazines du monde (96,2% de la population). Il y en a pour tout le monde: du bébé de 9 mois aux grands-parents!

- Depuis octobre 2010, tous les téléviseurs sont numériques. Il existe 19 chaînes gratuites et presque tous les foyers disposent d'un enregistreur numérique.

- Le foot, le rugby, le patinage artistique et la natation sont des favoris à la télé, sans oublier le Tour de France.

- En ce qui concerne les sports, les cadres pratiquent plutôt la randonnée et le ski; les filles, la gymnastique, la danse et l'équitation; les garçons, le foot ou le rugby (surtout dans le sud de la France).

- Le cinéma reste très populaire, que ce soit en salle, à la télé, via la Vidéo à la Demande ou enfin grâce aux DVD. Il existe de très nombreux festivals de films dans toute la France: le Festival de Cannes en mai, le Festival du film francophone à Angoulême en août, le Festival du film de femmes à Créteil en avril, le Festival du cinéma américain à Deauville en septembre, le Festival du film méditerranéen à Montpellier en octobre, pour n'en mentionner que quelques-uns.

Cas particuliers: travail et loisirs

JEANNE, 35 ANS, SECRÉTAIRE ADMINISTRATIVE À DIJON

En semaine, je me lève à 7 heures. J'ai 15 minutes de déplacement pour aller travailler et je les fais en tramway. Je déjeune vers 12h15 et après, je marche un peu. Je termine au bureau à 17h. Je travaille environ 35 heures par semaine. Une semaine sur trois, je ne travaille pas le vendredi à cause des RTT et je vais passer le week-end chez ma sœur et mon beau-frère. Je n'emporte pas de travail chez moi.

Après le travail, je prends une douche et je me mets à l'aise ou je fais quelques courses pour le dîner. En général, vers 18h30 je prépare le dîner. Je dîne vers 19h. Je regarde toujours les infos régionales. Après le dîner, je regarde la télé ou je lis *Télé7Jours, Voici, Femme Actuelle, Cuisine Actuelle, DECO*…

Le week-end, je me lève en général vers 8h30 ou 9h. La principale différence entre le week-end et la semaine, c'est le repos! Comme loisirs, je fais du sport (tennis) ou je vais au cinéma. En général, pendant les vacances, je fais un voyage d'environ huit jours (une année je suis allée en Corse). L'été, je loue une semaine un appartement à la mer, souvent en Espagne. A Noël, je prends une semaine pour acheter les cadeaux et voir ma famille.

© Gina Smith/Shutterstock.com

DAMIEN, 23 ANS, ÉTUDIANT À TOULOUSE

En semaine, je me lève à 7h car mes cours commencent à 8h30. J'ai 20 minutes de déplacement: je les fais en métro ou à pied ou à vélo. Je déjeune à 12h30 environ. Parfois je mange à la cantine de mon école d'ingénieurs, parfois je sors manger avec des copains (restos chinois, crêperie, sandwich dans le parc s'il fait beau). Je termine entre 17 et 19h selon les jours. Je m'achète quelque chose de vite fait pour le dîner et je rentre. J'ai beaucoup de travail pour mes cours mais je ne le fais pas toujours.

Je préfère jouer aux jeux vidéo (je déchire à *Assassin's Creed* et j'aime bien *Final Fantasy XIII* et *Call of Duty*). Je suis une exception parmi mes copains, je n'aime pas le rugby! Deux fois par semaine environ, je vais au cinéma. Je m'entraîne dans une équipe de handball le mardi et le samedi et j'ai un cours de conversation italienne le mercredi soir.

Le week-end, je dors tard sauf si j'ai un match. Je passe pas mal de temps à programmer sous Linux et à bricoler mon ordinateur. Je lis des magazines de jeux vidéo et d'informatique. Une fois par mois, je rentre chez mes parents, c'est à 3 heures de train. Là, je mange bien, je vois mes amis et j'oublie un peu le stress des études.

© IKO/Shutterstock.com

MICHÈLE, 48 ANS, CHEF DE SERVICE DANS UN INSTITUT DE STATISTIQUES ÉCONOMIQUES À RENNES

En semaine, je me lève à 8h. J'ai 20 minutes de déplacement pour aller travailler, et je les fais en voiture. Je déjeune à 12h30 et, en général, je mange un sandwich au restaurant administratif. Je termine entre 19h30 et 20h30 et il me faut 15 minutes pour rentrer chez moi. Le soir, je n'emporte pas de travail chez moi. Je travaille souvent 50 heures par semaine au moins (mais je n'ai pas droit aux heures sup' car je suis cadre!). Après le travail, comme je rentre tard, mon compagnon prépare le dîner et nous mangeons entre 20h et 20h45. Après le dîner, je regarde mes mails, je fais des lectures ou je participe quelquefois aux réunions associatives.

Le week-end, je me lève en général entre 9h et 10h. La principale différence entre le week-end et la semaine, c'est de ne pas avoir de réveil!

Comme loisirs, je fais du vélo et de la randonnée. Je pars en vacances pour quatre semaines l'été, pour une semaine l'hiver (au ski) et une semaine au printemps. En général, pendant les vacances, je fais du vélo, du ski, de la randonnée en montagne ou en campagne, je visite des musées, je lis, je vois ma famille ou des amis.

© bikeriderlondon/Shutterstock.com

RACHID, 22 ANS, ÉTUDIANT À PARIS

Je fais des études de comptabilité et finance selon le système de l'alternance, 2 semaines en entreprise, 1 semaine en cours, 35 heures chaque fois. Je suis donc très occupé. De plus, je suis fiancé.

En semaine, je me lève à 8h30. J'ai 20 minutes de déplacement pour aller travailler, et je les fais en voiture. Pour aller en cours, j'ai une heure minimum de transport et je prends le RER. Je déjeune à 12h et, en général, je mange à la cantine de l'entreprise. Je termine à 17h et je rentre chez moi. Le soir, je n'emporte pas de travail chez moi pendant mes semaines en entreprise, mais j'ai souvent des lectures pour mes cours. Le soir, je regarde la télé ou je fais mon travail pour le cours de comptabilité. Je lis la presse. Je téléphone à ma fiancée ou bien je vais la voir. Ma mère prépare le dîner et je dîne avec ma famille vers 21h. Après le dîner, je regarde des séries sur le Net.

Le week-end, je me lève en général vers midi et je sors avec des amis ou avec ma fiancée. La principale différence entre le week-end et la semaine, c'est que j'ai plus de temps libre. Comme loisirs, je vais au cinéma et à la salle de sport (je fais de la muscu, je joue un peu de foot, je vais à la piscine). De temps en temps, j'aide mes parents pour les courses ou je rends visite à ma tante et à mes cousins. Pour les grandes fêtes, je vais à la mosquée.

Pendant l'été, je rends visite à la famille au Maroc pendant deux ou trois semaines. Le reste du temps, je prends mes RTT pour faire de longs week-ends. Je vais souvent aux matches de foot et je fais de petites excursions avec ma fiancée.

© Zurijeta/Shutterstock.com

ANNE-MARIE, 63 ANS, EX-PROFESSEUR DES ÉCOLES À BORDEAUX

En semaine, je me lève à 7h30. Quand j'étais en activité, j'avais 5 minutes de déplacement pour aller travailler, et je les faisais à pied. Je déjeunais vers midi et, en général, je mangeais à la maison. Je terminais à 17h et il me fallait cinq minutes pour rentrer chez moi. Le soir, j'emportais du travail chez moi car j'avais des préparations, des corrections… Après le travail, je préparais le dîner avec mon compagnon, ce qui prenait 30 minutes, et nous dînions avec ma fille à 19h30. Après le dîner, je préparais ma classe et je faisais le travail ménager.

A présent, je suis en retraite, mais mon rythme de vie correspond à celui de ma fille handicapée qui fréquente un IME (Institut Médico-Educatif—institut pour enfants et adolescents handicapés). Mon emploi du temps est donc similaire à celui que j'avais lorsque je travaillais.

© Yuri Arcurs/Shutterstock.com

Le week-end, je me lève en général vers 8h. La principale différence entre le week-end et la semaine, c'est le rythme différent, plus relax! Comme loisirs, je lis, je joue du piano, je chante dans un chœur, je fais partie d'une association caritative, et je milite dans un mouvement politique.

De temps en temps, je pars le week-end pour voir des amis. En général, pendant les vacances, je vais voir mes enfants; un de mes fils habite à Grenoble et mon autre fils habite Dijon. Cela me promène à travers la France.

H. Travail et loisirs: Vrai ou faux? Décidez si les constatations sont vraies ou fausses selon ce que vous avez appris dans le *Magazine Culture.* Corrigez les phrases fausses.

1. Toutes les personnes qui travaillent (y compris celles qui travaillent en interim) ont droit aux congés payés.
2. Si on est cadre, on a droit aux heures supplémentaires payées.
3. En moyenne, les Français travaillent 41 heures par semaine.
4. A peu près 25% des Français gagnent plus de 4 000 euros par mois.
5. La plupart des foyers ont accès à la combinaison téléphone illimité, télé numérique et Internet.
6. Les Français sont les plus grands lecteurs de magazines du monde.
7. Le salaire médian en France est de 1 500 euros par mois. C'est un salaire assez bas.
8. Les «RTT» sont les salaires qu'on paie les travailleurs pour les heures supplémentaires.
9. Les salariés reçoivent une journée de congé toutes les 2 semaines ou tous les mois, mais ils n'ont pas droit d'accumuler ces journées pour prolonger leurs vacances.
10. On peut dire, qu'en général, les Français apprécient beaucoup le cinéma.
11. Les Français dépensent en moyenne 55% de leur salaire pour le loyer, les transports et la nourriture.
12. Tous les travailleurs français ont droit à cinq semaines de congés payés par an.

I. Mini-discussion. Discutez des questions suivantes avec quelques camarades de classe.

1. Quelles tendances est-ce que vous avez constatées en lisant les monologues des cinq Français? Par exemple, que font-ils pendant la journée en semaine? Quand est-ce qu'ils déjeunent et dînent? Quels loisirs ont-ils en commun? Est-ce qu'il y a des différences dans l'emploi du temps et les loisirs selon l'âge et la situation de ces cinq personnes?
2. Sans forcément savoir les statistiques pour les Etats-Unis, quelles comparaisons est-ce que vous pouvez faire entre le temps de travail et les loisirs entre la France et les Etats-Unis? Par exemple, est-ce que vous pensez que tous les travailleurs américains ont droit à cinq semaines de congés payés par an? Pour vous aider, relisez les informations sous le titre **Panorama général.** Faites des commentaires sur les avantages et les inconvénients des systemes français et américain.
3. Maintenant que vous avez lu les cinq monologues, utilisez-les comme modèles pour décrire votre emploi du temps (en semaine, le week-end, en vacances) et vos loisirs à vos camarades de classe. Ils peuvent vous poser des questions pour avoir des renseignements supplémentaires.

«*Assedic*» par Les Escrocs

Les Escrocs (The Crooks): Ce groupe réunit trois membres. C'est en 1994 que sort leur premier album *(Faites-vous des amis)*, ceci après avoir joué pendant dix ans dans la rue. Avec cet album, ils quittent la rue et font des concerts pour un public qui aime leur style qui mélange la chanson française traditionnelle, le swing, le reggae, la salsa et le soul. En 2002, leur deuxième album *(6 Pieds sous terre)* sort. Leurs fans apprécient non seulement leur musique mais le fait que leurs chansons ont pour sujet des thèmes de la vie de tous les jours.

© Hannamariah/Shutterstock.com

La chanson «Assedic»: Dans cette chanson, le personnage, «je», se plaint de son travail, du fait qu'il est mal payé et qu'il travaille pour des gens qui l'embêtent. Son rêve, c'est de fuir *(to flee, escape)* sa vie monotone de tous les jours et de s'installer dans une île (il ne dit pas dans quelle île). Il s'imagine en vacances permanentes où il dépendrait de l'aide financière de l'Etat.

NOTES CULTURELLES

ASSEDIC (Association pour l'emploi dans l'industrie et le commerce): Association qui assurait le suivi des demandeurs d'emploi et gérait le paiement des allocations de chômage; remplacée par l'organisme Pôle emploi en 2008.

RMI (Revenu minimum d'insertion): Allocation versée par le gouvernement aux personnes sans ressources ou avec des ressources très limitèes; remplacée par le RSA (Revenu de solidarité active) en 2009.

RER (Réseau express régional): Trains de la banlieue parisienne

Prisunic: Chaîne de magasins qui vendaient à des prix modérés; achetée par les magasins Monoprix en 1997.

Leclerc de Bougival: Rue Général Leclerc dans la commune de Bougival

A discuter

A votre avis, pourquoi est-ce que le sujet de cette chanson touche particulièrement le public? Et vous, est-ce que vous avez déjà eu un boulot monotone et peu satisfaisant? Expliquez.

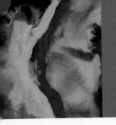
Le passé composé et l'imparfait

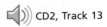 CD2, Track 13

🌐 Grammar Tutorials

J. Le passé composé ou l'imparfait? Indiquez si les verbes dans les phrases que vous entendez sont au passé composé (**p.c.**) ou à l'imparfait (**i**). Utilisez une autre feuille de papier.

RAPPEL

Le passé composé

Most verbs are conjugated with **avoir** + the past participle.

j'ai travaillé	nous avons pris
tu as fini	vous avez vu
il a regardé	ils ont entendu
elle a perdu	elles ont fait

Pronominal verbs and certain other verbs (for example, **aller, arriver, descendre, entrer, monter, partir, rentrer, rester, retourner, sortir, venir**) are conjugated with **être** + the past participle. (Remember that the past participle agrees in gender and in number with the subject of **être** verbs in the **passé composé**.)

je me suis couché(e)	nous nous sommes dépêché(e)s
tu t'es amusé(e)	vous vous êtes trompé(e)(s)
il s'est perdu	ils se sont retrouvés
elle s'est levée	elles se sont disputées

je suis allé(e)	nous sommes arrivé(e)s
tu es parti(e)	vous êtes resté(e)(s)
il est entré	ils sont rentrés
elle est sortie	elles sont venues

K. Pendant les vacances. Avec l'aide des suggestions, indiquez ce que ces personnes ont fait pendant les vacances. Mettez les verbes au passé composé.

Jacqueline et ses parents…
1. aller au bord de la mer
2. nager
3. faire de la planche à voile
4. se bronzer

Nous…
5. aller à la montagne
6. se promener
7. faire du camping
8. monter à cheval

Eliane…
9. aller à Genève
10. sortir avec ses cousins
11. voir beaucoup de films
12. jouer au tennis

Je…
13. aller chez mes grands-parents
14. lire des romans policiers
15. rester au lit jusqu'à 10h
16. regarder des vidéos / DVD

L'imparfait

The conjugation of the imperfect uses the **nous** form of the present tense with the following endings: **-ais, -ais, -ait, -ions, -iez, -aient.**

je parlais	nous avions
tu sortais	vous faisiez
il/elle/on descendait	ils/elles s'amusaient

The one exception is the verb **être: j'étais, tu étais, il/elle/on était, nous étions, vous étiez, ils/elles étaient.**

L. Actuellement... autrefois... *(Nowadays . . . in the past . . .)* Utilisez l'imparfait pour montrer ce qui a changé.

Modèles: Actuellement elle aime faire du jardinage.
Autrefois elle n'aimait pas faire de jardinage.

Actuellement je ne suis pas en forme.
Autrefois j'étais en forme.

1. Actuellement Joëlle ne regarde pas souvent la télé.
2. Actuellement j'ai beaucoup de temps libre.
3. Actuellement tu ne sors pas très souvent avec tes amis.
4. Actuellement Marc et sa famille descendent dans des hôtels de luxe.
5. Actuellement vous ne vous promenez pas souvent à vélo.
6. Actuellement Sylvie et Monique sont très occupées.
7. Actuellement on ne voit pas beaucoup de très bons films.
8. Actuellement mes parents ne s'amusent pas le week-end.
9. Actuellement vous prenez souvent le train.
10. Actuellement je ne vais pas souvent à l'opéra.

M. Mon emploi du temps... hier et autrefois. D'abord, racontez à des camarades de classe comment vous avez passé la journée d'hier. Utilisez le passé composé pour parler de vos activités.

Quelques suggestions: Hier matin… / Ensuite… / Plus tard… / Après (le dîner)…

Ensuite, vous allez comparer votre journée d'hier à votre emploi du temps à une autre époque de votre vie. Utilisez l'imparfait pour décrire vos activités habituelles d'autrefois.

Quelques suggestions: Quand j'avais… ans… / Quand j'étais au lycée… / Quand j'étais en vacances à… / Ma vie était bien différente (tout à fait pareille)… / Mes journées étaient beaucoup plus (moins) chargées ou plus (moins) agréables… / Le matin… / Ensuite…, etc.

Do **A faire! (3-2)** on page 115 of the **Manuel de préparation.**

Vocabulaire: se réveiller, faire la grasse matinée, rester au lit (jusqu'à), se lever, faire sa toilette, prendre le petit déjeuner, quitter la maison (la résidence), partir à l'université, aller à mon cours de…, retrouver des amis au (à la)…, déjeuner, passer (une heure) à + infinitif, passer au (à la…), rentrer, dîner, aller au travail, travailler, faire ses devoirs (étudier), se coucher

Fonction

Comment parler du passé (1)

L'emploi du passé composé et de l'imparfait— une seule action ou un seul état

Passé composé

- an action or state completed at a specific moment:
  Nous **sommes allés** à la bibliothèque.
- an action or state completed in a specific period of time:
  Elle **a travaillé** pendant huit heures.
- an action or state repeated a limited number of times or within a specific period of time:
  Nous **sommes allés** quatre fois au cinéma le mois dernier.

Imparfait

- an unfinished action or state serving as the context for another action or state:
  Nous **allions** à la bibliothèque. (En route, nous avons vu…)
- a habitual action or state:
  Autrefois j'**aimais** voyager avec mes parents.

N. Le Meurtre du Samedi-Gloria. Dans son roman, *Le Meurtre du Samedi-Gloria*, l'écrivain martiniquais Raphaël Confiant raconte l'enquête menée par l'inspecteur de police Dorval pour retrouver le meurtrier de Romule Beausoleil, conducteur de camion et champion de damier *(hand-to-hand combat)*. En utilisant les questions et les réponses proposées, reproduisez l'interrogatoire de plusieurs suspects. Faites attention à l'emploi du passé composé et de l'imparfait.

1. **L'interrogatoire de Carmélise Délevert (la personne qui a découvert le cadavre)**

   Modèle: à quelle heure / (vous) trouver / le cadavre
   —*A quelle heure est-ce que vous avez trouvé le cadavre?*
   —*J'ai trouvé le cadavre entre 6h30 et 7h30 du matin.*

   a. où / (vous) aller / à cette heure du matin
   b. où / se trouver / le cadavre
   c. qu'est-ce que / (vous) faire
   d. (vous) connaître / la victime
   e. qui / être / Romule Beausoleil

   > **Les réponses de Carmélise**
   >
   > **Modèle:** entre 6h30 et 7h30 du matin
   >
   > a. à la messe à la cathédrale
   > b. près du pont Démosthène
   > c. rentrer chez moi pour dire la nouvelle à tout le monde
   > d. oui
   > e. le champion du quartier Morne Pichevin

2. **L'interrogatoire de Rigobert (un ami de la victime)**

   a. (vous) être / l'ami de Romule Beausoleil
   b. quand et contre qui / (Romule) aller se battre
   c. (vous) voir / votre ami vendredi soir
   d. pourquoi / (Romule) aller au stade Desclieux vendredi soir
   e. à votre avis, qui / tuer / Romule Beausoleil
   f. pourquoi / (il) tuer / votre ami

   > **Les réponses de Rigobert**
   >
   > a. oui
   > b. l'après-midi du Samedi-Gloria *(Holy Saturday)* / Waterloo Saint-Aude
   >   (champion de damier du quartier Bord du Canal)
   > c. oui / (je) jouer aux dés *(dice)* / avec lui sur la Savane hier soir
   > d. Waterloo / vouloir parler à Romule
   > e. le docteur Mauville
   > f. il / ne pas vouloir que Romule révèle le secret du docteur

3. **L'interrogatoire du docteur Mauville (un suspect)**

   a. (vous) / se disputer / avec Romule Beausoleil / le matin du Vendredi
      saint
   b. qu'est-ce que / (vous) faire
   c. où et quand / (vous) prendre rendez-vous
   d. qu'est-ce que / (vous) apporter / au rendez-vous
   e. qu'est-ce qui / se passer
   f. (vous) tuer / Romule Beausoleil

   > **Les réponses du docteur Mauville**
   >
   > a. oui
   > b. provoquer Romule Beausoleil en duel
   > c. à la tombée de nuit / à la Savane
   > d. un pistolet et une épée *(sword)*
   > e. rien / (Romule Beausoleil) ne pas venir
   > f. non

4. **L'interrogatoire d'Anastasie Saint-Aude (la femme d'un autre suspect)**

   a. (vous) savoir que / (votre mari) avoir rendez-vous / avec Romule
      Beausoleil au stade Desclieux
   b. qu'est-ce que / (vous) faire / ce soir-là
   c. avec quoi / (vous) tuer / Romule Beausoleil
   d. pourquoi / (vous) attaquer / Romule Beausoleil
   e. (votre mari) / participer à cet acte

   > **Les réponses d'Anastasie Saint-Aude**
   >
   > a. oui
   > b. (je) se cacher / et / (je) attendre / Romule Beausoleil
   > c. avec un pic à glace *(ice pick)*
   > d. (mon mari) être / gravement malade du cœur / et / (je) avoir peur qu'il
   >   meure *(would die)* en combattant le plus jeune Romule Beausoleil
   > e. non / (je) agir *(to act)* seule

L'emploi du passé composé et de l'imparfait—deux ou plusieurs actions ou états

Passé composé

- actions or states that occurred consecutively:
  Elles **se sont levées,** elles **ont dit** au revoir et elles **sont parties.**

- actions or states that occurred at the same moment:
  Quand nous **sommes entrés,** personne ne **s'est levé.**

- actions or states that continued together for a limited period of time (emphasis on that period of time):
  Elle **a regardé** la télé pendant que nous **avons préparé** le dîner.

Imparfait

- actions or states that continued together for a period of time (emphasis on the simultaneity):
  Pendant que je **faisais** la vaisselle, ma femme **aidait** mon fils à faire ses devoirs et ma fille **s'amusait** à faire des dessins.

Imparfait et passé composé

- one action or state that served as a context for another action or state:
  Pendant que nous **étions** en ville, nous **avons rencontré** M. et Mme Queffélec.

O. Le meurtre du Samedi-Gloria (suite). En utilisant les verbes et les expressions proposés, racontez les différents moments du crime et de l'enquête. Faites attention à l'emploi du passé composé et de l'imparfait.

1. (Les policiers) arriver sur les lieux du crime / (les adjoints) examiner le corps de la victime / et (l'inspecteur Dorval) interroger les badauds *(onlookers)*

2. Quand (l'inspecteur Dorval) aller fouiller la case de la victime / (il) ne rien trouver d'important

3. Quand (l'inspecteur Dorval) entrer dans le bureau du docteur Mauville / (le docteur) examiner une cliente malade

4. Quand (le commissaire de police) convoquer Dorval dans son bureau / (l'inspecteur) comprendre que / (le commissaire) vouloir qu'il en finisse avec cette enquête

5. Pendant que (l'inspecteur Dorval) parler avec le commissaire / (son adjoint Hilarion) établir une liste de suspects *(deux possibilités)*

6. Pendant que (le docteur Mauville et Anastasie Saint-Aude) faire le chemin de la croix *(the Way of the Cross)* / (ils) remarquer *(to notice)* un membre inhabituel du groupe de fidèles: Romule Beausoleil

7. Quand (Anastasie) voir Romule / (elle) s'approcher de lui / (elle) lui cracher *(to spit)* au visage / et (elle) l'accuser de faire de la sorcellerie

8. Vendredi soir, quand (Romule Beausoleil) traverser le pont Démosthènes / (Anastasie Saint-Aude) attendre dans les latrines publiques du pont

9. Quand (Romule) entendre des gémissements *(moans)*, (il) aller voir dans les latrines / et (Anastasie) plonger un pic à glace dans son cou

10. A l'exception d'Anastasie, (les gens) ne pas savoir / que (Waterloo) souffrir d'une maladie du cœur

P. Récemment… Complétez les phrases suivantes en parlant de vos activités récentes. Faites attention à l'emploi du passé composé et de l'imparfait.

Modèle: Hier soir, je…
Hier soir, j'ai fait ma lessive. ou *Hier soir, je faisais mes devoirs de maths quand des amis m'ont demandé de sortir avec eux.*

1. Hier soir, je…
2. Ce matin, à 6h, je…
3. Samedi dernier, je… pendant plus de… heures.
4. … ou … fois la semaine dernière, je…
5. Hier après-midi, je…, puis… et enfin…
6. Ce matin, j'ai vu… qui…
7. Quand je suis arrivé(e) en classe aujourd'hui,…
8. Hier soir, pendant que…, je…
9. Quand je suis sorti(e) de la maison (de la résidence) ce matin,…
10. Avant de commencer mes études à l'université, je…
11. Ce matin, vers… heures, je… quand…
12. Hier, je ne… pas parce que…

Coucher du soleil, Martinique

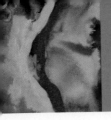

Quant à moi...

Témoignages: «Comment passez-vous votre temps libre?»

Q. A vous d'abord! Posez les questions suivantes à quelques camarades de classe afin d'apprendre ce qu'ils font pour occuper leur temps libre.

1. Quels sports pratiques-tu?
2. Qu'est-ce que tu aimes faire quand tu es seul(e)?
3. Qu'est-ce que tu aimes faire avec tes amis?
4. Quelles activités de loisirs voudrais-tu pratiquer si tu en avais le temps et les moyens financiers?

CD2, Tracks 14–17

Visit the **témoins** in their home-town on Google Earth.

R. Les témoins vous parlent. En écoutant quelques Français et Francophones vous parler de leur temps libre, faites ce qu'on vous demande de faire.

Bruxelles
Population: 1 084 066 (2010)
Langues: français, néerlandais
Importance: capitale de la Belgique, capitale de l'Union européenne (UE), centre de la bande dessinée, la Grand Place

Sophie Everaert
Bruxelles, Belgique

Vocabulaire utile

course à pied *(running)*, **courir** *(to run)*, **soit... soit...** *(either . . . or . . .)*

1. Ajoutez les mots qui manquent. Utilisez une autre feuille de papier.

—Comment passez-vous votre temps libre? Où? _____? Et avec qui?
—Je fais assez bien de sports. J'aime bien faire de la course à pied ou _____ ou du volley-ball. J'aime beaucoup _____. Je le fais en général, euh... volley-ball avec une équipe, mais le reste _____, parce que mon mari travaille tellement qu'il _____ de faire ça.
—Vous avez des copines?
—Oui, oui, oui. Mais disons que j'aime bien courir toute seule et _____ toute seule, parce que sinon je dois m'adapter à la vitesse de _____.
—Oui, c'est plus pratique.
Et quand vous êtes à la maison, qu'est-ce que vous avez l'habitude de faire?
—Souvent je _____ ou je regarde la TV ou on invite parfois des personnes à dîner ou... En général, j'aime bien _____ avec mon mari et _____.
—Et pendant les vacances?
—Pendant les vacances, on va souvent _____, là où il fait un peu _____. Alors, on va soit _____ en France ou en Suisse, soit en été on va à la Côte d'Azur ou en Espagne. On aime bien faire de la planche à voile, _____.
—Vous menez une bonne vie, hein?

Florence Boisse-Kilgo
Carpentras, France

Carpentras, France
Population: 30 000
Importance: petite ville du sud de la France au nord-est d'Avignon, au centre du département du Vaucluse, industrie agro-alimentaire

Vocabulaire utile

tours en vélo *(bike rides)*, **du cheval** *(horseback riding)*, **trucs** *(here: jobs)*, **ranger** *(to pick up)*, **paperasserie** *(paperwork)*, **cochon d'Inde** *(guinea pig)*

2. Précisez:

   a. deux sports qu'elle pratique;
   b. ce qu'elle est en train d'apprendre à faire;
   c. ce qu'elle fait à la maison;
   d. ce qu'elle fait quand elle a vraiment du temps libre;
   e. ce qu'elle fait avec son cochon d'Inde.

Xavier Jacquenet
Dijon, France

Dijon, France
Population: 156 304 (ville), 236 953 (agglomération)
Importance: ville principale de l'ancienne province de Bourgogne, production de vin, moutarde, pain d'épices

Vocabulaire utile

ciné = cinéma, **boire un pot** *(to go out for a drink)*, **flâner** *(to go for a stroll)*, **quasiment** *(almost)*, **examens de rattrapage** *(make-up exams)*, **de par** *(because of)*, **reçoivent** *(host)*, **tarot** *(card game)*, **sauf** *(except)*, **prennent une location** *(rent a place)*, **contraintes d'horaire** *(time constraints)*

3. Notez deux ou trois activités pour chaque catégorie.

   Xavier
   a. quand il est chez lui
   b. quand il est avec des amis
   c. pendant les vacances

   Les parents de Xavier
   d. en semaine
   e. le week-end
   f. pendant les vacances

Robin Côté
Rimouski, Québec

Vocabulaire utile

patine *(skate)*, **au grand air** *(outdoors)*, **à tout le moins** *(at least)*, **sinon** *(if not)*, **taille** *(size)*, **avouer** *(to admit)*, **fleuve** *(river)*, **endroit** *(spot, place)*, **salée** *(salt)*, **marées** *(tides)*, **pistes cyclables aménagées** *(bicycle trails)*, **moyens financiers** *(financial means)*, **saucette** *(little trip or stopover, Quebec expression)*

4. Notez au moins cinq faits que vous avez appris en écoutant Robin.

S. Les témoins et vous. En discutant avec des camarades de classe, comparez vos activités de loisir à celles des témoins que vous venez d'écouter.

1. Sophie aime faire du sport. Quels sports pratiquez-vous? Préférez-vous les sports d'équipe ou les sports individuels? Pourquoi?
2. Florence est toujours très occupée quand elle est chez elle. Que faites-vous quand vous êtes chez vous et quand vous avez du temps libre?
3. Les vacances de Xavier sont très organisées. Comment sont vos vacances normalement? Que faites-vous pendant les vacances?
4. Les activités de Robin dépendent de la saison. Dans quelle mesure vos activités changent-elles selon la saison? Expliquez.

Do **A faire!** (3-3) on page 121 of the **Manuel de préparation.**

Et vous?

FICHE VOCABULAIRE

LES ACTIVITES DE LOISIRS

les activités culturelles
  aller au cinéma / voir un film / tourner *(to shoot)* un film
  aller au théâtre / voir une pièce (de théâtre) / faire du théâtre
  aller à l'opéra / voir un opéra
  aller au ballet / voir un spectacle de danse (classique, moderne, africaine) / faire de la danse
  aller au musée / voir une exposition de peinture (de sculpture) / peindre (faire de la sculpture)
  aller à un concert (de musique classique, de musique moderne, de jazz) / faire de la musique

les sports d'été
  jouer au tennis (faire du tennis) / faire une partie de tennis *to play a tennis match*
  jouer au golf / faire une partie de golf
  jouer au basket (au foot *[soccer]*)
  nager / se baigner / faire de la natation
  faire de la voile *to go sailing*
  faire de la planche à voile *to go windsurfing*
  faire du ski nautique
  faire du canoë-kayak
  faire de l'équitation *(f.)* / monter à cheval *to go horseback riding*
  faire du jogging (du footing)
  faire du vélo
  faire une (des) randonnée(s) *to go hiking, to go on a hike*
  se promener / faire une promenade / se balader / faire une balade (à pied, à vélo, en voiture)
  faire du camping

les sports d'hiver
  faire du ski de piste (du ski alpin) *to go downhill skiing*
  faire du ski de fond *to go cross-country skiing*
  faire du patinage / faire du patin à glace *to go ice-skating*
  faire de la luge *to go sledding*
  jouer au hockey sur glace

les activités qui se pratiquent à la maison
  faire de la lecture / lire un livre (le journal, une revue, un magazine)
  jouer à des jeux vidéo *(m.)*
  jouer aux cartes *(f. pl.)* (au bridge, au poker) / faire un jeu de patience *to play solitaire*

jouer aux échecs *(m. pl.) to play chess*
jouer aux dames *(f. pl.) to play checkers*
écouter la radio / écouter un programme de musique (la météo, les informations *[news]*) écouter des CD / écouter des cassettes
regarder la télé(vision) / regarder les actualités *(f. pl.) (news)* (une émission de variétés, un feuilleton *[soap opera]*, une série, un match de foot)
regarder un DVD
collectionner les timbres *(m. pl.)*
faire du tricot *to knit*
faire du crochet
faire des mots croisés *to do crossword puzzles*
surfer (sur Internet)
tchatter
participer à un forum
bloguer

les distractions
  aller au cirque
  aller à un concert de rock (de musique populaire, de musique classique)
  aller dans un club de jazz
  aller dans une boîte de nuit *nightclub*
  aller en disco(thèque)

les autres divertissements
  faire du jardinage / jardiner
  faire du bricolage / bricoler *to putter, do home repairs and projects*
  aller à la pêche / pêcher *to fish*
  faire de l'aérobic *(f.)*
  faire du bowling
  faire de la gymnastique
  faire du yoga
  faire du judo (du karaté)
  faire de la muscu(lation) *to lift weights*
  faire de l'exercice *(m.)*
  faire partie d'une équipe (de) *to belong to a team*

ηηη **T. Qu'est-ce qu'on pourrait faire?** Suggérez à quelques camarades de classe des activités pour les situations suivantes. Essayez de trouver autant d'activités que possible et utilisez les expressions dans **Pour mieux vous exprimer**.

Modèle: un samedi après-midi en septembre
On fait une randonneé? ou Si on faisait une randonnée? ou Pourquoi pas faire une randonnée? ou On pourrait faire une randonnée.

Pour mieux vous exprimer

Proposer de faire quelque chose

On va (au concert)? On fait (de la voile)?
Tu veux / Vous voulez (faire du jogging)?
Si on (jouait au tennis)? *[verbe à l'imparfait]*
Pourquoi pas (aller à un concert)?
On pourrait (faire une partie d'échecs).

---

1. un samedi après-midi en septembre
2. un samedi soir en mai
3. un mercredi soir sans devoirs
4. un week-end en février
5. un week-end en juillet
6. un dimanche après-midi au printemps

U. Des activités pour les visiteurs. Vous travaillez pour un groupe qui organise des échanges entre jeunes de plusieurs pays du monde. Les familles d'accueil vous demandent souvent des suggestions d'activités pour les visiteurs suivants. Qu'est-ce que vous pourriez proposer pour quelqu'un qui...

1. aime beaucoup la musique?
2. a l'esprit de compétition?
3. est plutôt timide et solitaire?
4. est plutôt sociable et ouvert?
5. s'intéresse aux arts?
6. n'est pas très sportif?
7. aime la nature?
8. ne parle pas très bien l'anglais?
9. est fasciné par le monde virtuel?
10. veut être en meilleure forme?

Magazine Culture S'amuser en francophonie

Le week-end représente du temps libre pour beaucoup de gens. Les Francophones eux aussi aiment en profiter pour se reposer et pour s'amuser. Mais il y a aussi des moments spéciaux qui reviennent chaque année et qui constituent un moyen de répondre aux besoins individuel et collectif de plaisir: ce sont les fêtes. Dans ce *Magazine Culture,* nous allons examiner un week-end typique à la Martinique avant d'explorer brièvement deux carnavals célèbres: le Carnaval à Fort-de-France et le Carnaval d'hiver dans la ville de Québec.

La Martinique

Statut: département français d'outre-mer

Chef-lieu: Fort-de-France

Superficie: 1 102km

Population: 396 715 (2010)

Langues: français, créole

Economie: tourisme

Le week-end à la Martinique

Le week-end à Fort-de-France est comme celui de toute grande ville. Du vendredi soir au dimanche soir, on sort dîner dans les restaurants, danser dans les discothèques, voir des films américains et européens. Les boîtes de nuit affichent leurs attractions: vendredi—Soirée Ladies Night; samedi—Concours de jeunes orchestres; samedi et dimanche—Nouveau Show du chanteur José Versol. Les amateurs d'activités culturelles ont à leur disposition toutes sortes de concerts, pièces de théâtre, expositions et conférences. Si on préfère, on peut rester à la maison regarder la télé. Il y a cinq chaînes: RFO, ATV et CC1 (dont les émissions émanent de Fort-de-France) et TF1 et France 2 (captées directement de France par satellite).

Dans les petits villages ruraux, pourtant, le week-end est beaucoup plus court. Les paysans et les pêcheurs travaillent le samedi. Pour eux, le week-end n'est que le dimanche. Le matin, on va à l'église ou au bar. L'après-midi, les enfants jouent, les hommes regardent des sports, les femmes se rendent visite. Plusieurs fois par an, il y a des fêtes à célébrer—le 14 juillet, la Toussaint, le Carnaval, la fête de la patronne du village. Les activités comprennent courses, concours agricoles, cinéma de plein air, feux d'artifice, bals populaires.

En ville et à la campagne, on pratique beaucoup de sports: foot, tennis, natation, athlétisme, basket, cyclisme. Pourtant, étant donné la situation géographique de l'île, on a une grande prédilection pour les sports nautiques. Les Martiniquais sont d'excellents marins et ils aiment beaucoup les courses de bateaux. Autrefois, ils utilisaient

des canoës appelés *gommiers*, d'après le nom de l'arbre dont on utilisait le bois pour les construire. De nos jours, étant donné la rareté du gommier et la difficulté du travail pour en faire un canoë, on utilise de plus en plus des embarcations à voile appelées *yoles*. Les équipages vont de village en village pour participer aux festivals en l'honneur des saints patrons. Les meilleurs marins viennent de la côte atlantique de l'île, où ils ont la possibilité de s'habituer aux mers agitées.

Le Carnaval de Fort-de-France

Pendant quatre jours—du dimanche précédant le début du Carême jusqu'au Mercredi des Cendres en passant par le Mardi Gras—la Martinique est en fête. Des milliers de gens viennent à Fort-de-France pour regarder et surtout pour participer aux activités.

© Philip Gould/Corbis

Cela commence le dimanche par un grand concours de chars. Les gens passent des heures et des heures à bâtir des chars sur les thèmes les plus variés—l'histoire de l'île (par exemple, la rencontre entre les premiers habitants, les Caraïbes, et les conquistadors espagnols) ou bien un thème plus moderne (le débarquement d'extraterrestres sur l'île). Le dernier char est toujours celui de la reine du Carnaval, qu'on vient de couronner. Le lundi, c'est le jour des «Mariages burlesques»: des couples bien habillés mais mal assortis défilent et dansent dans les rues. Ce sont les hommes qui jouent le rôle des femmes et les femmes qui jouent le rôle des maris. Le lendemain, c'est le grand défilé du Mardi Gras, présidé par Vaval, le roi du Carnaval. Il est suivi des diables (hommes et femmes vêtus en rouge portant d'énormes masques vraiment hideux) et des diablotins (enfants habillés eux aussi en rouge). Enfin, le mercredi, tous les gens, habillés cette fois en blanc et en noir, défilent dans les rues avant d'aller sur la Savane (la grande place de Fort-de-France) où le soir on brûle l'effigie de Vaval. La fête se termine par un feu d'artifice et un bal qui dure jusqu'au petit matin.

Le Carnaval d'hiver de Québec

Le Carnaval de Québec, qui se tient chaque année en février, est le plus grand carnaval d'hiver du monde—plus de 500 000 visiteurs et participants. Sous l'égide de la mascotte Bonhomme, le Carnaval offre un grand nombre de sites et d'activités. La fête commence par une cérémonie d'ouverture—spectacles musicaux, feux d'artifice, la remise des clés de la ville à Bonhomme, qui les reçoit du maire. Pendant les 17 jours du Carnaval, les spectateurs viennent voir:

- le Palais de glace (un immense édifice construit avec plus de 300 tonnes de glace);

- le Concours international de sculpture en neige (des équipes de sculpteurs travaillent nuit et jour pour donner vie à d'énormes blocs de neige);

- la Course en canot (des équipes d'hommes et de femmes traversent le fleuve Saint-Laurent gelé en canots à glace);

- la Grande Virée (des attelages de chiens de traîneau font un parcours de 6 kilomètres dans les rues du Vieux-Québec);

- le Bain de neige (75 courageux et courageuses se baignent en maillot de bain dans les eaux glacées du Saint-Laurent);

sculpture sur neige

© Andre Jenny/Alamy

- les Défilés de nuit (le samedi soir, Bonhomme défile dans les rues avec des chars allégoriques, des troupes de danseurs, des fanfares et des percussionnistes ainsi que des figurants costumés et maquillés).

On a la possibilité de manger gratuitement ou à des prix très raisonnables: soupers, brunchs, déjeuners westerns, barbecues en plein air. Pour les enfants: glissades, initiation au ski alpin, un véritable jeu de soccer de table à échelle humaine. Pour les adultes: rafting sur neige, promenades en carriole, surboums. La fête se termine par une cérémonie de fermeture où Bonhomme retourne au Palais de glace pour remettre les clés de la ville au maire.

DICO

afficher *to post, advertise*
agitées *stormy*
athlétisme *track and field*
attelage *team harnessed together*
bois *wood*
brûler *to burn*
Carême *Lent*
carriole *horsedrawn carriage on runners*
chars *floats*
chiens de traîneau *sled dogs*
concours *competition*
course *race*
débarquement *landing*
défiler *to parade*
diables *devils*
durer *to last*

égide *protection*
fanfares *bands*
figurants *here, walkers*
fermeture *closing*
gelé *frozen*
mal assortis *mismatched*
maquillés *in makeup*
marins *sailors*
mascotte *mascot*
Mercredi des Cendres *Ash Wednesday*
ouverture *opening*
patronne *patron saint*
paysans *peasants*
pêcheurs *fishermen*
percussionnistes *drum corps*
remettre *to hand over, give back*
surboums *parties*
Toussaint *All Saints' Day*

V. Qu'est-ce que vous avez appris? Trouvez dans la liste donnée la bonne réponse.

> le Bain de neige / Bonhomme / le Carême / la cérémonie d'ouverture / la cérémonie de fermeture / le dimanche / les Défilés de nuit / est (l'Océan Atlantique) / l'été / Fort-de-France / les gommiers / la Grande Virée / le Mardi Gras / le Mercredi des Cendres / ouest (la mer des Caraïbes) / le Palais de glace / le Saint-Laurent / le samedi / Québec / Vaval / les yoles / 2 / 8 / 17

1. la ville principale de la Martinique
2. le nombre de chaînes de télévision françaises qu'on peut voir en Martinique
3. la seule journée de week-end à la campagne en Martinique
4. les bateaux à voile qu'on utilise pour les courses en Martinique
5. la côte de la Martinique où habitent les meilleurs marins
6. la saison du Carnaval à la Martinique
7. le roi du Carnaval à la Martinique
8. le jour du grand défilé du Carnaval à la Martinique
9. la fin du Carnaval à la Martinique
10. le nombre de jours que dure le Carnaval d'hiver de Québec
11. le site de la Course en canot au Carnaval d'hiver de Québec
12. la course de chiens de traîneau au Carnaval d'hiver de Québec
13. les deux samedis soirs à Québec où on voit dans les rues des musiciens, des danseurs et des gens costumés et maquillés
14. le départ symbolique de Bonhomme, marquant la fin du Carnaval d'hiver de Québec

W. Discutons! Discutez des questions suivantes avec quelques camarades de classe.

1. En Martinique, le week-end varie considérablement selon où on habite (la grande ville ou la campagne). Trouve-t-on les mêmes variations aux Etats-Unis entre la ville et la campagne? Entre régions géographiques (par exemple, les côtes est / ouest, le sud et le centre du pays)?

2. Les intellectuels martiniquais trouvent que la métropole (la France) a une trop grande influence sur la culture de l'île. De cette perspective, quels sont les avantages et les inconvénients de la télévision, telle qu'on peut la regarder à la Martinique? Quel rôle la télévision étrangère joue-t-elle (pourrait-elle jouer) aux Etats-Unis?

3. Les sports nautiques jouent un grand rôle dans la vie sportive martiniquaise. Y a-t-il des sports favorisés par la situation géographique de votre région? Pourquoi (pas)?

4. On dit souvent que les fêtes sont un moyen de libérer des énergies et des désirs refoulés *(repressed)* par les règles et les tabous de la société. Dans quelle mesure le Carnaval à la Martinique illustre-t-il cette idée? Y a-t-il des fêtes chez vous qui jouent le même rôle?

5. Quelles ressemblances et quelles différences trouvez-vous entre le Carnaval à la Martinique et le Carnaval d'hiver de Québec?

Comment parler du passé (2)

 CD2, Track 18

RAPPEL

Les verbes auxiliaires *avoir* et *être*

Verbs conjugated with être: aller, arriver, descendre, devenir, entrer, monter, mourir, naître, partir, passer, rentrer, rester, retourner, revenir, sortir, tomber, venir

X. Avoir ou être? En faisant particulièrement attention aux verbes des 12 phrases que vous entendez, indiquez si chaque verbe est conjugué avec **avoir** (**A**) ou **être** (**E**), puis écrivez l'infinitif. Utilisez une autre feuille de papier.

RAPPEL

L'emploi du passé composé et de l'imparfait: narration

Passé composé

- to situate the narration in time:
  Mardi dernier nous **sommes allés** chez Anne-Marie.
- to enumerate the main actions or events—i.e., verbs that make the story go forward:
  Elle n'est pas **descendue**; nous **avons attendu**.
  J'ai **entendu** un bruit. Je **me suis retourné**. J'ai **vu** un ours.

Imparfait

- to give background information, set the scene, describe the situation or context:
  Elle **était** en train de coucher les enfants. Elle leur **lisait** un conte de fées.
  Je **faisais** du camping. Il **faisait** froid. Nous **étions** assis autour du feu.
- to provide additional information or explanations—i.e., verbs that do not advance the story:
  Ils **voulaient** le finir avant de s'endormir.
  Il **était** énorme! Il nous **regardait** d'un air curieux.

Y. Racontez! Utilisez les expressions suggérées pour raconter à un(e) camarade de classe vos activités passées et récentes. Faites attention à l'emploi du **passé composé** et de l'**imparfait**.

1. *Mes années au lycée*
   - où vous avez fait vos études secondaires
   - le nombre d'années passées au lycée
   - votre âge quand vous êtes entré(e) en seconde *(ninth grade)*
   - si vous vous amusiez ou pas au lycée et pourquoi (pas)
   - vos sentiments le jour où vous avez reçu votre diplôme

2. *Un concert de...*

- quand vous êtes allé(e) au concert / où / avec qui
- comment vous y êtes allé(e)s
- ce que vous portiez
- ce qui se passait quand vous y êtes arrivé(e)s
- le meilleur moment du concert: ce qui s'est passé / pourquoi c'était le meilleur moment
- vos sentiments quand vous êtes rentré(e)s chez vous

3. *Une soirée à la maison*

- un soir où vous n'êtes pas sorti(e): quand
- pourquoi vous êtes resté(e) à la maison
- les autres personnes à la maison
- ce qu'elles faisaient
- ce que vous avez fait
- vos sentiments à l'égard de cette soirée à la maison

4. *Un week-end à...*

- un week-end où vous êtes allé(e) quelque part *(somewhere):* quand / avec qui
- l'arrivée: à quelle heure / le temps / la situation
- comment vous avez passé la journée de samedi (le matin / l'après-midi / le soir)
- ce que vous avez fait la journée de dimanche
- le retour: à quelle heure / vos sentiments

ŤŤŤ Z. Racontez! (suite) Choisissez une des catégories d'activités et racontez à des camarades de classe quelque chose que vous avez fait dans le passé. Faites attention à l'emploi du **passé composé** et de l'**imparfait**.

1. une activité culturelle (cinéma, théâtre, ballet, opéra, concert de musique classique, etc.)
2. une activité sportive
3. une autre distraction (cirque, discothèque, concert de rock, etc.)
4. une excursion (visite d'une ville, week-end de camping, petit voyage à vélo, etc.)

● Do **A faire! (3-4)** on page 128 of the **Manuel de préparation.**

REPRISE

Le passé composé et l'imparfait

ŤŤŤ AA. Un repas de fête dont je me souviens bien. On associe souvent les fêtes aux repas qu'on mange en famille ou avec des amis. Racontez à quelques camarades de classe un repas spécial que vous avez mangé quand vous étiez plus jeune. Suivez le plan proposé ci-dessous et faites attention à l'emploi de l'**imparfait** et du **passé composé**.

1. Expliquez ce qu'on faisait normalement: Quand? Où? Avec qui? Qu'est-ce qu'on mangeait? Qu'est-ce qu'on faisait avant (pendant, après) le repas?
2. Racontez ce qu'on a fait une fois: Quand? Où? Avec qui? Qu'est-ce qu'on a mangé? Qu'est-ce qu'on a fait avant (pendant, après) le repas?

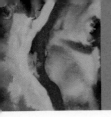

Quant à moi...

Témoignages: «Est-on en train d'évoluer vers une civilisation des loisirs?»

BB. A vous d'abord! Discutez des questions suivantes avec quelques camarades de classe afin de découvrir leurs idées sur le travail et les loisirs.

1. D'après votre expérience, pensez-vous que les gens travaillent de moins en moins et qu'ils consacrent de plus en plus de temps aux loisirs? Quels exemples pouvez-vous en donner?
2. On dit souvent que les gens d'aujourd'hui sont égoïstes, qu'ils pensent surtout à eux-mêmes et à leur plaisir. Etes-vous d'accord? Y a-t-il des différences entre les générations (celle de vos grands-parents, celle de vos parents, celle de votre génération)?

CD2, Tracks 19–24

Visit the **témoins** in their hometown on Google Earth.

CC. Les témoins vous parlent. Ecoutez quelques Français et Francophones vous parler de leurs idées sur la notion d'une civilisation de loisirs, puis répondez aux questions.

Valérie Ecobichon
Saint-Maudez, France

Vocabulaire utile
valeur *(value)*, tout à fait *(absolutely)*, tant mieux *(so much the better)*, consacrer *(to devote)*, grâce à *(thanks to)*, agricole *(agricultural)*

1. **Oui ou non?** Valérie Ecobichon dit que (qu')...
   a. les gens d'aujourd'hui ont plus de temps pour les loisirs.
   b. ses parents et ses grands-parents travaillaient la grande majorité du temps.
   c. elle ne veut pas que ses enfants soient agriculteurs.
   d. elle préfère habiter en ville.

Xavier Jacquenet
Dijon, France

Vocabulaire utile
à long terme *(in the long run)*, tout de même *(all the same)*, assurée *(certain, assured)*, inquiétudes *(worries)*, garanties par l'Etat *(guarantees from the government)*, pas mal de *(quite a bit)*, prenant *(time consuming)*, en retraite *(retired)*, casaniers *(homebodies)*, par contre *(on the other hand)*, détente *(relaxation)*, se détendre *(to relax)*, en ayant l'esprit *(having their minds)*

2. Oui ou non? Xavier Jacquenet dit que…

   a. comparé au début du siècle précédent, aujourd'hui on travaille beaucoup moins.
   b. les travailleurs d'aujourd'hui ont plus de temps libre mais aussi plus d'inquiétudes (santé, éducation des enfants).
   c. ses grands-parents travaillaient toute la journée dans leur ferme.
   d. ses grands-parents ne prenaient pas de vacances.
   e. maintenant qu'ils sont en retraite, ses grands-parents voyagent beaucoup.
   f. ses parents aiment se détendre.

Mireille Sarrazin
Lyon, France

Vocabulaire utile

actuel *(current)*, **taux de chômage** *(unemployment rate)*

3. Oui ou non? Mireille Sarrazin dit que (qu')…

   a. les gens travaillent plus aujourd'hui qu'autrefois.
   b. il est nécessaire de travailler dur pour ne pas perdre son travail.
   c. la situation économique actuelle n'est pas favorable.
   d. malgré tout *(in spite of everything)*, les gens profitent de plus en plus de leur temps libre.

Henri Gaubil
Ajaccio, Corse

Vocabulaire utile

s'aperçoit *(notices)*, **chômage** *(unemployment)*, **se greffer** *(to crop up in connection with each other)*

4. Oui ou non? Henri Gaubil dit que (qu')…

   a. le travail et la vie de tous les jours occupent la totalité du temps des gens.
   b. les gens ont plus de problèmes personnels aujourd'hui qu'autrefois.
   c. il est nécessaire de faire un grand effort pour trouver du temps libre.
   d. lui et sa famille restent chez eux s'ils ont une semaine de libre.

Dovi Abe
Dakar, Sénégal

Vocabulaire utile

pays en voie de développement *(developing countries)*,
moyens *(financial means)*

5. **Oui ou non?** Dovi Abe dit que…

    a. l'idée d'une civilisation de loisirs s'applique surtout aux pays
industrialisés.

    b. les pays en voie de développement n'ont ni le temps ni l'argent pour les
loisirs.

Fatim Kramer
Paris, France
(d'origine marocaine)

Rabat
Population: 1 721 760
Langues: arabe (langue officielle),
français (langue administrative)
Importance: capitale du Maroc,
port sur la côte atlantique, tour
Hassan (chef-d'œuvre de l'art
marocain traditionnel), artisanat
(tapis, broderie, cuir)

Vocabulaire utile

forcément *(necessarily)*, **coût de la vie** *(cost of living)*, **dépenser** *(to spend)*,
économiser *(to save)*, **entendre** *(to intend, wish)*, **classe supérieure** *(upper class)*,
intégrer *(to integrate, combine)*

6. **Oui ou non?** Fatim Kramer dit que (qu')…

    a. en général, les gens travaillent moins aujourd'hui qu'autrefois.

    b. les Français et les Marocains travaillent pour les mêmes raisons.

    c. en général, les Français réussissent à intégrer travail et loisirs.

    d. à l'exception des gens aisés, les Marocains donnent plus d'importance
au travail qu'aux loisirs.

DD. Les témoins et vous. Ecoutez encore une fois les témoignages, puis discutez des questions suivantes avec quelques camarades de classe.

    1. Les témoins ne sont pas tous d'accord sur cette idée d'une civilisation des
loisirs. Lesquels ont des idées qui se ressemblent?

    2. Vos idées et celles de votre famille sont-elles pareilles aux idées d'un ou de
plusieurs témoins? Expliquez.

Do **A faire! (3-5)** on page 132 of
the **Manuel de préparation**.

Et vous?

FICHE VOCABULAIRE

LE TRAVAIL ET LES LOISIRS

le travail
  travailler (de plus en plus / de moins en moins)
  passer (plus de temps / moins de temps) à travailler (au
    travail)
  travailler ... heures par semaine
    faire des heures supplémentaires *to work overtime*
  travailler à plein temps *to work full time*
      à mi-temps *half-time*
      à temps partiel *part-time*
  travailler pour gagner sa vie
        subsister
        survivre *to survive*
        avoir le temps de prendre des loisirs
        avoir l'argent pour se payer des loisirs
        réussir dans la vie

les travailleurs
  les ouvriers *(factory) workers*
  les employés
  les agriculteurs
  les fonctionnaires *government workers, civil servants*
  les cadres *executives*
  les professions libérales / les professionnels

les loisirs
  avoir (plus de / moins de) temps libre
  consacrer (plus de / moins de) temps aux loisirs
  consacrer son temps libre à + inf.
  profiter de son temps libre (argent) pour + inf. *to take
    advantage of one's free time (money) to*

Les loisirs sont un moyen de fuir *(flee)* la réalité.
            s'évader *(escape)* de la réalité.
            s'évader dans une réalité
              alternative.
            substituer le rêve à la réalité.

Les loisirs permettent aux gens de (d') s'amuser.
            se développer.
            enrichir leur vie.
            rester en forme.
            vivre mieux.
            se détendre (se relaxer *[to
              relax]*).
            supporter le stress.
            rester jeune (ne pas vieillir).

†††† EE. Travail et loisirs. En vous inspirant du travail que vous avez fait dans le **Manuel de préparation** (Exercice XXIII), faites le portrait de deux personnes que vous connaissez en parlant du travail que chacune fait et du temps que chacune consacre aux loisirs. Puis parlez de ce que vous espérez faire dans l'avenir.

Magazine Culture Une civilisation des loisirs?

En 1962, le sociologue français Joffre Dumazedier a annoncé l'avènement d'une «civilisation des loisirs». Selon lui, grâce à la croissance économique du début des années 1960, le loisir devenait un produit central de la société française. Une cinquantaine d'années après, on n'est pas tous d'accord sur l'idée d'un progrès continu vers cette nouvelle civilisation. Dans ce ***Magazine Culture,*** vous allez trouver des articles sur différents aspects de la «civilisation des loisirs», sur la semaine de 35 heures en France et sur la journée typique d'une jeune Française qui travaille.

La civilisation des loisirs: mythes et vérités

Sans aucun doute on a plus de temps libre de nos jours qu'autrefois. Selon des enquêtes récentes, conséquence de la réduction du temps de travail et d'une espérance de vie allongée, le temps libre représente un cinquième (20%) du temps de vie et un quart (25%) du temps éveillé. En plus, on estime que les dépenses consacrées aux loisirs représentent à peu près un cinquième (20%) du budget des ménages. Mais quels mythes et quelles vérités se cachent derrière les résultats des enquêtes?

LA SOCIÉTÉ ACTUELLE: HÉDONISTE ET ÉGOÏSTE?

La tradition judéo-chrétienne donne beaucoup d'importance au travail: il faut «gagner sa vie à la sueur de son front». On travaille dur pour mériter ensuite le repos, forme principale du loisir. De nos jours, beaucoup de gens (et surtout les jeunes) accordent la plus grande place au plaisir. On a le droit de s'amuser et de «profiter de la vie». Leurs aînés les accusent souvent d'hédonisme: recherche de l'épanouissement personnel. Mais à vrai dire, la poursuite du plaisir traverse plusieurs générations. L'hédonisme s'accompagne souvent d'individualisme et d'une importance de la consommation.

- L'accroissement du temps libre donne la possibilité de faire ce qu'on aime. La motivation, c'est de se développer. On se centre sur son corps et sur sa maison. On veut rester jeune; on ne veut pas vieillir. Près de 50% des Français disent avoir une activité sportive. De plus en plus de Français (200 000 environ en 2008) ont recours à la chirurgie esthétique. Les magazines de décoration *(Maison et Travaux, Maison Création, Maison Magazine, Déco)* voient leur lectorat augmenter.

- Si les Français ont plus de temps libre, ils ont aussi plus d'argent à leur disposition. Le pouvoir d'achat a doublé entre 1970 et 2010 tandis que le temps de travail a diminué (voir l'article suivant). Autrefois on achetait pour satisfaire à ses besoins; de nos jours, on achète de plus en plus pour son plaisir et son sentiment de bien-être. Qu'il s'agisse de nourriture, de vêtements ou de produits technologiques, les consommateurs essaient de se donner une identité à travers ce qu'ils possèdent.

Pourtant, situation paradoxale, si les Français semblent devenir plus hédonistes et égocentriques, en même temps ils adhèrent de plus en plus à des associations où ils ont la possibilité de participer à des activités collectives. (En 2008, 45% des Français de plus de 15 ans étaient inscrits à une ou plusieurs association[s].) Un grand nombre de gens sont membres d'associations sportives, culturelles ou musicales; mais il y en a beaucoup (13 millions) qui font du bénévolat souvent à but humanitaire: parrainage d'enfants, aide aux personnes défavorisées, défense de l'environnement.

LES LOISIRS: UN MOYEN DE FUIR LA RÉALITÉ?

Autre paradoxe: la plupart des Français semblent heureux individuellement (84% se disent satisfaits de leur vie) mais ils ont le sentiment que la France se porte mal (75% sont plutôt pessimistes à l'égard de l'avenir du pays). C'est peut-être pourquoi ils cherchent des substituts à la réalité. D'abord, la télévision y joue un rôle central: 97% des ménages sont équipés d'un téléviseur, 43% en ont au moins deux. Les téléviseurs restent allumés en moyenne plus de cinq heures et demie par jour. Qu'est-ce que les téléspectateurs aiment regarder? La fiction sous toutes ses formes: films, séries télévisées, feuilletons. Pour les jeunes, ce sont surtout les jeux vidéo (sur ordinateur ou sur console) qui permettent de s'évader dans une réalité alternative. Les deux tiers des ménages ayant des enfants de 10 à 15 ans ont une console de jeu.

Après la télévision et les jeux vidéo viennent les parcs de loisirs, qui s'inspirent de la réalité pour la transcender. En France, il y a 280 parcs de loisirs, qui attirent près de 70 millions de visiteurs par an. Parmi les plus populaires: Disneyland Paris, le parc Astérix, le Futuroscope. Si on préfère une réalité plus «naturelle», on peut s'inscrire à des «parcours d'aventure» (excursions organisées en forêt ou en montagne) ou à «Accrobranche» (qui équipe des espaces forestiers de lianes, de câbles et d'échelles qui aident de petits groupes de gens à grimper et à se promener dans les cimes des arbres). Plus récents encore des centres de loisirs virtuels; 26 sites «la Tête dans les nuages» sont devenus la deuxième destination de loisirs en France après Disneyland. Ces centres—équipés d'ordinateurs, de simulateurs et de cinémas en 35—permettent aux gens (surtout aux jeunes) de combattre dans une navette intergalactique ou de descendre en rafting une rivière déchaînée ou de plonger au cœur de l'océan.

TRAVAILLE-T-ON MOINS? S'AMUSE-T-ON DAVANTAGE?

Les chiffres sont parfois trompeurs. A première vue, on pourrait penser que les Français sont les gens les moins travailleurs de l'Europe. Selon l'EIRO, si on prend la durée légale de travail en France (35 heures par semaine) et le temps des congés et des jours fériés (252 heures par an), les Français ne travaillent que 1 568 heures par an, bien au-dessous de la moyenne européenne de 1 696 heures par an. Pourtant, quand on tient compte des heures supplémentaires, on trouve que les Français travaillent 41 heures par semaine, ce qui les rapproche de la moyenne européenne de 41,9 heures par semaine.

De même, si on examine de près l'idée que la civilisation des loisirs progresse sans entrave en France, on trouve que le «progrès» n'est pas nécessairement continu. Dans une étude réalisée en 2002, des chercheurs ont constaté que c'est chez les gens non-actifs (chômeurs, étudiants, retraités, femmes au foyer) que le temps de loisir s'accroît le plus. Chez les actifs (les gens qui travaillent), la situation est plus complexe. Voici quelques résultats intéressants:

- Le temps libre des femmes progresse plus rapidement que celui des hommes, mais c'est aux dépens du travail domestique—c'est-à-dire que les femmes qui travaillent ont moins de temps pour les tâches domestiques.
- Les hommes qui travaillent sacrifient une partie de leur temps libre pour faire des heures supplémentaires.
- Autrefois, les gens aisés avaient beaucoup plus de temps libre que les membres des classes défavorisées (ouvriers, employés); de nos jours, c'est l'inverse.
- Le niveau d'éducation influence les rapports travail-temps libre: ce sont les gens qui ont un diplôme universitaire qui travaillent le plus et qui consacrent le moins de temps aux loisirs.

Pour conclure, les auteurs de l'étude posent la question: Y a-t-il peut-être une pause dans la marche vers la civilisation des loisirs?

La semaine de 35 heures

En 1998 et en 2002, le gouvernement socialiste de Lionel Jospin a fait voter des lois instituant la semaine de 35 heures. Concernant les ouvriers et les salariés, mais non pas les cadres et les professions libérales, les lois permettent de travailler moins (35 heures par semaine en moyenne) pour le même salaire que si on travaillait 39 heures. En plus, il est possible de faire des heures supplémentaires (pour atteindre 48 heures par semaine).

Les objectifs de cette réduction des heures de travail sont:

- d'aider dans la lutte contre le chômage—on peut mieux partager le travail et créer ainsi de nouveaux emplois;
- d'optimiser l'organisation du travail—les employeurs peuvent aménager des horaires plus flexibles modulant ainsi le temps de travail selon les saisons et les besoins;
- de donner plus de temps libre aux employés, améliorant ainsi la vie familiale ainsi que les conditions de vie et de santé.

La semaine de 35 heures reste extrêmement controversée, tant en ce qui concerne ses effets sur le chômage que sur les conditions de vie des salariés. En effet, les critiques viennent de tous les côtés de l'éventail politique. La gauche reproche à cette réforme de n'avoir créé que la moitié (350 000 sur 700 000) des nouveaux emplois promis. Et les socialistes voient en la semaine des 35 heures «une idée progressive rendue méconnaissable» par toutes les restrictions. Un exemple: les routiers finissent par travailler plus de 70 heures par semaine parce que, quand ils roulent à deux chauffeurs de camion, les heures du chauffeur qui n'est pas en train de conduire ne comptent pas contre les 35 heures. La droite, par contre, trouve que la semaine de 35 heures coûte plus cher aux employeurs. Pis encore, elle diminue la productivité des entreprises françaises au moment (l'ère de la mondialisation) où elles ont le plus grand besoin de l'augmenter.

Aujourd'hui, le président de la France, Nicolas Sarkozy, a déclaré son hostilité à la semaine de 35 heures et a promis des réformes. Reste donc à savoir quel sera l'avenir de la semaine de 35 heures.

Une journée typique de travail

Bonjour! Je m'appelle Gaëlle Kervénec. Je suis infirmière en service général. Voici une journée typique dans mon service.

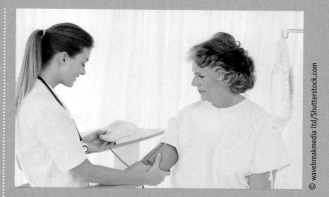

© wavebreakmedia ltd/Shutterstock.com

5h30	le réveil sonne sur RFM (Radio France Matin)
5h40	je me lève et je fais ma toilette
6h	je prends le petit déjeuner (jus de fruit / tartine / café)
6h15	je quitte la maison
7h	j'arrive à l'hôpital
7h–9h	je prends la relève de mes 15 à 20 malades / je fais des prises de sang / je lave les malades
9h–13h	les médecins viennent visiter les malades: je prépare les gens qui vont au bloc opératoire ou à la radio ou qui rentrent chez eux / je fais des pansements / je fais des traitements et des transfusions / je réinstalle les gens qui reviennent de la radio / je prévois l'ambulance pour les gens qui partent / je réponds «mille fois» au téléphone et aux sonnettes
12h	je fais une petite pause pour déjeuner (sandwich / eau minérale)
13h–14h	je fais mes transmissions écrites et orales / je prépare des traitements pour ma collègue de l'après-midi (qui travaille normalement seule)
14h	je quitte l'hôpital et je rentre à la maison

A la maison, il reste toujours beaucoup de travail à faire: nettoyer, aller chercher les enfants à l'école, préparer le repas, faire la vaisselle, m'occuper de la lessive. Bien sûr, c'est une journée super chargée!

DICO

accru *increased*
améliorant *improving*
au-dessous *below*
avènement *advent*
bloc opératoire *operating room*
bénévole *volunteer*
chiffres *figures, statistics*
chômeurs *unemployed people*
cimes *tops*
console (de jeu) *video game console*
déchaînée *unleashed*
échelles *ladders*
épanouissement *expansion, opening up*
espérance de vie *life expectancy*
s'évader *to escape*
éventail politique *political spectrum*
femmes au foyer *housewives*
feuilletons *soap operas*
grimper *to climb*
jours fériés *holidays*
lianes *tropical creepers (vines)*
ménages *households*

modulant *modulating, varying*
navette intergalactique *intergalactic space shuttle*
pansements *surgical dressings*
parcours *trip*
parcs de loisirs *theme parks*
parrainage *sponsorship*
partager *to share*
Pis encore *Worse yet*
pouvoir d'achat *purchasing power*
se porter mal *to be in ill health*
prendre la relève *to take over the shift*
prises de sang *blood samples*
radio *X-ray*
repos *rest*
routiers *long-distance truck drivers*
sans entrave *without any hindrance*
sueur de son front *sweat of one's brow*
tant... que *as much . . . as*
temps de vie *lifetime*
temps éveillé *waking time*
transcender *to go beyond, transcend*
transmissions *reports*
trompeurs *deceiving*

FF. Vous avez compris? Choisissez la bonne réponse.

1. Qu'est-ce qui *n'est pas* vrai?
   a. On a tendance à vivre plus longtemps qu'autrefois.
   b. On a plus de temps libre qu'autrefois.
   c. On dépense plus d'un tiers de son budget pour les loisirs.
   d. On est libre environ un quart du temps éveillé.

2. Qu'est-ce qui *ne* caractérise *pas* une société hédoniste?
   a. Les gens mettent l'accent sur l'enrichissement personnel.
   b. Le plaisir est un droit *(right)* plutôt qu'une récompense *(reward)*.
   c. Beaucoup de gens veulent rester jeunes.
   d. Seuls les jeunes recherchent le plaisir.

3. Vrai ou faux? En France on donne de plus en plus d'importance à soi-même aux dépens de ses rapports avec les autres.

4. Lequel *n'est pas* un exemple d'un loisir qui permet aux Français de s'évader de la réalité?
   a. les parcs de loisirs
   b. la compétition sportive entre universités
   c. les centres de loisirs virtuels
   d. la télévision et les jeux vidéo
   e. les parcs d'aventure

5. Laquelle de ces affirmations *n'est pas* une raison pour laquelle certains sont sceptiques à l'égard de la «civilisation des loisirs»?
   a. Les Français travaillent plus qu'on ne le pense si on considère le travail supplémentaire.
   b. Les diplômés travaillent beaucoup et ont moins de temps libre.
   c. Les femmes consacrent de plus en plus de temps au travail domestique.
   d. Les inactifs profitent le plus de l'accroissement du temps libre.

6. Qu'est-ce qui *n'est pas* vrai à propos de la semaine de 35 heures?
   a. Les lois ne concernent pas tous les gens qui travaillent.
   b. Les lois limitent le nombre d'heures supplémentaires qu'on peut faire.
   c. On travaille moins pour le même salaire.
   d. On travaille plus mais on gagne moins.

7. Lequel *n'est pas* un objectif de la semaine de 35 heures?
   a. réduire les salaires
   b. créer de nouveaux emplois
   c. donner plus de flexibilité aux employeurs
   d. encourager la vie familiale

8. Laquelle *n'est pas* une critique de la semaine de 35 heures?
   a. La semaine de 35 heures n'a pas créé autant d'emplois que promis.
   b. La semaine de 35 heures est trop restrictive.
   c. La semaine de 35 heures réduit la productivité.
   d. La semaine de 35 heures devrait s'appliquer à tous les gens qui travaillent.

9. Vrai ou faux? La semaine de 35 heures semble s'appliquer au travail de Gaëlle Kervénec.

10. Vrai ou faux? Des gens qui veulent être infirmiers comme Gaëlle Kervénec pourraient profiter d'une formation *(education)* qui donne des compétences multiples.

GG. Discussion: «la civilisation des loisirs». Discutez de la question suivante avec quelques camarades de classe. Dans quelle mesure les Etats-Unis évoluent-ils vers une civilisation des loisirs?

Suggestions:

1. Combien d'heures par semaine les gens que vous connaissez travaillent-ils? Ont-ils beaucoup de temps libre? Comment en profitent-ils?
2. Les gens que vous connaissez sont-ils hédonistes? Expliquez.
3. Vous semble-t-il que les Américains préfèrent les loisirs qui leur permettent de fuir la réalité? Expliquez.

Fonction

Comment parler du passé (3)

RAPPEL

Le plus-que-parfait

 Grammar Tutorials

The **plus-que-parfait** is used to:

- express an action or a state that occurred *before* another past action or state:
  Elle nous a lu la lettre que son frère lui **avait envoyée**.

- indicate that the speaker in a narration is *not* following strict chronological order:
  Il m'est arrivé quelque chose de très amusant hier après-midi aux Galeries Lafayette. Mon frère et moi, nous **avions décidé** de passer l'après-midi en ville. Vers 11h, il **était passé** me chercher…

HH. Les actualités. Après avoir lu chaque article, répondez aux questions qui suivent.

Suicide assisté refusé à la Britannique Diane Pretty

La Cour européenne des droits de l'Homme a rejeté lundi à Strasbourg la demande de suicide assisté de Diane Pretty, une Britannique entièrement paralysée. Agée de 43 ans, Mme Pretty, qui meurt à petit feu d'une maladie neuro-dégénérative et qui est déjà paralysée du cou jusqu'aux pieds et qui ne peut donc se suicider elle-même, souhaite mettre fin à ses jours avec l'aide de son mari.

L'état de santé très précaire de Mme Pretty, qui peut mourir dans les prochaines semaines, avait conduit les juges européens à adopter une procédure d'urgence et à examiner sa plainte dans un délai record. Mme Pretty était venue en personne le 19 mars dernier assister à l'audience de la Cour européenne. Depuis son fauteuil roulant, elle avait affirmé, en utilisant la voix synthétique d'un ordinateur, qu'elle ne «voulait que son droit à mourir dans la dignité». Or l'assistance au suicide est considérée comme un crime, passible de 14 ans de prison.

Le 22 mars, une autre Britannique, connue sous le nom de «Mademoiselle B.», avait fait reconnaître par la justice britannique son droit à mourir, arguant du principe que les patients ont le droit de refuser le traitement contre l'avis de leur médecin, même si cela conduit à leur mort.

Source: Adapté des *Dernières Nouvelles d'Alsace*, 29 avril 2002.

1. Mettez les événements suivants dans l'ordre chronologique:
   a. la décision de la Cour européenne de refuser la demande de Mme Pretty
   b. le témoignage de Mme Pretty devant la Cour
   c. la décision des juges d'examiner le cas de Mme Pretty le plus tôt possible
   d. la décision d'une Cour britannique de permettre à quelqu'un de refuser le traitement médical

2. Trouvez tous les verbes au plus-que-parfait et expliquez pourquoi ils sont conjugués à ce temps du verbe.

Madagascar: Ravalomanana vainqueur officiel de la présidentielle

Marc Ravalomanana a été proclamé lundi vainqueur officiel de l'élection présidentielle plus de quatre mois après le premier tour du 16 décembre.

La Haute Cour Constitutionnelle (HCC), en audience solennelle à Antananarivo, a déclaré Ravalomanana élu avec 51,96% des suffrages exprimés contre 35,90% pour le président sortant Didier Ratsiraka, après un nouveau décompte des voix.

«Je suis très ému, je ne peux vous en dire plus», a déclaré Marc Ravalomanana, joint au téléphone alors qu'il regardait la retransmission télévisée de la cérémonie officielle.

M. Ratsiraka, dès dimanche, à son retour de France où il était en visite privée, avait annoncé qu'il ne reconnaîtrait pas l'éventuelle proclamation de M. Ravalomanana comme président, et avait réclamé la tenue d'un référendum.

La HCC, qui a proclamé les résultats officiels, siégeait dans sa nouvelle composition, après l'invalidation de la précédente le 10 avril par la Cour suprême. La précédente HCC, entièrement composée de juges fidèles à M. Ratsiraka, avait proclamé le 25 janvier des résultats du premier tour qui plaçaient M. Ravalomanana en ballotage favorable *(leading but not having enough votes to win in the first round of voting).*

A cette époque, M. Ravalomanana avait déjà lancé des centaines de milliers de ses partisans dans la rue, revendiquant la victoire dès le premier tour avec plus de 52% des suffrages.

Source: Adapté des *Dernières Nouvelles d'Alsace*, 29 avril 2002.

3. Mettez les événements suivants dans l'ordre chronologique:
   a. la proclamation officielle de Ravalomanana comme président
   b. la réunion de la première HCC
   c. la réunion de la seconde HCC
   d. les célébrations dans la rue
   e. l'interview téléphonique avec Ravalomanana
   f. l'interview avec le président sortant (Ratsiraka)

4. Trouvez tous les verbes au plus-que-parfait et expliquez pourquoi ils sont conjugués à ce temps du verbe.

Russie: Le général Lebed meurt dans un crash d'hélicoptère

Le général Alexandre Lebed, 52 ans, a trouvé la mort hier matin dans un accident d'hélicoptère en Sibérie. Ancien candidat à la présidence russe, il a été l'artisan d'un accord de paix en Tchétchénie.

Le général Lebed, gouverneur de la région de Krasnoïarsk, et ses collaborateurs se rendaient à la cérémonie d'ouverture d'une nouvelle piste de ski dans cette région, où l'hiver n'est pas encore terminé. L'accident est survenu à 02h45 GMT dans une zone montagneuse.

Volant à basse altitude et par mauvais temps, l'appareil Mi-8 a heurté une ligne à haute tension et est tombé d'une trentaine de mètres, sans prendre feu.

Huit de ses occupants, dont le général Lebed, sont morts; tous les autres ont été blessés, dont certains grièvement.

Le président Vladimir Poutine et le Premier ministre Mikhaïl Kassianov ont adressé leurs condoléances à la famille du général Lebed et à celles des autres victimes. Le magnat russe en exil et opposant au Kremlin, Boris Berezovski, a pour sa part déclaré à la radio qu'il n'excluait pas «la pire des hypothèses, (celle d'une) élimination violente» du général Lebed. M. Berezovski avait contribué à financer la campagne électorale du général Lebed en 1998 pour le poste de gouverneur de la région de Krasnoïarsk.

Alexandre Lebed était un chef militaire charismatique, considéré comme un «dur», mais sachant se montrer pacifiste si la situation l'exigeait. Il avait été un moment considéré comme le possible successeur de Boris Eltsine. Candidat à la présidentielle en 1996, il avait obtenu 15% des voix au premier tour.

Source: Adapté de *Libération*, 29 avril 2002.

5. Mettez les événements suivants dans l'ordre chronologique:
   a. l'accident d'hélicoptère qui a tué le général Lebed
   b. la déclaration de Boris Berezovski
   c. les déclarations du président et du Premier ministre
   d. la campagne électorale présidentielle
   e. la campagne électorale pour le poste de gouverneur de Krasnoïarsk

6. Trouvez tous les verbes au plus-que-parfait et expliquez pourquoi ils sont conjugués à ce temps du verbe.

RAPPEL

L'expression *depuis*

The present tense is used with **depuis** in order to indicate that an action or a state that began in the past is *not finished*, that it is *continuing* up to and including the present moment (the moment when one is speaking).

> **Nous habitons** ici **depuis** plus de 50 ans.
> **Il travaille** chez Renault **depuis** 1955.

The imperfect is used with **depuis** to indicate that a past action or state had *not finished* (i.e., *was continuing*) at the moment when another past action or state began:

> Quand tu m'as vue, **je courais depuis** plus de 40 minutes.

In a negative sentence, use the **passé composé** or the **plus-que-parfait** with **depuis**.

> **Il n'a pas fumé depuis** plus de 10 ans.
> **Il n'avait pas fumé depuis** plus de 10 ans quand nous avons fait sa connaissance.

In order to ask a question, use **depuis combien de temps** (to determine a *length of time*) or **depuis quand** (to determine a *particular moment*).

> **Depuis combien de temps** es-tu à l'université? Depuis **deux ans**.
> **Depuis quand** es-tu à l'université? Depuis **2007**.

II. Expliquez! Traduisez en anglais, puis donnez une explication précise du sens de chaque phrase.

Modèles: Joseph Mondo travaille chez Renault depuis 1995.
Joseph Mondo has been working at Renault since 1955. (He began working at Renault in 1995. He still works there.)

Marc Gara a travaillé chez Renault pendant 20 ans.
Marc Gara worked at Renault for 20 years. (He no longer works there.)

1. L'oncle et la tante d'Annie habitent en France depuis trois ans.
2. Michael Phelps a habité en France pendant 15 ans.
3. Mes parents n'ont pas été en France depuis cinq ans.
4. Il pleut depuis huit jours.
5. Nous, on se connaît depuis 20 ans.
6. J'attendais un autobus depuis trois quarts d'heure quand Jean-Luc m'a vu(e).
7. Nous cherchions un appartement depuis six mois quand nous avons trouvé celui-ci *(this one)*.
8. Georges n'avait pas vu Cécile depuis une dizaine d'années quand ils se sont rencontrés par hasard à l'aéroport de Lisbonne.

JJ. A enregistrer. On vous a donné un magnétophone et vous vous amusez à vous en servir. D'abord, imaginez que vous l'apportez avec vous afin d'enregistrer vos activités à plusieurs moments de la journée—c'est-à-dire que vous parlez de ce que vous faites au moment où vous parlez; par conséquent, vous utilisez le *présent* et l'expression **depuis**.

> **Modèle:** hier / midi
>
> *Il est midi et je suis au restaurant universitaire. Depuis un quart d'heure, je mange et je regarde les autres étudiants. Il y a un beau garçon qui me regarde depuis que je suis assise ici. Je voudrais lui demander son nom, mais j'ai peur de paraître ridicule.*

1. ce matin / 7h30
2. hier après-midi / 5h
3. le moment actuel
4. une année dans le passé *(à vous de choisir l'année et le moment)*

Certains événements, certaines nouvelles nous impressionnent tellement que nous avons tendance à ne pas oublier le contexte dans lequel nous les avons vécus ou appris. Vous décidez donc d'enregistrer vos souvenirs personnels concernant les moments suivants en utilisant l'*imparfait* (et d'autres temps du passé) ainsi que l'expression **depuis**.

> **Modèle:** Où étiez-vous quand la guerre en Irak a éclaté?
>
> *Moi, j'étais à la maison. Je préparais le dîner. Quand ma femme est rentrée, elle a annoncé que nous étions en guerre depuis une heure. Elle avait entendu la nouvelle à la radio.*

Où étiez-vous et que faisiez-vous...

5. quand vous avez appris les événements du 11 septembre 2001?
6. quand vous avez vu votre petit(e) ami(e) (meilleur[e] ami[e], mari, femme, etc.) pour la première fois?
7. quand vous avez appris une très bonne nouvelle?
8. quand vous avez appris une très mauvaise nouvelle?

● Do **A faire! (3-6)** on page 144 of the **Manuel de préparation.**

Littérature

«Le cinéma à Fort-de-France»

Joseph Zobel

Dans son roman le plus connu, La Rue Cases-Nègres *(1948), Joseph Zobel raconte les péripéties de sa propre enfance à travers les aventures du jeune José. Elevé par sa grand-mère, coupeuse de canne* (sugar cane cutter) *dans la Martinique rurale, José habite d'abord la rue Cases-Nègres, un ensemble d'habitations de travailleurs agricoles réunis autour de la maison du gérant* (manager) *blanc. Plus tard, José rejoint sa mère à Fort-de-France. C'est là qu'il fait des études au lycée et c'est là aussi qu'il retrouve ses anciens camarades, Carmen et Jojo.*

Joseph Zobel (1915–2006) is one of the leading writers of Martinique. Despite his having lived a good part of his life in Africa (Senegal), his novels *(La Rue Cases-Nègres, Diab'la)* and collection of short stories *(Si la mer n'était pas bleue)* manage to bring to life the images and paradoxes of his Caribbean homeland.

[…] Carmen et Jojo m'invitaient au cinéma le mardi ou le vendredi soir. Dans le plus grand cinéma de Fort-de-France, la foule° populaire qui formait la clientèle de ces soirées à tarif réduit allait assister à la projection des premières images sonores arrivées aux Antilles.   *crowd*

Nous partions à pied, après dîner.

Sous une lumière électrique parcimonieuse° et indigente°, la salle de cinéma était toujours pleine, chaude de clameurs et houleuse°. Le parquet, les escaliers résonnaient et grinçaient° sous les pas du public qui, avant le commencement de la séance, allait et venait en tous sens, s'interpellait°, causait°, criait et riait aux éclats, comme si chacun eût gagé° de tout dominer par sa seule voix.   *stingy; poor*
turbulent
creaked
shouted out to each other; chatted
had wagered

> **AIDE-LECTURE**
> - l'emploi de l'imparfait = actions répétées, habituelles
> - soirées à tarif réduit = attirer les gens pauvres
> - ambiance bruyante *(noisy)* et mouvementée

Les fauteuils d'orchestre se présentaient sous forme de chaises pliantes° en bois, enfilées par rangées° sur des tringles° en bois. C'étaient les places de tous les jeunes loqueteux°, les débraillés°, les braillards°, hommes et femmes, chaussés ou pieds nus. C'était là que nous nous mettions. Les plus bouffons°, les plus querelleurs°, étaient toujours les mêmes. L'un avisait° une femme seule et allait lui faire des attouchements et lui chuchoter des paroles° malhonnêtes, à quoi elle répondait par des jurons° volcaniques. Une, au contraire, montait sur une chaise et se mettait à chanter et danser, battant le rappel° autour de ses charmes.   *folding*
rows; rails
people dressed in rags; people dressed sloppily; people howling; clowning
quarrelsome; noticed
to whisper words
swear words
calling to arms (summoning everyone)

Il y en avait toujours un qui, à peine entré, se heurtait° contre le premier venu, tombait en garde et déclenchait la bagarre°.   *bumped*
started a fight

Il y avait aussi les paisibles qui, garés dans un petit coin, regardaient avec calme et méfiance.

> **AIDE-LECTURE**
> - jeunes gens pauvres: mal habillés, avec ou sans chaussures
> - contrastes: (a) la femme qui résiste aux avances du jeune homme par opposition à celle qui essaie d'attirer l'attention des jeunes hommes; (b) les gens qui se battent, les gens qui restent calmes

Les lumières s'éteignaient° une à une et tout le monde de se précipiter sur les chaises pour s'asseoir.

Aux premières images sur l'écran, la salle se trouvait dans un silence relatif.

N'empêche° qu'à la faveur de l'obscurité, se poursuivaient des colloques°, des commentaires, qui s'attiraient des répliques anonymes qui s'entrechoquaient°, détonnaient° en violentes discussions hérissées de lazzi° et de menaces.

A la longue pourtant cette atmosphère s'affirmait inoffensive et même sympathique—simplement foraine°.

went out, dimmed (margin, line 1)
All the same; discussions (margin)
clashed (margin)
exploded; bristling with gibes (margin)
with the atmosphere of a fairground (margin)

AIDE-LECTURE
- pendant le film: on parle moins, mais on n'est pas tout à fait silencieux

---

en route
lingered
to exhaust our words (ideas)
to lower; barking

Nous discutons, chemin faisant°, au retour du cinéma. Discussions échauffantes qui activent notre marche et nous font arriver si vite que nous nous attardions° encore un long moment sur la route pour épuiser nos propos°, en ayant la prudence d'assourdir° nos voix afin de ne pas provoquer les aboiements° des chiens. […]

Carmen, Jojo et moi, nous nous plaisions de même à commenter les films que nous venions de voir et jamais nos discussions n'étaient aussi passionnées que lorsque le film comprenait° un personnage nègre.

included

Par exemple, qui a créé pour le cinéma et le théâtre ce type de nègre, boy, chauffeur, valet de pied, truand°, prétexte à mots d'esprit° faciles, toujours roulant des yeux blancs de stupeur, affichant un inextinguible sourire niais, générateur de moquerie? Ce nègre d'un comportement° grotesque sous le coup de botte au cul° que lui administre fièrement le Blanc, ou lorsque ce dernier l'a eu berné° avec la facilité qui s'explique par la théorie du «nègre-grand-enfant»?

gangster; witty remarks
behavior
kick in the butt
had tricked

Qui a inventé pour les nègres qu'on montre au cinéma et au théâtre ce langage que les nègres n'ont jamais su parler, et dans lequel, je suis certain, aucun nègre ne réussirait à s'exprimer? Qui a, pour le nègre, convenu° une fois pour toutes de ces costumes à carreaux° qu'aucun nègre n'a jamais fabriqués ou portés de son choix? Et ces déguisements en souliers éculés°, vieil habit, chapeau melon°, et parapluie troué°, ne sont-ils avant tout que le sordide apanage° d'une partie de la Société qui, dans les pays civilisés, la misère° et la pauvreté font le triste bénéficiaire des rebuts° des classes supérieures?

agreed
checked
worn
bowler hat; umbrella full of holes;
privilege; wretchedness
scraps

AIDE-LECTURE
- image stéréotypée des Noirs: grands enfants stupides dont on se moque et qu'on méprise *(looks down on)*

Source: Joseph Zobel, *La Rue Cases-Nègres*. Paris: Présence Africaine, 1948, pp. 221–223.

KK. Discussion: Les Martiniquais et nous. Discutez des questions suivantes avec quelques camarades de classe.

1. L'atmosphère du cinéma de Fort-de-France telle que la décrit Joseph Zobel ressemble-t-elle à celle des cinémas que vous fréquentez? Expliquez.
2. Quelle a été votre réaction par rapport à cette atmosphère? Comment le narrateur y a-t-il réagi lui-même? Comment expliquez-vous ces deux réactions?
3. Résumez l'image stéréotypée des Noirs qu'on trouvait dans les vieux films. Quelle image des Noirs trouve-t-on dans les films d'aujourd'hui? Y a-t-il d'autres groupes qu'on présente de façon stéréotypée dans les films de nos jours?
4. Dans quelle mesure le choix d'activités de loisirs et l'attitude qu'on éprouve à l'égard de ces activités dépendent-ils de la classe sociale et économique à laquelle on appartient?

Vocabulaire: trouver l'atmosphère (l'ambiance) bruyante *(noisy)* / désordonnée / chaotique / déconcertante / troublante / désagréable / sympathique / spontanée / naturelle / vivante / animée / agréable / un stéréotype / un individu / une image complexe / une image nuancée / généraliser / individualiser / dépendre de / être fonction de / être déterminé(e) par / être libre de / avoir le temps de / avoir les moyens de

REPRISE

Les temps du passé

👥 LL. Des vacances dont je me souviens bien... *(A vacation I remember well . . .)* Racontez à un(e) ou à plusieurs camarade(s) de classe des vacances dont vous vous souvenez bien. Utilisez les questions proposées comme suggestions. Faites attention à l'emploi du passé composé, de l'imparfait et du plus-que-parfait.

1. Quand est-ce que vous avez pris ces vacances? Où êtes-vous allé(e)? Pourquoi? Avec qui? Combien de temps y avez-vous passé?
2. Parlez de vos préparatifs: Qu'est-ce que vous aviez fait avant de partir?
3. Parlez de votre logement: Etes-vous descendu(e) dans un hôtel? Chez des amis? Ailleurs *(Elsewhere)*? Décrivez un peu votre logement.
4. Parlez de vos activités.
5. Parlez de vos repas: Avez-vous mangé au restaurant? Avez-vous préparé votre nourriture? Expliquez un peu.
6. Voudriez-vous revivre ces vacances un jour? Pourquoi (pas)?

● Do **A faire! (3-7)** on page 147 of the **Manuel de préparation**.

C'est à vous maintenant!

MM. Une interview. Vous allez interviewer un(e) Français(e) ou un(e) Francophone ou bien une personne qui a voyagé en France ou dans un pays francophone. Si vous n'avez jamais interrogé cette personne, vous pourrez commencer par lui poser des questions générales; autrement, vous pourrez passer directement aux questions portant sur les loisirs.

Attention: Prenez des notes. Vous en aurez besoin en préparant votre prochain devoir écrit.

👥 NN. Vous avez bien compris? Comparez les notes que vous avez prises au cours de l'interview avec celles de quelques camarades de classe pour vérifier que vous avez bien compris les réponses aux questions.

● Do **A faire! (3-8)** on page 149 of the **Manuel de préparation**.

CHAPITRE 4

«Qui êtes-vous?»

La diversité des générations

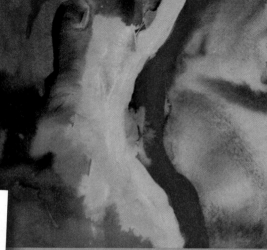

La diversité dans la façon de s'habiller

Objectives

In this chapter, you will learn to:

- describe people (physical and character description);
- talk about people's professions and jobs;
- talk about dreams and aspirations;
- talk about the people you spend time with;
- express doubt, certainty, necessity, volition, emotions.

In addition, you will read about and explore the following topics: French identities, linguistic and cultural similarities and differences in the French-speaking world, young people in Casablanca, friendship, social groups, and the role of the family.

 www.cengagebrain.com

Culture, Grammar Activities, Video

 Pair work

 Group work

 CD2, Tracks 27–31
CD3, Tracks 2–11

 A faire! MP: pp. 153–196

Repères

Qu'est-ce qui fait votre identité?

Qui êtes-vous? *Question difficile qui suscite plus facilement d'autres questions que de réponses. Est-ce que l'identité nationale ou culturelle existe vraiment? Peut-on faire des généralités sur les hommes, les femmes, les enfants, les personnes âgées, les familles, une ethnie, une nationalité, une religion, une région géographique? Comment est-ce que la langue française est liée à l'idée de la «francophonie»? Est-ce qu'il y a des tendances mondiales qui commencent à changer les cultures locales et, par conséquent, le comportement des individus? Dans ce chapitre, vous allez examiner quelques aspects de l'identité française et francophone aussi bien que les attitudes qu'ont certaines personnes à l'égard du travail et de leurs relations avec les autres.*

Qui sont les Français?

Si on fait l'analyse de la population de la France, on constate tout de suite la grande diversité du pays. Il vaut donc mieux éviter les généralités.

La France a une population de 62,6 millions d'habitants (23ᵉ rang au monde).

- Il y a 5,1 millions d'immigrés (nés en dehors du territoire français mais devenus français).

- 4 immigrés sur 10 sont originaires d'Afrique.

- Il y a 3,6 millions d'étrangers en France (personnes qui ont la nationalité d'un pays autre que la France).

- Les femmes représentent 47,6% de la population active, mais n'ont pas les mêmes carrières que les hommes.

- 4,3 millions d'actifs travaillent à temps partiel, dont 82% de femmes.

- 16,2% des habitants ont plus de 65 ans (la population vieillit).

- 62% des Français se disent catholiques, 6% (5 millions) musulmans, 2% protestants, 1% juifs, 2% une autre religion, 27% sans religion.

◄ Simon Hayatou est pharmacien.
Il est originaire du Cameroun et il est citoyen français. Il est très optimiste pour son avenir et pour l'avenir de ses enfants. Simon et sa famille sont musulmans et ils prennent leur religion très au sérieux. Ça veut dire qu'ils ont une structure familiale traditionnelle. La femme de Simon travaille à la maison et s'occupe des enfants. C'est lui qui a une carrière; c'est elle qui s'occupe du foyer. Mais c'est aussi un couple qui a trouvé le moyen d'intégrer la vie traditionnelle à la vie moderne.

◄ Jie Huang représente
la troisième génération de Français dans sa famille. Elle a fait ses études en sciences po. Elle travaille à temps partiel. Mais elle ne se laisse pas décourager. Elle est jeune, elle est énergique et elle est ambitieuse. Elle est sûre qu'elle va un jour trouver un métier bien payé. Entre temps, elle continue à suivre des cours d'anglais et de management. Elle vient d'une famille monoparentale. Avec un salaire assez modeste, sa mère était seule à élever Jie et sa sœur.

▲ Depuis 20 ans, Laurence Albisson *travaille dans le même magasin de vêtements. Son mari est mort quand les trois enfants étaient très jeunes. Elle aurait voulu faire carrière dans l'industrie de la mode, mais sa situation de mère célibataire l'a empêchée de continuer ses études. Quand elle s'est remariée il y a huit ans, son mari et elle ont connu toutes les difficultés des familles recomposées: des enfants des deux côtés qui étaient assez hostiles à l'union de leurs parents. Mais tout s'est enfin arrangé et les deux salaires ont permis à la famille de s'installer dans un pavillon avec un petit jardin et assez de place pour tout le monde.*

A. Mots-clés. Etudiez les **Repères** (pp. 142–147) pour trouver les équivalents français des mots et des expressions suivants.

1. work, job, career (5)
2. single-parent family (2)
3. blended family (1)
4. business of some kind (3)
5. to spoil (1)
6. generalizations (1)
7. elderly, seniors (1)
8. behavior (1)
9. to be from (1)
10. citizen (1)
11. future (1)
12. part time (1)
13. to be crazy about (1)
14. beliefs (1)
15. laws (1)

▲ **Madame et Monsieur Benoît** *habitent leur quartier depuis 53 ans. Ils ont trois enfants, huit petits-enfants et des amis de leur âge. Ils habitent un petit appartement à Lyon où ils ont accumulé des petits trésors et des souvenirs de leur vie ensemble. La difficulté, c'est que Monsieur Benoît commence à avoir des problèmes de mémoire et il a donc besoin d'être surveillé 24 heures sur 24. Madame Benoît, elle aussi, a quelques problèmes de santé. La vie devient de plus en plus difficile pour eux et il faut absolument qu'ils trouvent un moyen de rester dans leur appartement et d'avoir les soins qu'il leur faut sans s'imposer à leurs enfants.*

▲ **La vie est très dure** *dans la cité de banlieue où habite Hamadi Sfar. Sa famille est arrivée de Tunisie il y a trois ans. Son père a trouvé un petit job au métro, mais il n'y a jamais assez d'argent pour la famille de 6 personnes. Hamadi voudrait un jour être citoyen français. Ses parents veulent qu'il poursuive des études mais Hamadi ne s'intéresse pas tellement à tout ça. Ses amis lui disent qu'il a du talent en musique et qu'il y a beaucoup d'argent dans cette industrie. Mais comment se faire remarquer? Il a composé pas mal de chansons, mais il n'a pas les moyens de se présenter dans les milieux qui comptent. Entre temps, il ne fait pas grand-chose. Il est pessimiste en ce qui concerne un boulot payant, mais il a de beaux rêves pour son avenir de rappeur célèbre et adoré de son public.*

🔊 CD2, Track 27

B. Pareils ou différents? *(The same or different?)* Ecoutez les conversations pour décider si les personnes ou leurs circonstances ou attitudes sont pareilles ou différentes.

Modèle: Vous entendez:

—Pour moi, la religion, c'est quelque chose qui joue un rôle minime dans ma vie. Mes parents n'ont jamais insisté pour que j'aille à l'église ou que je fasse des prières. Ce qui m'intéresse beaucoup plus, ce sont les valeurs qui guident ma vie. Et ces valeurs ne sont pas nécessairement déterminées par une seule philosophie ou religion.

—Mes croyances? C'est une question très personnelle et je n'aime pas vraiment en parler. Mais je peux dire que je vais à la messe régulièrement, que je me confesse et que l'Evangile guide ma vie. Mes croyances font partie intégrale de mon identité et de mes valeurs.

Vous dites: *Ils sont différents.*

Pour Mylène Calamme, tout est possible. *Elle a des parents qui l'adorent et qui la gâtent. Elle est fana de technologie et compte un jour avoir une carrière en informatique. Tout ce qu'elle fait au lycée est facilité par les moyens de communication modernes. La vie sans Internet, sans téléphone portable, sans SMS, sans DVD, sans iPod est inconcevable. Tous ses amis sont d'accord. Mais ses parents, ses grands-parents, ses tantes, ses oncles, eux, ils ne comprennent pas. Ils parlent de disques, de machines à écrire, de dictionnaires imprimés. Mylène n'y comprend rien. Pourquoi chercher un mot dans un dictionnaire quand on peut simplement demander à Google? Bizarres, ces gens âgés qui vivent dans le passé!*

C. De qui s'agit-il? Chacune des phrases suivantes correspond à une des personnes dans **Repères.** Donnez le nom de la personne dont il s'agit.

Personnes: Simon Hayatou / Hamadi Sfar / Jie Huang / Laurence Albisson / Madame et/ou Monsieur Benoît / Mylène Calamme / Farjad / Alexia / David

1. Son père travaille au métro.
2. Son premier mari est mort. Elle s'est remariée.
3. Il est musulman et sa structure familiale est traditionnelle.
4. Son rêve, c'est d'être rappeur.
5. Sa famille est catholique mais on ne va pas souvent à l'église.
6. C'est une personne qui s'est tout à fait adaptée aux technologies de la vie moderne.
7. Il ne peut pas vivre sans être surveillé. Il a des problèmes de mémoire.
8. Il étudie la Torah surtout pour son côté intellectuel. Les lois traditionnelles sont moins importantes pour lui.
9. Elle vient d'une famille monoparentale. Elle a une sœur.
10. Il est citoyen français, d'origine camerounaise.
11. Ce sont ses grands-parents qui sont arrivés en France.
12. Elle est d'une famille aisée. Elle a les moyens de se faire payer les derniers gadgets électroniques.
13. Il est musulman et lui et sa famille suivent strictement les lois islamiques.
14. Ils habitent dans leur quartier depuis 53 ans. Maintenant qu'ils vieillissent, il leur faut des soins qui ne sont pas faciles à obtenir sans perdre leur appartement.

Farjad, Alexia et David sont collègues dans une grande entreprise. Ils travaillent ensemble depuis plusieurs années et s'entendent très bien. Leurs enfants sont dans les mêmes écoles et les trois familles organisent de temps en temps un barbecue. Ce sont trois familles très différentes mais qui ont trouvé le moyen de se comprendre et de devenir amies. Un des sujets importants chez les adultes, c'est leurs croyances.

▲ **Alexia, elle, vient d'une** *famille où on allait à l'église pour la messe de minuit à Noël et c'est tout. Son père, lui, se disait catholique mais, pour lui, le bon Dieu est partout; pas besoin donc de passer son temps à l'église. Pour Alexia et sa famille, les principes de l'Evangile sont intégrés à leurs valeurs et les rites ont moins d'importance. Du point de vue aliments, on mange plus ou moins de tout. Mais pour le repas du vendredi, la préférence est pour le poisson, accompagné, bien sûr, d'un bon vin blanc.*

▲ **David, lui, est très fier de sa religion.** *Pour lui, la Torah représente une façon de voir le monde. C'est plutôt le côté intellectuel et la façon de raisonner qui intéressent David. Il est moins strict en ce qui concerne les lois traditionnelles. Il cherche souvent à discuter de tout ça avec Farjad et Alexia parce qu'il sait que, malgré leurs différences, ils ont aussi beaucoup en commun. il ne mange pas de porc, mais il apprécie un bon verre de vin.*

▲ **Farjad et sa famille** *sont musulmans et le Coran guide les cinq prières obligatoires par jour. Selon la loi islamique, ils ne consomment pas d'alcool et le porc est «harām» (interdit). Par respect, leurs amis font donc attention quand ils les invitent à manger chez eux. Ils comprennent aussi le besoin de Farjad de s'isoler pour ses prières au bureau.*

D. Qu'est-ce que vous avez appris? Lisez les phrases suivantes et dites si elles sont vraies ou fausses selon les renseignements donnés dans **Repères.** Si une phrase est fausse, corrigez-la.

1. Les personnes représentées dans **Repères** ne sont pas toutes de nationalité française.
2. Elles ne parlent pas toutes français.
3. Elles représentent des ethnies, des croyances et des situations de vie très diverses.
4. La France a moins de 60 millions d'habitants.
5. Un grand nombre des immigrés français viennent d'Afrique.
6. En français, la définition d'un(e) immigré(e) est une personne qui n'a pas la nationalité française.
7. La définition d'un(e) étranger(ère) est une personne qui est née en dehors du territoire français, qui habite maintenant en France, mais qui n'a pas la nationalité française.
8. La majorité des actifs qui travaillent à temps partiel en France sont des femmes.
9. En ce qui concerne les carrières en France, les hommes continuent à avoir des avantages sur les femmes.
10. La population française rajeunit rapidement. Statistiquement, il y a un déclin dans la population des personnes âgées.

Quant à moi...

Témoignages: «Comment est-ce que vous vous décririez?»

CD2, Tracks 28–31

Visit the **témoins** in their home-town on Google Earth.

E. A vous d'abord! Faites une description de vous-même pour vos camarades. Parlez de vos traits physiques et surtout de vos traits de caractère.

F. Les témoins vous parlent. En écoutant quelques Français et Francophones vous parler d'eux-mêmes, faites les exercices selon les indications données.

Pierre Hurel
Paris, France

Vocabulaire utile
mince *(thin)*, **apparaissent** *(are beginning to appear)*, **soi-même** *(oneself)*, **de formation** *(by training)*, **étant** *(being)*, **courante** *(common)*, **je crois essayer** *(I think I try)*

1. Complétez l'interview en ajoutant les mots qui manquent. Utilisez une autre feuille de papier.

—Bonjour, Monsieur.
—Bonjour, Madame.
—Comment vous appelez-vous?
—Je m'appelle _____.
—Qu'est-ce que vous faites dans la vie?
—Je suis _____ et professeur.
—Comment est-ce que vous vous décririez physiquement?
—Je suis plutôt _____ et _____.
—Et la couleur de vos cheveux?
—_____ avec quelques cheveux _____.
—Et vos yeux?
—J'ai les yeux _____.
—Et vos traits de caractère?
—Je suis plutôt _____. J'essaie d'être _____. Mais, étant français, je suis parfois un peu _____.

Corinne Bernimoulin-Schmid
Genève, Suisse

Vocabulaire utile
je mesure + *height (I'm . . . tall)*, **je pèse** *(I weigh)*, **mi-longs** *(medium length)*, **châtains** *(chestnut colored)*, **queue de cheval** *(ponytail)*, **bandeau** *(headband)*, **humeur facétieuse** *(mischievous)*, **souriante** *(cheerful)*, **ça veut dire que** *(that means that)*, **je bouge beaucoup** *(I move around a lot)*, **en fait** *(in fact)*, **des fois** *(sometimes)*, **en même temps** *(at the same time)*, **sociale** *(sociable)*, **comme vous l'avez entendu** *(here, as you know)*, **quelqu'un de solitaire** *(a loner)*

2. Répondez aux questions selon ce que dit Corinne. Utilisez une autre feuille de papier.

- Comment sont ses cheveux?
- Quels autres renseignements est-ce qu'elle donne pour se décrire physiquement?
- Est-ce qu'elle a le tempérament plutôt calme ou plutôt nerveux? Quelles sont les conséquences de ce tempérament?
- Est-ce qu'elle est plutôt sociable ou plutôt solitaire? Quels sont les deux exemples qu'elle donne pour expliquer ce côté de son tempérament?

Fatim Kramer
Casablanca, Maroc

Vocabulaire utile

environ *(about)*, **taille moyenne** *(medium height)*, **mi-longs** *(medium length)*, **la peau assez claire** *(relatively light skin)*, **certains disent** *(some say)*, **dans le sens où** *(in the sense that)*, **forcément** *(necessarily)*, **approbation** *(approval)*, **comme je les entends** *(as I see fit)*, **attentionnée** *(attentive)*, **ouverte** *(open)*, **un esprit assez libre** *(a free spirit)*, **au niveau de** *(in terms of, when it comes to)*, **sur qui on peut compter** *(on whom one can count, reliable)*, **rire** *(to laugh)*, **faire rire** *(to make others laugh)*, **voir la vie du bon côté** *(to see the good side of life)*

3. Précisez:
- **a.** les traits physiques de Fatim
- **b.** les traits de caractère de Fatim

Emmanuel Roger
Lille, France

Lille, France
Population (ville): 228 328 habitants (dixième ville de France)
Population (agglomération): 1 885 000 habitants (quatrième agglomération de France, une des plus grandes métropoles d'Europe)
Importance: ville située près de la frontière belge; le Musée des Beaux-Arts (après le Louvre, le plus grand musée de France); belle cathédrale (Notre-Dame-de-la-Treille); centre économique important; carrefour ferroviaire important (lignes Eurostar et TGV)

© Cengage Learning

Vocabulaire utile

comme je le disais donc *(as I was saying)*, **marron** *(chestnut colored, brown)*, **je suis assez en forme** *(I'm in pretty good shape)*, **Gémeau** *(Gemini)*, **passionné** *(impassioned, enthusiastic)*, **inconstant** *(fickle)*, **imprévisible** *(unpredictable)*, **facile à vivre** *(easy to live with)*, **pour ceux qui sont autour de moi** *(for those who are around me)*, **j'ai le contact assez facile** *(I'm easy to get to know)*

4. Notez aux moins cinq faits que vous avez appris sur Emmanuel.

G. Une interview. Posez les questions suivantes à un(e) camarade de classe. **Attention:** Utilisez la forme «vous» si la personne que vous interviewez est beaucoup plus âgée que vous.

1. Comment est-ce que tu te décrirais (vous vous décririez) physiquement à quelqu'un qui ne t'a (ne vous a) jamais vu(e)?
2. Quels sont tes (vos) traits de caractère les plus importants?

Do **A faire! (4-1)** on page 154 of the **Manuel de préparation**.

Et vous?

FICHE VOCABULAIRE

DESCRIPTIONS DES PERSONNES

Apparence générale

il est beau *(handsome)*, elle est belle (jolie)

il/elle est bronzé(e) *(tan[ned])*

il/elle est pâle

il/elle porte des lunettes *(glasses)*

il/elle a des taches de rousseur *(freckles)*

Age

il/elle est jeune (d'un certain âge, assez âgé[e], vieux [vieille])

c'est...   un enfant

une jeune personne (un jeune garçon, une jeune fille, un[e]
adolescent[e], un[e] ado)

un homme / une femme d'un certain âge

une personne âgée (un vieillard, une vieille femme, un[e] senior)

Taille et poids

il/elle est...   grand(e) (petit[e], de taille moyenne)

mince (svelte, maigre, costaud)

il/elle mesure (fait) 1,71 mètre

Cheveux

il/elle a les cheveux noirs (bruns, châtains *[chestnut]*, blonds, gris, blancs, roux *[red, auburn]*)

il/elle a les cheveux longs (mi-longs, courts, raides *[straight]*, ondulés *[wavy]*, frisés *[curly]*, crépus *[frizzy]*, en brosse
[crew-cut], en queue de cheval *[ponytail]*)

Traits de caractère (adjectifs)

aimable, agréable, gentil(le), sympathique (sympa), charmant(e)	méchant(e), désagréable, froid(e)
décontracté(e)	stressé(e)
marrant(e), amusant(e), drôle	sérieux(se), ennuyeux(se)
intelligent(e), intellectuel(le), doué(e)	nul(le)
dynamique, énergique, actif(ve), sportif(ve)	passif(ve)
optimiste	pessimiste
généreux(se)	radin *(inv.)* *(stingy)*, prudent(e)
original(e) *eccentric*	conservateur(trice), traditionnel(le)
discret(ète)	indiscret(ète)
travailleur(se)	paresseux(se)
bien organisé(e), efficace	mal organisé(e)
souriant(e), heureux(se)	maussade *(sullen)*, grincheux(se) *(grumpy)*
ambitieux(se), audacieux(se)	timide, hésitant(e)
modeste	égoïste, prétentieux(se)
honnête, sincère	malhonnête, hypocrite
sérieux(se)	frivole
patient(e)	impatient(e)
sage *(well-behaved)*, bien élevé(e)	mal élevé(e)
bavard(e) *talkative*	timide, silencieux(se)
calme	nerveux(se)
poli(e)	impoli(e), vulgaire
sentimental(e)	indifférent(e), froid(e)
raisonnable	têtu(e) *stubborn*
accommodant(e) *easygoing*	nerveux(se)
indépendant(e)	
ouvert(e) *open*	
réservé(e)	
sensible *sensitive*	

Structures

être + adjectif	Il est marrant. *He's amusing (funny).*
trouver + adjectif	Je la trouve très marrante. *I find her very amusing (funny).*
avoir l'air + adjectif (masc.)	Elle a l'air sympa. *She looks (seems) nice.*
c'est quelqu'un qui est + adjectif (masc.)	C'est quelqu'un qui est très patient. *He/She is someone who is very patient.*
c'est quelqu'un de + adjectif (masc.)	C'est quelqu'un de très patient. *He/She is someone (who is) very patient.*

On peut qualifier ces adjectifs avec les expressions suivantes:
> **toujours, souvent, d'habitude**
> **quelquefois, de temps en temps, des fois** *(sometimes)*
> **rarement, ne... pas, ne... jamais**
> **très, trop, assez, plutôt** *(rather)*, **un peu**

Traits de caractère (noms)
> **avoir... de l'esprit** *to be witty, intelligent*
> **de l'imagination**　　　　　　　　　**(un sens) de l'humour**
> **de la volonté** *to have will power*　　**du tact**
> **du cœur** *to be kindhearted*　　　　**du charme**
> **un faible pour** *to have a weakness for*　**de la patience**
> **du culot** *to have a lot of nerve*　　　**de l'ambition**
> **l'esprit ouvert** *to be open-minded*

On peut qualifier certains noms avec les expressions suivantes:
> **beaucoup de, très peu de, assez de, pas assez de, trop de**

Structures

avoir + nom	Il a du tact. Il a beaucoup de tact. *He has tact. He has a lot of tact.*
c'est quelqu'un qui a + nom	C'est quelqu'un qui a l'esprit ouvert. *He/She is (someone who is) open-minded.*

👥 **H. Des comparaisons.** Faites des comparaisons entre vous et une autre personne (membre de la famille, ami[e], collègue, etc.). Utilisez autant d'adjectifs que possible.

> **Modèle:** *Ma sœur Kirsten et moi, nous sommes pareils et différents. Physiquement, nous nous ressemblons beaucoup. Mais elle est plus grande et plus mince que moi. Etc.*
>
> *Du point de vue tempérament (caractère), nous sommes tous les deux assez optimistes. Nous sommes donc assez heureux et positifs. Mais Kirsten est plus passionnée que moi. Elle a beaucoup d'ambition. Moi, je suis moins ambitieux et je suis plutôt calme. Je suis quelqu'un d'un peu timide. Etc.*

👥 **I. Une personne que je connais.** Dans l'exercice V du **Manuel de préparation**, vous avez fait une liste pour décrire une personne que vous connaissez. Décrivez maintenant cette personne à vos camarades de classe. Ils peuvent vous poser des questions pour avoir des renseignements supplémentaires.

Magazine Culture La diversité du monde francophone

«Ma patrie, c'est la langue française.» Albert Camus

Que veut dire «francophone» ou «francophonie»? Pour beaucoup de gens c'est surtout une identité liée à la langue française. Selon Jean-Benoît Nadeau et Julie Barlow (journalistes et chercheurs canadiens; voir leur œuvre *The Story of French*), le mot «francophone» désigne non seulement toute personne qui parle français mais met l'accent sur le fait que ceux qui parlent français ne sont pas forcément français de nationalité. Ils font également la distinction entre la «Francophonie» (avec F majuscule) et la «francophonie» (avec f minuscule). Avec majuscule, il s'agit de l'Organisation Internationale de la Francophonie (70 pays et régions adhérents) qui a pour but de promouvoir le français dans le monde. Avec minuscule, il s'agit de toutes les régions du monde où il y a des gens qui parlent français. C'est la patrie de la langue française dont parle l'écrivain Albert Camus.

La francophonie au cœur par Pascale Richard

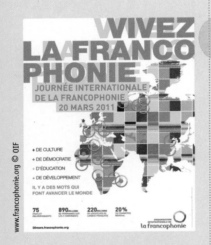

Nous sommes français de Guadeloupe. Nous parlons français.

[Chaque année] le 20 mars est consacré journée mondiale de la francophonie. Pour 200 millions de Francophones dans le monde, c'est le moment de rafraîchir ses connaissances. Oui! c'est bien le géographe français Onésime Reclus qui forgea le terme de «francophonie» en 1880, repris en 1962 par le poète et chef d'Etat sénégalais Léopold Sédar Senghor. Pour 200 millions de Francophones, c'est le jour où honorer cette langue en partage qui a permis de créer des cultures variées et si proches à la fois sur tous les continents. «A travers la langue française, nous fêterons… en ce 20 mars, sur tous les continents la rencontre fécondante de toutes les cultures. Cette diversité, vous la mettrez en musique et en chansons, vous l'écrirez en vers et en prose, vous la vivrez comme autant de rendez-vous privilégiés avec la culture de l'universel, avec la culture du donner et du recevoir», écrit Abdou Diouf, ancien président du Sénégal et secrétaire général élu à la tête de l'Organisation Internationale de la Francophonie (OIF) qui aujourd'hui compte 70 pays et gouvernements. […] Aux Etats-Unis aussi, le 20 mars est une réalité. A l'ONU, sous la houlette de

Nous sommes marocains. Nous parlons français.

Moussa Camara représentant de l'OIF auprès des Nations Unies. Dans les écoles, comme au Lycée International de Los Angeles qui prévoit deux jours de festivités sur ce thème... Dans les villes, par des événements culturels, comme le festival du film francophone prévu à Burlington dans le Vermont, [...] tous les chemins mènent à la francophonie.

Source: Editorial, *France-Amérique,* 19 mars–8 avril 2008

Le français...

⚜ est au 8e rang parmi toutes les langues du monde.

⚜ est au 2e rang, après l'anglais, avec statut officiel dans 33 pays.

⚜ est au 2e rang, après l'anglais, du point de vue influence mondiale.

⚜ est au 2e rang, après l'espagnol, dans l'enseignement universitaire américain.

⚜ est parlé par 200 millions de personnes comme langue officielle sur les cinq continents.

⚜ est une des deux langues (avec l'anglais) qui se parle sur les cinq continents.

⚜ est parlé par 100 millions de personnes comme langue occasionnelle.

⚜ est appris comme langue étrangère par 100 millions de personnes sur les cinq continents.

© michaeljung/Shutterstock.com

Je suis algérienne.
Je parle français.

Je suis belge.
Je parle français.

Le saviez-vous?

• Plus de 5000 endroits aux Etats-Unis ont été nommés par les Français. Certains de ces noms ont été traduits en anglais (exemple: le nom des montagnes Ozarks vient du français «Aux Arcs»). D'autres noms sont restés français (exemples: Belleville, Lafayette, Baton Rouge, Bellefonte, Des Moines, etc.).

• 1,6 million d'Américains parlent français chez eux (4e rang après l'anglais, l'espagnol et le chinois).

• 1,4 million d'Américains étudient le français dans les universités américaines.

• Le français, avec l'anglais, est la langue officielle des Nations Unies, du Conseil de l'Europe (31 membres), de la Croix Rouge, de l'Union européenne, du Comité International Olympique et d'autres organisations internationales.

• Dans la liste des jobs internationaux distribuée en 2007 par le *US State Department,* 125 jobs demandaient ou suggéraient une compétence en français (contre 31 en espagnol, 25 en une langue de l'ONU [arabe, chinois, anglais, français, espagnol], 10 en portugais, 7 en arabe, 4 en russe et 2 en allemand).

Jo-Wilfried Tsonga— Joueur de tennis

© Barbara Walton/epa/Corbis

Je m'appelle Jo-Wilfried Tsonga mais tout le monde m'appelle «Jo». Je suis né au Mans (France) le 17 avril 1985. Mon père est originaire du Congo, ma mère est française d'origine. Ils sont tous les deux enseignants. J'ai un petit frère, Enzo et une petite sœur, Sacha. Je suis devenu fana de tennis à un très jeune âge et je n'ai jamais pensé à faire autre chose. Avec l'encouragement de mes parents, le tennis est devenu ma carrière.

Quels sont mes traits de caractère? Il vaudrait mieux demander à mes parents, à mes potes et à ma copine. Mais je dirais que je peux être, à la fois, calme et assez agressif. Ce double tempérament n'est pas toujours facile dans mes matches de tennis. Je pense que je suis aussi assez têtu... j'ai la tête dure. Mais j'essaie toujours d'être poli et sympa avec les autres. Et le trait de caractère que je déteste le plus, c'est l'intolérance.

Jo Profil Professionnel

Taille: 1m88
Poids: 90 kg
Divers: droitier, revers à deux mains
Age des débuts: 7 ans
Devenu Pro: 2004
Club actuel: Tennis Club de Paris
Sponsors: Adidas, Wilson, Enduro
Meilleur classement: Nº 12 (mars 2008)
Meilleur résultat (tournois du Grand Chelem): 2008—Open d'Australie—a battu Rafael Nadal pour atteindre la finale (a perdu la finale contre Novak Djokovic en quatre sets)

Autoportrait de Jo

Animal: j'ai deux chattes
Couleur: rouge
Sports: tennis, foot, sports américains
Voiture: j'ai une BMW Mini rouge et noir
Chiffre: 7
Boisson: Coca Cola et Punch Power pour la compétition
Plat: recette congolaise
Idoles: Mohamed Ali et Yannick Noah (les joueurs sur le circuit ATP disent que je ressemble à Ali et que je joue comme Noah— quel compliment!)
Loisirs: passer du temps avec ma copine, regarder les sports à la télé (le foot, le basket), écouter de la musique, sortir, cinéma
Ville préférée: Le Mans
Pays préféré: la France

Source: Adapted from http://frenchballs.loco-web.com/tsonga/page_autoportrait.htm

DICO

a battu *beat*
adhérents *members*
à la fois *at the same time*
ancien *former*
atteindre *to reach*
chattes *female cats*
chemins *roads*
chercheurs *researchers*
chez eux *at home*
classement *rank(ing)*
connaissances *knowledge*
copine *here, girlfriend*
donner *giving*
droitier *righthanded*
élu *elected*
endroits *places*
enseignants *teachers*
est au... rang *is ranked . . .*
fana (fanatique) de *crazy about*
forgea *coined*
la mettrez en *will put it into*

langue en partage *shared language*
la vivrez comme autant *will live it as many*
l'écrirez *will write it*
liée à *tied to*
mènent *lead*
œuvre *work*
ONU (Organisation des Nations Unies) *United Nations*
patrie *country, homeland*
prévoit *here, plans*
proches *here, closely connected*
promouvoir *to promote*
rafraîchir *to renew*
recevoir *receiving*
rencontre fécondante *fruitful (rich) meeting (encounter)*
repris *here, adopted*
revers à deux mains *two-handed backhand (tennis)*
sous la houlette de *under the leadership of*
tête dure *hard head*
tournois du Grand Chelem *grand slam tournaments (tennis)*

J. Qu'est-ce que vous avez appris? Trouvez la bonne réponse dans la liste donnée.

le Grand Chelem / Burlington, Vermont / 1,4 million / le 20 mars / la langue française, la diversité / Mohamed Ali et Yannick Noah / Onésime Reclus / écrivain français / 23 ans / l'intolérance / 100 millions / Léopold Sédar Senghor / 1,6 million / Le Mans / 12ᵉ / le français, l'anglais / le Congo / le français et l'anglais

1. la journée de la francophonie
2. Albert Camus
3. le nombre de personnes qui parlent français comme langue occasionnelle
4. le nombre d'Américains qui parlent français chez eux
5. le géographe qui a forgé le terme «francophonie»
6. les deux langues officielles de l'ONU
7. l'ancien chef d'état du Sénégal
8. le pays d'origine du père de Jo Tsonga
9. une des villes des Etats-Unis où il y a un festival du film francophone
10. une des deux langues qui se parlent sur les cinq continents
11. le nombre d'étudiants qui étudient le français dans les universités américaines
12. le nom de la ville où est né Jo Tsonga
13. l'âge de Jo Tsonga en 2008
14. le nom donné aux plus grands tournois de tennis
15. les deux idoles de Tsonga
16. le rang de Tsonga en mars 2008
17. le trait de caractère que Tsonga déteste le plus
18. deux choses qui caractérisent le monde francophone

K. Mini-discussion. Discutez des questions suivantes avec quelques camarades de classe.

1. A votre avis, qu'est-ce qui fait l'identité d'une personne?
2. A votre avis, est-ce que la langue que parle une personne un aspect important de l'identité de cette personne? Pourquoi ou pourquoi pas?
3. Qu'est-ce que vous savez sur Jo Tsonga? Faites sa description physique. Parlez de ses traits de caractère et n'oubliez pas qu'il dit que son chiffre est le «7». **Rappel:** En numérologie, voilà les caractéristiques du «7»: *Le 7 est le signe du philosophe, du penseur. Il analyse, il étudie et sa curiosité le porte à apprendre quelque chose sur tous les sujets. Il aime voyager et découvrir le monde. Plutôt introverti, il préfère la solitude et évite les foules* (crowds) *et le désordre.* Est-ce que ces caractéristiques s'accordent avec ce que Jo Tsonga dit sur lui-même ou est-ce qu'elles contredisent ce qu'il dit?

«*Toi + Moi*» par Grégoire

Grégoire: Ce chanteur-compositeur français, c'est Grégoire Boissenot, mais connu seulement sous son prénom. Né en 1979, il était conducteur de bus quand il a été découvert par le public sur le site Internet *My Major Company* en 2007. Son premier album *(Toi + Moi)* est sorti en 2008 et son deuxième *(Le Même Soleil)* en 2010. Le succès de Grégoire est un bon exemple du pouvoir d'Internet.

La chanson «*Toi + Moi*»: Cette chanson est une invitation à s'amuser (à danser), à oublier ses soucis *(worries)* et à faire disparaître les malheurs de la vie quotidienne. C'est une chanson optimiste qui nous assure qu'avec du courage nous pouvons sourire *(smile)* et être heureux.

A discuter

A votre avis, pourquoi est-ce que cette chanson a eu et continue à avoir un succès fou en France (plus de 1 150 000 exemplaires ont été vendus)? Quel est l'attrait *(attraction)* du message de la chanson?

Contrôle des connaissances

Les formes du présent du subjonctif

Grammar Tutorials

RAPPEL

Les verbes réguliers et les verbes *sortir* et *partir*

To find the subjunctive stem,

- begin with the present tense **nous** form of the verb: **nous parlons**
- then drop the **-ons** ending from the verb: **parl-**
- then add the appropriate subjunctive ending

que je parl*e*   que nous parl*ions*
que tu parl*es*   que vous parl*iez*
qu'il/elle/on parl*e*   qu'ils/elles parl*ent*

-er verbs	nous trouvons	trouv-	Tu veux que je trouve un job?
-ir verbs	nous finissons	finiss-	Je veux que tu finisses tes devoirs.
-re verbs	nous vendons	vend-	Elle veut qu'il vende la voiture.
partir	nous partons	part-	Il veut que vous partiez demain.
sortir	nous sortons	sort-	Je ne veux pas qu'elles sortent ce soir.

Les verbes irréguliers

aller: (que) j'aille, tu ailles, il/elle/on aille, nous allions, vous alliez, ils/elles aillent

avoir: (que) j'aie, tu aies, il/elle/on ait, nous ayons, vous ayez, ils/elles aient

être: (que) je sois, tu sois, il/elle/on soit, nous soyons, vous soyez, ils/elles soient

prendre: (que) je prenne, tu prennes, il/elle/on prenne, nous prenions, vous preniez, ils/elles prennent

faire: (que) je fasse, tu fasses, il/elle/on fasse, nous fassions, vous fassiez, ils/elles fassent

pouvoir: (que) je puisse, tu puisses, il/elle/on puisse, nous puissions, vous puissiez, ils/elles puissent

venir: (que) je vienne, tu viennes, il/elle/on vienne, nous venions, vous veniez, ils/elles viennent

ǂǂǂ L. Nos conseils. Les membres de votre groupe ont des difficultés. Donnez-leur des conseils pour essayer de les aider. Utilisez l'expression **il faut que** avec le présent du subjonctif. Deux personnes parlent et les autres utilisent soit **tu/vous** soit la troisième personne pour ajouter leurs commentaires. Pour chaque problème, il y a quelques verbes pour vous guider dans cet exercice.

> **Modèle:** —J'ai des difficultés dans mon cours de psychologie.
> —*Il faut que tu parles (vous parliez) à ton (votre) prof.*
> —*Je ne suis pas d'accord. A mon avis, il faut qu'il/elle fasse ses révisions à la bibliothèque. Il y a trop de bruit dans son appartement.*
> —*Euh... à mon avis il faut que tu sois (vous soyez) plus patient(e). La psychologie n'est pas une matière facile à maîtriser. Etc.*

1. Je n'arrive pas à me concentrer. J'ai deux examens la semaine prochaine et je ne peux même pas réviser mes notes. Je suis distraite, je suis fatiguée, je ne mange pas bien, je ne fais pas d'exercice. Je n'ai pas envie de sortir. Je suis vraiment découragée. (**Verbes possibles: se concentrer / aller [à la bibliothèque] / parler à / se reposer / se coucher plus tôt / manger des légumes et des fruits / manger régulièrement / aller à la gym / faire de l'exercice / sortir avec des amis / écouter de la musique / etc.**)

2. Je n'ai jamais assez d'argent. Mes parents m'aident comme ils peuvent mais ils n'ont pas beaucoup d'argent. Je sais que j'achète trop de choses: CD, DVD, vêtements, chaussures, sans même compter tous les dîners pris dans des fast-foods ou autres. Je ne sais pas ce que je vais faire. (**Verbes possibles: faire des économies / acheter moins de choses / vendre / ne pas sortir manger / faire la cuisine / trouver un job / etc.**)

3. J'ai un grand dilemme. Je veux continuer mes études, mais je veux aussi jouer au basket dans le circuit professionnel. Si je quitte l'université, je peux avoir un très bon salaire la saison prochaine. Si je reste à l'université je ne sais pas si je pourrai poursuivre mon rêve de devenir basketteur à l'avenir. Que faire? (**Verbes possibles: parler / finir les études / être diplômé[e] / faire une liste des avantages et des inconvénients des deux options / être patient[e] / penser à l'importance du diplôme / ne pas abandonner les études / consulter / faire du basket / finir les études après une carrière dans le monde du sport / etc.**)

4. Voilà mon problème. Ma sœur va se marier en juin et je veux, bien sûr, aller à son mariage. Mais, le jour même du mariage, je dois partir pour Paris avec mes copains. Ça fait longtemps que nous avons fait les projets pour ce voyage. Ma sœur a décidé de la date du mariage à la dernière minute. Je ne sais pas quoi faire. (**Verbes possibles: aller / parler / retrouver les copains à Paris après le mariage / être raisonnable / se souvenir de l'importance de la famille / etc.**)

● Do **A faire! (4-2)** on page 165 of the **Manuel de préparation**.

Fonction

Comment exprimer la certitude et le doute (1)

M. Certitude ou doute? Utilisez les expressions de certitude et de doute pour modifier chaque constatation. N'oubliez pas d'utiliser soit l'indicatif soit le subjonctif dans la proposition subordonnée selon l'expression indiquée.

1. La langue française est importante dans le monde des affaires.
   (je suis sûr[e] / nous doutons / il est probable / il est évident)

2. Les étudiants font beaucoup de progrès en français.
   (je ne pense pas / il est vrai / il est probable / il se peut que)

3. Elles vont faire des recherches sur Internet.
   (vous êtes sûr? / il est certain / le prof ne pense pas / je pense)

4. Vous comprenez son point de vue.
   (je ne pense pas / il est vrai / nous sommes sûrs / il n'est pas évident)

5. Il peut organiser ce voyage.
   (je pense / il ne pense pas / es-tu certain(e) / je doute)

N. Thomas l'incrédule. *(Doubting Thomas.)* Les personnes dans votre groupe ne sont jamais sûres de rien! Pour chaque affirmation, montrez votre incrédulité en utilisant une expression de doute. N'oubliez pas le subjonctif et ajoutez un exemple ou un commentaire supplémentaire pour justifier votre point de vue. Evidemment, si vous êtes sûr(e) de quelque chose, utilisez l'indicatif.

> **Modèle:** Je suis sûr(e) que l'alcool est mauvais pour la santé.
> —*Eh bien, moi, je ne trouve pas que l'alcool soit mauvais pour la santé. Par exemple, ma grand-mère boit son verre de vin chaque jour et elle a déjà 95 ans!*
> —*Je pense que tu as raison. Il n'est pas du tout évident que l'alcool soit mauvais pour la santé. Surtout si on en boit avec modération.*

1. Nous trouvons que les policiers sont assez payés pour le travail qu'ils font.
2. Je pense que les Américains sont plus matérialistes que les Européens.
3. A mon avis, il y a assez de logements à loyer modéré aux Etats-Unis.
4. Je pense que la langue anglaise va un jour dominer l'Europe et le monde.
5. Il trouve que le gouvernement fait assez de choses pour aider les plus démunis.
6. Elle est sûre que la pollution va nous tuer.
7. Nous pensons que les guerres sont inévitables.
8. Je suis certain(e) que les jeunes n'ont plus de respect pour les traditions.

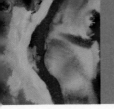

Quant à moi...

Témoignages: «Que faites-vous comme travail?»

††† O. A vous d'abord! Posez les questions suivantes à vos camarades de classe afin de vous renseigner sur le travail qu'ils font, ont fait ou comptent faire un jour. Si vous ne connaissez pas le mot juste pour un certain métier, consultez la liste ci-dessous ou essayez de décrire le métier en termes généraux.

> **Vocabulaire:** un job (un poste, un travail, un emploi) / faire du baby-sitting / un(e) assistant(e) / un(e) aide / un stage *(internship)* / un serveur, une serveuse *(waiter, waitress)* / travailler à (pour, dans, chez, avec) / un salaire bas *(assez élevé, médiocre, suffisant)* / un travail à plein temps *(full-time job)* / un travail à temps partiel (à mi-temps) *(part-time job)*

1. Est-ce que tu as (vous avez) (jamais eu) un travail? Lequel?
2. Est-ce que tu aimes (as aimé) / vous aimez (avez aimé) ce travail? Pourquoi? Pourquoi pas?
3. Qu'est-ce que tu apprends (as appris) / vous apprenez (avez appris) dans ce travail?
4. Quels étaient (sont) les avantages et les inconvénients de ce travail?
5. Si tu n'as (vous n'avez) jamais travaillé, qu'est-ce que tu aimerais (vous aimeriez) faire un jour? Pourquoi?

P. Les témoins vous parlent. En écoutant quelques Français et Francophones parler de leur travail, faites les exercices selon les indications données.

 CD3, Tracks 2–5

 Visit the **témoins** in their hometown on Google Earth.

Valérie Ecobichon
*Saint-Maudez,
France*

> **Vocabulaire utile**
>
> **Dinan** *(small town in Brittany)*, **prêts** *(lending)*, **lecteurs** *(readers)*, **des commandes d'ouvrages** *(book orders)*, **classe** *(classify)*, **range** *(put them on shelves)*, **traire les vaches** *(to milk the cows)*, **les emmener aux champs** *(take them out to the fields)*, **terre** *(land)*, **blé** *(wheat)*, **betteraves** *(beets)*, **maintenir en état le tracteur** *(to keep the tractor running)*

1. Complétez ce que dit Valérie en ajoutant les mots qui manquent. Utilisez une autre feuille de papier.

> Je travaille à la bibliothèque _____ de Dinan.
> Je suis donc _____.
> Je m'occupe des prêts et des _____ des _____.
> Je classe les livres. Je les _____.
> Mes parents sont _____.
> C'est un _____ très varié.
> Il y a le travail avec les _____.
> Il faut _____ de la terre.
> Nous _____ du blé, des _____ et des betteraves.
> Il faut aussi maintenir en état toutes les machines que nous _____.

Hélène Perrine
Marseille, France

Marseille, France
Population (ville): 852 395 habitants
Population (agglomération): 1 420 000
habitants (troisième ville après Paris et Lyon)
Importance: le port le plus important de
France; un des principaux points d'entrée
pour de nombreux immigrants, venant
surtout d'Afrique du Nord, d'Italie, d'Espagne
et de Grèce; centre régional important pour
la culture avec un opéra, des musées de la
marine, des galeries d'art, de nombreux
théâtres, restaurants, bars et discothèques

PROVENCE-
ALPES-
CÔTES D'AZUR

Marseille

© Cengage Learning

Vocabulaire utile

Fnac *(chain of stores in France that sells books, CDs, DVDs, etc.)*, **un peu de tout** *(a little of everything)*, **clients** *(customers)*, **caisse** *(cash register)*, **fréquentent** *(come regularly to)*, **commandes** *(orders)*, **y compris** *(including)*, **insupportable** *(unbearable)*, **à part ça** *(besides that)*, **mon travail me plaît** *(I like my work)*, **horaire** *(schedule)*, **me convient** *(suits me)*, **souple** *(flexible)*

2. Dites si les phrases sont vraies ou fausses en fonction de ce que vous savez sur Hélène Perrine.

   a. Elle est propriétaire de la Fnac à Marseille.
   b. Elle a eu une promotion il y a deux ans.
   c. Dans son job, elle fait un peu de tout.
   d. Elle refuse de travailler à la caisse, même s'il y a beaucoup de clients.
   e. Elle connaît beaucoup des clients qui viennent dans le magasin.
   f. Mais elle n'aime pas tellement le contact avec les clients.
   g. Elle n'est pas très contente de son travail.
   h. Elle a beaucoup de responsabilités.
   i. Elle est même responsable de la supervision des autres employés.
   j. En général, elle est satisfaite du travail des autres employés.
   k. Un des employés lui pose des problèmes parce qu'il est très malhonnête.
   l. Elle aime son travail parce qu'elle a pas mal de flexibilité dans son horaire.
   m. Elle aime passer du temps avec ses deux enfants.
   n. Son mari s'occupe des enfants quand elle est au travail.

Habib Smar
Bordeaux, France

Bordeaux, France
Population (ville): 250 082 habitants
Population (agglomération): 1 009 051
(2008)
Importance: ville considérée par beaucoup
comme la capitale mondiale du vin; ville
industrielle (bois, papier, automobile,
aéronautique, défense, pétrochimie,
pharmaceutique); port important

Bordeaux

AQUITAINE

Vocabulaire utile

au chômage *(unemployed)*, **malheureusement** *(unfortunately)*, **licenciement économique** *(layoff for financial reasons)*, **a touché** *(affected)*, **cadres** *(managers)*, **médicaments** *(medicines)*, **disponibles** *(available)*, **patron** *(boss)*, **attendait** *(expected)*

3. Répondez aux questions.

    a. Depuis combien de temps est-ce qu'Habib est au chômage?
    b. Pourquoi est-ce qu'il a perdu son job?
    c. Où est-ce qu'il travaillait?
    d. Qu'est-ce qu'il faisait dans son ancien job, à part vendre des médicaments?
    e. Quel était son rapport avec les employés de sa région?
    f. Pourquoi est-ce qu'il n'aimait pas son ancien patron?
    g. Quelle sorte de job est-ce qu'il est en train de chercher maintenant?
    h. Pourquoi est-ce qu'il veut un job avec un horaire moins compliqué?

Sophie Everaert
Bruxelles, Belgique

Vocabulaire utile

ne s'entendent pas *(don't get along)*, **d'équipe** *(team)*, **j'interviens** *(I intervene)*, **cardiologue** *(cardiologist, heart specialist)*, **la recherche** *(research)*, **médicaments** *(medications)*, **crises cardiaques** *(heart attacks)*

4. Notez au moins cinq faits que vous avez appris sur Sophie.

Q. Quels sont leurs traits caractéristiques? Selon ce que vous savez sur les quatre témoins qui ont parlé de leur travail, essayez de créer un portrait de chaque personne. Créez le portrait basé sur ce qui a été dit mais aussi sur ce que vous savez sur leur métier. Par exemple, est-ce qu'on pourrait dire qu'une bibliothécaire est probablement patiente ou qu'un vendeur de médicaments est quelqu'un qui est bien organisé et aimable? Consultez la liste des traits de caractère aux pages 150 et 151 de ce manuel.

Do **A faire! (4-3)** on page 171 of the **Manuel de préparation**.

Et vous?

FICHE VOCABULAIRE

METIERS ET PROFESSIONS

un acteur / une actrice
un agent de change *stockbroker*
un agent de conduite *train conductor*
un agent de voyage
un agent immobilier *real estate agent*
un agriculteur / une agricultrice (un cultivateur / une culti-
    vatrice, un fermier / une fermière)
un(e) anthropologue
un(e) apprenti(e) *apprentice*
un(e) artisan(e)
un(e) artiste (un peintre / une femme peintre)
un(e) assistant(e) de direction *administrative assistant*
un(e) astronaute
un(e) avocat(e) *lawyer, attorney*
un banquier / une banquière *banker*
un(e) bibliothécaire *librarian*
un cadre *manager, executive*
un cadre supérieur *high-level executive*
un caissier / une caissière *cashier, bank teller*
un chanteur / une chanteuse
un chargeur *shipper*
un chauffeur *driver*
un chef de cuisine
un chercheur / une chercheuse *researcher*
un(e) cinéaste *filmmaker*
un(e) commerçant(e) *merchant or traveling salesperson*
un compositeur / une compositrice
un(e) comptable *accountant*
un(e) concessionnaire *car dealer*
un conducteur / une conductrice *train conductor*
un conseiller / une conseillère *counselor, advisor*
un contremaître *foreman*
un courtier / une courtière *stockbroker*
un couturier / une couturière *fashion designer*
un(e) dactylo *typist*
un(e) dentiste
un(e) détaillant(e) *retailer*
un éboueur *garbage collector*
un écrivain / une femme écrivain *writer*
un(e) employé(e) / un(e) employé(e) de bureau *office
    worker, clerical personnel*
un(e) employé(e) de maison *housekeeper*
un employeur
un(e) fabricant(e) *manufacturer*

un facteur / une factrice *mail carrier*
un facturier / une facturière *billing clerk*
un(e) fonctionnaire *civil servant, government employee*
un fournisseur *supplier*
un(e) garagiste (un[e] mécanicien[ne]) *mechanic*
un(e) gérant(e) *manager*
un(e) grossiste *wholesaler*
un(e) historien(ne)
un homme politique / une femme politique *politician*
un infirmier / une infirmière *hospital nurse*
un(e) informaticien(ne) *computer expert*
un ingénieur / une femme ingénieur
un(e) journaliste
un juge / une femme juge
un livreur *delivery person*
un médecin / une femme médecin
un(e) militaire (un soldat)
un(e) musicien(ne)
un ouvrier / une ouvrière *blue-collar worker, laborer*
un(e) partenaire
un(e) patron(ne) *boss*
un(e) pharmacien(ne)
un(e) pilote
un poète / une femme poète
un policier / une femme policier (un agent de police)
un pompier *firefighter*
un postier / une postière *postal worker*
un président-directeur-général (PDG) *chief executive officer
    (CEO)*
un professeur (un prof)
un programmeur / une programmeuse
un(e) propriétaire *owner*
un(e) psychiatre
un(e) psychologue
un rédacteur / une rédactrice *book or magazine editor*
une sage-femme *midwife*
un scientifique / une femme scientifique *scientist*
un(e) secrétaire
un(e) sociologue
un travailleur (une travailleuse) à la chaîne *assembly-line
    worker*
une vedette (une star) *star, famous entertainer*
un vendeur / une vendeuse *salesperson*
un viticulteur / une viticultrice *wine producer*

R. Métiers et professions. Utilisez les indications données et suivez le modèle pour parler du métier des personnes indiquées.

Vocabulaire pour la discussion

Lieux de travail

une agence
un atelier *(workshop)*
un bureau *(office)*
un cabinet d'affaires *(business office)*
un chantier *(construction site)*
une compagnie
une entreprise *(company, business)*
une société *(company, business)*
une usine *(factory)*

Verbes

être dans (la vente, les achats, l'informatique, les affaires, l'agriculture, la chimie, etc.)
travailler pour + *nom de l'employeur ou de l'entreprise*
trouver son travail... embêtant *(bothersome)*
ennuyeux
fascinant
intéressant
passionnant *(exciting)*
stressant

Gilbert	Olivier	Géraldine	Sarah
secrétaire de direction	agent de police	infirmière	avocate
école d'ingénieurs	ville de Lyon	Hôpital St-Jean	firme belge
3 ans	10 ans	25 ans	10 ans
bureau	commissariat de police	hôpital	bureau
filtrer les appels prendre les rendez-vous organiser des voyages	parler aux victimes interroger les criminels écrire des rapports	administrer des médicaments parler aux patients prendre la température des patients	parler aux clients préparer des contrats défendre sa firme
intéressant	stressant	passionnant	fascinant

Modèle:

1. Que fait Gilbert?
   Il est secrétaire de direction.
   Et que fait Olivier? Et Géraldine? Et Sarah?

2. Pour qui est-ce qu'il travaille?
   Il travaille pour une école d'ingénieurs.
   Et Olivier? Et Géraldine? Et Sarah?

3. Depuis combien de temps est-ce qu'il y travaille?
   Il y travaille depuis trois ans.
   Et Olivier? Et Géraldine? Et Sarah?

4. Où est-ce qu'il travaille?
   Il travaille dans un bureau.
   Et Olivier? Et Géraldine? Et Sarah?

5. Qu'est-ce qu'il fait?
   Son job, c'est de filtrer les appels, prendre les rendez-vous et organiser des voyages.
   Et Olivier? Et Géraldine? Et Sarah?

6. Est-ce qu'il aime son travail?
   Oui, il le trouve intéressant.
   Et Olivier? Et Géraldine? Et Sarah?

S. Caractère et métier. Choisissez quelqu'un que vous connaissez bien. Décrivez le caractère de cette personne et indiquez pourquoi son métier est parfait pour lui/elle. Si vous connaissez quelqu'un qui a un métier non traditionnel, vous pouvez expliquer pourquoi le métier correspond bien à sa personnalité. Votre partenaire va vous poser des questions pour obtenir des précisions.

Modèle: *Ma sœur est pompier et elle adore son job. Elle veut aider les gens, elle a beaucoup de courage, elle est très sportive et forte, elle aime la camaraderie avec ses collègues et elle n'a pas peur des dangers de son métier. Pour elle, être pompier est un métier très satisfaisant et jamais ennuyeux. Ses traits de caractère sont parfaits pour les responsabilités qu'elle a dans son job.*

La lecture suivante, tirée du magazine *Planète jeunes,* vous présente deux jeunes de Casablanca, au Maroc. Mbarka et Tarik décrivent leur vie et leurs aspirations. Ils parlent de leurs études, de leurs jobs et de leurs rêves. Qu'est-ce que vous avez en commun avec eux?

Mbarka, 20 ans, étudiante: faire des études pour être libre

ETUDIER, C'EST COMPLIQUÉ

J'ai 20 ans. J'habite le quartier de Ben M'Sik. C'est un peu loin de tout, surtout de la faculté où j'étudie la comptabilité. Il me faut chaque matin une heure et quart de marche et de bus public pour me rendre à l'université Hassan II, à l'autre bout de la ville. [...] Parfois je me dis que je vais arrêter la fac si je trouve un emploi mais en même temps je voudrais vraiment avoir ce diplôme. [...]

Mbarka, étudiante de Casablanca

Au Maroc, passer du lycée à la fac est extrêmement difficile. L'enseignement au lycée se fait en arabe, mais on apprend également le français. A l'université toutes les matières sont enseignées en français, le prof dicte à toute allure, les amphis sont bondés et les micros pas toujours efficaces. On prend des notes comme on peut mais si on n'a pas un bon niveau en français, le retard vient très vite. [...]

J'AURAI UN TRAVAIL POUR GAGNER MON INDÉPENDANCE

[...] Si je veux avoir un diplôme c'est surtout pour être indépendante et trouver un travail, pouvoir me débrouiller toute seule dans la vie. On ne doit pas toujours dépendre de son mari. Il faut avoir les moyens de dire oui ou non.

Au quartier de Ben M'Sik, comme partout, on vit dans la rue.

JE VEUX CHOISIR MON MARI

Il y a quelques mois un garçon est venu demander ma main à mon père. Au début j'ai accepté l'idée, mais il ne voulait pas que je continue à étudier. Avant de donner ma réponse j'ai réfléchi et puis j'ai dit non. Il voulait une femme de ménage. Je refuse de rester à la maison et d'abandonner mes études. Mon père a été compréhensif, il a dit: «C'est ma fille qui doit vivre avec lui. Elle décidera, je ne veux que son bonheur.» Quant à ma mère, elle regrette ma décision et je crois qu'elle m'en veut encore car ce type avait une bonne situation et une grande maison. Elle m'a dit: «De mon temps on ne te demandait pas ton avis, on m'a mariée à 14 ans, il n'y avait pas de question.» Moi, je suis quand même contente que les femmes aujourd'hui puissent choisir: on a moins de pression. […] Heureusement que je suis née à notre époque!

J'AIMERAIS VOYAGER

J'espère pouvoir aller rendre visite à mon frère qui travaille en Belgique, et aussi aller à Paris et en Suisse. Mais avant tout je voudrais voyager au Maroc. Je ne connais rien de mon pays. Je ne suis allée qu'une fois à Mohammedia (30 km de Casa) au bord de la mer avec une copine.

Mes loisirs sont très simples. Avec quelques amies nous allons au centre-ville faire les magasins dans le quartier de Maarif et puis nous allons dans un café ou au cinéma Rialto. J'aime les endroits calmes, nous y partons en semaine […].

Tarik, mécanicien: j'ai monté mon business

UN JOB QUI ME PLAÎT

Je répare des voitures mais je roule en mobylette.

Bonjour, je m'appelle Tarik, j'ai 20 ans. Je parle arabe et un peu berbère. Chez moi, on est 7 enfants et je suis le dernier. J'ai arrêté l'école en classe de troisième. Ça n'allait pas fort, j'étais turbulent. Un jour, je me suis disputé avec un prof et j'ai été renvoyé. C'est comme ça que je suis devenu mécanicien. D'abord, pendant deux ans j'ai traîné, je n'ai pas fait grand-chose. Et puis un copain de mon frère m'a proposé de travailler dans son garage. J'ai commencé et cela m'a bien plu. Ensuite j'ai progressé et il m'a proposé de m'associer avec lui. Depuis tout marche bien. Nous sommes devenus associés: lui a investi dans le garage et les outils, moi je travaille en réparant les voitures et nous partageons les bénéfices. Chaque mois j'économise 30% de ce que je gagne et j'investis la même proportion dans le garage. Le reste, je le partage à égalité entre la participation aux frais de la famille et à mes dépenses personnelles.

MA COPINE, C'EST TOP SECRET

J'ai un portable mais c'est surtout pour dépanner les clients, mais bon, ça sert aussi pour ma «copine». On sort ensemble, mais je ne peux pas en parler en famille. Si j'en parle, ça veut dire que c'est sérieux, et mes parents vont trouver que c'est trop tôt pour en discuter car de toute façon, j'ai des frères plus vieux que moi qui ne sont pas encore mariés. A part ça, à la maison, on parle à peu près de tout. Mes relations avec mes parents sont basées sur le respect: ils me considèrent comme un adulte et me laissent faire ma vie et me débrouiller. On parle de tout... sauf de ma copine.

Le Maroc en chiffres

Pays du Maghreb: d'une superficie de 710 850 km^2 et peuplé de 26,4 millions d'habitants dont 50% ont moins de 20 ans et 70% moins de 30 ans (3,2 millions vivent à Casablanca)

Capitale: Rabat, 650,000 habitants (2010)

Langues: arabe, berbère, français et espagnol

Religion: Musulmans (98,7%).

Monnaie: dirham (700 dirhams = 40 000 CFA = 60 euros)

Régime monarchique: Mohammed VI, le roi actuel du Maroc, a succédé à son père, Hassan II, mort en 1999.

Indépendance du Maroc: accordée par la France en mars 1956 et par l'Espagne en avril 1956

Principales sources de devises: blé, agrumes, mines, tourisme

Population: Elle se compose d'Arabes (70%) mais également de Berbères et des Harratines.

Climat: Le climat dominant au Maroc est méditerranéen; tempéré à l'ouest et au nord par l'Océan Atlantique. A l'intérieur, le climat est plus continental avec des écarts importants de températures. La zone de l'Atlas est humide, l'enneigement y est fréquent. Le sud a un climat désertique.

LES COPAINS, LES VOYAGES ET LA MUSIQUE...

Pour l'instant je partage mon temps entre le garage, un appartement que j'ai loué avec deux copains et des passages tous les jours chez mes parents. J'aime bien quitter Casa. Grâce au travail de mon père dans les chemins de fer je peux avoir des billets gratuits et voyager dans tout le Maroc. Le week-end on va faire un tour sur la corniche avec des copains et ma copine. On boit un café, on discute, on rigole entre nous, on écoute nos groupes favoris: Cheb Housni (Algérien assassiné) et également

Centre-ville, place Mohammed V, le rendez-vous des habitants de Casa.

ment Nass El Ghywane (groupe de Raï de Casa). Nous aimons cette musique, elle nous ressemble car ceux qui la font habitent le même quartier que nous. Nous les connaissons bien. Et puis, on rentre, vers une heure du matin. [...]

Trois fois par semaine je vais dans une salle de sport pour une séance de musculation, c'est mon loisir préféré. Je regarde le foot à la télé avec mes copains, mais pour les grands matchs je vais dans un café où l'ambiance est plus sympa. [...] J'aime bien Casa et je suis très attaché à mon pays. Je suis contre le mouvement de ceux qui partent, je n'ai pas envie d'aller à l'étranger demander du travail. [...] Bien sûr, pour réussir ou avoir une activité qui marche, il faut un peu d'argent pour démarrer un projet mais pas forcément beaucoup, ce qu'il faut avant tout c'est bien regarder les opportunités et puis travailler sérieusement. [...]

Source: Planète jeunes, no. 46, août–septembre 2000, pp. 6–8. Reportage et photos de Nicolas Cornet.

DICO

à égalité *equally*
agrumes *citrus fruits*
à l'autre bout *on the other side*
à l'étranger *to a foreign country*
amphis (amphithéâtres) *large lecture halls*
blé *wheat*
bondés *crowded, full to capacity*
bonne situation *good job*
Casa *short for Casablanca*
cela m'a bien plu *I liked it a lot*
chemins de fer *railroad*
la comptabilité *accounting*
corniche *coast road*
de marche *on foot*
démarrer *to start up*
dépanner *to help out*
dépenses *spending*

désertique *desert (adj.)*
dicte à toute allure *dictates quickly*
écarts *extremes*
efficaces *in working order*
elle m'en veut encore *she's still mad at me*
enneigement *snow cover*
en réparant *repairing*
enseignement *teaching*
la fac la faculté
la faculté *college (of a university, e.g., liberal arts, science, etc.)*
femme de ménage *maid; here, housewife*
forcément *necessarily*
frais de la famille *family expenses*
gratuits *free*
j'ai monté *I started*

j'ai traîné *I kicked around*
j'économise *I save*
matières *subject*
me débrouiller *to cope*
me rendre *to go*
micros *microphones*
moyens *means*
outils *tools*
partage *divide*
pression *pressure*
renvoyé *kicked out*
le retard vient très vite *you fall behind very quickly*
rigole *have fun*
sauf *except*
une séance de musculation *weight training session*
se fait *is done*
turbulent *trouble-maker*
type *guy*

T. Est-ce que vous avez compris? Complétez les phrases suivantes en choisissant l'élément entre parenthèses qui correspond à ce que vous avez appris dans l'article sur Mbarka et Tarik.

1. Mbarka habite (loin de / à côté de / près de) son université.
2. Ça lui prend (1 h 45 / 1 h 30 / 1 h 15) pour aller à l'université.
3. Le nom de son université, Hassan II, est le nom (du roi du Maroc / du grand-père du roi du Maroc / du père du roi du Maroc).
4. Au Maroc, l'enseignement au lycée se fait (en arabe / en français / en espagnol).
5. A la fac, il faut absolument avoir un bon niveau (en arabe / en français / en espagnol).
6. La chose la plus importante pour Mbarka, c'est (sa religion / son indépendance / un mari).
7. Mbarka n'a pas une idée (traditionnelle / moderne / libérale) du mariage.
8. Elle aimerait bien aller (à Paris / en Suisse / en Belgique) pour rendre visite à son frère.
9. Tarik aime surtout la musique (française / arabe / canadienne).
10. La majorité de la population marocaine a moins de (50 ans / 40 ans / 30 ans).
11. (Les oranges / Les haricots verts / Les bananes) sont très important(e)s dans l'économie du Maroc.
12. La capitale du Maroc, c'est (Casablanca / Marrakech / Rabat).
13. Tarik était un (très bon / mauvais) étudiant au lycée.
14. Après avoir été renvoyé de l'école, il n'a rien fait pendant (un an / deux ans / trois ans).
15. Comme associé dans le garage, Tarik fait surtout (les réparations des voitures / la comptabilité du commerce / le marketing pour le garage).
16. Tarik connaît (très peu / bien / mal) son propre pays.
17. L'activité physique préférée de Tarik, c'est (le foot / le basket / la musculation).
18. Pour Tarik, son pays est (peu / très) important.

U. Portraits de Mbarka et de Tarik. Faites la description de la personnalité de Mbarka et de celle de Tarik. Utilisez les adjectifs et les expressions descriptives que vous avez appris et illustrez chaque élément de la description avec un ou deux exemples de l'article.

Modèle: *Mbarka a l'esprit ouvert. Elle veut voyager et apprendre beaucoup de choses.*

Comment exprimer la nécessité et la volonté (2)

RAPPEL

1. L'infinitif et le subjonctif avec les expressions de nécessité

Il faut **attendre**.
Il est nécessaire de **faire** attention.

Il faut que **tu attendes**.
Il est nécessaire que **vous fassiez** attention.

Il est important d'**étudier**.
Il vaut mieux **partir**.

Il est important que **nous étudiions**.
Il vaut mieux qu'**ils partent**.

2. L'infinitif et le subjonctif avec les expressions de volonté

Je veux le **faire** moi-même.
Ils préfèrent **rester** à la maison.

Je veux que **tu le fasses**.
Ils préfèrent que **vous restiez** à la maison.

V. De quoi est-ce qu'il s'agit? *(What's it about?)* Ecoutez les petites conversations et trouvez (1) le *sujet principal* de la conversation, (2) la forme du verbe au présent du *subjonctif* et (3) l'*infinitif* qui correspond au subjonctif. Utilisez une autre feuille de papier.

CD3, Track 6

Modèle:	sujet principal	subjonctif	infinitif
	rendez-vous	*tu te souviennes*	*se souvenir*
1.	_____	_____	_____
2.	_____	_____	_____
3.	_____	_____	_____
4.	_____	_____	_____
5.	_____	_____	_____
6.	_____	_____	_____
7.	_____	_____	_____
8.	_____	_____	_____
9.	_____	_____	_____
10.	_____	_____	_____

W. Qui parle à qui? Lisez les phrases et dites à qui elles sont adressées. Choisissez l'interlocuteur dans la liste de droite.

1. Bien sûr, il faut que vous fassiez ce devoir pour demain. Il y aura une interrogation.
2. Demain, je veux que vous alliez chez le docteur Maillet pour lui présenter ce nouveau médicament pour les diabétiques.
3. Non, absolument pas! Je ne veux pas que tu ailles chez Diane ce soir. Tu as trop de travail et tes notes ne sont pas formidables!
4. Chérie, le téléphone, pour toi. Je pense que c'est le patron de la compagnie où tu as eu une entrevue. Tu préfères que je lui dise de rappeler dans quinze minutes?
5. Voilà, Madame. Une salade, un kilo de pommes et deux bouteilles d'eau minérale. Il faut absolument que vous essayiez ce brie. Il est formidable. Je peux vous en vendre un petit bout?
6. Pardon, Monsieur Charente. Votre chien a aboyé *(barked)* toute la nuit et j'ai vraiment eu du mal à dormir. Il faut que je vous prévienne que, si ça continue, je vais appeler la police!

a. vendeur/vendeuse à la cliente
b. mère/père à sa fille/ son fils
c. patron à l'employée
d. voisine à son voisin
e. prof aux étudiants
f. mari à sa femme

X. Des conseils. Utilisez les éléments donnés pour offrir des conseils à plusieurs amis.

Modèle: Je ne comprends pas le subjonctif.
(il faut / tu / aller parler / prof de français)
Il faut que tu ailles parler au (à ton) prof de français.

1. Mon mari a mal aux dents. Il a sûrement quelque chose de sérieux.
(il est important / votre mari / prendre rendez-vous / dentiste)
2. Je ne comprends pas pourquoi je n'arrive pas à trouver un job.
(il faut / vous / refaire / CV)
3. Nos étudiants n'ont aucun sens de l'histoire. Que faire?
(si tu veux / ils / apprendre / l'importance des événements historiques / il faut / tu / choisir / des livres intéressants)
4. Léa m'a invité à dîner avec ses parents. Je ne sais pas ce que je devrais apporter.
(il faut / acheter / un bouquet de fleurs)
5. L'année prochaine je vais étudier à Paris. Qu'est-ce que je peux faire pour me préparer?
(il faut / tu / avoir / un bon dictionnaire) (il est important / tu / faire des recherches sur la ville sur Internet) (il est nécessaire / tu / acheter / ton billet bien à l'avance) (il faut / tu / poser des questions / directeur du programme)
6. Je pense que j'aimerais travailler au Japon. Qu'est-ce que vous en pensez?
(à mon avis / il vaut mieux / vous / apprendre / d'abord le japonais)

👥👥👥 Y. Quels conseils me donnez-vous? Voici une série d'ambitions. Donnez des conseils (études, cours, expériences, jobs d'été, lectures, recherches, clubs, voyages, etc.) pour aider la personne à réaliser ses rêves. Utilisez des expressions de nécessité et le subjonctif ou l'infinitif dans vos conseils.

1. Je voudrais être prof de français dans une université.
2. J'aimerais faire carrière dans la publicité *(advertising)*.
3. J'espère être psychologue.
4. J'ai l'intention de piloter un avion commercial.
5. Je vais devenir avocat(e).
6. Je veux travailler dans une agence de voyages.

● Do **A faire! (4-4)** on page 178 of the **Manuel de préparation.**

REPRISE

Les adjectifs descriptifs; Le subjonctif, l'indicatif, et l'infinitif pour exprimer la certitude, le doute, la nécessité et la volonté

👥👥 Z. Les signes du Zodiaque. Lisez la description de votre signe du Zodiaque. Ensuite expliquez à votre camarade de classe quels adjectifs correspondent à votre personnalité (donnez des exemples) et quels adjectifs ne correspondent pas du tout à votre personnalité (donnez des exemples).

Modèle: Je suis née le 12 juin. Mon signe, c'est donc Gémeaux.

Il est vrai que je suis très enthousiaste et énergique. Par exemple, je participe à beaucoup de clubs à l'université, je travaille, j'adore aller à des fêtes. Je suis très active et je ne suis jamais fatiguée, etc. Mais je ne suis pas impatiente. Au contraire, je trouve que je suis très patiente, surtout avec mes amis. Je ne m'irrite pas facilement, j'écoute les autres et j'adore jouer avec les enfants, etc.

Bélier (21 mars–20 avril): énergique, impulsif(ve), enthousiaste, optimiste, ambitieux(se), intellectuel(le), quelquefois un peu timide, vif(ve) *(lively)*, bien organisé(e), généreux(se), impatient(e), têtu(e), actif(ve), sportif(ve), hypocrite, égoïste, charmant(e), persévérant(e)

Métiers: des postes de responsabilité et d'autorité, professeur, conseiller(ère), agent de voyage, homme/femme politique

Taureau (21 avril–21 mai): têtu(e), systématique, efficace, bon cœur, stable, calme, organisé(e), patient(e), prudent(e), honnête, bon sens de l'humour, sympathique, égoïste, paresseux(se), matérialiste, fidèle *(faithful)*, doué(e) en musique ou en art, sentimental(e), jaloux(se)

Métiers: entrepreneur, homme/femme politique, service public, cultivateur

Gémeaux (22 mai–21 juin): malin (maligne) *(clever)*, enthousiaste, énergique, intellectuel(le), impatient(e), charmant(e), intense, changeant(e), travailleur(se), généreux(se), quelquefois égoïste, nerveux(se), indécis(e), sociable, quelquefois trop sérieux(se)

Métiers: professeur, chercheur(euse), écrivain/femme écrivain, artiste, acteur/actrice, musicien(ne), chef de cuisine

Cancer (22 juin–22 juillet): sensible *(sensitive)*, tenace *(tenacious)*, patient(e), sympathique, facilement influencé(e), changeant(e), intense, dramatique, fidèle, aimable, sentimental(e), un peu timide, fier(ère) *(proud)*, souvent malheureux(se)

Métiers: professeur, rédacteur(trice), écrivain/femme écrivain, vedette

Lion (23 juillet–23 août): fier(ère), énergique, autoritaire, courageux(se), compliqué(e), quelquefois désagréable, méthodique, ambitieux(se), se sent supérieur aux autres, forte personnalité, sincère

Métiers: jobs dans les affaires (le commerce), patron(ne) d'une grande entreprise, militaire

Vierge (24 août–23 septembre): travailleur(se), intelligent(e), organisé(e), méthodique, aime les détails, pratique, impatient(e), sérieux(se), efficace, prudent(e), quelquefois égoïste, plutôt pessimiste, facilement irrité(e)

Métiers: gérant(e), patron(ne) d'une entreprise, secrétaire, secteur tertiaire (services), historien(ne) d'art, critique littéraire, couturier(ère), infirmier(ère), agent de police

Balance (24 septembre–23 octobre): honorable, équilibré(e), aimable, gentil(le), vif(ve) *(lively)*, créatif(ve), décontracté(e), patient(e), ordinaire, beaucoup de tact, diplomatique, compliqué(e), perfectionniste, charmant(e), honnête

Métiers: gérant(e), homme/femme politique, diplomate, détaillant(e), agent immobilier, postier(ère)

Scorpion (24 octobre–22 novembre): énergique, indépendant(e), passionné(e), décidé(e), têtu(e), généreux(se), calme, intuitif(ve), intense, froid(e), réservé(e), difficile, fort, efficace, un peu sévère, privé(e)

Métiers: médecin, dentiste, psychiatre, psychologue, infirmier(ère), homme/femme politique, homme/femme scientifique

Sagittaire (23 novembre–21 décembre): impulsif(ve), impatient(e), généreux(se), curieux(se), aime la nature, sportif(ve), intellectuel(le), pas sentimental(e), un peu froid(e), honnête, franc(he), sincère, prudent(e), dominé(e) par la raison, peut être sarcastique

Métiers: conseiller(ère), explorateur(trice), chercheur(euse), professeur, avocat(e), juge/femme juge, journaliste

Capricorne (22 décembre–20 janvier): ambitieux(se), persévérant(e), diplomatique, réservé(e), traditionnel(le), sérieux(se), s'adapte facilement, travailleur(se), pas très aventureux(se), beaucoup de tact, quelquefois malhonnête, peut être cruel(le)

Métiers: homme/femme scientifique, diplomate, professeur d'histoire, homme/femme politique, philosophe, administration d'hôpitaux

Verseau (21 janvier–19 février): honnête, l'esprit ouvert, aimable, sociable, aimé(e) des autres, innovateur(trice), patient(e), indécis(e), pas de sens commun, manque d'imagination *(lack of imagination)*, manque de tact et de courage, gentil(le), manque de discipline

Métiers: homme/femme scientifique, chercheur(euse), avocat(e), juge/femme juge, bibliothécaire, écrivain/femme écrivain

Poissons (20 février–20 mars): gentil(le), calme, privé(e), sensible *(sensitive)*, un peu mélancolique, pas du tout ambitieux(se), pas du tout matérialiste, indifférent(e), rêveur(se) *(dreamer)*, pas très sociable, solitaire, silencieux(se), content(e), poétique, pas très indépendant(e), pas très responsable, timide

Métiers: poète, artiste, musicien(ne), compositeur, écrivain/femme écrivain, acteur(trice), militaire, professeur, fonctionnaire

AA. Des ennuis quotidiens. Chaque personne de votre groupe a un des problèmes indiqués. Les autres membres du groupe lui donnent des conseils. Il faut utiliser le subjonctif ou l'infinitif avec des expressions de certitude, de doute, de nécessité et de volonté. Utilisez *tu* ou *vous* selon la personne à qui vous parlez.

Modèle: —Je travaille trop et je n'ai pas le temps de m'amuser. Ma patronne n'est pas très raisonnable. Elle me téléphone même le week-end et elle me demande souvent de travailler le soir. Je ne dors pas assez et je suis donc toujours fatigué(e). Je ne sais pas ce que je vais faire.

—*A mon avis, il faut que tu fasses regulièrement des promenades.*

—*Oui, et il vaut mieux ne pas répondre au téléphone le weekend. Il se peut que tu sois trop disponible. Il est possible que ta patronne profite de ta bonne volonté.*

—*Je suis d'accord. Ta patronne veut que tu organises ta vie autour de ton travail. Je ne pense pas que ce soit raisonnable. Etc.*

1. Je travaille trop et je n'ai pas le temps de m'amuser. Ma patronne n'est pas très raisonnable. Elle me téléphone même le week-end et elle me demande souvent de travailler le soir. Je ne dors pas assez et je suis donc toujours fatigué. Je ne sais pas ce que je vais faire.

2. Je grossis et je ne sais pas quoi faire. Il est vrai que je mange souvent dans les fast-foods et que je fais très peu d'exercice. Je passe toute la journée à l'ordinateur et je ne bouge donc pas beaucoup dans mon job. Il faut absolument que je change de rythme de vie.

3. Mes parents habitent un appartement au centre-ville. Ils sont maintenant à un âge où ils ont des difficultés à monter les escaliers et même à s'occuper des tâches ménagères quotidiennes *(daily)*. En plus, ma mère commence à avoir des problèmes de mémoire. Et ils ont besoin de se distraire un peu. C'est vraiment un très grand souci *(worry)* pour moi.

4. Ma vie est beaucoup trop compliquée. J'ai six cours par semaine, j'ai mes équipes de sport, je travaille 20 heures par semaine comme serveuse, je communique avec mes amis et mes parents pendant les quelques minutes que j'ai entre une chose et une autre, je passe toute la nuit à réviser et à surfer le Net. Je vois rarement mes amis et je ne vais presque jamais aux fêtes qu'ils organisent. Je ne pense pas que je puisse continuer comme ça.

5. Mes parents et mes amis me disent que je suis trop sérieuse et perfectionniste. Il me faut beaucoup de temps pour la moindre petite chose que je fais. Il est donc évident que je passe des heures et des heures à faire mes devoirs. En plus, tous les jours, je range mon appartement qui est toujours impeccablement propre. J'ai l'impression que je suis toujours en train de laver ou de nettoyer quelque chose et je n'ai pas le temps de m'amuser.

Quant à moi...

Témoignages: «Avec qui passez-vous la plupart de votre temps?»

BB. A vous d'abord! Discutez des questions suivantes avec vos camarades de classe.

1. Avec qui est-ce que vous passez la plupart de votre temps? Avec les membres de votre famille? Avec vos collègues? Avec vos amis? Avec des gens qui partagent vos intérêts? Seul(e)?
2. Quelles sortes de personnes est-ce que vous choisissez comme amies? C'est quoi, pour vous, un(e) ami(e)?
3. Qui joue le rôle le plus important dans votre vie? Pourquoi?

CC. Les témoins vous parlent. Ecoutez ce que disent les témoins français et francophones sur les gens qu'ils fréquentent et faites les exercices selon les indications données.

CD3, Tracks 7–9

Visit the **témoins** in their home-town on Google Earth.

Pierre Hurel
Paris, France

Vocabulaire utile
seul (*alone*), **notamment** (*especially, in particular*), **répétitions** (*rehearsals*), **effectivement** (*in fact*), **partagent** (*share*), **affaires** (*business*), **étrangement** (*oddly, strangely*), **défauts** (*faults, weaknesses*), **en quoi** (*how*), **de tous les bords** (*from all walks of life*), **ouverture** (*openness*), **nous nous retrouvons** (*we meet on common ground*), **n'entrent pas en ligne de compte** (*don't enter into the considerations*), **choix** (*choice*), **boussole** (*compass*), **point de repère** (*reference point*), **ayant perdu** (*having lost*), **vraiment** (*really, truly*), **façon** (*way*), **sans doute** (*without doubt*)

1. Récrivez ce que dit Pierre en ajoutant les mots qui manquent. Utilisez une autre feuille de papier.

—Je passe beaucoup de temps _____ parce que je joue du _____.
—Je passe beaucoup de temps avec ma _____ que je vois pendant le _____.
—Je passe aussi un peu de temps avec ma _____, surtout avec ma _____.
—Mes _____ sont des professeurs de musique ou des musiciens avec qui je fais des _____.
—Je passe aussi du temps avec des gens qui _____ mes intérêts.
—Je pense qu'un ami, c'est quelqu'un qui ne vous _____ pas.
—Un ami, c'est quelqu'un qui est conscient de vos _____ mais aussi de vos _____.
—La personne qui est la _____ de ma vie, c'est ma mère.
—La personne que je _____ le plus, c'est ma fiancée.

Corinne Bernimoulin-Schmid
Genève, Suisse

2. Choisissez la bonne réponse d'après ce que vous avez appris sur Corinne.

- Corinne a…
  - **a.** un enfant.
  - **b.** deux enfants.
  - **c.** trois enfants.
  - **d.** quatre enfants.

- Corinne aime bien…
  - **a.** les grands dîners.
  - **b.** les petits dîners intimes.
  - **c.** être seule.
  - **d.** des repas sans enfants.

- Selon Corinne, ses amis…
  - **a.** ont les mêmes croyances religieuses qu'elle.
  - **b.** ont les mêmes idées politiques qu'elle.
  - **c.** ont les mêmes valeurs qu'elle.
  - **d.** ont très peu en commun avec elle.

- Pour Corinne, il est important que les amis…
  - **a.** restent assez distants.
  - **b.** pensent d'abord à eux-mêmes.
  - **c.** comprennent quand on veut être seul.
  - **d.** s'entraident les uns les autres.

- Le mari de Corinne est…
  - **a.** physiothérapeute.
  - **b.** ostéopathe.
  - **c.** médecin.
  - **d.** paramédical.

- Les parents de Corinne habitent…
  - **a.** dans un autre pays.
  - **b.** dans le même pays que Corinne.
  - **c.** dans le même quartier que Corinne.
  - **d.** aux Etats-Unis.

- Les autres personnes qui sont très importantes dans la vie de Corinne, ce sont…
  - **a.** les démunis.
  - **b.** les sans-abri.
  - **c.** les enfants d'autres pays.
  - **d.** les patients.

Christophe Mouraux
Liège, Belgique

3. Notez au moins cinq faits que vous avez appris sur Christophe.

DD. Vos amis et vous. Les témoins présentent leurs idées sur l'amitié. Et pour vous, c'est quoi un ami?

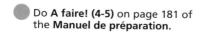
Do **A faire! (4-5)** on page 181 of the **Manuel de préparation.**

Et vous?

FICHE VOCABULAIRE

NOS PROCHES: FAMILLE, AMIS, COLLEGUES

La famille
  adopté(e)
  le divorce
  divorcer *to get a divorce*
  être divorcé(e) *to be divorced*
  un(e) ex *ex-husband, ex-wife*
  une famille éclatée *broken home*
  une famille monoparentale *single-parent family*
  une famille nombreuse *large family*
  la famille nucléaire *nuclear family*
  une famille recomposée *blended family*
  une famille unie *close-knit family*
  le fossé entre les générations *generation gap*
  un foyer *household*
  le mariage
  une petite famille *small family*
  la vie de famille *family life*

Les membres de la famille
  les arrière-grands-parents *great grandparents*
  un beau-frère *brother-in-law*
  un beau-père *stepfather; father-in-law*
  les beaux-parents *in-laws*
  une belle-mère *stepmother; mother-in-law*
  une belle-sœur *sister-in-law*
  un(e) cousin(e)
  un demi-frère *stepbrother; half-brother*
  une demi-sœur *stepsister; half-sister*
  un enfant (un[e] gosse) *child (kid)*
  une femme (une épouse) *wife*
  un(e) fiancé(e)
  une fille *daughter*

un fils *son*
un frère *brother*
une grand-mère (mamy) *grandmother (grandma)*
un grand-père (papy) *grandfather (grandpa)*
les grands-parents
des jumeaux *twins*
un mari (un époux) *husband*
une marraine *godmother*
une mère *mother*
un neveu (les neveux) *nephew*
une nièce
un oncle
un parent *parent, relative*
un parrain *godfather*
un père *father*
un petit-fils *grandson*
une petite-fille *granddaughter*
une sœur *sister*
une tante *aunt*

Les amis
  un ado / les ados (adolescent[s]) *(fam.) teenager(s)*
  un(e) adolescent(e) *teenager*
  un(e) ami(e) *friend*
  l'amitié *(f.) friendship*
  une bonne copine *close friend (for girls/women only)*
  un(e) collègue de travail *colleague*
  un(e) confrère *colleague (for doctors and lawyers only)*
  un copain / une copine *friend, pal*
  une fille *girl*
  un garçon *boy*
  un gars *(pronounced ga) guy*
  un(e) jeune adulte *person in his/her twenties*
  un(e) petit(e) ami(e) *boy(girl)friend*
  un petit copain / une petite copine *boyfriend / girlfriend*
  un pote *buddy (for boys/men only)*

Pour mieux vous exprimer

Pour décrire quelqu'un

c'est quelqu'un (une personne) qui + *verbe*	*it's someone (a persone) who + verb*
c'est quelqu'un qui est + *adjectif (masc.)*	*it's someone (a person) who is + adjective*
c'est une personne qui est + *adjectif (fém.)*	*he/she is a person who is + adjective*
c'est quelqu'un (une personne) qui a + *nom*	*it's someone (person) who has + noun*
c'est quelqu'un (une personne) avec (à) qui on peut (je peux)	*it's someone with (to) whom one (I) can*
c'est quelqu'un (une personne) de + *adjectif (masc.)*	*it's a + adjective person*
c'est quelqu'un (une personne) en qui on peut avoir confiance	*it's someone (a person) you can trust*

EE. C'est quelqu'un qui... Utilisez les éléments donnés pour décrire les personnes indiquées.

Modèles: un ami / parler
Un ami, c'est quelqu'un avec (à) qui on peut (je peux, tu peux, nous pouvons, vous pouvez) parler.
une amie, sensible
Une amie, c'est quelqu'un de sensible (qui est sensible).
les amis, dépanner
Les amis, ce sont des personnes qui vous dépannent.

1. un parent / patient
2. un ami / honnête
3. une amie / discuter avec
4. sa mère / partager ses joies et ses peines avec
5. un frère / avoir confiance en
6. une sœur / dire la vérité à
7. un bon collègue / travailler facilement avec
8. les potes / aimer passer du temps avec
9. les copines / s'amuser
10. les amis / accommodant
11. ma petite copine / gentil
12. un bon prof / esprit ouvert
13. ma cousine / ambitieux
14. son grand-père / grincheux
15. mon patron / prétentieux
16. sa sœur / têtu
17. son fils / mal élevé
18. ma camarade de chambre / timide
19. un copain / confiance
20. ma mère / tout dire

FF. C'est quoi un(e) ami(e)? Avec vos camarades, identifiez les cinq traits caractéristiques qui, à votre avis, sont les plus importants en ce qui concerne un(e) ami(e). Utilisez les expressions que vous avez apprises ainsi que les verbes et les adjectifs des listes ci-dessous.

Verbes: ne pas juger / avoir confiance en / avoir de l'humour / avoir de l'imagination / comprendre / parler / discuter / se disputer / (savoir) pardonner / aimer / rassurer / s'amuser / rigoler *(to laugh)* / s'entendre bien avec *(to get along well with)* / sortir / travailler / étudier / passer du temps (à) / exprimer ses frustrations avec / soutenir / tolérer / respecter / accepter / rendre service / aider / servir de guide / confier ses secrets / raconter ses ennuis, ses problèmes / écouter / *autres verbes?*

Adjectifs: accommodant(e) *(easygoing)* / indépendant(e) / ouvert(e) / réservé(e) / agréable / sympathique / aimable / calme / décontracté(e) / dynamique / énergique / honnête / sincère / fidèle *(faithful)* / franc (franche) / généreux(se) / poli(e) / raisonnable / sensible *(sensitive)* / vif (vive) *(lively)* / optimiste / marrant(e) / amusant(e) / curieux(se) / patient(e) / discret(ète) / gentil(le) / intelligent(e) / sérieux(se) / différent(e) / intéressant(e) / complémentaire / indispensable / *autres adjectifs?*

Magazine Culture Nos proches

Nous avons tous nos propres idées sur ce que c'est que l'amitié. Et si nous ne sommes pas toujours d'accord sur les détails, une chose que nous avons sûrement en commun, c'est que les amis jouent un rôle important dans notre vie. Que ce soit notre meilleur(e) ami(e) ou un groupe d'amis qui nous entourent, nous savons que nos amis sont des personnes fidèles qui nous acceptent et nous soutiennent. C'est-à-dire que nous pouvons compter sur eux dans toutes les circonstances.

L'amitié

© Stanislav Komogorov/Shutterstock.com

**Léane, 19 ans
Trois-Rivières**

Ma meilleure amie et moi, nous n'avons pas toujours besoin de bavarder. On se comprend sans parler et, quelquefois, le silence affirme notre amitié bien plus que les mots.

© Nicholas Piccillo/Shutterstock.com

Pour mes copains et moi, c'est le sport qui nous lie d'amitié. Le foot, c'est notre passion. Mais c'est aussi le sport qui nous a appris le respect des autres et l'importance du travail en équipe. Quand j'ai des problèmes, c'est mon équipe qui m'écoute et qui me soutient. Pour nous, le sport, c'est le symbole parfait de l'amitié.

**Nathan, 21 ans
Bamako**

**Yanis, 15 ans
Grenoble**

Thomas, c'est mon meilleur copain. Pourquoi est-ce que nous sommes amis? Il y a beaucoup de raisons, mais une chose est sûre: pour être amis, il faut avoir quelque chose en commun. Thomas et moi, nous sommes des passionnés de cinéma. Ce qui nous fascine surtout, ce sont les films dans lesquels il y a des effets spéciaux extraordinaires. Que ce soit pour voir des films français, américains ou autres, vous nous retrouverez au cinéma au moins une fois par semaine.

© Carsten Medom Madsen/Shutterstock.com

**Chloé, 15 ans
Arcachon**

Mes amis et moi, nous aimons nous promener au bord de la mer. En été comme en hiver, nous allons à la plage presque tous les week-ends avec des sacs en plastique pour ramasser des déchets. Ça nous permet aussi de discuter, de faire des projets et de nous détendre. Notre amitié se définit par les intérêts que nous avons en commun et le fait que nous voulons protéger notre environnement.

© Blazej Maksym/Shutterstock.com

Coralie, 20 ans Lausanne

J'ai rencontré mes meilleurs amis ici à Lausanne où nous poursuivons tous des études universitaires. Nous avons des cours ensemble, nous révisons ensemble, nous communiquons sans cesse par courrier électronique, nous nous promenons en ville et au bord du lac et nous passons des heures à discuter dans les cafés. On s'écoute, on se comprend, on s'aide. Voilà l'amitié.

Mohamed, 15 ans Tunis

J'ai beaucoup de copains mais, à vrai dire, je n'ai qu'un seul vrai ami. Sur la photo, j'attends mon ami Aimé qui doit arriver avec son vélo. On se connaît depuis toujours et Aimé est comme mon frère. Nous nous intéressons tous les deux au cyclisme et nous faisons donc du vélo tous les jours. Notre rêve, c'est de participer un jour à une course cycliste, peut-être même au Tour de France!

Paroles libres

A QUOI RECONNAÎT-ON SES AMI(E)S?

Burkina Faso

L'amitié est une main qui se tend des deux faces.

«Mon nom est Silva Amilcar, j'ai 25 ans, je suis Cap Verdien, je vis à Bobo Dioulasso au Burkina Faso.

Je crois que cette question n'a qu'une seule réponse. En effet, on reconnaît ses amis lorsqu'on traverse des moments difficiles.

Eh oui! C'est dans ces moments que les faux vrais amis se défilent et vous laissent seul avec vos problèmes.

Il y a aussi des amis qui orientent leur amitié uniquement vers le sens du recevoir. Ma grand-mère me disait que l'amitié est une main qui se tend des deux faces: une face pour donner et une autre pour recevoir. Les vrais amis ce sont ceux qui tendent la main sur ses deux faces.»

Silva Amilcar, Bobo Dioulasso, Burkina Faso

Cameroun

Des amis pour se détendre

«Premièrement je ne sais pas si vous parlez des vrais amis parce que je vais vous dire que les faux amis existent. Puisqu'il n'y a aucune précision à ce sujet, je dirai ceci à ma façon. On reconnaît ses amis à leur manière de faire les choses quand elles sont bonnes bien sûr; ceux qui savent écouter les autres en les conduisant tout de même dans le bon chemin, ceux qui t'aident quand tu te trouves en difficulté, ceux avec qui tu peux bien te détendre sans toutefois être embêté. Bref, des amis avec qui on peut bien s'entendre pour faire quelque chose de bien qui pourra faire baisser la haine, les meurtres, les viols, les vols... »

Magloire Kana, Cameroun

Sénégal

En amitié, on ne compte pas la race, la religion ou l'âge.

«Bonjour, je m'appelle Walimata, j'ai 17 ans. Pour moi, le mot ami(e) n'est pas le synonyme de camarade, de voisin ou de compagnon. C'est une personne sans distinction de race, de religion, d'âge, de langue que l'on admire et estime beaucoup. Ce dernier doit être reconnu pour ses qualités: sincérité, solidarité, honnêteté qui ne vous dit que la vérité qu'on le prenne mal ou bien, qui partage avec nous tout moment de bonheur ou de malheur, qui nous rend service en cas de problème, qui est notre bras droit pour le meilleur et le pire.»

Walimata Séne Ouakam, Dakar, Sénégal

France

Savoir écouter

«Lorsque mes parents ont divorcé, j'ai su qui étaient mes vrais amis. En effet, mes meilleures amies me téléphonaient, m'invitaient chez elles, m'aidaient, m'écoutaient parler... Tandis que la plupart de mes copines et copains faisaient comme si rien ne s'était passé. Peut-être n'osaient-ils pas m'en parler, mais je sais que certains s'en fichaient. Une fille m'a même dit: «Bon, arrête un peu de rabâcher cette histoire, tout le monde a des problèmes et on n'est pas obligé de t'écouter!» Cette fille m'avait dégoûtée, et mes autres amis qui m'avaient aidée sont toujours mes meilleurs amis.»

Gaidig Le Clere, Gouesnou, France

Source: Planète jeunes, no. 53, octobre–novembre 2001.

à ma façon *my way*
à vrai dire *to tell the truth*
bavarder *to talk*
bien plus que *more*
ceux qui *those who*
comme si rien ne s'était passé *as if
     nothing had happened*
course cycliste *bicycle race*
dans le bon chemin *on the right path*
déchets *trash*
depuis toujours *forever*
des deux faces *in both directions*
embêté *bothered, irritated*

en les conduisant *directing them*
faux vrais amis *false true friends*
j'ai su *I found out*
je dirai ceci *I'll say it*
lorsqu'on *when one*
malheur *unhappiness*
m'avait dégoûtée *disgusted me*
me soutiennent *support me*
n'osaient-ils *they didn't dare*
nous lie *binds (connects) us*
nous rend service *helps us*
nous sommes des passionnés de
     we're crazy about
pour le meilleur et le pire *for better
     or for worse*

qu'on le prenne mal ou bien
     *whether you take it well
     or not*
rabâcher *to harp on, repeat*
ramasser *to pick up*
rêve *dream*
se défilent *leave*
se tend *reaches out*
s'en fichaient *didn't care*
le sens du recevoir *in the direction
     of receiving*
s'entendre *get along*
tout de même *nevertheless*
travail en équipe *team work*
vrai *true*

Les «tribus» sont des substituts aux classes sociales

L'apparition de nouveaux groupes sociaux s'accompagne d'autres formes de reconnaissance. Comme les classes sociales, le «tribalisme» moderne est fondé sur le partage de valeurs ou d'opinions, mais surtout de modes de vie et de centres d'intérêt. Le regroupement peut ainsi s'effectuer à partir d'un goût commun pour un type de musique, un genre de cinéma, une discipline sportive ou toute autre activité de loisir spécifique. Il se manifeste de façon concrète par les lieux fréquentés, les modes d'habillement (vêtements et accessoires), la gestuelle, le langage spécifique, les héros et autres signes de reconnaissance. […] [Les tribus d'aujourd'hui] se reconnaissent… souvent par le lieu qu'elles occupent (quartiers, arrondissements, banlieue particulière), qui est partie prenante de leur identité.

Le tribalisme peut aussi se produire dans le monde «virtuel»; Internet est ainsi en train de devenir l'outil de rapprochement de tous ceux qui ont des caractéristiques personnelles ou des passions communes, quelles qu'elles soient. Ces tribus ne se définissent plus alors par les lieux d'habitation, puisque la proximité géographique n'est plus une condition pour communiquer et se réunir. Elles constituent en ce sens plutôt des *diasporas*, dont les membres peuvent être disséminés un peu partout dans le pays ou, plus largement, dans le monde.

Qu'elle soit urbaine ou périurbaine, la tribu représente avant tout un moyen d'intégration et d'appartenance. Elle est en contrepartie, et par construction, un facteur d'exclusion pour les autres.

Le saviez-vous?

La famille française s'est profondément transformée
- 91% des Français se définissent d'abord par leur famille.
- Mais la définition de la famille a beaucoup changé.
- Le nombre de mariages a diminué d'un tiers depuis 1975.
- Le nombre de divorces a doublé depuis 1975. Quatre mariages sur dix se terminent par un divorce.
- Les gens se marient de plus en plus tard.
- La natalité a fortement diminué. Très rares sont les familles avec au moins trois enfants.
- Un enfant sur deux naît de parents non mariés.
- Les familles monoparentales représentent aujourd'hui 7% des foyers (concernant un enfant de moins de 15 ans sur dix).
- Un enfant sur dix (11%) vit dans une famille recomposée.

Ces chiffres semblent suggérer une famille instable, éclatée et loin du modèle traditionnel. Mais si l'on examine la famille d'un point de vue plus qualitatif, on en a une image fort différente. Car la famille constitue «un point d'ancrage, un lieu d'affection, un creuset dans lequel se transmettent certaines valeurs du passé (adaptées aux réalités de l'époque) et se forgent celles de l'avenir. Elle constitue pour beaucoup de Français le pôle de la vie personnelle, celui qui permet d'exister, de s'épanouir, de se protéger. Elle est aussi un lieu privilégié de partage, de convivialité, d'affection.»

Source: G. Mermet, Francoscopie 2007 © Larousse 2006

DICO

appartenance *belonging*
convivialité *social interaction*
creuset *here, center*
de s'épanouir *to blossom*
diasporas *diaspora (group of similar people dispersed in different places)*
d'un tiers *by a third*
en contrepartie *on the other hand*
gestuelle *gestures*
lieu d'affection *place of affection*
lieux fréquentés *places frequented*
modes de vie *lifestyles*
moyen *means*
naît de *is born of*
natalité *birth rate*
l'outil de rapprochement *the tool to bring together*
par construction *by its very nature*

partage *sharing*
partie prenante *important part*
passions communes *common interests*
périurbaine *urban periphery*
point d'ancrage *anchor, foundation*
quelles qu'elles soient *whatever they may be*
reconnaissance *recognition*
regroupement *grouping*
s'effectuer *to happen*
se forgent *are created*
se réunir *to meet*
tribalisme *the grouping of people who share similar interests*
tribus *literally, tribe; in sociology, refers to groups of people that share interests*
vit *lives*

GG. Qui a dit quoi. Résumez brièvement les idées principales sur l'amitié exprimées par chaque personne. Autant que possible, utilisez vos propres mots dans vos résumés.

Modèle: *Léane dit que sa meilleure amie et elle n'ont pas besoin de mots pour se comprendre. Pour elles, le silence joue donc un rôle très important dans l'amitié*

HH. Mini-discussions: La famille moderne. Selon ce que vous avez appris dans le **Magazine Culture,** en quoi la famille française (et peut-être américaine?) s'est-elle transformée?

1. Expliquez d'abord comment se définit «la famille traditionnelle».
2. Définissez les autres structures familiales qui sont fréquentes aujourd'hui.
3. A votre avis, quelles sont les raisons pour cet éclatement des familles?
4. Quels sont les côtés positifs et/ou négatifs des nouvelles structures familiales?

Fonction

Comment exprimer l'émotion (3)

Grammar Tutorials

> ### RAPPEL
>
> ### L'emploi du subjonctif
>
> **1. L'infinitif et le subjonctif avec les expressions d'émotion**
>
> Je suis content d'**aller** à Rome.   Je suis content que **tu ailles** à Rome.
> Tu es heureuse d'**être** avec nous?   Tu es heureuse qu'**il soit** avec nous?
>
> Expressions d'émotion: **regretter / être navré(e) / être désolé(e) / être content(e) / être heureux(se) / être ravi(e) / être étonné(e) / être furieux(se) / être déçu(e)**
>
> **2. Les expressions d'émotion + le passé du subjonctif**
>
> Je suis content que **tu aies fait** tes devoirs.
> Nous sommes étonnés qu'**elle soit rentrée** si tard.
> Elle est déçue qu'**il ne se soit pas souvenu** de son oncle.

CD3, Track 10

II. Quelles émotions est-ce qu'ils expriment et pourquoi? Ecoutez ce que disent les différentes personnes et dites quelle émotion chacune d'elles exprime: la joie ou le bonheur *(happiness)*, la colère *(anger)*, la déception *(disappointment)*, la surprise ou le regret.

> **Modèle:**   Vous entendez: Je suis désolée que Sylvie ait manqué la fête. On s'est bien amusé.
>
>   Vous dites: *Regret. Sylvie a manqué la fête.*

JJ. Des invitations. Complétez les dialogues suivants. Utilisez les éléments donnés pour expliquer pourquoi on va accepter ou refuser l'invitation. N'oubliez pas d'utiliser les expressions d'émotion avec soit un subjonctif, soit un infinitif.

> **Modèle:**   Tu viens au match de basket avec nous ce soir?
>   (être désolé / ne pas être libre ce soir / aller chez les parents)
>   *Je suis désolé(e) de ne pas être libre ce soir. Je dois aller chez mes parents.*

1. Vous venez nous rendre visite à l'île de Ré cet été?
   (regretter / ne pas pouvoir venir chez vous / déménager cet été)

2. Nous organisons une fête d'anniversaire pour Sarah samedi soir. Tu peux venir?
   (accepter avec plaisir / être heureux / vous / organiser / une fête pour elle)

3. Coralie a eu un coup de téléphone aujourd'hui. On l'a invitée à une entrevue pour le poste au Louvre.
   (elle / être ravi / on / l'inviter *[passé]* / à une entrevue)

4. Nous allons faire un pique-nique dimanche prochain. Ça vous intéresse de nous accompagner?
   (je / être désolé / nous / ne pas être ici dimanche prochain / passer le week-end chez des cousins à Avignon)

5. On ne vous a pas vus chez les Deslaurier hier soir. On nous a dit que vous étiez à l'hôpital avec votre fille. J'espère qu'il n'y a rien de grave.
   (nous / être navré / rater leur fête / en effet / être à l'hôpital avec Claudia / elle / se casser le bras)

6. Tu veux venir au concert avec nous demain soir? Nous avons un billet pour toi, si tu le veux.
   (être désolé / ne pas avoir le temps / avoir un examen de maths jeudi / devoir réviser)

KK. Des joies et des regrets. Parlez un peu de votre vie à votre camarade de classe. Parlez de vos joies, de vos regrets, de vos déceptions, etc. Utilisez les expressions d'émotion et le passé du subjonctif.

Modèle: Je regrette que…
Je regrette que mon père ne m'ait jamais appris à jouer du piano.

1. Je suis heureux(se) que…
2. Je regrette que…
3. Je ne suis pas content(e) que…
4. Je suis déçu(e) que…
5. Je suis content(e) que…
6. Je ne suis pas heureux(se) que…
7. Je suis furieux(se) que…
8. Je suis content(e) que…
9. Je suis navré(e) que…
10. Je suis ravi(e) que…

Do **A faire! (4-6)** on page 189 of the **Manuel de préparation.**

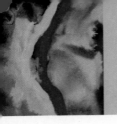

Littérature

CD3, Track 11

Antoine de Saint-Exupéry est né à Lyon en 1900. Il était pilote et écrivain. Il a disparu avec son avion en 1944 au cours d'une mission militaire. Ses romans les plus connus sont *Vol de nuit* (1931), *Terre des hommes* (1939), *Pilote de guerre* (1942) et sa fable symbolique *Le Petit Prince*.

Le Petit Prince *(extrait)*

Antoine de Saint-Exupéry

Le Petit Prince est une «fable» qui raconte l'histoire d'un petit garçon qui habite une autre planète. Après un malentendu avec sa fleur, il s'enfuit de sa petite planète pour visiter sept autres planètes, dont la septième est la Terre°. C'est dans cet endroit immense qu'il rencontre le renard (fox) qui lui fait cadeau d'un secret.

Earth (gloss)

> **AIDE-LECTURE**
> In this reading, you'll see many verbs in a form with which you may not be familiar. It's the literary past tense **(le passé simple)**. You will learn to read it quickly if you can recognize each verb stem. For example, **répondit** = answered, **se retourna** = turned around, **proposa** = proposed, etc. We provide glosses only for irregular verbs whose stem is not obvious.

voice   Le petit prince arrive sur la Terre et il cherche des amis. Il entend une voix°:

—Bonjour, dit le renard.

saw   —Bonjour, répondit poliment le petit prince, qui se retourna mais ne vit° rien.

apple tree   —Je suis là, dit la voix, sous le pommier°…

—Qui es-tu? dit le petit prince. Tu es bien joli…   5

—Je suis un renard, dit le renard.

—Viens jouer avec moi, lui proposa le petit prince. Je suis tellement triste…

alternate form of **peux**   —Je ne puis° pas jouer avec toi, dit le renard. Je ne suis pas apprivoisé.

said   —Ah! pardon, fit° le petit prince.

¹⁰ Mais, après réflexion, il ajouta:

—Qu'est-ce que signifie «apprivoiser»?

—Tu n'es pas d'ici, dit le renard, que cherches-tu?

—Je cherche les hommes, dit le petit prince. Qu'est-ce que signifie «apprivoiser»?

¹⁵ —Les hommes, dit le renard, ils ont des fusils° et ils chassent°. C'est bien gênant°! Ils élèvent aussi des poules°. C'est leur seul intérêt. Tu cherches des poules? *rifles; they hunt*
bothersome; chickens

—Non, dit le petit prince. Je cherche des amis. Qu'est-ce que signifie «apprivoiser»?

²⁰ —C'est une chose trop oubliée, dit le renard. Ça signifie «créer des liens°...» *bonds*

—Créer des liens?

—Bien sûr, dit le renard. Tu n'es encore pour moi qu'un petit garçon tout semblable à cent mille petits garçons. Et je n'ai pas besoin de toi. Et tu n'as pas besoin de moi non plus. Je ne suis pour toi qu'un renard semblable à° cent mille *similar to*
²⁵ renards. Mais, si tu m'apprivoises, nous aurons besoin l'un de l'autre. Tu seras pour moi unique au monde. Je serai pour toi unique au monde...

—Je commence à comprendre, dit le petit prince. Il y a une fleur... je crois qu'elle m'a apprivoisé...

—C'est possible, dit le renard. On voit sur la terre toutes sortes de choses...

³⁰ —Oh! ce n'est pas sur la Terre, dit le petit prince.

Le renard parut° très intrigué: *appeared*

—Sur une autre planète?

—Oui.

—Il y a des chasseurs, sur cette planète-là?

³⁵ —Non.

—Ça, c'est intéressant! Et des poules?

—Non.

—Rien n'est parfait, soupira° le renard. *sighed*

Mais le renard revint° à son idée: *came back*

⁴⁰ —Ma vie est monotone. Je chasse les poules, les hommes me chassent. Toutes les poules se ressemblent, et tous les hommes se ressemblent. Je m'ennuie donc un peu. Mais, si tu m'apprivoises, ma vie sera comme ensoleillée°. Je connaîtrai un *sunny (full of sunshine)*
bruit de pas° qui sera différent de tous les autres. Les autres pas me font rentrer *footstep*
sous terre°. Le tien° m'appellera hors du terrier°, comme une musique. Et puis *underground; Yours; out of my burrow*
⁴⁵ regarde! Tu vois, là-bas, les champs de blé°? Je ne mange pas de pain. Le blé pour *wheat fields*
moi est inutile. Les champs de blé ne me rappellent rien°. Et ça, c'est triste! Mais *remind me of nothing*
tu as des cheveux couleur d'or°. Alors ce sera merveilleux quand tu m'auras *golden*
apprivoisé! Le blé, qui est doré°, me fera souvenir de toi. Et j'aimerai le bruit du *golden*
vent dans le blé...

⁵⁰ Le renard se tut° et regarda longtemps le petit prince: *fell silent*

—S'il te plaît... apprivoise-moi, dit-il!

—Je veux bien, répondit le petit prince, mais je n'ai pas beaucoup de temps. J'ai des amis à découvrir et beaucoup de choses à connaître.

—On ne connaît que les choses que l'on apprivoise, dit le renard. Les hommes
⁵⁵ n'ont plus le temps de rien connaître. Ils achètent des choses toutes faites° chez *ready-made things*
les marchands. Mais comme il n'existe point de marchands d'amis, les hommes n'ont plus d'amis. Si tu veux un ami, apprivoise-moi!

—Que faut-il faire? dit le petit prince.

—Il faut être très patient, répondit le renard. Tu t'assoiras° d'abord un peu *You'll sit down*
⁶⁰ loin de moi, comme ça, dans l'herbe. Je te regarderai du coin de l'œil° et tu ne *out of the corner of my eye*
diras rien. Le langage est source de malentendus°. Mais, chaque jour, tu pourras *misunderstandings*
t'asseoir un peu plus près...

Le lendemain revint le petit prince.

It would have been better —Il eût mieux valu° revenir à la même heure, dit le renard. Si tu viens, par exemple, à quatre heures de l'après-midi, dès trois heures° *from three o'clock on* je commencerai d'être heureux. Plus l'heure avancera, plus je me sentirai heureux. A quatre heures, déjà, je m'agiterai et m'inquiéterai: je découvrirai le prix du bonheur! Mais si tu viens n'importe quand, je ne saurai jamais à quelle heure *to get my heart ready* m'habiller le cœur°... Il faut des *rituals* rites°.

—Qu'est-ce qu'un rite? dit le petit prince.

—C'est aussi quelque chose de trop oublié, dit le renard. C'est ce qui fait qu'un jour est différent des autres jours, une heure, des autres heures. Il y a un rite, par exemple, *the vineyard* chez mes chasseurs. Ils dansent le jeudi avec les filles du village. Alors le jeudi est jour merveilleux! Je vais me promener jusqu'à la vigne°. Si les chasseurs dansaient n'importe quand, les jours se ressembleraient tous, et je n'aurais point de vacances.

Si tu viens, par exemple, à quatre heures de l'après-midi, dès trois heures je commencerai d'être heureux.

⁂

And so; was near Ainsi° le petit prince apprivoisa le renard. Et quand l'heure du départ fut proche°:

I'll cry —Ah! dit le renard... Je pleurerai°.

I didn't wish you any harm —C'est ta faute, dit le petit prince, je ne te souhaitais point de mal°, mais tu as voulu que je t'apprivoise...

—Bien sûr, dit le renard.

—Mais tu vas pleurer! dit le petit prince.

—Bien sûr, dit le renard.

you don't gain anything —Alors tu n'y gagnes rien°!

—J'y gagne, dit le renard, à cause de la couleur du blé. [...] Va revoir les roses. Tu comprendras que la tienne est unique au monde. Tu reviendras me dire adieu, *I'll make you the gift* et je te ferai cadeau° d'un secret.

[....]

Et il revint vers le renard:

—Adieu, dit-il...

—Adieu, dit le renard. Voici mon secret. Il est très simple: on ne voit bien qu'avec le cœur. L'essentiel est invisible pour les yeux.

—L'essentiel est invisible pour les yeux, répéta le petit prince, afin de se *in order to remember* souvenir°.

—C'est le temps que tu as perdu pour ta rose qui fait ta rose si importante.

—C'est le temps que j'ai perdu pour ma rose... fit le petit prince, afin de se souvenir.

—Les hommes ont oublié cette vérité, dit le renard. Mais tu ne dois pas l'oublier.

Tu deviens responsable pour toujours de ce que tu as apprivoisé. Tu es responsable de ta rose...

—Je suis responsable de ma rose... répéta le petit prince, afin de se souvenir.

ᵗᵗᵗ LL. Je connais quelqu'un qui… Voici quelques citations du *Petit Prince*. Pour chacune de ces citations, donnez des exemples de votre vie ou de la vie de quelqu'un que vous connaissez pour montrer que vous avez bien compris de quoi il s'agit.

> **Modèle:** «… si tu m'apprivoises, nous aurons besoin l'un de l'autre.»
> *Je comprends ce que ça veut dire. Prenez, par exemple, mon expérience avec Beth. J'ai fait sa connaissance l'année dernière dans le cours de français. Nous avons commencé à réviser ensemble… Maintenant, quand j'ai un problème, je pense automatiquement à Beth et je lui téléphone, je lui envoie un mail ou je vais chez elle. C'est ma meilleure amie et elle me comprend. Et moi, je l'aide quand elle a besoin de quelque chose. Nous avons donc besoin l'une de l'autre.*

1. «… si tu m'apprivoises, nous aurons besoin l'un de l'autre.»
2. «… si tu m'apprivoises, ma vie sera comme ensoleillée.»
3. «On ne connaît que les choses que l'on apprivoise.»
4. «Le langage est source de malentendus.»
5. «Il faut des rites.»
6. «… on ne voit bien qu'avec le cœur. L'essentiel est invisible pour les yeux.»
7. «Tu deviens responsable pour toujours de ce que tu as apprivoisé.»

ᵗᵗᵗ MM. Vive les différences! Commentez les citations ci-dessous et donnez des exemples pour montrer que, dans l'amitié, les différences sont aussi importantes que les points communs entre deux personnes. Donnez des exemples tirés de votre vie pour montrer en quoi vos amis et vous êtes différents les uns des autres et pourquoi c'est intéressant.

> Imaginez un monde où vivraient 7 milliards de personnes se ressemblant comme deux gouttes d'eau! Ce serait l'horreur absolue, l'ennui sur toute la ligne…
> Heureusement, il y a des garçons et des filles, des jeunes et des moins jeunes, des trouillards et des casse-cou… Une mine de rencontres!

> «Moi, ma meilleure copine est tout le contraire de moi: je suis petite, elle est grande, elle aime Céline Dion, pas moi… Ça ne nous empêche pas d'être des super copines.»

> «Mon copain n'est pas ma copie… Un ami n'est pas un miroir pour contempler son propre reflet.»

> «Un ami, on l'appelle par son prénom, même s'il est peu connu, démodé, dur à prononcer, étrange. Un ami n'est pas la copie de nous-même. Si tous les gens se ressemblaient comme des gouttes d'eau, la vie serait fade. Ses opinions complètent les nôtres.»

> «Vos amis s'appellent Mohamed, Mizué, Carlo, James… Leurs habitudes de vie ne sont pas les vôtres. Soyez curieux de leur culture. Ils connaissent des tas de choses que vous ne soupçonnez pas. Ils peuvent vous faire découvrir de nouveaux goûts, de nouvelles musiques…»

> «Ma vie est monotone. Je chasse les poules, les hommes me chassent. Toutes les poules se ressemblent, et tous les hommes se ressemblent. Je m'ennuie donc un peu. Mais, si tu m'apprivoises, ma vie sera comme ensoleillée.»
> **Le renard**

L'emploi de l'infinitif, de l'indicatif et du subjonctif avec les expressions de certitude, de doute, de nécessité, de volonté et d'émotion

NN. Des commentaires. Utilisez les expressions données pour commenter chaque situation. **Attention:** Avec les expressions d'émotion, vous pouvez utiliser soit le présent du subjonctif soit le passé du subjonctif.

Modèle: J'ai des difficultés dans mon cours de sciences po.
a. Il faut…
Il faut aller voir le prof.
b. Il faut que…
Il faut que tu ailles (vous alliez) voir le prof.

1. Depuis quinze jours je fais des efforts pour me mettre en forme. Je fais de l'exercice, je prends des vitamines, je bois de l'eau, mais, pour la nourriture, ça ne va pas trop bien parce que j'adore les fast-foods. Il me semble que je ne fais pas de progrès du tout.

   a. Je regrette que…
   b. Il faut…
   c. Il est important de…
   d. Il est possible que…
   e. Il est nécessaire que…
   f. Il vaut mieux que…
   g. Je doute que
   h. Je veux que…
   i. Je suis content(e) que…
   j. Je suis étonné(e) que…

2. Je travaille 24 heures sur 24. Je ne vois presque plus mes enfants et mon mari n'est pas content que je sois absente même le week-end. Quelquefois j'ai un dimanche pour me détendre un peu avec ma famille, mais c'est assez rare. Puisque je suis médecin dans un hôpital, on m'appelle tout le temps. Mes patients sont très importants, mais je vois aussi qu'il faut que je change quelque chose dans ma vie. Et, comme médecin, je sais que le stress n'est pas bon pour la santé.

   a. Il vaut mieux…
   b. Il faut que…
   c. Il faut…
   d. Je ne suis pas étonné(e) que…
   e. Je suis sûr(e) que
   f. Il est important de…
   g. Je regrette que…
   h. Il se peut que…
   i. Il est nécessaire de…
   j. Il n'est pas nécessaire que…

3. Je me fais du souci au sujet de *(I worry about)* mes parents. Ils sont vieux et ils habitent un appartement au sixième étage d'un bâtiment sans ascenseur. Mes parents sont des gens très indépendants et ils ne veulent pas changer la routine qu'ils ont depuis cinquante ans. Ils connaissent tous leurs voisins et les commerçants du quartier, ils aiment aller au jardin public et ils semblent encore se débrouiller assez bien. Mais ils n'arrivent plus facilement à faire les courses et il devient de plus en plus difficile pour ma mère de faire la cuisine. Comment les aider sans trop changer leur mode de vie?

   a. Il est important de…
   b. Je regrette que…
   c. Je ne suis pas certain(e) que…
   d. Il est important de…
   e. Il faut…
   f. Il se peut que…
   g. Je suis désolé(e) que…
   h. Il vaut mieux…
   i. Il est nécessaire de…
   j. Il est possible de…

Do **A faire!** (4-7) on page 194 of the **Manuel de préparation.**

C'est à vous maintenant!

ᴉᴉ OO. Mon portrait. Voici enfin votre opportunité de créer un portrait détaillé de vos traits caractéristiques. En utilisant le bilan que vous avez fait dans l'Exercice XXXV dans le **Manuel de préparation,** parlez à votre camarade de votre personnalité. Cet exercice vous prépare à faire une rédaction sur ce même sujet. N'oubliez donc pas de prendre des notes et de demander à votre camarade (ou à votre prof) de vous aider si vous avez des questions.

1. Identifiez vos traits de caractère.
2. Pour chaque trait:
   - Donnez au moins un exemple qui l'illustre.
   - Faites des commentaires qui indiquent si vous êtes content(e) ou pas de ce trait caractéristique, si vous voulez le changer, s'il faut que vous le changiez, etc.
3. Essayez de créer un plan préliminaire pour la rédaction qu'on vous demandera de faire.

● Do **A faire! (4-8)** on page 196 of the **Manuel de préparation.**

Synopsis: Une femme suit les petits messages laissés par son amant. Une surprise l'attend quand elle arrive au bout du chemin.

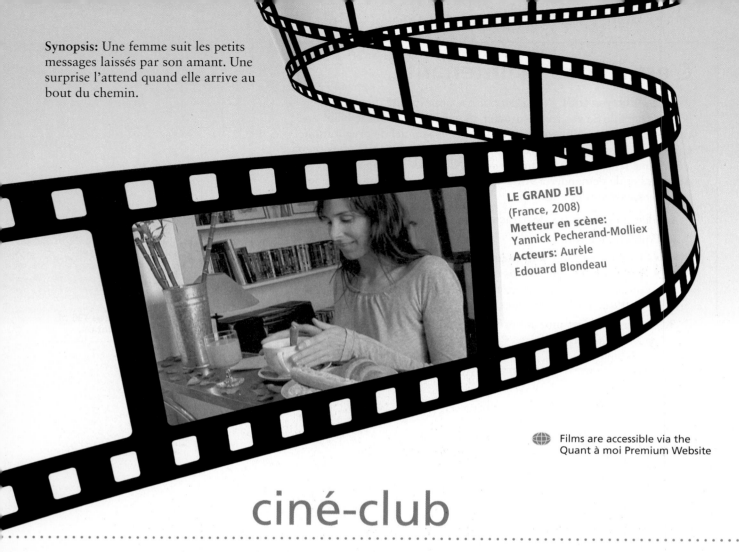

LE GRAND JEU
(France, 2008)
Metteur en scène:
Yannick Pecherand-Molliex
Acteurs: Aurèle
Edouard Blondeau

Films are accessible via the Quant à moi Premium Website

ciné-club

Avant le film

1. Quelle est l'importance du titre d'un film?
2. Pourquoi est-ce que les noms du metteur en scene et des acteurs peuvent parfois être importants?
3. A quoi sert le synopsis d'un film? Pourquoi le lire?
4. Quels critères utilisez-vous pour décider si vous allez voir un film ou non? Qu'est-ce qui vous influence le plus?
5. Est-ce que vous allez souvent au cinéma (ou est-ce que vous regardez des DVD)? Quels genres de films préférez-vous?
6. Est-ce que vous aimez jouer à des jeux tels que les puzzles et les casse-tête *(brain teasers)*? Pourquoi ou pourquoi pas?
7. Quand vous étiez petit(e), est-ce que vous jouiez à la chasse au trésor *(treasure hunt)*? Quand? Pourquoi? Qu'est-ce que vous trouviez à la fin de la chasse en général?
8. Est-ce que vous aimez les surprises? Pourquoi ou pourquoi pas?

Commentaire linguistique

(Sortir) le grand jeu = essayer d'impressionner quelqu'un en faisant quelque chose d'inattendu, de formidable, pour conquérir un client ou une personne (s'applique fréquemment dans un contexte romantique)

VISIONNAGE

Début de l'histoire

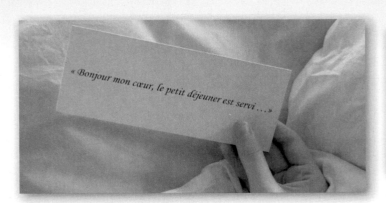

Suite de l'histoire

1. Quelle heure est-il quand le réveil sonne? Qui voyons-nous au tout début du film?
2. Que trouve la femme?
3. A votre avis, qui a écrit ce petit message?
   Quelle est la réaction de la femme? Comment le savez-vous?
4. Qu'est-ce qu'elle trouve quand elle va dans la cuisine?
5. Suivez la femme et racontez ce qui se passe à chaque moment. Donnez tous les détails.
6. Dénouement *(Ending)*: Qu'est-ce qu'elle trouve à la fin de sa quête *(quest)*? Quelle est sa réaction?

APRES LE FILM

1. Quel est le sujet de ce court métrage *(short [film])*?
2. Qu'est-ce qui contribue à la tension créée dans le film?
3. Quelles émotions dominent ce film?
4. Est-ce que vous avez trouvé ce jeu de messages génial dans la création de l'intrigue *(plot)*? Pourquoi ou pourquoi pas?
5. La motivation de la femme: Pourquoi est-ce qu'elle se prête au jeu?
6. Dans ce genre de jeu, est-ce qu'il est important de trouver quelque chose à la fin? Pourquoi ou pourquoi pas?
7. A votre avis, quelle est la signification du titre du film? Pourquoi *Le «grand» jeu*?
8. Est-ce que vous avez aimé *Le grand jeu*? Pourquoi ou pourquoi pas?

Source: Yannick Pecherand-Molliex, Director/L'Agence du court métrage, Sales

CHAPITRE 5

«Raconte!»

On va voir un film.

Des jeunes mobinautes.

Objectives

In this chapter, you will learn to:

- talk about stories, the movies, and the news;
- use object pronouns;
- summarize a story and a news item;
- write a short movie review.

In addition, you will read about and explore storytelling, film, and the media in France and the Francophone world.

 www.cengagebrain.com

Culture, Grammar Activities, Video

 Pair work

 Group work

 CD3, Tracks 12–19   ● **A faire!** MP: pp. 197–234
CD4, Tracks 2–5

Repères

Contes... Films... Nouvelles...

«... nous sommes perpétuellement entourés de récits, dans notre fa-mille tout d'abord, puis à l'école, puis à travers les rencontres et les lectures... Ce récit dans lequel nous baignons prend les formes les plus variées, depuis la tradition familiale, les renseignements que l'on se donne à table sur ce que l'on a fait le matin, jusqu'à l'information jour-nalistique...» (Michel Butor). Ce chapitre est fondé sur trois sources de récits: la littérature (écrite et orale), le cinéma, les médias.

Michel Butor is a twentieth century French writer known for his novels, poems, and experimental texts. An intrepid traveler, he has also written about various forms of narration.

▲ **«Il était une fois...»** *Au 17ᵉ siècle, l'auteur français Charles Perrault a recueilli des contes de fées traditionnels dans les Contes de ma mère l'Oye. Des enfants de tous les pays et de toutes les générations connaissent La Belle au bois dormant, Le Petit Chaperon rouge et Barbe Bleue.*

Le Corbeau et le Renard

▲ **«Maître Corbeau, sur un arbre perché, tenait en son bec un fromage...»** *Tout jeune Français apprend à l'école quelques fables de Jean de la Fontaine. Basées sur des textes latins et grecs mais réécrites en vers au 17ᵉ siècle, la plupart des fables se servent d'animaux pour raconter une histoire amusante illustrant une morale.*

A. Mots-clés. Trouvez dans **Repères** (pages 192–194) l'équivalent français des mots et des expressions suivants.

1. stories (3)
2. «Once upon a time»
3. Mother Goose
4. fairy tales
5. storytellers
6. moral lesson
7. foreign films
8. news (3)
9. television news
10. newspaper
11. daily newspaper
12. online

© Robert Harding Picture Library Ltd/Alamy

▲ «Un jour, la guerre fut déclarée entre les quadrupèdes et les oiseaux...» *Au Mali, au Sénégal et dans d'autres pays africains, des griots—conteurs, musiciens, poètes—préservent l'histoire et la culture de leur pays en transmettant oralement de génération en génération les contes et les récits du passé. C'est comme cela qu'ils servent de mémoire vivante de la tradition.*

◄ «Un chirurgien connu voit arriver aux urgences sa fille, victime d'un accident de la circulation...» *Les films français représentent un peu plus d'un tiers des entrées en France. Bien que les films américains continuent à dominer le marché, le nombre de films étrangers non-américains est en progression—par exemple, films japonais, films italiens, films chinois, films africains.*

Avec la gracieuse permission de Pariscope

◄ Inventé par les frères *Lumière au début du 20ᵉ siècle, le cinéma a toujours joué un rôle important dans la vie culturelle française. Plus de 60% des Français vont au cinéma une fois dans l'année et la France produit le plus grand nombre de films de tous les pays européens.*

▲ **Aujourd'hui, de plus en plus de gens cherchent leurs informations sur Internet.** *La plupart des quotidiens nationaux et régionaux ont un site en ligne qui offre un résumé des nouvelles les plus importantes de la journée tout en proposant des informations pratiques et en donnant aux lecteurs la possibilité d'interactivité.*

▼ «**Mesdames, Mesdemoiselles, Messieurs. Bonsoir.** *Bienvenue à votre édition de 20h.»* La chaîne France 2 diffuse son journal télévisé trois fois par jour—à 8h, à 13h, à 20h. La chaîne internationale TV5MONDE offre l'actualité en permanence avec un point d'information environ toutes les 2 heures. En moyenne, les Français consacrent plus de 150 heures par an aux informations télévisées.*

◄ **Environ 21 millions de** *Français (43% de la population) se déclarent lecteurs «réguliers» d'un journal—que ce soit un quotidien national (par exemple,* Le Monde, Le Figaro *et* Libération*) ou bien un quotidien régional (par exemple,* Ouest-France, Sud-Ouest, La Voix du Nord, Nice-Matin*). Mais c'est* L'Equipe, *quotidien national sportif, qui occupe la première place (2,4 millions de lecteurs par jour).*

B. Des récits. Dites quel extrait correspond à chacune des catégories de récit suivantes.

1. l'annonce d'un film étranger
2. un article de journal
3. le compte-rendu d'un film français
4. un conte africain
5. un conte de fées
6. une fable

a. Il était une fois un bûcheron et une bûcheronne qui avaient sept enfants, tous des garçons. L'aîné n'avait que dix ans et le plus jeune n'en avait que sept. On s'étonnera que le bûcheron ait eu tant d'enfants en si peu de temps; mais c'est que sa femme allait vite en besogne, et n'en faisait pas moins de deux à la fois. Ils étaient très pauvres, et leurs sept enfants les incommodaient beaucoup, parce qu'aucun d'eux ne pouvait encore gagner sa vie…

b. Dans ce film documentaire, Luc Decaster a filmé les salariés d'Epéda, à Mer dans le Loir-et-Cher, depuis le moment où ceux-ci apprennent que leur usine, pourtant bénéficiaire, va fermer (septembre 1999) jusqu'à la fin d'un conflit social de plusieurs mois.

Le travail s'arrête lentement, Luc Decaster a capté le quotidien des ouvriers jusqu'au jour de leur licenciement. Des conversations spontanées naissent dans le silence des machines, les ouvriers expriment leur colère et leur incompréhension…

c. Nicolas Sarkozy sort de sa réserve. Le président a adressé à son homologue chinois Hu Jintao un message appelant à «la retenue et à la fin des violences par le dialogue au Tibet», a annoncé lundi l'Elysée. «Il a adressé un message au président Hu Jintao lui faisant part de sa profonde émotion à la suite des événements tragiques récents», a affirmé la présidence française dans un communiqué…

d. La Cigale, ayant chanté
Tout l'été,
Se trouva fort dépourvue
Quand la bise fut venue.
Pas un seul petit morceau
De mouche ou de vermisseau.
Elle alla crier famine
Chez la Fourmi sa voisine…

e. LA VILLE. El medina. 1998. 1h50. Comédie dramatique égyptienne en couleurs de Yousry Nasrallah avec Bassem Samra, Abla Kamel, Ahmad Fouad Selim, Roschdy Zem, Inès de Medeiros.

Boucher de son état, un jeune homme veut devenir comédien. Parti pour Paris sur un coup de tête, il y perd vite ses illusions en flirtant avec le Milieu dans des combats de boxe truqués… Le voyage intérieur d'un personnage qui rompe avec la tradition et son pays pour exprimer ce qu'il est au fond de lui.

f. Autrefois l'homme habitait dans le même village que les grandes bêtes, l'éléphant, le lion, le léopard, le singe et il n'y était pas le maître. Ces quatre bêtes allaient à la chasse dans la brousse quotidiennement et en rapportaient à manger pour tous, mais l'homme, chaque fois qu'il allait à la chasse, ne rapportait rien ou pas grand-chose. Un jour, les animaux se réunirent et dirent à l'homme: «Tu n'attrapes jamais rien, tandis que nous tuons des bêtes. Si tu continues…»

C. Les récits et vous. Discutez des sujets suivants avec quelques camarades de classe.

1. Selon l'écrivain Michel Butor, nous sommes entourés de récits de toutes sortes. Quelles sortes de récits avez-vous rencontrées récemment? Des anecdotes personnelles? Des renseignements sur les activités de quelqu'un? Des plaisanteries (jokes)? Des informations journalistiques? Des résumés de films ou de livres? Précisez: Qui parlait? Où? Quand?

2. De quoi est-ce qu'on parle dans votre famille? Des renseignements sur la journée? Des anecdotes amusantes? Des souvenirs du passé? Des projets d'avenir? Qui raconte le plus de choses—les hommes ou les femmes?

3. Allez-vous au cinéma? Souvent? De temps en temps? Rarement? Regardez-vous des DVD? Quel(s) genre(s) de films aimez-vous? Les films d'aventure? Les comédies? Les drames? Les films musicaux? Les films policiers? Les films d'horreur? Les films de science-fiction? Les thrillers? Les westerns?

4. Etes-vous au courant de ce qui se passe dans le monde? Lisez-vous le journal? Regardez-vous le journal télévisé? Vous renseignez-vous en ligne à propos des actualités? Expliquez.

Quant à moi...

Témoignages: «Vous souvenez-vous des contes de votre enfance?»

 CD3, Tracks 12–15

 Visit the **témoins** in their home-town on Google Earth.

D. A vous d'abord! Posez les questions suivantes à quelques camarades de classe afin de vous renseigner sur les contes de leur enfance.

1. Est-ce qu'on vous lisait des contes de fées quand vous étiez petit(e)s? Qui vous les lisait? Quand? Où étiez-vous?
2. Connaissez-vous des contes tels que *Cendrillon (Cinderella), Blanche Neige (Snow White), Le Petit Chaperon rouge (Little Red Riding Hood), Ali Baba, La Belle au bois dormant (Sleeping Beauty)?* Le(s)quel(s) aimez-vous le mieux?
3. Est-ce que les contes de fées vous aidaient à vous endormir ou est-ce qu'ils vous faisaient peur?

E. Les témoins vous parlent. En écoutant quelques Français et Francophones vous parler des contes de leur enfance, faites ce qu'on vous demande de faire.

Corinne Bernimoulin-Schmid
Genève, Suisse

> **Vocabulaire utile**
>
> **raccourcir** *(to shorten)*, **bercer** *(to rock)*, **baiser** *(kiss)*, **bonbons** *(candy)*, **sorcière** *(witch)*, **marmite** *(kettle)*, **gourmande** *(someone who likes to eat a lot)*, **Grimm** *(German brothers who collected fairy tales)*

1. Ajoutez les mots qui manquent. Utilisez une autre feuille de papier.

—Vous souvenez-vous des _____ de votre enfance?
—Alors, les _____ de mon enfance, c'était surtout _____, juste avant d'aller _____. Et, c'était _____ parce que mon papa, il voulait tout de suite aller _____, donc il les raccourcissait. _____ me racontait des histoires avant de _____, et ça me berçait, ça me permettait de _____. Ceux que je préférais, c'était ceux avec les _____, comme *Cendrillon, Blanche Neige*. J'ai l'impression que _____ aiment ces contes de fées qui finissent avec des princes, avec un baiser _____. Et ceux que je n'aimais pas, c'étaient ceux qui faisaient _____, que ce soit *Le Petit Chaperon rouge*... Ça, je n'ai jamais compris pourquoi on le racontait à _____, ça me faisait toujours _____. Et j'aimais bien les contes de Grimm aussi. Je sais qu'il y a un aspect qui fait peur mais c'est, je ne sais pas, je les aimais beaucoup en fait, avec les deux enfants avec la _____ en bonbons et ça finit par la sorcière qui finit dans la marmite. Et celui-là, je l'aimais bien. Je pense que c'est parce que je suis gourmande et puis qu'il y a des bonbons dedans.

De quel conte de Grimm Corinne parle-t-elle? _____

Nadia Aouad
Beyrouth, Liban

Vocabulaire utile

libanais *(Lebanese)*, voleurs *(thieves)*, déposer *(to put—here, to hide)*, butin *(loot)*, voler *(to steal)*, rocher *(large rock)*, à sa rescousse *(to his aid)*, s'impatienter *(to get impatient)*, malheur *(misfortune)*

2. Répondez aux questions en écoutant ce que raconte Nadia.

   a. Qui lui racontait des contes quand elle était petite?
   b. Quelles sortes de contes?
   c. Quel était le conte préféré de Nadia?
   d. Pourquoi le frère va-t-il dans la caverne?
   e. Qu'est-ce qu'il oublie?
   f. Qui vient à son aide?
   g. Selon Nadia, quelle est la morale de ce conte?

Fatim Kramer
Paris, France

Vocabulaire utile

analphabètes *(illiterate)*, marocains *(Moroccan)*, maternelle *(nursery school)*, tâches ménagères *(household chores)*, propre *(clean)*, belle-mère *(stepmother)*, nickel *(spotless)*, exigeante *(fussy)*, malheur *(misfortune)*, au fur et à mesure *(gradually)*, plein de *(lots of)*, ouverture *(opening)*

3. Répondez aux questions en écoutant ce que raconte Fatim.

   a. Pourquoi est-ce que les parents de Fatim ne lui lisaient pas de contes?
   b. Qui lui en lisait?
   c. Quelle sorte de contes préférait-elle?
   d. En quoi pense-t-elle ressembler à Cendrillon?
   e. En quoi sa mère ressemblait-elle à la belle-mère de Cendrillon? En quoi ne lui ressemblait-elle pas?
   f. Comment le conte *Cendrillon* finit-il?
   g. Quelle morale Fatim en tire-t-elle?

Anne-Marie Floquet
Paris, France

Vocabulaire utile

rigolotes *(funny)*, sinistres *(ominous)*, baron *(nobleman)*, pendre *(to hang)*, pendouiller *(to hang in a ridiculous manner—here, perhaps, to string up)*, être pendu *(to be hanged)*, efficace *(effective)*

4. Précisez ce que dit Anne-Marie à propos des sujets suivants.

   a. ce que c'est qu'une comptine
   b. l'histoire de Jeannette: ce que veulent les parents de Jeannette
   c. l'histoire de Jeannette: ce que veut Jeannette
   d. la fin de l'histoire de Jeannette et de Pierre
   e. ce que pense Anne-Marie de cette comptine

F. Les témoins et vous. En discutant avec des camarades de classe, comparez vos idées sur les contes de fées avec celles des témoins que vous venez d'écouter.

1. Corinne et Fatim pensent que toutes les filles aiment les contes avec des princes et des princesses. Etes-vous d'accord? Pourquoi (pas)?
2. Fatim s'identifie à Cendrillon. A quel personnage de contes de fées pouvez-vous vous identifier? Pourquoi?
3. Les témoins semblent croire que les contes de fées proposent des morales utiles pour la vie. Etes-vous d'accord? Pourquoi (pas)?

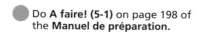

Do **A faire! (5-1)** on page 198 of the **Manuel de préparation**.

Et vous?

FICHE VOCABULAIRE

RESUMER UN CONTE

Situer l'action du conte

Où / Quand

Ça se passe... *It takes place . . .*
L'action se déroule... *The action unfolds . . .*

Qui

Le personnage principal du conte est...
Les personnages principaux du conte sont...
Dans ce conte, il s'agit de... *This story is about . . .*

Raconter l'action du conte

Il était une fois... *Once upon a time . . .*
Un jour... *One day . . .*

D'abord,... *First, . . .*
Puis... / Ensuite... / Alors... *Then . . .*
Un peu plus tard... *A little later . . .*
Le (jour) suivant... *The next (day) . . .*
(Trois) jours (heures) après... *(Three) days (hours) later . . .*
En même temps... *At the same time . . .*

Expliquer l'action du conte

... parce que (car) *(+ subject + verb)*
... à cause de *(+ noun)*
C'est la raison pour laquelle... *That's the reason why . . .*

Conclure

Enfin... / Finalement... *Finally . . .*
Bref... *In short (To make a long story short) . . .*
Et c'est ainsi que... / Et voilà comment... *And that's how . . .*

👥 G. Deux contes africains. Lisez le conte indiqué par votre professeur, puis faites-en le résumé pour votre partenaire en utilisant les mots et expressions de la **Fiche Vocabulaire.**

DICO

biens *possessions*
bœuf *ox*
colère *anger*
éteint *extinguished*
feu *fire*
gardiens *keepers*
hurler *to shout*
introuvable *impossible to find*
mouton *sheep*
ne... guère *scarcely any*
parole *speech*
prend le large *takes off*
reconnaissance *gratitude*
s'effondre *collapses*
te prive de *deprive you of*

Le Bœuf et le mouton
Un conte de la Côte d'Ivoire

A cette époque-là, le mouton et le bœuf avaient l'usage de la parole. Et ils servaient de gardiens à leur patron, l'homme. Le mouton n'aimait guère assumer cette responsabilité. Il passait le plus clair de son temps à se promener ou à se livrer à ses fantaisies, laissant toute la charge au bœuf. En dépit de cela, l'homme ne témoignait guère d'amitié à ce dernier. Toutes ses caresses, tout son amour se portaient sur le mouton. Or, il arriva qu'un jour, le maître étant absent, le feu prend dans la maison. Dès que le mouton en voit les premières flammes, il prend le large. Le bœuf, quant à lui, conscient de ses responsabilités, se met en devoir de disputer à l'incendie les biens de son maître. Et il les sauve tous du feu, la maison exceptée, et les met en sécurité. L'incendie éteint, il s'en va dans les champs chercher son maître qu'il ramène au logis. Celui-ci s'effondre à la vue du désastre causé par les flammes. Il pleure amèrement et désire vivement voir le mouton devenu introuvable. Mais le bœuf le conduit à l'enclos où il a conservé toute la fortune de son maître. En un éclair un rayon de joie illumine le visage de l'infortuné propriétaire. Ses yeux brillent d'une profonde reconnaissance et il comprend enfin son injustice envers le bœuf et apprécie son serviteur, qu'il récompense et prend en amitié.

Le calme revenu, le mouton sort timidement sa tête. Quand le bœuf le voit, fou de rage, il se met à hurler «meuh! meuh!». Le maître, avisant le mouton, voit sa colère remonter en lui: «Traître! D'où viens-tu?». Mais le mouton se met à crier «bê».

—Explique-toi donc!

—Bê!

—Que diable veux-tu dire?

—Bê!

—Que le ciel te confonde et te prive de tout autre langage.

—B b bê ê ê!

Et le mouton en est resté à son «bê». Mais malheureusement, le bœuf n'a pas pu recouvrer la parole. Il n'est donc pas étonnant qu'au «meuh» du bœuf, le «bê» du mouton fasse écho.

Source: Contes de la Côte d'Ivoire.

Le Tailleur
Un conte du Congo

Il était une fois un tailleur dont personne n'achetait jamais les vêtements. Un jour, le tailleur se dit: «C'est peut-être parce que mes vêtements sont mal faits! Si j'avais des vêtements mieux faits, les gens verraient que je fais très bien mon métier et ils me les achèteraient.» Aussitôt dit, aussitôt fait! Le tailleur va au marché et il achète des tissus de toutes les couleurs: rouge et blanc et noir et jaune… toutes les couleurs de la terre! Et le tailleur ramène ces tissus chez lui. Et il coupe, et il coud, et il fait un manteau avec toutes les couleurs de la terre! Et il commence à porter le manteau. Alors les gens disent: «Ah! Ah! Ce tailleur fait très bien son métier», et ils commencent à acheter les vêtements du tailleur. Et le tailleur porte le manteau, porte le manteau, même quand il fait chaud! Et le tailleur porte tellement son manteau que les gens oublient son nom et commencent à l'appeler «le tailleur qui porte le manteau». Et il porte le manteau, et il porte le manteau, jusqu'à ce que la manteau s'use! Mais comme il reste un peu de bon tissu, le tailleur prend le bon tissu, et il coupe, et il coud, et il a assez de bon tissu de toutes les couleurs de la terre pour faire… une veste! Et il commence à porter cette veste, et les gens commencent à l'appeler «le tailleur qui porte la veste». Et il porte la veste, et il porte la veste jusqu'à ce que la veste s'use. Mais comme il reste encore un peu de bon tissu, le tailleur prend le bon tissu et il coupe, et il coud, et il fait… un gilet avec toutes les couleurs de la terre. Et les gens voient le gilet, et ils commencent à appeler le tailleur «le tailleur qui porte le gilet». Et le tailleur porte le gilet, et il porte le gilet, et il porte le gilet jusqu'à ce que le gilet s'use. Mais comme il reste encore un peu de bon tissu, le tailleur prend le bon tissu, et il coupe, et il coud, et il fait… un chapeau avec toutes les couleurs de la terre. Et il commence à porter ce chapeau, et les gens commencent à l'appeler «le tailleur qui porte le chapeau». Et il porte le chapeau, et il porte le chapeau, et il porte le chapeau jusqu'à ce que le chapeau s'use. Mais comme il reste encore un peu de bon tissu, le tailleur prend le bon tissu, et il coupe, et il coud, et il fait… un bouton avec toutes les couleurs de la terre. Et il commence à porter le bouton rouge, et blanc, et noir, et jaune, de toutes les couleurs de la terre, et les gens commencent à l'appeler «le tailleur qui porte le bouton». Et il porte le bouton, et il porte le bouton, et il porte le bouton jusqu'à ce que le bouton s'use. Mais comme il y a encore un peu de bon tissu, il prend le bon tissu, et il coupe, et il coud, et il a assez de bon tissu pour faire… un conte, et c'est le conte que vous venez d'entendre!

Source: Contes congolais.

DICO

bouton *button*	**s'use** *wears out*
coud *sews*	**tailleur** *tailor*
coupe *cuts*	**tissus** *cloth*
gilet *vest*	**venez d'entendre** *have just heard*
manteau *coat*	**veste** *jacket*

Magazine Culture La littérature orale en Afrique et aux Antilles

La tradition orale, dont fait partie intégrante le conte folklorique, est une façon de préserver l'histoire et la littérature des sociétés et des peuples traditionnels. Dans le monde francophone, les contes africains et les contes antillais occupent une place primordiale au sein de cette tradition. Ce magazine culturel va vous familiariser avec les contes et les conteurs de l'Afrique et des Antilles avant de vous donner à lire un conte traditionnel antillais. (Vous pourrez aussi, si vous voulez, revoir les deux contes africains que vous avez déjà lus aux pages 198–199).

Griots et conteurs

ORIGINES ET FONCTIONS DES GRIOTS

Au Tchad et au Niger, au Mali et au Sénégal, au Burkina Faso et ailleurs en Afrique centrale et en Afrique de l'Ouest, il existe depuis le XIIIe siècle la caste des griots. A cette époque, la région appartenait à l'empire du Mandingue, qui s'organisait en castes correspondant aux professions et aux activités artisanales. La caste des griots comprenait des gens jouant à la fois les rôles de musicien, de conteur, de poète et de généalogiste. Il fallait être né griot—c'est-à-dire, les pères initiaient les jeunes aux savoirs et aux mystères de la caste. Chaque famille noble avait son griot. Présent dans les principales circonstances de la vie (baptêmes, circoncisions, mariages, funérailles), le griot chantait les louanges de la famille et gardait vivant son passé.

Au cours des siècles, l'influence des griots s'étendait de la famille à la communauté. Ils arrivaient ainsi à avoir une grande influence dans la vie de tous les jours, servant souvent de médiateurs et de conseillers. Et en même temps, ils remplissaient une fonction pédagogique en abordant, dans les contes qu'ils racontaient à la communauté réunie le soir autour du feu, des problèmes (par exemple, la hiérarchie, les conflits de générations), des explications de phénomènes naturels et sociaux (origine d'une montagne, pourquoi certains animaux sont en conflit), des valeurs morales (obéissance, discrétion, reconnaissance).

LES CONTES AFRICAINS

Normalement, le conte se disait le soir à la tombée de la nuit. Le conteur établissait d'abord un contact entre lui (ou elle) et son public. Il commençait souvent par une devinette—par exemple, le conteur: «Il est venu et nous a honoré. Nous lui avons demandé: D'où viens-tu? Il a répondu: Je viens d'un pays où nul nuage ne s'est formé, où nul tonnerre n'a grondé. Et sur terre je n'ai jamais mis pied.» Le public: «Un nouveau-né.» Puis le conteur annonçait le début du conte: «Voici ce que fut ici, cela sera ou ne sera pas, c'est un conte.»

Les personnages des contes peuvent être des humains (rois, commerçants ou paysans) ou des animaux (singes, lièvres, hyènes, coqs, crabes, rats, araignées) ou des être surnaturels (monstres, génies) ou des figures allégoriques (l'Amour, la Mort, la Bonté). Les animaux tendent à avoir des rôles et des qualités fixes: par exemple, la Hyène est gloutonne, malhonnête, brutale; son rival, le Lièvre, est rusé et intelligent; Golo le Singe est malicieux, menteur, querelleur. Les bêtes donnent des leçons aux hommes, mais souvent ce sont les hommes qui se montrent moralement supérieurs aux animaux.

Le conte est souvent rythmé par le son des tam-tams et interrompu par des chants et par l'échange de formules entre le conteur et le public (par exemple, le conteur: «édjim»; l'assistance, «éwa»). Généralement le début du conte pose un problème et le dénouement y apporte une solution. Puis la présentation se termine par une formule: «Je laisse le conte où je l'ai trouvé» ou «Le conte a répondu, il se tait».

«Yé-Krik? Yé-Krak!»: Le conte antillais

La littérature orale antillaise fait partie d'une lignée qui commence dans le continent africain pour se survivre et pour se transformer dans les îles caraïbes. Le conteur antillais est donc l'héritier du griot africain. Mais, en même temps, deux différences importantes séparent le conteur antillais et le griot: 1) celui-ci appartient à une longue et unique tradition datant du XIIIe siècle tandis que le conte antillais naît au XVIe siècle dans des îles où il subit la triple influence des premiers habitants (les Amérindiens), des colons européens et des esclaves venus d'Afrique; 2) le griot est membre d'une caste respectée et admirée dans la culture africaine tandis que le conteur antillais est esclave, exerçant son art après de longues journées de travail dans les champs de canne à sucre.

Les circonstances de la présentation des contes aux Antilles ressemblaient à celles en Afrique. A la tombée de nuit, le béké (le maître colonial) permettait aux esclaves de se réunir autour du conteur. Celui-ci commençait souvent par une chanson, un proverbe ou une devinette. Dans ce dernier cas, le conteur disait: «tim tim» auquel répondait l'assistance «bois sec». Ensuite, il pouvait signaler le début du conte en disant: «Yé krik?» et l'assistance y répondait: «Yé krak!», échange formulaire qui se répétait souvent au cours de la présentation. A la fin du conte, le conteur pouvait terminer par un proverbe ou par des paroles formulaires—par exemple, «Aboudou-dia» («C'est de l'imagination, la vie reprend») ou encore «Yé crik? Yé crak!».

On retrouve dans les contes antillais beaucoup des thèmes traités dans les contes africains: l'opposition entre la force et la faiblesse, entre l'intelligence et la bêtise, entre la nature et la culture, entre le village et la brousse. Mais en Guadeloupe et en Martinique il s'ajoute à ces thèmes plutôt universels du conte la situation particulière des îles—c'est-à-dire, la culture de l'esclavage. Les contes reflètent les rapports entre les esclaves (les Noirs) et leurs maîtres (les Blancs) et les personnages représentent différents éléments de la société esclavagiste, par exemple:

Monsieur le Roi: le maître de la plantation

Compère Eléphant: l'esclave qui accepte de travailler dans les champs de canne à sucre

Le Crapaud: l'esclave en révolte active contre ses maîtres

Compère Lapin: le Noir créole, rusé et débrouillard, qui accepte de travailler pour le maître afin de mieux s'en moquer

Bref, la plupart des contes antillais créés à l'époque de l'esclavage, tout en servant à distraire et à amuser, représentent aussi une parole de résistance, une défense masquée contre les maîtres.

CONTEURS ET GRIOTS D'AUJOURD'HUI

Nés de la tradition d'oralité, les contes africains et antillais sont aujourd'hui disponibles par écrit. On trouve dans les librairies de nombreux recueils de contes. De plus, on organise autour des contes folkloriques des spectacles théâtraux—soit des «one-man show» où un acteur-conteur essaie de recréer l'atmosphère des soirées du passé, soit des versions dramatisées des contes où les acteurs incarnent les différents personnages. Quant aux griots, ils existent toujours, mais il faut reconnaître que leur position sociale a diminué. Aujourd'hui ils sont surtout invités pour animer des fêtes, des mariages, des baptêmes; beaucoup d'entre eux sont devenus musiciens professionnels.

Un conte antillais

COMPÈRE LAPIN ET LES CONCOMBRES DU ROI

C'est décidé: Compère Lapin en a assez de manger de l'herbe et des carottes! Il traîne donc une mauvaise humeur grandissante, fâché de ne trouver autre chose à se mettre sous la dent. Ah! Une bonne courgette! Et les concombres!! Compère Lapin adore les concombres!!

La faim au ventre, il se promène, ce matin-là, au hasard de la campagne. Et puis, au détour du chemin, il aperçoit... le jardin du ROI!! Imaginez: des carottes, des salades, des ignames, des concombres... Cela appartient au Roi? Peu importe! La gourmandise bien connue de Compère Lapin refait surface. N'y tenant plus, il passe la barrière du potager et se jette sur les concombres, qu'il engloutit avec voracité mais aussi beaucoup de plaisir!!

Au palais, un peu plus tard

C'est l'heure du dîner; le Roi souhaite manger des légumes, et surtout du concombre qui est son plat favori. Le cuisinier envoie le jardinier lui chercher les fameux légumes dans le jardin. Arrivé sur les lieux, le pauvre homme pousse un cri:
—Qui a fait ça? Et que va dire le Roi?

Il faut se rendre à l'évidence: quelqu'un a mangé les légumes préférés du Roi! Le jardinier court ventre à terre prévenir son maître du méfait. Celui-ci, furieux, ordonne au jardinier de faire une enquête et de trouver le coupable rapidement, ou sinon le pauvre homme lui-même sera puni. Sentant la menace, le jardinier retourne sur les lieux du vol et inspecte son lopin de terre. Bientôt il découvre un indice intéressant: quelques crottes de lapin sont disséminées autour des concombres!! Il se rend donc directement au palais pour en informer le maître des lieux. Le jardinier dit au Roi:
—Je sais qui a fait le coup! C'est Compère Lapin, bien sûr! Sa réputation n'est plus à faire en matière de mauvais tour! J'ai même une idée pour le coincer!

Et il expliqua au Roi que si Compère Lapin était connu pour sa gourmandise, il était aussi réputé pour son goût des belles lapines. Il exposa donc son plan pour attraper ce voleur.

Compère Lapin, de son côté, a décidé de ne pas retourner au jardin avant un moment, car il sait ce qu'il risque. Mais la gourmandise reprend le dessus et il n'y tient plus: il retourne manger ces concombres si délicieux trouvés dans le jardin du Roi. De retour sur les lieux, il passe la barrière, enchanté à l'idée du repas qu'il va faire, quand il aperçoit dans le fond du jardin la silhouette d'une superbe lapine. Interloqué, il stoppe net sa course vers le potager et lance un «Bonjour» retentissant et charmeur. La belle lapine ne bronche pas. Parvenue à sa hauteur, il lui fait les yeux doux et va même jusqu'à poser sa patte sur l'épaule de la belle.

Erreur!! C'était un piège et maintenant, notre héros se retrouve toutes pattes collées sur la fausse lapine que le jardinier avait réalisée! Comprenant qu'il a été piégé, il se met alors à vitupérer et surtout à s'en vouloir d'avoir été aussi bête!

Quelques minutes plus tard, le jardinier arrive pour son labeur quotidien. Quelle n'est pas sa surprise de découvrir Compère Lapin pris au piège!! Satisfait, il attrape le lapin par les oreilles et lui dit en l'attachant:

—Ah mon gaillard! Tel est pris qui croyait prendre! Nous sommes plus malins que tu ne le crois! C'est le Roi qui va être content de moi!

Il attache alors les pattes de l'animal et l'enferme dans un sac qu'il suspend à une branche d'arbre.

—Comme ça, tu ne m'échapperas pas! Je cours prévenir le Roi que j'ai trouvé son coupable! Tu seras puni de coups de bâton! Voleur!

Et il se rend en courant au palais annoncer la bonne nouvelle.

Pendant ce temps, Compère Lapin ne décolère pas de s'être fait avoir. Comment sortir de là? Il tente alors de se libérer les pattes. Mais la solution lui parvient de l'extérieur. Zamba, la gentille et naïve chèvre, se promène tranquillement sur le chemin bordant le jardin. Elle aperçoit alors ce sac suspendu qui bouge dans tous les sens. Intriguée, elle s'approche et demande:

—Holà! Qui est dans ce sac et qu'est-ce que vous faites là-dedans?

—Ah Zamba! Si tu savais..., gémit Compère Lapin.

—C'est toi Compère Lapin? Que t'arrive-t-il?

—Le Roi m'a fait enfermer car il veut me faire manger des ignames et j'ai HORREUR des ignames!! Peux-tu m'aider?

Zamba est une chèvre comme les autres: elle raffole des ignames. Aux paroles de son ami, sans même y réfléchir, elle répond:

—Mais j'adore les ignames! Si tu le veux, je vais prendre ta place!

Et sans même attendre la réponse du lapin, elle le délivre de ses liens que celui-ci lui remet aussitôt pour ne pas éveiller les soupçons du jardinier.

Or, le jardinier est sur le chemin du retour avec le Roi et quelques hommes pour donner la bastonnade au voleur.

Compère Lapin se cache dans les fourrés qui bordent le jardin. Il entend le Roi s'adresser au sac, et surtout à l'animal qui est dedans:

—Ah te voilà bien attrapé! Compère Lapin, tu as besoin d'une bonne leçon!

Comme le lui avait conseillé son ami, Zamba ne répond pas et attend ses ignames. Quelle n'est pas sa stupeur de recevoir une volée de bois vert! Elle se met aussitôt à crier:

—Eh! Mais c'est des ignames que je suis venue chercher, pas des coups!

—Ne cherche pas d'excuses! Tu ne nous auras pas cette fois!, dit le Roi, croyant que Compère Lapin avait déguisé sa voix.

Et les coups de bâton pleuvent à nouveau.

Dans son bosquet, Compère Lapin rit du tour qu'il vient de jouer à la chèvre mais également au Roi! Et une chose est sûre: si jamais il retourne dans le potager du Roi, il n'y laissera aucune trace!

Source: Contes antillais.

DICO

abordant *taking up*
araignées *spiders*
bastonnade *beating*
bêtise *stupidity*
bosquet *grove*
brousse *brush (African contryside)*
champs de canne à sucre *sugar cane fields*
chèvre *goat*
coincer *to corner*
collées *stuck*
colons *colonists*
Compère Lapin *Brother Rabbit*
concombres *cucumbers*
coups de bâton *blows with a stick*
courgette *zucchini*
crottes *droppings (excrement)*
débrouillard *resourceful*
devinette *riddle*
esclaves *slaves*
fourrés *thicket*
gloutonne *gluttonous (who eats excessively)*
ignames *yams*
intégrante *integral*
Interloqué *Taken aback*
lapines *female rabbits*
liens *bonds (with which he's tied up)*

lièvres *hares*
lopin *plot (of land)*
lui remet *puts back on her*
mauvais tour *bad trick*
méfait *misdeed*
menteur *liar*
ne bronche pas *doesn't react*
ne décolère pas *doesn't cool down (remains angry)*
nouveau-né *newborn baby*
N'y tenant plus *Unable to resist*
piège *trap*
potager *garden*
prévenir *to inform*
querelleur *quarrelsome*
raffole *is crazy about*
reconnaissance *gratitude*
recueils *collections*
reprend le dessus *takes over*
s'en vouloir *to be angry with himself*
s'être fait avoir *to let himself be had*
singes *monkeys*
souhaite *wishes*
soupçons *suspicions*
tandis que *while*
traîne *drags along*
volée de bois vert *thrashing with unseasoned wood*

H. Petit Test: Dans chaque groupe, choisissez les phrases qui sont justes.

Les griots

a. Les griots appartenaient à une caste professionnelle.
b. Les griots étaient uniquement des raconteurs d'histoires.
c. Etre griot est une profession héréditaire.
d. Autrefois chaque griot était attaché à une famille d'élite.
e. Parfois les griots donnaient des conseils et aidaient à régler des différends.
f. Il n'existe plus de griots en Afrique.

Les contes africains

a. Les gens se mettaient autour d'un feu pour écouter les contes du griot.
b. Les contes commencent toujours par la formule «Il était une fois…».
c. Les griots racontent, chantent, proposent des devinettes.
d. Les personnages des contes sont uniquement des humains.
e. On trouve dans les contes africains des thèmes folkloriques traditionnels.
f. Les contes se terminent toujours par une expression formulaire.

Les contes antillais

a. La tradition orale antillaise est plus ancienne que la tradition orale africaine.
b. Les conteurs antillais étaient des esclaves.
c. La présentation des contes antillais était semblable *(similar)* à celle des contes africains.
d. «Yé krik? Yé krak!» est une formule utilisée uniquement pour signaler le début d'un conte.
e. On trouve dans les contes antillais des thèmes folkloriques traditionnels.
f. Les contes antillais étaient un moyen de résister à la culture et à la domination des Blancs.

Compère Lapin et les concombres du Roi

    a. Pour Compère Lapin, le plaisir de manger des concombres est plus fort que l'interdiction d'entrer dans le jardin du Roi.

    b. Compère Lapin et le Roi ont des goûts alimentaires similaires *(similar)*.

    c. Le jardinier attrape Compère Lapin pendant que celui-ci est en train de manger des concombres.

    d. Le jardinier tend un piège à Compère Lapin en installant dans le jardin un objet qui ressemble à une belle lapine.

    e. En essayant de faire du charme à la fausse lapine, Compère Lapin se laisse prendre au piège.

    f. Le jardinier met Compère Lapin dans un sac, puis il part chercher le Roi et ses hommes avec l'intention de faire battre Compère Lapin.

    g. Rusé et débrouillard, Compère Lapin profite de la naïveté de Zamba la chèvre pour la mettre dans le sac à sa place.

    h. Compère Lapin triomphe en trompant le Roi et le jardinier mais aux dépens de la pauvre Zamba.

I. Mini-discussion. Discutez des questions suivantes avec quelques camarades de classe.

    1. Quel rôle les contes folkloriques ont-ils joué dans votre vie?

    2. Voyez-vous des ressemblances entre les contes africains et antillais que vous avez lus et les contes de votre culture? Expliquez.

    3. Que pensez-vous de la moralité du conte *Compère Lapin et les concombres du Roi*? Connaissez-vous d'autres contes dont la morale vous semble ambigüe?

RAPPEL

Les pronoms compléments d'objet direct *le, la, l'* et *les*

Les formes

Masculin	**le**
Féminin	**la**
Masculin ou féminin devant une voyelle ou un **h** non aspiré	**l'**
Masculin ou féminin pluriel	**les**

La position

- devant le verbe conjugué

Il **la** regarde.	Il ne **la** regarde pas.
Tu **les** as pris?	Tu ne **les** as pas pris?
Ne **la** regardez pas!	

- devant l'infinitif

Nous pouvons **l'**entendre.	Nous ne pouvons pas **l'**entendre.

- après l'impératif affirmatif

Ecoutez-**le**!

J. Quelques renseignements personnels. Posez des questions à deux camarades qui vous répondront sans répéter le(s) mot(s) en italique.

Modèle: —Vous connaissez bien vos *cousins maternels*?
—Oui, *je les connais très bien. (Non, je ne les connais pas très bien.)*
—Oui, *je les connais bien, moi aussi. (Moi non plus, je ne les connais pas très bien.)*

1. Vous regardez souvent *la tèlè*?
2. Vous écoutez souvent *la radio*?
3. Vous faites *votre lit* tous les jours?
4. Vous allez passer *les vacances d'été* chez vos parents?
5. Vous voudriez visiter *la Chine* un jour?
6. Vous avez lu *la trilogie de Tolkien (Le Seigneur des anneaux)*?
7. Vous avez acheté *les chaussures que vous portez aujourd'hui* dans un magasin ou sur Internet?
8. Vous avez vu *le film «Le Roi Lion»* plus d'une fois?

K. Des ordres contradictoires. Quand vous annoncez ce que vous allez faire, un(e) camarade de classe vous dit de le faire; un(e) autre vous dit le contraire.

Modèle: —Je vais acheter *ce pantalon*.
—Oui. *Achète-le! (Achetez-le!)*
—Mais non. *Ne l'achète pas! (Ne l'achetez pas!)*

1. Je vais écouter *ce CD*.
2. Je vais manger *cette banane*.
3. Je vais faire *mes devoirs*.
4. Je vais vendre *ma voiture*.
5. Je vais attendre *Michèle*.

● Do **A faire!** (5-2) on page 205 of the **Manuel de préparation**.

Fonction

Comment éviter la répétition (1)

⊕ Grammar Tutorials

RAPPEL

Les pronoms compléments d'objet indirect *lui* et *leur*

Les formes

Masculin	**lui**
Féminin	**lui**
Masculin ou féminin devant une voyelle	**lui**
Masculin ou féminin pluriel	**leur**

La position

- devant le verbe conjugué

  Il **lui** parle.   Il ne **lui** parle pas.

  Nous **leur** avons donné un cadeau.   Nous ne **leur** avons rien donné.

  Ne **lui** parle pas!

- devant l'infinitif

  Je vais **lui** écrire.   Je ne vais pas **lui** écrire.

- après l'impératif affirmatif

  Donne-**lui** la lettre!

Verbes suivi d'un objet direct en français (mais d'un objet indirect en anglais)

attendre / chercher / écouter / regarder

Verbes suivis d'un objet indirect en français (mais d'un objet direct en anglais)

demander à / dire à / permettre à / promettre à / répondre à / téléphoner à

L. Deux contes de fées. On va vous poser des questions à propos de deux contes de fées très connus. Répondez aux questions en utilisant les mots proposés et en évitant *(avoiding)* de répéter les mots en italique. Attention: Il faut parfois utiliser un pronom complément d'objet direct.

Le Petit Chaperon rouge

1. Qu'est-ce que la mère demande *à sa fille*? (d'apporter quelque chose à sa grand-mère)

2. Qu'est-ce qu'elle donne *à la fille*? (une galette et un pot de beurre)

3. Qu'est-ce que la fille promet *à sa mère*? (d'aller directement chez sa grand-mère sans s'arrêter)

4. Pourquoi est-ce que le Petit Chaperon rouge s'arrête pour parler *au loup*? (parce qu'elle ne connaît pas bien les loups)

5. Qu'est-ce que le Petit Chaperon rouge explique *au loup*? (comment aller chez sa grand-mère)

6. Où est-ce que le loup attend *la petite fille*? (dans un lit chez la grand-mère)

7. Que dit le Petit Chaperon rouge *à sa grand-mère* en la voyant au lit? («Que vous avez de grands bras... de grands yeux... de grandes oreilles... de grandes dents?»)

8. Que répond le loup *au Petit Chaperon rouge*? («C'est pour mieux t'embrasser... te voir... t'écouter... te manger.»)

Cendrillon

9. Pourquoi est-ce que la belle-mère n'aime pas *Cendrillon*? (parce que Cendrillon est plus jolie et plus gentille que ses propres filles)

10. Qu'est-ce que la belle-mère donne *à ses filles*? (de nouvelles robes pour aller au bal)

11. Qui coiffe et habille *les deux soeurs*? (C'est Cendrillon qui...)

12. Qu'est-ce que sa marraine demande *à Cendrillon*? (pourquoi elle pleure)

13. Qu'est-ce que sa marraine donne *à Cendrillon*? (un carrosse, une belle robe et des pantoufles de verre)

14. Pourquoi est-ce que tous les invités regardent *Cendrillon* pendant le bal? (parce qu'elle danse toute la soirée avec le prince)

15. Quand Cendrillon s'enfuit à minuit, qui ramasse *la pantoufle de verre* qu'elle a perdue? (C'est le prince qui...)

16. Pourquoi est-ce que Cendrillon pardonne *ses deux sœurs*? (parce qu'elles regrettent les mauvais traitements qu'elles lui ont fait subir)

Témoignages: «Vous aimez les films?»

M. A vous d'abord! Posez les questions suivantes à quelques camarades de classe afin d'apprendre ce qu'ils pensent des films.

1. Vous aimez les films? Pourquoi?
2. Quand êtes-vous allé(e) au cinéma la dernière fois? Quel film est-ce que vous avez vu?
3. Quel(s) genre(s) de films est-ce que vous préférez? Pourquoi?

N. Les témoins vous parlent. En écoutant quelques Français et Francophones vous parler des films, faites ce qu'on vous demande de faire.

 CD3, Tracks 16–19

Visit the **témoins** in their home-town on Google Earth.

Emmanuel Roger
Lille, France

Vocabulaire utile

cinéphile *(movie bug)*, **partager** *(to share)*, **films d'auteur** *(director-centered films)*, **but** *(goal)*, **exprimer** *(to express)*, **inexprimable** *(inexpressible)*, **au-delà** *(beyond)*

1. Ajoutez les mots qui manquent. Utilisez une autre feuille de papier.

—Vous aimez les films?

—Bon alors, comme tout _____, je suis avide de _____. Je peux même me décrire _____ cinéphile.

—Où est-ce que vous les regardez? Dans une salle de cinéma? À la télé? Sur DVD?

—Euh, _____ un puriste. Donc je vais au cinéma, _____ aller dans la salle obscure partager l'émotion avec les autres _____. Euh, je n'aime pas tellement _____ des films à la télé ou en DVD. Non là, je suis un puriste. J'aime aller au cinéma, j'aime _____. C'est un événement spécial.

—Quels genres de films est-ce que vous préférez?

—Bon alors comme je le disais, en tant que cinéphile, j'aime bien les _____, hein. Euh vous savez qu'_____, on considère le cinéma comme le septième _____. Et moi, je crois effectivement que le cinéma est un moyen d'expression _____ que la littérature. Donc, j'aime les films d'auteur. J'aime bien les _____, les revoir, en _____ avec mes amis. Euh c'est une expérience _____ à chaque fois. Je parle là naturellement du cinéma _____, non pas des _____ qu'on nous sert en ce moment ou des comédies _____, dont on est un peu saturés d'ailleurs.

—A votre avis, est-ce que les films donnent une image véridique du monde?

—Absolument, absolument. Si on pense que le cinéma est _____, alors là, le but de l'art étant d'_____ l'essence de la réalité, l'essence d'un _____, d'exprimer ce qui est inexprimable, alors évidemment, c'est très _____. Et il _____ même non pas seulement de donner une image véridique mais d'_____ au-delà de l'apparence, au-delà de la vérité, hein, comme toute œuvre _____.

Fatim Kramer
Paris, France

2. Répondez aux questions.

    a. Pourquoi Fatim aime-t-elle regarder les films à la télé?
    b. Pourquoi aime-t-elle aller dans les salles de cinéma?
    c. Quel genre de films préfère-t-elle? Pourquoi?
    d. Quels autres genres de films aime-t-elle?
    e. Quel type de film n'aime-t-elle pas du tout?
    f. Qu'est-ce qu'on peut apprendre en regardant les films étrangers? Les films français?

Anne-Marie Floquet
Paris, France

3. Précisez:

    a. où Anne-Marie aime regarder les films
    b. ce qu'elle aimait faire quand elle était au lycée
    c. si elle préfère voir un film à la télé ou en DVD
    d. pourquoi elle aime les films suivants:
        (1) *Le Salaire de la peur*
        (2) *Les Oiseaux migrateurs*
        (3) *Etre et avoir*

Christophe Mouraux
Liège, Belgique

4. Résumez brièvement ce que dit Christophe sur les sujets suivants:

    a. la télévision, les DVD et les salles de cinéma
    b. les metteurs en scène qu'il préfère et pourquoi
    c. les films français
    d. le rôle du cinéma dans la société

🧍🧍🧍 **O. Les témoins et vous.** Discutez des questions suivantes avec quelques camarades de classe.

1. Fatima est la seule qui aime regarder des films à la télé; les autres préfèrent les salles de cinéma ou les DVD. Et vous?
2. Pour la plupart, les témoins n'aiment pas tellement les films hollywoodiens; ils préfèrent des films plus artistiques. Et vous?
3. Pour Emmanuel et Christophe, le cinéma (le septième art) joue un rôle important dans la société. Etes-vous d'accord?

● Do **A faire!** (5-3) on page 210 of the **Manuel de préparation**.

Et vous?

FICHE VOCABULAIRE

LES FILMS

Genres de films
- un film d'amour
- un film d'animation / un dessin animé
- un film d'aventure / un film d'action
- un film comique / une comédie
- une comédie dramatique
- un documentaire
- un drame
- un drame psychologique
- un film d'espionnage
- un film fantastique
- un film de guerre
- un film d'horreur / un film d'épouvante
- une comédie musicale
- un film noir *detective, crime or gangster film with "dark" outlook*
- un film policier
- un film de science-fiction
- un thriller
- un western

Aspects d'un film
- l'action *(f.)*
- le décor *setting*
- la lumière
- le montage *editing*
- la musique
- le scénario
- le son

Personnes associées aux films
- un acteur / une actrice
- un compositeur
- un directeur de la photographie
- un monteur *editor*
- un producteur
- un réalisateur *director*
- un scénariste *screenwriter*

Réactions aux films (en général)
- J'aime beaucoup / J'adore les...
- Je n'aime pas (du tout) les...
- Ce que j'aime (Ce que je n'aime pas), c'est (ce sont)...
- Les..., ça me plaît (beaucoup) / ça ne me plaît pas.

Réactions aux aspects particuliers d'un film
- J'ai vu récemment...
- Je viens de voir... *I just saw . . .*
- J'ai (beaucoup) aimé... / Je n'ai pas aimé...
  - les acteurs / les actrices
  - le décor
  - le dialogue
  - les effets spéciaux *(m.)*
  - l'intrigue *(f.) plot*
  - la musique
  - les sous-titres *(m.) subtitles*
  - le suspense
  - la version française (anglaise,...) *dubbed version*
  - la version originale
  - la violence

P. Le cinéma et vous (suite). En vous inspirant du travail que vous avez fait dans le **Manuel de préparation** (Ex. XIII, p. 212) et en utilisant des mots et des expressions de la **Fiche Vocabulaire,** discutez des questions suivantes avec quelques camarades de classe.

1. Quels genres de films aimez-vous particulièrement? Quels genres de films n'aimez-vous pas?

2. Quels aspects d'un film vous intéressent le plus? A votre avis, quels sont les gens les plus importants dans la production d'un film?

3. Parlez d'un film que vous avez vu récemment (ou dans le passé, si vous préférez). Avez-vous aimé ce film? Pourquoi (pas)?

Magazine Culture Le cinéma en France

Des frères Lumière (inventeurs en 1895 du cinématographe—appareil capable de reproduire le mouvement par une suite de photos) jusqu'à la Nouvelle Vague (mouvement de jeunes cinéastes des années 1950 et 1960—Truffaut, Godard, Rivette), du *Voyage à la lune* de Georges Méliès (1902— le premier film de fiction à connaître un succès mondial) jusqu'à aujourd'hui, la France et les Français ont continué d'exercer une influence considérable sur le cinéma européen et international. Dans ce magazine, nous allons vous faire connaître un réalisateur renommé (Jean Renoir), un acteur-vedette de cinéma (Gérard Depardieu) et un film contemporain *(Persépolis).*

© Henri Bureau/Sygma/Corbis

Un réalisateur de cinéma: Jean Renoir

Fils du grand peintre impressionniste Auguste Renoir et frère de l'acteur célèbre Pierre Renoir, le cinéaste Jean Renoir appartenait à une famille d'artistes. Né à Paris en 1894, il s'engage comme soldat pendant le Première Guerre mondiale, d'où il rentre blessé à la jambe, blessure qui le fera boiter toute sa vie. Il commence sa carrière artistique comme céramiste, mais sa passion pour ce nouvel art (le cinéma) l'emporte et pendant les années 20 il tourne une dizaine de films muets, qui ne sont pas très bien reçus par le public. Ce n'est qu'en 1932 qu'il a son premier vrai succès: *Boudu sauvé des eaux*—film parlant qui raconte l'histoire d'un clochard déprimé qui, après s'être jeté dans la Seine pour se tuer, est repêché par un bourgeois libéral (film qu'on a refait à Hollywood en 1986 sous le titre *Down and Out in Beverly Hills)*. Réalisateur, scénariste, producteur, acteur, monteur et décorateur, Renoir tourne plus de 30 films parlants pendant sa carrière. Exilé aux Etats-Unis au début de la Deuxième Guerre mondiale, Renoir prend la nationalité américaine et réalise plusieurs films à Hollywood. Il meurt à Beverly Hills en 1970 à l'âge de 76 ans.

DEUX CHEFS-D'ŒUVRE DE RENOIR: *LA GRANDE ILLUSION* ET *LA RÈGLE DU JEU*

Ces deux films, tournés juste avant la Deuxième Guerre mondiale, sont universellement considérés comme des chefs-d'œuvre du cinéma non seulement français mais aussi mondial.

La Grande Illusion, sorti en 1937, est un film pacifiste, qui s'oppose aux idéologies nationalistes et antisémites prédominantes en Europe à cette époque. L'action se passe pendant la Première Guerre mondiale et met en scène quatre personnages—deux Français (un capitaine aristocrate et un soldat appartenant à la classe ouvrière) et deux Allemands (un commandant, aristocrate lui aussi, et un lieutenant, fils d'une riche famille juive). Ce film «de guerre», au cours duquel il n'y a pas de scènes de combat, explore les relations entre personnes, relations qui dépendent de leur classe sociale plutôt que de leur nationalité.

La Grande Illusion a été interdit par le régime nazi en Allemagne, dès sa sortie, et en France, de 1939 à 1945.

Sorti deux ans après, *La Règle du jeu,* que le réalisateur qualifie de «drame gai» ou «fantaisie dramatique», raconte les aventures sentimentales de plusieurs aristocrates et hauts bourgeois qui passent le week-end dans un château de campagne à la fin des années 1930. A l'intrigue amoureuse qui occupe le week-end des invités (le propriétaire du château, sa femme, sa maîtresse et un célèbre aviateur) correspond celle qu'on trouve chez les domestiques (la domestique de Madame, son mari [le garde-chasse de la propriété] et un braconnier). La légèreté et la vivacité de l'action, traduites par le jeu improvisé des acteurs (Renoir y joue un rôle lui-même), sont brusquement interrompues par un accident tragique. C'est ainsi que Renoir réussit à peindre et à critiquer les mœurs d'une aristocratie et d'une grande bourgeoisie indifférentes au cataclysme menaçant dont elles seront bientôt victimes. Il est intéressant de noter que *La Règle du jeu* est un des rares films à figurer au programme du baccalauréat littéraire en France.

Un acteur, une vedette de cinéma, une star internationale: Gérard Depardieu

Physiquement imposant—trapu, robuste, un grand nez—Gérard Depardieu ne ressemble pas nécessairement au héros cinématographique traditionnel. Pourtant, en 2011, le bilan de sa carrière comprend plus de 135 films (sans compter une dizaine de pièces de théâtre et plusieurs séries télévisées). Comme il le dit lui-même, «je suis un Stradivarius dans une carrure de camionneur».

Né en 1948 dans une famille ouvrière de six enfants, Depardieu quitte l'école à l'âge de 13 ans, travaille comme vendeur de savonnettes et plagiste tout en se livrant à un trafic illégal avec les soldats de la base américaine de Châteauroux, sa ville natale. Une représentation de *Dom Juan* de Molière, pièce qu'il a vue dans cette ville en 1964, est à l'origine de sa passion pour le métier d'acteur et l'inspire à aller à Paris suivre des cours de comédie.

D'acteur de seconds rôles à l'acteur vedette du cinéma français

Il fait ses débuts filmiques en 1970 et pendant quatre ans, il se voit assigné des petits rôles. C'est en 1974 qu'il connaît son premier grand succès dans *Les Valseuses* de Bertrand Blier (film choc et libertin qui attire plus de 5 millions de spectateurs) dans un rôle de gentil voyou. Viennent ensuite des films de Bertolucci *(1900)*, de Marguerite Duras *(Le Camion)* et à nouveau de Blier *(Préparez vos mouchoirs)*. Durant les années 1980, Depardieu fait preuve de sa grande versatilité en jouant dans des films de styles très divers: films de grand public *(La Chèvre, Les Compères)* et films d'auteur *(Le Dernier Métro* de François Truffaut, où il joue pour la première fois avec Catherine Deneuve), tragédies *(Le Retour de Martin Guerre, Jean de Florette)* et comédies dramatiques *(Cyrano de Bergerac)*. Ce dernier lui vaut un grand succès critique et commercial, y compris un César, la Palme du meilleur acteur à Cannes et une nomination aux Oscars.

Depardieu est devenu un géant du cinéma français, nouveau membre du grand panthéon d'acteurs français.

D'acteur vedette du cinéma français au statut de star internationale

Après *Cyrano*, Depardieu cherche à conquérir l'Amérique. En 1992, il joue dans *Green Card*, film de Peter Weir qui a un gros succès au box-office et qui permet à Depardieu de remporter cette fois le Golden Globe du meilleur acteur de comédie. Les films qui suivent ne sont pas d'aussi grands succès: *1492* (de Ridley Scott), *My Father the Hero, The Secret Agent, Bogus* (avec Whoopi Goldberg). Bien qu'il continue à jouer dans des films (le rôle d'Obélisk dans les deux *Asérix, Le Colonel Chabert, Les Anges gardiens)*, il profite de plus en plus de sa célébrité pour poursuivre d'autres passions—les affaires et surtout la viticulture. En 2011, si, selon certains, Depardieu est un artiste sur le déclin, sa renommée mondiale reste intacte.

Un film: *Persépolis*

Les films d'animation sont traditionnellement destinés aux jeunes; leurs sujets: voyages, aventures, combats; leur but: amuser, divertir, faire rire. *Persépolis*, de Marjane Satrapi (Iranienne en exil à Paris) et Vincent Paronnaud (membre bien connu de la bande dessinée «underground»), sorti en France le 27 juin 2007, casse le moule. C'est une adaptation sur grand écran d'un roman graphique de Satrapi (quatre albums de bandes dessinées du même nom). Cette autofiction, directement inspirée de la vie de Marjane, se situe à une période charnière de l'histoire de l'Iran: la chute du régime du Chah et les premières années de la Révolution islamiste.

Synopsis du film

C'est l'histoire d'une petite fille (Marjane) appartenant à une famille d'intellectuels de Téhéran. Au début du film, elle a 8 ans. Choyée par ses parents, très liée à sa grand-mère, rêvant de devenir prophète pour sauver le monde, Marjane vit avec enthousiasme les événements qui vont mener à la chute du Chah et à l'instauration du régime des ayatollahs. Elle porte le voile, mais elle rêve maintenant de devenir révolutionnaire. Peu à peu, les pressions extérieures (la guerre contre l'Irak—bombardements, privations, disparitions) et intérieures (les activités répressives des islamistes) poussent ses parents à envoyer Marjane en Autriche. Donc, à l'âge de 14 ans, elle se retrouve à Vienne, où elle vit une nouvelle révolution: choc culturel, découverte de la drogue, désastres amoureux. Ne supportant pas l'exil et la solitude, elle retourne en Iran. Mais la dépression la poursuit. Après un mariage raté et des études d'art plastique peu satisfaisantes, la jeune fille à l'imagination fertile et à l'esprit contestataire quitte de nouveau son pays natal—cette fois pour aller en France.

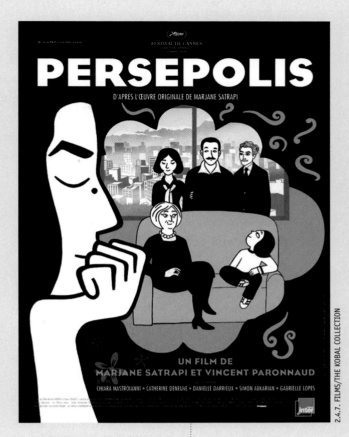

2.4.7. FILMS/THE KOBAL COLLECTION

La suite de l'histoire

Le film s'arrête là, mais la vie de Marjane Satrapi continue. Elle devient française, publie son roman graphique, rencontre Vincent Paronnaud et réalise avec lui un film qui gagne le prix spécial du jury du Festival de Cannes (2007), un César pour le meilleur premier film (2008) et une nomination aux Oscars dans la catégorie meilleur film d'animation (où il est devancé par *Ratatouille*). Le gouvernement iranien a protesté contre la sélection de *Persépolis* à Cannes et en a diffusé une version censurée. Et pendant plusieurs mois, le film a été interdit au Liban.

L'animation «à l'ancienne»

De nos jours, l'animation se fait normalement en couleurs avec l'aide d'ordinateurs très puissants; exceptionnellement *Persépolis* a été fait surtout en noir et blanc avec crayon sur papier. Le film est le produit d'une vraie collaboration—d'abord entre les dessinateurs (Marjane Satrapi et Vincent Paronnaud) qui partagent le travail à égalité (jusqu'au point où il arrive que l'un commence un dessin et que l'autre le finisse). Ils sont aidés d'une équipe d'animateurs (qui animent les dessins originaux à raison de 24 images par seconde) et d'une équipe de traceurs (qui perfectionnent avec un feutre les images avant qu'elles ne soient filmées). Le résultat: un film unique acclamé par tous les critiques, un film qui fait sourire et qui fait réfléchir.

Pariscope

Vous êtes à Paris. Vous voulez aller au cinéma. Mais il passe plus de 300 films chaque semaine. Comment décider? Vous pouvez consulter *Pariscope*, revue de petit format qui paraît tous les mercredis et qui résume tout ce qu'il y a à Paris et dans la région parisienne pendant la semaine qui vient—concerts, pièces de théâtre, opéras, musées, restaurants, clubs, discothèques et, bien sûr, films. Voici quelques comptes rendus de film tirés d'un numéro de *Pariscope*.

A CIEL OUVERT 2010. 1h35. **Documentaire français en couleurs d'Inès Compan.**
Argentine, territoire de la Puna. Un village attend toujours la construction de son école débutée quinze ans auparavant; un autre résiste au projet d'une entreprise canadienne d'ouvrir la plus grande mine à ciel ouvert du monde. Des peuples oubliés au centre d'enjeux internationaux. ◆**Espace Saint-Michel 14 v.o.**

LA LIGNE DROITE 2010. 1h40. **Drame français en couleurs de Régis Wargnier avec Rachida Brakni, Cyril Descours, Clémentine Célarié, Seydina Balde, Thierry Godard.**
Ancienne athlète de haut niveau, Leïla sort de prison. Elle rencontre Yannick, lui-même sportif, mais aveugle. Il ne peut plus désormais pratiquer que la course, attaché par un fil à un entraîneur. Leïla devient son guide. Deux êtres en reconstruction: la course, métaphore de la renaissance. ◆**UGC Ciné Cité Les Halles 1** ◆**L'Arlequin 21** ◆**UGC Danton 31** ◆**Gaumont Champs Elysées 37** ◆**UGC George V 41** ◆**Gaumont Opéra 44** ◆**UGC Ciné Cité Bercy 53** ◆**MK2 Bibliothèque 57** ◆**Gaumont Alésia 61** ◆**Gaumont Parnasse 62** ◆**Gaumont Aquaboulevard 68** ◆**Pathé Wepler 75** ◆**MK2 Quai de Seine/Quai de Loire 78**

L'ASSAUT 2010. 1h30. **Film d'aventures français en couleurs de Julien Leclerq avec Vincent Elbaz, Gregori Derangère, Mélanie Bernier, Aymen Saïdi, Chems Dahmani.**
En décembre 1994, à Alger, des terroristes prennent en otages les 227 passagers d'un avion. Celui-ci atterrit à Marseille où l'attend une section du GIGN prête à l'assaut. Inspiré du témoignage de Roland Martins, acteur de l'événement, le parcours d'un soldat et les transactions politiques vues avec réalisme. ◆**UGC Ciné Cité Les Halles 1** ◆**Rex 5** ◆**Gaumont Champs Elysées 37** ◆**UGC George V 41** ◆**Gaumont Opéra 44** ◆**UGC Ciné Cité Bercy 53** ◆**UGC Lyon-Bastille 54** ◆**Gaumont Gobelins 56** ◆**MK2 Bibliothèque 57** ◆**Gaumont Parnasse 62** ◆**Gaumont Aquaboulevard 68** ◆**Pathé Wepler 75** ◆**MK2 Quai de Seine/Quai de Loire 78**

POURSUITE 2010. 1h30. **Comédie dramatique française en couleurs de Marina Déak avec Marina Déak, Yann Guillemot, Renaud Dehesdin, Paul Cahen, Agnès Château, Aurélien Recoing.**
Après sa séparation, Audrey a laissé son fils de 7 ans chez sa mère. Un peu paumée, en attendant, et malgré les cases prévues. Pas de compromis, pas de politiquement correct: une femme moderne qui s'émancipe. ◆**MK2 Beaubourg 6** ◆**Saint André des Arts 28**

POTICHE 2010. 1h45. **Comédie française en couleurs de François Ozon avec Catherine Deneuve, Gérard Depardieu, Fabrice Luchini, Karin Viard, Judith Godrèche, Jérémie Renier.**
Suzanne est une «potiche» comme lui dit sa charmante fille! Personne ne la regarde, ni ne l'écoute, surtout pas Robert son mari, industriel à la poigne de fer. Quand il est hospitalisé à la suite d'un problème cardiaque, Suzanne prend en main son destin et celui de l'usine... L'adaptation de la pièce de Barillet et Grédy. ◆**L'Epée de bois 13** ◆**Studio Galande 19**

Source: Les extraits avec la gracieuse permission de Pariscope

DICO

à raison de *at a rate of*
acclamé *praised, acclaimed*
ayatollahs *Islamic religious leaders*
boiter *to limp*
braconnier *poacher*
carrure de camionneur *build of a truck driver*
casse le moule *breaks the mold*
Chah *Shah (autocratic hereditary ruler)*
Choyée *Coddled*
chute *fall*
divertir *to distract*
feutre *felt-tip pen*
garde-chasse *gamekeeper*

lui vaut *gains for him*
muets *here, silent*
plagiste *beachboy*
privations *wants (things people are deprived of)*
raté *failed*
savonnettes *cakes of soap*
sourire *to smile*
Stradivarius *violin made by a famous 18th century Italian*
trapu *thickset*
viticulture *winegrowing*
voile *veil*
voyou *hoodlum*

Q. Petit test: Le cinéma en France. Indiquez si les constatations suivantes sont vraies ou fausses. Si une phrase est fausse, corrigez-la selon ce que vous avez appris dans le **Magazine Culture.**

Jean Renoir

1. Après être sorti de l'armée, il envisage d'imiter son père célèbre en devenant artiste-peintre.
2. Au début de sa carrière de cinéaste, il réalise de nombreux films muets qui ont un succès très limité.
3. Son premier film à succès, *Boudu sauvé des eaux*, est un film parlant.
4. *La Grande Illusion* est un film anti-guerre qui réussit à communiquer son message sans montrer les horreurs du champ de bataille.
5. *La Règle du jeu* montre la frivolité et la décadence de la haute société française à la veille de la Deuxième Guerre mondiale.

Gérard Depardieu

6. Son premier film lui vaut une renommée instantanée.
7. Physiquement, il est une version française de Brad Pitt et de Matt Damon.
8. Sa carrière est à son zénith dans les années 1970 et 1980.
9. Il doit beaucoup de son succès à sa faculté de s'adapter à des rôles variés et à des réalisateurs divers.
10. Nominé pour son rôle dans *Cyrano,* il ne gagne pas l'Oscar, mais il se voit récompensé par un Golden Globe pour son rôle dans un film tourné à Hollywood.

Persépolis

11. *Persèpolis* est à la fois un film d'animation et un film autobiographique.
12. Dans le film, la jeune héroïne grandit sous deux régimes totalitaires.
13. Après une jeunesse protégée à Téhéran, elle vit une adolescence plutôt turbulente et difficile à Vienne.
14. On a exceptionnellement réalisé le film surtout en noir et blanc en utilisant des techniques d'animation traditionnelles.
15. En tant que collaborateurs, Marjane Satrapi est responsable du scénario et Vincent Paronnaud, des dessins.

Pariscope

16. Les petits comptes rendus de *Pariscope* indiquent l'année où le film est sorti, le nom du réalisateur et des acteurs principaux et la durée du film.
17. Les petits comptes rendus de *Pariscope* indiquent aussi le coût de la production du film.
18. Le petit paragraphe au milieu du compte rendu donne un mini-résumé du film.

R. Mini-discussion. Discutez des questions suivantes avec quelques camarades de classe.

1. Jean Renoir est un réalisateur cinématographique très connu. Quels réalisateurs de cinéma connaissez-vous? Y a-t-il un réalisateur dont vous aimez particulièrement les films? Expliquez.
2. Gérard Depardieu est une star internationale. Quels sont vos acteurs (et actrices) préféré(e)s? Pourquoi les aimez-vous?
3. *Persépolis* est un film qui casse le moule *(breaks the mold)*, qui ne ressemble pas à la plupart des films à succès américains. Est-ce que vous connaissez un film original, un film qui soit non-conformiste, un film expérimental? Expliquez.

Fonction

Comment éviter la répétition (2)

Grammar Tutorials

RAPPEL

Les pronoms compléments d'objet indirect y et *en*

1. Le pronom *y*
- avec le verbe **aller:**

  J'y vais, moi.
- pour remplacer une préposition de lieu (à, en, dans, sur, sous, chez):

  Il est en Allemagne? Oui, il y habite depuis deux ans.
- avec certains verbes suivis de la préposition à (penser à, s'intéresser à, tenir à, s'amuser à):

  Tu t'intéresses aux sciences? Non, je ne m'y intéresse pas.

2. Le pronom *en*
- pour remplacer un partitif:

  Tu veux du vin? Non, merci. Je n'en veux pas.
- avec une expression de quantité:

  Il vous faut encore des chaises? Non, nous en avons assez.
- avec certaines expressions suivies de la préposition de (avoir peur de, parler de, s'occuper de, avoir besoin, être content[e] de):

  Vous connaissez le nouveau film de Chabrol? Oui, Georges m'en a parlé.
- pour remplacer un nom précédé d'un chiffre:

  Il a des sœurs? Oui, il en a trois.

S. Un film de Renoir. Un amateur de cinéma (A) qui vient de découvrir l'œuvre de Jean Renoir interroge un cinéphile (C) au sujet de *Boudu sauvé des eaux*. Complétez leur conversation en utilisant les pronoms y et **en** pour éviter la répétition des mots en italique.

> **Modèle:** A: Combien de *films* est-ce que Renoir a réalisé? (une quarantaine)
> C: *Il en a réalisé une quarantaine.*

1. A: Et combien de *films parlants* est-ce qu'il a tourné? (une trentaine)
   C: _____
2. A: Vous avez vu tous ses *films*? (non, mais… beaucoup)
   C: _____. Et *Boudu sauvé des eaux* est un de ses meilleurs.
3. A: Le personnage principal s'appelle Boudu, non? Il a *de la famille*, ce Boudu? (non)
   C: _____. Il est clochard *(homeless)*. Il n'a personne… sauf un chien.
4. A: Ah, il vit *dans la rue* depuis longtemps? (oui, depuis des années)
   C: _____. Mais au début du film, il est déprimé. Il a perdu son chien. Il se jette donc *dans la Seine*.

5. A: _____ (pourquoi?)

   C: Parce qu'il veut mourir. Mais il est repêché par un certain M. Lestingrois, qui le ramène à sa maison.

6. A: Est-ce que Boudu est content *chez les Lestingrois*? (oui,... très content)

   C: _____

7. A: Et la famille de Lestingrois, elle est contente *de la présence de Boudu.* (non,... surtout au début)

   C: _____

8. A: Pourquoi pas?

   C: Parce que Boudu refuse de s'adapter à la vie bourgeoise. Par exemple, il ne se lave pas.

   A: Il ne prend pas *de bains*? (non)

   C: _____. Et il mange avec les doigts, il astique *(polishes)* ses chaussures avec les bas de soie de Madame et il crache *(spits)* sur les livres de Monsieur.

9. A: Alors la famille, elle doit avoir envie *de jeter Boudu dehors*? (non,...)

   C: _____. Au contraire. Peu à peu on commence à aimer Boudu parce qu'il est naturel, spontané et libre. Il fait ce qu'il veut. Il tente de séduire Anne-Marie, la bonne *(maid)* et Mme Lestingrois devient sa maîtresse!

10. A: Et M. Lestingrois? Il s'habitue *à la présence de Boudu chez lui*? (oui... finalement)

    C: _____

11. A: Et il réussit *à transformer son vagabond en honnête bourgeois*? (oui, sembler réussir)

    C: _____. Boudu tombe amoureux d'Anne-Marie et elle accepte finalement de l'épouser.

12. A: Alors Boudu et Anne-Marie se marient et tout finit bien.

    C: Pas exactement. Le jour du mariage, pendant que la noce descend la Seine pour fêter l'occasion, Boudu fait chavirer la barque *(causes the boat to tip over)*.

    A: Et Boudu est *à l'eau* de nouveau? (oui... encore une fois et tous les autres aussi)

    C: _____

13. A: Il y a donc *de la panique*? (oui, et Boudu... profite pour s'enfuir *[to flee]*)

    C: _____. Il reprend sa vie de clochard et recouvre sa liberté.

ꙮ **T. Echange rapide.** Répondez rapidement aux questions en utilisant les pronoms **y** et **en**.

Modèle: —Vous avez des frères?

                 —*Oui, j'en ai deux.*

                 —*Moi, j'en ai trois.*

                 —*Et moi, je n'en ai pas.*

1. Vous avez des frères?
2. Vous avez des sœurs?
3. Vous allez souvent au cinéma?
4. Vous vous intéressez à la politique?
5. Vous voulez du chewing-gum?
6. Vous avez besoin d'argent?
7. Vous aimeriez aller en Afrique?
8. Vous avez peur des lieux élevés ? *(heights)*?
9. Vous avez beaucoup de temps libre?
10. Vous avez acheté quelque chose à la librairie récemment?

●Do **A faire! (5-4)** on page 217 of the **Manuel de préparation.**

REPRISE

Les pronoms compléments d'objet direct et indirect

U. Quelques questions personnelles. Répondez aux questions que vous pose votre camarade de classe en utilisant des pronoms (**le, la, l', les; lui, leur; y, en**). Puis posez-lui la même question.

Modèle: —Tu as des frères?
—*Oui, j'en ai un. Et toi? Tu as des frères? (Tu en as?)*
—*Non, moi, je n'en ai pas.*

1. Tu as des sœurs?
2. Tu vois souvent tes parents?
3. Tu parles souvent à ton (ta) meilleur(e) ami(e) au téléphone?
4. Tu as beaucoup de temps libre?
5. Où est-ce que tu achètes tes chaussures?
6. Tu as peur des araignées *(spiders)*?
7. Tu es allé(e) au cinéma récemment?
8. Tu voudrais voir [mentionnez un film]?
9. Tu connais bien la ville de San Francisco?
10. Tu manges assez de fruits et de légumes?
11. Tu t'intéresses aux sports professionnels?
12. Combien de cours est-ce que tu as ce semestre?
13. Tu parles souvent à tes professeurs en dehors des *(outside of)* cours?
14. Tu as besoin d'argent?
15. Tu penses souvent à tes années au lycée?

Témoignages: «Vous regardez la télévision?»

††† V. A vous d'abord! Discutez des questions suivantes avec quelques camarades de classe afin de découvrir leurs idées sur la télévision.

1. Vous regardez la télévision? Combien d'heures par semaine? Quelles sortes d'émissions?
2. Est-ce que vous faites confiance à la télévision en ce qui concerne les informations reçues?
3. Est-ce que la télévision peut avoir une mauvaise influence? Sur qui?

W. Les témoins vous parlent. Ecoutez quelques Français et Francophones vous parler de leurs idées sur la télévision, puis répondez aux questions.

Pierre Hurel
Paris, France

> ### Vocabulaire utile
> **quel qu'il soit** *(whatever it may be)*, **améliorer** *(to improve)*, **pas que** *(not only)*, **confondent** *(confuse, mix up)*, **détente** *(relaxation)*

 CD4, Tracks 2–5

🌐 Visit the **témoins** in their home-town on Google Earth.

1. Complétez l'nterview en ajoutant les mots qui manquent. Utilisez une autre feuille de papier.

—Vous regardez la télévision? Quand? Quelles sortes d'émissions? _____ par semaine?

—Je regarde la télévision presque chaque jour _____. Euh... je regarde des émissions _____. J'aime beaucoup regarder effectivement des chaînes _____, un petit peu de chaînes de _____ si c'est du tennis parce que, finalement, je regarde très peu de sport mais j'_____ le tennis. Euh... donc, je dirais que je regarde la télé _____, peut-être deux heures par jour, donc, mettons entre _____ et _____ heures par semaine.

—Est-ce que la télévision a une _____ influence sur certaines personnes?

—Je pense que, d'ailleurs on le sait, la télévision est une activité complètement _____. Et on sait que des études montrent que l'état mental dans lequel vous êtes _____ regarder la télévision est le _____ qu'après avoir regardé la télévision. Donc, pendant que vous regardez un programme quel qu'il soit, vous pouvez avoir l'impression d'améliorer votre état mental, euh si vous étiez _____, vous avez l'impression d'être plus _____, mais vous _____ à l'état où vous étiez _____ après. Donc je pense que c'est peut-être ça le _____ de la télévision. C'est une activité passive qui ne vous permet pas de vous _____ ni d'un point de vue _____, ni d'un point de vue _____. Et je pense que c'est dans ce sens-là que la télévision peut avoir une mauvaise influence.

—Est-ce que vous faites confiance à la télévision en ce qui concerne les
_____ qu'on reçoit?

—Quant à la validité des _____ que l'on peut entendre et regarder à
la télévision, je pense qu'on a cette chance d'avoir la presse _____, on
peut lire *Le Monde*, on peut lire d'autres journaux, surtout *Le Monde*
mais pas que *Le Monde*. On peut trouver beaucoup d'informations
sur l'Internet. Euh je pense que la télévision pour profits, la télévision
_____, est dangereuse parce que les journalistes confondent _____
et détente et je pense que ce n'est pas le rôle d'un journaliste de vous
_____, c'est le rôle d'un journaliste de vous _____. Et donc j'ai une
confiance relative dans les informations que je reçois de la télévision
mais, par contre, ce qui n'est pas relatif du tout, c'est les _____ que je
suis bien sûr très _____ de voir à la télévision.

**Corinne
Bernimoulin-Schmid**
Genève, Suisse

Vocabulaire utile

phénomène *(phenomenon, here: exception)*, **corbeille à
linge** *(laundry basket)*, **débat** *(debate)*, **concordantes** *(in
agreement)*, **ne m'y connais pas** *(am not familiar with)*,
œil *(eye)*, **heurtantes** *(shocking)*

2. Vrai ou faux? Corrigez les phrases fausses. Corinne dit que (qu')...

   a. elle regarde la télévision un soir par semaine.
   b. elle aime beaucoup les films télévisés.
   c. autrefois elle regardait des «soap operas» américains.
   d. elle fait confiance aux informations télévisées si elle connaît le
   journaliste.
   e. elle aime comparer ce qu'elle voit à la télévision et ce qu'elle entend à
   la radio.
   f. toutes les émissions pour enfants ont une très mauvaise influence
   sur eux.

Nadia Aouad
Beyrouth, Liban

Vocabulaire utile

forcément *(necessarily)*, **nouvelles** *(news)*, **appartiennent à**
(belong to), **méfiant** *(distrustful)*, **feuilletons** *(soap operas)*,
adhérer *(to adhere, agree with)*

3. Répondez aux questions.

   a. Pourquoi est-ce que Nadia ne regarde pas souvent la télévision?
   b. Si elle la regarde, quelles sortes d'émissions préfère-t-elle?
   c. Selon Nadia, pourquoi ne peut-on pas faire confiance aux informations
   télévisées au Liban?
   d. Quels conseils donne-t-elle aux personnes qui voudraient avoir des
   informations fiables *(credible, trustworthy)*?
   e. Comment la télévision peut-elle avoir une mauvaise influence sur
   certaines personnes?

Anne-Marie Floquet
Paris, France

Vocabulaire utile

entre guillemets *(in quotes)*, images en soi *(images in and of themselves)*, obsède *(obsesses)*, détendu *(relaxed)*, quotidien *(everyday)*, anodin *(harmless, inoffensive)*

4. Résumez ce que dit Anne-Marie sur les sujets suivants:

    a. quand elle regarde la télévision
    b. les émissions qu'elle regarde
    c. son opinion sur les séries américaines
    d. la fiabilité *(credibility)* des informations télévisées
    e. les clichés
    f. les images qu'on voit à la télévision
    g. le sexe et la violence à la télévision
    h. la musique à la radio et à la télévision

X. Les témoins et vous. Ecoutez encore une fois les témoignages, puis discutez des questions suivantes avec quelques camarades de classe.

1. Pour la plupart, les quatre témoins disent ne pas regarder très souvent la télévision. Vos amis et votre famille répondraient-ils de la même façon? Expliquez.

2. Quelques témoins semblent faire plus confiance aux informations qu'on trouve dans le journal qu'aux informations télévisées. Etes-vous d'accord? Pourquoi (pas)?

3. Tous les témoins pensent que la télévision peut avoir une mauvaise influence sur certaines personnes. Etes-vous d'accord? Pourquoi (pas)?

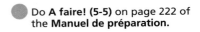

Do **A faire! (5-5)** on page 222 of the **Manuel de préparation.**

Et vous?

FICHE VOCABULAIRE

LES MEDIAS *(m. pl.)*

La radio
    une (station de) radio
    un auditeur / une auditrice *listener*
    une émission (radiophonique) *(radio) program*
    la musique
    les infos *(f. pl.) news*
    la météo *weather*
    le sport

La télévision
    la télévision gratuite
    la télévision payante
    par câble
    par satellite
    une chaîne (de télévision) *TV station*
    un téléspectateur / une téléspectatrice *TV viewer*
    une émission *program*
        un feuilleton *soap opera*
        les jeux *(m. pl.) gameshows*
        les variétés *(f. pl.) music shows*
        le sport
        un magazine télévisé
        une série *sitcom*

La presse écrite *print media*
    un journal / des journaux
    un quotidien *daily newspaper*

un journal du matin
un journal du soir
un hebdomadaire *weekly newspaper (magazine)*
une édition électronique *online newspaper*
un article de journal
un lecteur / une lectrice *reader*

Les actualités *(f. pl.) current events*

Les informations *(f. pl.) news*

Les nouvelles *(f. pl.) news*
    s'informer *to get informed*
    se tenir au courant *to keep up with what's happening*

Comment parler des actualités

Qu'est-ce qu'il y a d'intéressant dans le journal (à la télé / à la radio)?
Qu'est-ce qui se passe (dans le monde) (en France)?

Je viens de voir (lire, entendre) que…
J'ai vu (lu, entendu) que…

J'ai lu un article sur…
        qui parle de…
        qui a pour titre *(title)*…
        dans lequel il s'agit de (d')…

Y. Les médias et vous. Discutez des sujets suivants avec quelques camarades de classe en vous inspirant de vos réponses aux questions de l'Exercice XXIV (**Manuel de préparation**).

1. La radio: Quand? Où? Quelles émissions?

2. La télévision: Combien d'heures par semaine? Quelles émissions?

3. Le journal: Lequel? Quand?

4. Quels médias est-ce que vous consultez le plus pour être au courant des actualités?

Magazine Culture Les Français connectés

Selon les sondages les plus récents, il paraît que nous passons aujourd'hui presque la moitié de notre temps éveillé à être connectés par de multiples gadgets électroniques. En France comme dans beaucoup d'autres pays du monde, les smartphones et les ordinateurs portables, avec les réseaux Wi-Fi, ont profondément transformé la vie quotidienne. Dans ce **Magazine Culture**, vous allez voir ce qui se passe en France dans ce domaine.

France: Les usages du Web par les Internautes

92% des internautes français se connectent tous les jours à Internet

Part d'internautes quotidiens en France et dans le monde

Source : TNS Sofres–Octobre 2010.

Commentaire ▶ 92% des internautes français surfent tous les jours sur Internet. Ils arrivent en tête du classement [...] parmi 46 pays sur 5 continents. 60% des internautes français se connectent tous les jours pour accéder à leur messagerie, et 13% seulement pour accéder à leur réseau social contre 46% pour l'ensemble des pays. 12% des internautes français surfent tous les jours sur des sites d'e-commerce.

Le trafic de SMS croit de 65% en un an

L'évolution du trafic de SMS en France (en milliards d'unités)

Source : Arcep–Août 2010.

Commentaire ▶ Malgré le développement de l'Internet mobile, le trafic de SMS continue de croître à un rythme soutenu en France [...]. Plus de 24 milliards de SMS ont été envoyés au cours du deuxième trimestre 2010, contre 15 milliards un an auparavant [...]. Cela qui représente un envoi de 134,5 textos par client actif.

La France compte un quart de mobinautes

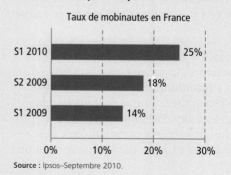

Taux de mobinautes en France

Source : Ipsos–Septembre 2010.

Commentaire ▶ La France compte aujourd'hui 25% de mobinautes contre 14% au printemps 2009. Cette dynamique est portée par la multiplication des points de contact. [...]

Source: Journal du Net, 2010.

Source: Cyril Bladier http://business-on-line.typepad.fr/b2b-le-blog/2010/03/les-mobinautes.html

© Lola Tsvetaeva/Shutterstock.com

QUI SONT LES MOBINAUTES?

Ce sont avant tout de jeunes Parisiens. Et leur nombre s'accroît de 6% par an. Il existe même des mobinautes exclusifs (environ 10%).

QUE FONT-ILS?

En fait, l'**Internet mobile** est aujourd'hui plus à voir comme un appareil supplémentaire pour rester connecté que comme un appareil qui modifie le comportement. En effet, les principaux services utilisés avec les smartphones sont les mêmes qu'avec les ordinateurs: infos, cartes et plans, mails, sonneries et musique.

© Michał Puchała/iStockphoto

Avec le développement des smartphones, l'e-mail, la vidéo, les photos, la musique et les médias sociaux sont à portée de main où que l'on soit.

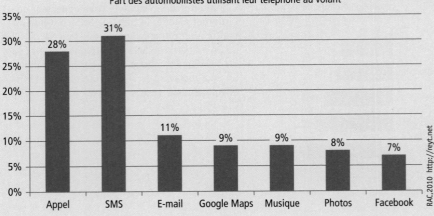

Part des automobilistes utilisant leur téléphone au volant

Appel	28%
SMS	31%
E-mail	11%
Google Maps	9%
Musique	9%
Photos	8%
Facebook	7%

RAC.2010 http://reyt.net

RÉCEMMENT, J'AI EU MOINS DE CONTACTS AVEC MES AMIS EN FACE À FACE QU'AUPARAVANT

8 millions de Français se connectent chaque jour à leurs profils. Les réseaux sociaux transforment la façon dont nous communiquons avec nos proches. 44% des internautes déclarent ainsi préférer communiquer avec leurs connaissances grâce aux médias sociaux plutôt que face à face. Toutefois, plus la relation avec les personnes est intime, moins les réseaux sociaux sont préférés à la rencontre réelle. 23% des internautes déclarent préférer communiquer avec leurs amis sur les réseaux sociaux qu'en face à face et 19% ont la même opinion par rapport à leur famille.

© John Kounadeas/iStockphoto

Source: Jean-Nicolas Reyt http://reyt.net

L'UTILISATION CROISSANTE DU SMS CHEZ LES JEUNES: QUEL IMPACT SUR LES COMPÉTENCES LINGUISTIQUES?

Pour la grande majorité des enseignants et des parents, le développement et la généralisation de la communication par SMS chez les plus jeunes a un effet très négatif sur la façon de s'exprimer et d'écrire. Pourtant une étude tendrait à remettre en cause cette croyance généralement répandue.

L'utilisation du téléphone portable chez les jeunes se généralise et avec elle un nouveau mode de communication apparaît [...]: celui du SMS. En effet la crainte est de voir de plus en plus d'élèves prendre l'habitude d'écrire en abréviation et autres langages codés. [...] Pourtant une étude britannique très sérieuse [...] montre que ces craintes seraient non fondées (Wood, Plester & Bowyer, 2008). Mieux! Les jeunes qui ont l'habitude de la pratique du SMS ont présenté de meilleurs résultats aux tests du langage. Comment cela pourrait s'expliquer?

Les jeunes qui utilisent le SMS, le font, non pas pour s'exprimer, mais simplement pour communiquer le plus simplement possible avec leurs amis. La nuance est peut-être minime mais elle a son importance: cela veut dire que les jeunes ne renoncent en rien au langage officiel, tel qu'on le parle ou on l'écrit. Ils font simplement une traduction pour communiquer le plus possible de choses dans un nombre limité de caractères qu'impose le téléphone portable [...]. Conclusion: l'imagination et le sens de la créativité s'en trouvent stimulés.

Enfin l'étude conclut qu'il n'y a pas de preuve que le langage SMS utilisé par les jeunes pour communiquer influe négativement sur leur capacité d'expression et d'orthographe. Les élèves qui maîtrisent l'orthographe correctement, qui savent lire et écrire conserveront leur niveau même s'ils sont des habitués du langage SMS sur leur téléphone portable.

Source: Adapte d'un article de Jean-François MICHEL www.apprendreaapprendre.com.

LE T-SHIRT WI-FI DÉTECTEUR DE RÉSEAUX

Dans l'ère des smartphones et de tous les autres gadgets électroniques, le problème qui se pose pour les mobinautes c'est de savoir si oui ou non ils sont connectes aux réseaux WiFi. Si vous vous promenez sur la plage, dans les montagnes ou a la campagne, pourquoi pas porter ce T-shirt ultra cool qui indique a tout moment la présence de réseaux WiFi et, miracle, montre même l'intensité du signal. Ce n'est pas un rêve d'un futur imagine. Ce T-shirt en coton, on peut l'acheter aujourd'hui. Et il est facile a porter et a entretenir: les piles sont cachées a l'intérieur dans une petite poche et le système se détache pour laver le shirt a froid. Cadeau d'anniversaire génial pour tous ceux qui ne peuvent pas se passer de leurs gadgets.

DICO

à portée de main *within reach*	**ont la cote** *are very popular*
auparavant *before*	**où que l'on soit** *no matter where you are*
au volant *at the wheel (while driving)*	**recul** *drop*
crainte *fear*	**remettre en cause** *to question*
croître *to grow, increase*	**réseaux** *networks*
croyance *belief*	**sondages** *surveys*
éveillé *waking hours*	**sonneries** *ringtones*
intime *here: close*	**vie quotidienne** *daily life*

Z. Vous avez compris? Indiquez si les déclarations suivantes sont vraies ou fausses. Corrigez les phrases fausses.

1. Un mobinaute est quelqu'un qui utilise son téléphone portable au volant.
2. La raison pour l'augmentation dans le nombre de mobinautes est la multiplication des réseaux sans fil (Wi-Fi).
3. 60% des internautes français se connectent tous les jours à Internet.
4. 12% des Français surfent tous les jours sur des sites d' e-commerce.
5. Entre juin 2009 et juin 2010, le trafic de SMS a augmenté de presque 10% en France.
6. 7% des automobilistes français envoient des SMS au volant.
7. 54% des internautes préfèrent communiquer avec leurs connaissances grâce aux médias sociaux plutôt qu'en face à face.
8. Une étude britannique constate que les jeunes qui utilisent les SMS ont de meilleurs résultats aux examens du langage.
9. Mais, cette même étude constate que l'usage du SMS tend à limiter l'imagination et la créativité.
10. La raison pour ces résultats est que les jeunes utilisent les SMS pour communiquer le plus simplement possible et ils traduisent donc le langage officiel en abréviations et autres symboles.
11. La plupart des mobinautes habitent à la campagne.
12. Aujourd'hui, il existe un pantalon détecteur de réseaux Wi-Fi.

AA. Discussion: Etre connecté. Discutez des questions suivantes avec quelques camarades de classe.

1. Combien d'heures par semaine est-ce que vous êtes connecté(e)—sur Internet, au téléphone portable—par semaine? Qu'est-ce que vous faites le plus souvent quand vous êtes connecté(e)? Jeux, vidéos, images, sonneries *(ring tones)*, musique, e-mail, SMS, photos, réseaux sociaux, recherche, actualités, météo, divertissement, surf au hasard *(random surfing)*, télé via Internet, presse, radio, blogs et sites perso(nnels), sites d'achat, etc.? Expliquez.
2. Selon certains, la communication électronique a des effets négatifs parce qu'elle nous isole de nos proches. Est-ce que vous êtes d'accord avec cette idée? Pourquoi, ou pourquoi pas?
3. Que pensez-vous des réseaux sociaux? A part les avantages évidents pour la communication rapide, est-ce que vous y voyez des aspects qui vous inquiètent? Lesquels?

«Génération virtuelle» par Olivier Miller

Olivier Miller: Elevé dans une famille de musiciens (son père était batteur du groupe *Trèfle* dans les années 70), la carrière d'Olivier Miller a été lancée en 2002 quand il a enregistré, avec son frère, les chansons *Opérationnel* et *Le même destin*. Depuis ce début, il continue à perfectionner le style connu aujourd'hui sous le nom de «pop urbaine». Son premier album, *«Génération virtuelle»*, du même nom que la chanson, a eu un succès immédiat. Ce qui distingue Olivier Miller, c'est un style tout à fait personnel influencé par une diversité de traditions musicales: blues, rock, rap, pop, groove. Son deuxième album est en cours de production.

La chanson *«Génération virtuelle»*: Dans cette chanson, Olivier Miller fait le portrait des jeunes nés après 1970 («la jeune France»). C'est la jeunesse des skateboards volants, d'Internet, des publicités, des tentations, de la musique; une génération mal comprise par les autres. Ce sont les jeunes qui essaient de se faire une identité et de trouver leur place dans la société.

© Philippe Sautier/NRJ/OH/OH/SIPA/Newscom

NOTES CULTURELLES

Bob Marley: (1945–1981) auteur, compositeur, chanteur du reggae jamaïcain
Léon Blum: (1872–1950) homme politique socialiste français
Marvin Gaye: (1939–1984) chanteur américain de soul
Malcolm X: (1925–1965) prêcheur américain toujours au centre des controverses de son époque
Andy Warhol: (1928–1987) artiste américain reconnu comme pionnier du Pop Art

A discuter

Quelles influences s'entremêlent pour compliquer la vie des jeunes d'aujourd'hui? Est-ce que vous pensez qu'il est difficile de se forger une identité dans un monde dominé par la technologie? Pourquoi ou pourquoi pas?

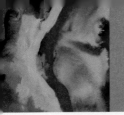

Fonction

Comment éviter la répétition (3)

RAPPEL

**Les pronoms compléments d'objet direct
et indirect *me, te, nous, vous***

Les formes

je	**me**
tu	**te**
nous	**nous**
vous	**vous**

La position

- devant le verbe conjugué

  Il **me** parle.   Il ne **me** parle pas.
  Nous **vous** avons vus hier.   Nous ne **vous** avons pas vus hier.
  Ne **nous** parle pas!

- devant l'infinitif

  Je vais **t'**écrire.   Je ne vais pas **t'**écrire.

- après l'impératif affirmatif

  Donne-**moi** la lettre!

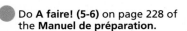 **BB. A toi de répondre!** Posez les questions à votre partenaire qui vous répondra aussi rapidement que possible.

1. Tu me connais?
2. Tu m'entends?
3. Tu me vois tous les jours?
4. Tu m'as vu(e) hier?
5. Tu m'as parlé hier?
6. Tu m'as téléphoné hier?
7. Tu vas me voir demain?
8. Tu vas me téléphoner demain?
9. Tu nous aimes bien, mes amis et moi?
10. Tu nous respectes?
11. Tu nous as apporté quelque chose?
12. Tu veux nous accompagner au cinéma?
13. Est-ce que je te fais peur?
14. Est-ce que je te fais rire?
15. Est-ce que je te gêne *(bother, upset)*?
16. Est-ce que je peux te rendre visite chez toi?
17. Est-ce que je peux t'aider?
18. Est-ce que je peux vous aider, toi et tes amis?
19. Est-ce que je peux vous téléphoner?
20. Est-ce que je peux vous attendre ici?

● Do **A faire! (5-6)** on page 228 of
the **Manuel de préparation.**

Deux fables:

Le Corbeau et le Renard
(Jean de la Fontaine)

Pourquoi le chat fait sa toilette après manger
(conte africain)

Une fable est un petit récit en vers ou en prose destiné à illustrer une vérité générale ou à expliquer un phénomène naturel. Souvent elle utilise des animaux pour s'adresser aux êtres humains.

Jean de la Fontaine (1641–1695) est un poète et un moraliste de l'âge classique en France. On considère ses fables comme des chefs-d'œuvre de la littérature française.

Les contes africains font partie de la littérature orale folklorique. Au cours des trente dernières années, on a publié de nombreux recueils de ces contes traditionnels.

Le Corbeau° et le Renard°	Crow; Fox
Maître Corbeau, sur un arbre perché,	
Tenait en son bec un fromage.	
Maître Renard, par l'odeur alléché°.	attracted
Lui tint à peu près ce langage°:	Spoke to him something like this
5　«Hé! bonjour, Monsieur du Corbeau.	
Que vous êtes joli! Que vous me semblez beau!	
Sans mentir°, si votre ramage°	No lie; voice
Se rapporte à votre plumage°,	Is like your feathers
Vous êtes le Phénix° des hôtes de ces bois°.»	Phoenix (here: unique individual); woods
10　A ces mots le Corbeau ne se sent pas de joie°;	is overjoyed
Et pour montrer sa belle voix,	
Il ouvre un large bec, laisse tomber sa proie°.	prey
Le Renard s'en saisit, et dit: «Mon bon Monsieur,	
Apprenez que tout flatteur	
15　Vit aux dépens de celui° qui l'écoute:	the one
Cette leçon vaut bien° un fromage, sans doute.»	is worth
Le Corbeau, honteux° et confus°,	ashamed; embarrassed
Jura°, mais un peu tard, qu'on ne l'y prendrait plus°.	Swore; wouldn't be taken in again

washes up; Sparrow notices; Yum, yum!

stops; with a graceful leap

is getting ready

well brought up

No sooner said than done.; lets go of

to get away

flying off

tricked

will wash up

Pourquoi le chat fait sa toilette° après manger

Un jour, un Moineau° imprudent se pose sur la branche la plus basse d'un arbre. Un Chat aperçoit° l'oiseau. Miam miam!° Quel bon repas en perspective. Il s'approche tout doucement, il se met en arrêt° et, d'un bond souple°, il attrape l'oiseau. Comme il s'apprête° à le dévorer, le Moineau lui dit:

—Un Chat bien élevé° ne mange pas avant de se laver. 5

—C'est vrai, tu as raison, répond le Chat.

Aussitôt dit, aussitôt fait.° Le Chat lâche° sa proie et il commence à faire sa toilette. L'oiseau en profite, bien sûr, pour se sauver° sans demander son reste.

—Tu es vraiment stupide, crie-t-il au Chat en s'envolant°.

Le Chat comprend alors qu'il a été trompé°. Profondément vexé, il se dit en 10 lui-même:

—La prochaine fois que je capturerai un oiseau, je commencerai par le manger. Après seulement je me débarbouillerai°.

Depuis ce jour, on voit toujours les chats faire leur toilette après manger.

Source: Contes d'Afrique Centrale.

ᵗᵗᵗ CC. Discussion: Les fables et nous. Discutez des questions suivantes avec quelques camarades de classe.

1. En quoi les deux fables se ressemblent-elles? Quels éléments ont-elles en commun?
2. En quoi sont-elles différentes?
3. Le Renard profite d'un défaut de caractère chez le Corbeau pour obtenir le morceau de fromage. Quel est ce défaut? S'agit-il du même défaut chez le Chat? Expliquez.
4. Les fables mettent souvent en opposition les «forts» et les «faibles». Dans ces deux fables, qui gagne, le «fort» ou le «faible»? Expliquez. Les autres fables ou contes que vous connaissez ont-ils généralement le même résultat? Donnez des exemples.

REPRISE

Les pronoms compléments d'objet direct et indirect

ᵗᵗᵗ DD. Quel(le) internaute es-tu? *(What kind of an Internet user are you?)* Vous faites une enquête sur les habitudes cybernétiques des étudiants. Posez les questions à un(e) camarade de classe, qui vous répondra en utilisant un pronom complément d'objet (**le, l', la, les; lui, leur; y, en; me, te, nous, vous**).

1. Je peux te poser des questions?
2. Tu as un portable?
3. Tu apportes ton portable en classe?
4. Tu es sur Internet combien de temps par jour?
5. Tu utilises Internet pour faire tes devoirs?
6. En moyenne *(On average)*, combien de méls est-ce que tu reçois par jour?
7. Est-ce que tu lis les publicités que tu reçois dans ta boîte aux lettres?
8. Est-ce que tu as téléchargé de la musique récemment?
9. Est-ce que tu connais par cœur beaucoup d'adresses sur Internet?
10. Est-ce que tes parents ou tes grands-parents te demandent de les aider à naviguer sur Internet?
11. Est-ce que tu pourrais m'expliquer comment protéger mon ordinateur?
12. Est-ce que tu utilises souvent des smileys?
13. Est-ce que tu envoies un mél à ton (ta) meilleur(e) ami(e) pour son anniversaire?
14. Est-ce qu'il t'arrive encore *(still)* de lire des livres?

15. Je te vois souvent à la bibliothèque, non?
16. Tu changes souvent de pseudo *(username)*?
17. Tu regardes la télévision sur ton ordinateur?
18. Est-ce que tu voudrais inventer Internet s'il n'existait pas?
19. Je t'ai promis de ne pas mentionner ton nom?
20. Est-ce que je peux te téléphoner si j'ai d'autres questions?

EE. Un entretien. Voici quelques questions qu'on pourrait poser à quelqu'un au cours d'un entretien pour un job. Posez-les à un(e) camarade de classe, qui vous répondra en utilisant un pronom complément d'objet **(le, l', la, les; lui, leur; y, en; me, te, nous, vous)**.

1. Vous avez des frères?
2. Vous avez des sœurs?
3. Où est-ce que votre famille habite? Est-ce qu'elle habite à… depuis longtemps?
4. Vous voyez souvent vos parents?
5. Vous parlez souvent à vos parents?
6. Où est-ce que vous avez déjà travaillé? Pendant combien de temps est-ce que vous avez travaillé à… ?
7. Vous avez trouvé le travail intéressant?
8. Vous avez gagné assez d'argent?
9. Comment s'appelait votre patron(ne) *(boss)*? Vous aimiez votre patron(ne)?
10. Il (Elle) vous parlait souvent?
11. Vous aviez beaucoup de collègues *(co-workers)*?
12. Vous parliez souvent à vos collègues?
13. Vous gardez un bon souvenir de ce job?
14. Vous vous intéressez à notre poste?
15. Vous aimeriez visiter nos bureaux?
16. Vous voudriez parler à nos employés?
17. Vous avez des lettres de recommandation?
18. Je pourrais voir vos lettres de recommandation?
19. Comment est-ce que nous pouvons vous contacter?
20. Est-ce que vous voulez bien nous donner votre numéro de téléphone?

Do **A faire! (5-7)** on page 231 of the **Manuel de préparation**.

C'est à vous maintenant!

FF. Au choix (suite). Résumez votre conte, votre film ou votre article en donnant autant de précisions que possible. Quand vous aurez fini, vos camarades feront eux-mêmes le résumé de votre conte, de votre film ou de votre article afin de démontrer que vous en avez fait un bon résumé.

Do **A faire! (5-8)** on page 234 of the **Manuel de préparation**.

CHAPITRE 6

Hier, aujourd'hui, demain

Ça, c'est la France d'aujourd'hui!

Et ça, c'est la France de demain!

Objectives

In this chapter, you will learn to:

- talk about cultural heritage;
- talk about the environment and human conflicts;
- talk about technological achievements;
- talk about the future;
- express active and passive voices, future events, and hypothetical events.

In addition, you will read about and explore the following topics: the French cultural heritage; French and Francophone natural resources; world problems such as pollution and prejudice; innovations in technology; and scenarios for the future.

🌐 www.cengagebrain.com

Culture, Grammar Activities, Video

👥 **Pair work**

👥👥 **Group work**

🔊 CD4, Tracks 6–20　　🔴 **A faire!** MP: pp. 235–282

Les atouts de la France

▲ **L'arc de triomphe de l'Etoile, Paris** *Avec la tour Eiffel, l'arc de triomphe fait partie des monuments français qui sont devenus des symboles historiques mondiale-ment reconnus. Il est situé à l'extrême ouest de l'avenue des Champs-Elysées au milieu de la place de l'Etoile, un énorme rond-point d'où rayonnent douze avenues. C'est Napoléon Iᵉʳ qui en a commandé la construction en 1806. Le monument a été inauguré le 29 juillet 1836 (bien après la mort de Napoléon).*

C'est sous l'arc de triomphe que se trouve la tombe du Soldat inconnu de la Première Guerre mondiale avec la flamme éternelle (la flamme du souvenir) qui ne s'éteint jamais. Avec ses arcades, sculptures et bas-reliefs, ce monu-ment rappelle non seulement des jours de gloire militaire mais représente aussi une œuvre artistique impressionnante.

Le monde d'aujourd'hui et de demain

Le monde dans lequel nous vivons, c'est notre réalité et notre point de repère. D'une façon ou d'une autre, nous sommes tous définis par notre histoire, par notre patrimoine culturel et par l'environnement dans lequel nous nous trouvons. Comme nous, les Français et les Francophones sont fiers de leur pays, de leur patrimoine, de leurs réalisations. Leur histoire, leurs traditions et leur culture se manifestent dans leurs monuments, leurs musées, leur littérature, leur musique, leur production artistique et leur façon de s'entendre avec la nature qui les entoure. Mais les richesses de ces cultures sont aussi menacées par des problèmes tels que la dégradation de l'environnement, la haine, la discrimination, la criminalité, etc. L'avenir sera donc certainement défini par l'appréciation et la protection des richesses culturelles et naturelles. Dans ce chapitre, les témoins vous parleront des atouts de leur pays; ils vont identifier quelques problèmes qui menacent la planète et, enfin, ils expliqueront comment ils envisagent l'avenir.

▲ **Le musée d'Orsay, Paris** *Qui ne connaît pas Renoir, Monet, Cézanne, Gauguin, Toulouse-Lautrec et tous les autres peintres français d'une longue tradition artistique qui remonte jusqu'au Moyen Age? Qu'il s'agisse des cathédrales gothiques avec leurs sculptures monumentales, des tapisseries médiévales, de l'art de la période de Louis XIV, des im-pressionnistes, on ne peut guère parler d'art sans évoquer l'influence mondiale de la France. A Paris, par exemple, on peut visiter quelque 130 musées—parmi lesquels se trouvent les musées les plus connus du monde (musée du Louvre, musée d'Orsay, musée Rodin, musée national d'art moderne—Centre Georges Pompidou). Qu'on soit fana de peinture ou de vin, de sciences ou de musique, de personnages littéraires ou de haute couture, il y a des musées pour tous les goûts à Paris comme dans toutes les autres villes de France.*

La cuisine française, c'est un art de manger et de vivre. *Il ne s'agit pas forcément de manger de grandes quantités. Il est plutôt question de bien manger, de prendre son temps, de savourer les plats, de les déguster avec un bon vin et de partager les repas avec ses proches dans une ambiance conviviale.*

▲ **La littérature française: patrimoine sans égal** *Montaigne, Rabelais, Corneille, Racine, Molière, Voltaire, Rousseau, Balzac, Hugo, Baudelaire, Flaubert, Zola, Colette, Camus, Sartre, Simone de Beauvoir. Voilà des noms qui continuent à exercer une influence importante sur la production littéraire occidentale. Ce ne sont pas seulement les étudiants et profs d'université qui se penchent sur les romans, la poésie, les pièces de théâtre et les essais des écrivains français. C'est aussi tous les lecteurs qui aiment se détendre avec les auteurs classiques. En littérature comme en philosophie, la France est un des rares pays du monde qui a une production ininterrompue de chefs-d'œuvre, du Moyen Age jusqu'à aujourd'hui.*

◀ **La cuisine française reflète la richesse des ressources agricoles du pays.** *Les meilleurs chefs comme la ménagère du petit village préfèrent donc les produits frais de leur région. Et, étant donné la variété des climats en France (climat continental, climat montagnard, climat atlantique, climat méditerranéen), chaque région a donc toute une gamme de spécialités culinaires très appréciées et mondialement connues. La quiche lorraine, la choucroute alsacienne, la crêpe bretonne, la bouillabaisse, le bœuf bourguignon, les moules marinières, le cassoulet, les pâtisseries, le pain, les fromages et, bien entendu, les vins des plus grands vignobles français, voilà le patrimoine naturel français.*

▲ **Guadeloupe: marché en plein air**

▲ **Parc National de la Guadeloupe**

Il faut se rappeler que, quand on dit «France», il ne s'agit pas seulement de la France métropolitaine mais aussi des départements (français) d'outre-mer (DOM— la Guadeloupe, la Martinique, la Guyane, La Réunion) et des collectivités et pays d'outre-mer (la Nouvelle-Calédonie, la Polynésie française, Wallis-et-Futuna, les Terres françaises australes et antarctiques, Saint-Pierre-et-Miquelon). Musique, arts, architecture, littérature, produits agricoles, ces départements, collectivités et pays apportent une richesse culturelle importante au patrimoine français.

Répartition de l'eau sur la planète

Et pourquoi parler de l'environnement, de l'eau, de l'air, de la pollution dans le contexte des atouts d'un pays ou d'une région? Eh bien, parce que si le patrimoine naturel n'est pas protégé, les richesses des pays risquent de disparaître. Il faut donc tout faire pour protéger les ressources dont dépendent la vie et la création artistique et intellectuelle.

Y a-t-il beaucoup d'eau sur notre planète? Enormément: 1 350 millions de km³, c'est-à-dire une quantité inimaginable. 74% de la surface du globe est recouverte par les océans... mais c'est de l'eau salée, qui n'est bonne ni pour notre soif ni pour nos cultures. Seules 2,5% des eaux du globe sont douces!

Environ les trois-quarts de cette eau douce sont bloqués, gelés dans les calottes glaciaires des pôles, donc inaccessibles!

© David Porter/Photolibrary

Que reste-t-il alors pour notre soif? Nos rivières et nos lacs, qui ne représentent que 1% de l'eau douce, et surtout l'eau qui se loge loin de nos yeux sous le sol, et qui représente le quart de l'eau douce.

Et qu'est-ce qui nous restera si nous continuons à polluer ces eaux potables? Dans relativement peu de temps, les richesses de la terre ne seront peut-être qu'un souvenir lointain. Qu'est-ce que nous ferons donc pour protéger l'air, l'eau, les plantes, les animaux et nous-mêmes? Qu'est-ce qu'il faut faire pour cet environnement qui constitue notre patrimoine naturel?

A. Mots-clés. Etudiez les **Repères** (pages 236–239) pour trouver les mots et les expressions qui s'associent aux concepts suivants.

1. art et achitecture (10)
2. littérature (5)
3. cuisine (5)
4. patrimoine français (10)
5. environnement (10)

 CD4, Track 6

B. Une visite guidée. Vous faites la visite de Paris avec un guide électronique qui explique ce que vous voyez et ce que vous regardez. Répondez aux questions en fonction de ce que vous apprenez dans chaque situation.

Modèle: (Vous entendez)
—Et ici, à droite, vous voyez le tableau le plus célèbre du monde. En français, la femme au sourire mystérieux s'appelle «La Joconde». En anglais, elle s'appelle «Mona Lisa». C'est le chef-d'œuvre de Léonard de Vinci, peint entre 1503 et 1507, à l'époque où De Vinci était installé en France à la cour du roi François Iᵉʳ. La peinture a été achetée par le roi et elle est dans la collection permanente du musée du Louvre ici à Paris. Tous les ans, des milliers de personnes du monde entier viennent admirer ce tableau magnifique.

(Vous répondez aux questions.)
Où êtes-vous? *Au musée du Louvre à Paris.*
Comment s'appelle le tableau? *La Joconde.*

1. Où êtes-vous? / Qui a peint les représentations de la cathédrale de Rouen? / Quand est-ce qu'il a commencé à peindre la cathédrale de Rouen? / A quel mouvement artistique est-ce qu'on associe son nom? / Combien de représentations de ce sujet existent? / Quelles sont deux techniques qui caractérisent ce mouvement artistique?

2. Quel est le style architectural de Notre Dame? / A quelle époque est-ce que la cathédrale a été construite? / Combien de tours est-ce qu'il y a? / Est-ce que ces tours sont identiques? / Quelle est la signification de la plaque en bronze devant l'entrée de la façade ouest?

Ville utopique: Aérocity

Quel rapport entre le patrimoine, les problèmes de la planète et l'avenir? Au niveau le plus simple, si nous ne trouvons pas de solutions à ce qui menace le patrimoine naturel, la qualité de vie des êtres humains n'est pas du tout assurée. Il faut donc saluer les chercheurs qui s'emploient à imaginer les scénarios du futur tout en proposant des solutions aux problèmes les plus graves d'aujourd'hui. En voici quelques exemples.

Ceux qui habitent les grands centres urbains savent ce que c'est que la pollution. De par sa définition, la ville est un espace qui devient de plus en plus pollué: pollution de l'air, bruit, problèmes de déchets, etc. Plutôt que de se lamenter sur cet état de choses, des urbanistes, ingénieurs et architectes imaginent des modèles de cités futuristes qui pourraient remédier à ces problèmes et où tous les besoins humains seraient prévus: habitations,

© Amana Images/Getty Images

commerces, bureaux, écoles, déplacements par transports en commun électriques, espaces verts, bref, un espace propre, respirable, confortable et beau. C'était le rêve de l'architecte québécois Gilles Gauthier quand il a imaginé la ville linéaire (c'est-à-dire horizontale mais non radiocentrique) avec transports métro et TGV souterrains électriques. Ce modèle a inspiré Pier Paolo Bonandrini et Julien Allègre pour créer Aérocity, une utopie linéaire qui utilise les technologies dernier cri et qui est leur vision écologique de l'avenir. Intéressant, n'est-ce pas?

3. Quel musée se trouve dans le VIIe arrondissement de Paris, plus précisément au 79, rue de Varenne? / Quelles sont deux des statues les plus célèbres de ce sculpteur? / Est-ce que toutes les sculptures du musée se trouvent à l'intérieur? / Est-ce qu'il existe un seul exemplaire du *Penseur*? / En quoi les exemplaires sont-ils différents? / Est-ce qu'on peut voir *Le Penseur* aux Etats-Unis?

4. Chez qui est-ce que vous êtes au 6, place des Vosges? / Pendant combien de temps est-ce que l'auteur a vécu dans cet appartement? / A quelle époque est-ce que l'auteur a vécu? / Est-ce que l'auteur a écrit seulement des romans? / Comment s'appellent les deux romans les plus célèbres de l'auteur?

5. C'est quoi, la Villette? / Qu'est-ce qu'il y a à «Explora»? / Qu'est-ce qu'on peut voir à l'exposition «Le Vivant»? / Où est-ce qu'on peut aller si on s'intéresse à l'aéronautique? / Où est-ce qu'on peut aller si on veut voir les étoiles?

C. Est-ce que vous avez compris? Répondez aux questions suivantes selon ce que vous avez appris dans **Repères**.

1. Quels sont les éléments qui constituent le patrimoine d'un peuple?
2. A quelle époque est-ce que l'arc de triomphe a été construit?
3. Qu'est-ce qu'il y a sous l'arc de triomphe?
4. A peu près combien de musées est-ce qu'il y a à Paris?
5. Quel est le nom donné au musée d'art moderne de Paris?
6. Est-ce que Molière était un écrivain ou un peintre?
7. Quels sont les genres littéraires identifiés dans **Repères**?
8. Qu'est-ce qui compte le plus dans la cuisine française, la quantité ou la qualité?
9. Qu'est-ce qui est important pour les chefs français?
10. Quels sont les quatre types de climats qu'on trouve en France?
11. Quel est le statut officiel de la Guadeloupe?
12. De toute l'eau sur la terre, quel pourcentage est de l'eau douce?
13. Quelle expression est synonyme d'«eau douce»?
14. Pourquoi est-ce qu'il est important que les urbanistes imaginent des villes du futur?
15. Quels sont deux modèles de villes du futur?

Quant à moi...

Témoignages: «Quels sont les atouts de votre pays?»

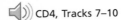 **D. A vous d'abord!** Vos camarades et vous allez énumérer les atouts (patrimoine culturel, patrimoine naturel) de votre pays. S'il y a des étudiants d'autres pays dans votre groupe, ils peuvent parler des atouts de leur pays. Voilà quelques rubriques qui pourront vous aider dans votre discussion: monuments, littérature, musique, art, musées, architecture, traditions, sports, cuisine, beautés naturelles.

🔊 CD4, Tracks 7–10

🌐 Visit the **témoins** in their hometown on Google Earth.

E. Les témoins vous parlent. En écoutant quelques Français et Francophones vous parler des atouts de leurs pays, faites les exercices selon les indications données.

Anne-Marie Floquet
Paris, France

> **Vocabulaire utile**
>
> **atouts** *(assets)*, **fierté** *(pride)*, **terroir** *(soil, land)*, **nourriture** *(food)*, **fiers** *(proud)*, **terre** *(land, soil)*, **lancer** *(launch)*, **pour le mettre en valeur** *(to highlight it)*, **à toute échelle** *(at every level)*, **on tombe sur** *(you come upon)*, **ça remonte à tellement loin** *(it goes so far back)*, **savoir-vivre** *(etiquette, way of living)*, **rites** *(rituals)*

1. Complétez l'interview en ajoutant les mots qui manquent. Utilisez une autre feuille de papier.

Je pense qu'il y a vraiment une, une _____ dans les _____ du, du pays. Euh… ben je vais peut-être _____ par les, les plus _____, euh… la _____ du _____, son _____, la _____ qui vient de ce terroir, le _____. Donc je pense que les gens sont _____ de, de ce rapport à la terre, euh de la beauté, de l'_____ du pays. Euh, la France est aussi un pays qui n'a pas seulement un _____ culturel… euh… considérable mais qui est un pays riche. Et donc euh, elle, elle peut euh _____ des _____ euh remarquables pour maintenir ce patrimoine et pour le, pour le _____ en valeur. Donc les musées sont superbes, à toute échelle. Euh, régulièrement, dans les petits _____, on tombe sur des, des petits _____ sur l'histoire du vin ou sur n'importe quoi de, de local.

Quand on _____ dans Paris, je crois que c'est, c'est vraiment une _____ unique euh, bon par sa beauté, il y a d'autres villes qui sont très _____, euh mais je crois _____ on se promène dans Paris, il y a toutes les _____, ça remonte à tellement loin et, et ça c'est _____, la _____ des styles et, et pourtant une, une _____ dans la beauté qui est vraiment remarquable.

Un savoir-vivre aussi. Ce n'est pas tellement ce qu'on mange, oui, c'est en partie ce qu'on mange, mais _____ on le mange, les _____, euh le _____ comme rite. Le repas en famille ou avec des amis, euh la culture de, de l'_____ de, de la bonne cuisine. Ça fait partie du savoir-vivre, une certaine _____ aussi.

Pierre Hurel
Paris, France

Vocabulaire utile

à citer *(to mention)*, services sociaux *(social services)*, à croire *(to believe)*, devrait *(should be)*, gratuite *(free of charge)*, frais médicaux *(medical fees)*, ministère de la culture *(ministry of culture)*, investir *(invest)*, régit *(governs)*, de mieux vivre *(to live better)*, efficace *(effective)*, produits de luxe *(luxury items)*, puissance *(power)*, qu'il s'agisse *(be it about)*, mode *(fashion)*, fière *(proud)*, (Airbus) A380 *(number of the latest and largest double-decker Airbus)*, niveaux *(levels)*, usines *(factories)*, prouesse *(feat)*, pourrait être *(could be)*, à propos de *(about)*, qualité de vie *(quality of life)*, de nombreux *(many, numerous)*, étrangers *(foreigners)*, bonheur *(happiness)*

2. Répondez aux questions selon ce que dit Pierre. Utilisez une autre feuille de papier.

   a. En termes généraux, quels sont les atouts que mentionne Pierre?
   b. Quels exemples est-ce qu'il cite pour certains de ces atouts?
   c. Comment est-ce que vous pouvez caractériser l'attitude de Pierre en ce qui concerne la France?
   d. Quand il parle de la «qualité de vie en France», qu'est-ce qu'il veut dire?

Corinne Bernimoulin-Schmid
Genève, Suisse

Vocabulaire utile

que ce soit *(be it)*, également *(also)*, bilingue *(bilingual)*, trilingue *(trilingual)*, quadrilingue *(quatrilingual)*, lacs *(lakes)*, fiers *(proud)*, vaches *(cows)*, mythe *(myth)*, séchée *(dried)*, raclette *(melted cheese served with boiled potatoes, pickles, and coldcuts)*, marches *(hikes)*, âme *(soul, person)*, verdure *(greenery)*, paysages *(landscapes)*, depuis *(from)*, de route *(by car)*, pistes de ski *(ski slopes)*, roule *(drives)*, romanche *(language spoken in Eastern Switzerland, one of the four Swiss national languages; the three official languages are German, French, and Italian)*, multilinguisme *(multilingual)*, ouverts *(open)*, pacifisme *(pacifism, the idea of living in peace)*

3. Complétez les phrases en utilisant les faits et données que vous avez appris sur la Suisse. Utilisez une autre feuille de papier.

   - La Suisse est un pays de _____ d'habitants.
   - On peut traverser la Suisse en _____ heures.
   - Depuis la Suisse, on a accès à la _____, à l'_____, à l'_____ et à l'_____.
   - En Suisse, on est obligé d'apprendre d'autres _____.
   - La Suisse est un _____ pays. Il y a des _____, des _____, une _____ fabuleuse.
   - Le chocolat suisse est tout simplement le _____.
   - Les Suisses boivent du vin avec de la _____ séchée.
   - La _____ et la _____ sont des spécialités suisses.
   - La Suisse a _____ langues nationales: l'_____, le _____, l'_____ et le _____.

Nadia Aouad
Beyrouth, Liban

4. Notez au moins cinq faits que vous avez appris sur le Liban et les Libanais.

F. Visitez notre région. Imaginez que vous êtes chargé(e) de créer une liste des atouts pour la région où se trouve votre université. Votre but est d'attirer des visiteurs. Parlez de la nature, des choses à voir, des musées, des monuments, des spécialités culinaires, des restaurants, des activités culturelles (théâtre, concerts, cinéma, etc.) et des gens.

Do **A faire! (6-1)** on page 236 of the **Manuel de préparation.**

Et vous?

FICHE VOCABULAIRE

LES ATOUTS D'UN PAYS OU D'UNE RÉGION

Pour parler des atouts (vocabulaire général)
un aspect
un atout *asset*
avoir accès à
beau (belle)
la beauté
le bonheur *happiness*
croire *to think; to believe* (je crois, tu crois, il/elle/on croit, nous croyons, vous croyez, ils/elles croient)
la culture
une époque
être fier (fière) de *to be proud of*
extraordinaire
la fierté *pride*
l'héritage *(m.)*
une industrie
magnifique
un mythe
le patrimoine *heritage*
un pays
un produit
la qualité de vie
une région
un rite *ritual*
le savoir-vivre *stylish (refined) lifestyle*
un village
une ville

Le patrimoine culturel
un acteur (une actrice)
l'archéologie *(f.)*
un(e) archéologue
un(e) architecte
l'architecture *(f.)*
l'art *(m.)*
un bâtiment
une bibliothèque
une cathédrale
un centre culturel
le chant *song; singing*
un(e) chanteur(euse)
le cinéma

un compositeur
la danse
un(e) danseur(euse)
dater de *dates from, goes back to*
un dramaturge *playwright, dramatist*
le dessin *drawing, sketch*
une école de danse (de musique, d'art, des beaux-arts)
un écrivain (une femme écrivain, une écrivaine) *writer*
un essai
l'esthétique *(f.) (adj.* esthétique)
une exposition
un festival (des festivals)
la haute couture *high fashion*
l'histoire *(f.)*
une langue
la littérature
la mode *fashion*
un monument (historique)
un musée
la musique
la peinture
un philosophe
la philosophie
la photographie
une pièce de théâtre *play (theater)*
la poésie (un poème)
un(e) poète
un roman *novel*
un(e) romancier(ère) *novelist*
une ruine
une salle de spectacle
un sculpteur
la sculpture
une statue
le théâtre
une troupe de théâtre

Le patrimoine naturel
un arbre *tree*
le bord de la mer *seaside*
un champ *field*
la côte *coast (ocean)*
la cuisine
délicieux(se)
l'environnement *(m.) (surroundings; environment)*
une fleur

une forêt
un lac
la marche (à pied) *hiking*
une montagne
la nature
la nourriture
un paysage *countryside; landscape*
un plat *dish (food)*
un produit frais
une saison
une spécialité culinaire
une station balnéaire *seaside resort*
une station de ski *ski resort*
la terre *earth; soil; land*
le terroir *earth; soil; land*
la verdure *greenery*

Les innovations technologiques
un avantage
le chemin de fer *railroad(s)*
dernier cri *state-of-the-art*
l'énergie *(f.)* (solaire)
une idée
un inconvénient *disadvantage*
innovateur(trice) *innovative*
lancer *to launch*
une mini-voiture
un pont *bridge*
un projet
une prouesse (technique, technologique) *(technical, technological) feat*
souterrain(e) *underground, subterranean*
un système de transports
le TGV (train à grande vitesse) *high-speed train*
une technologie
un train
les transports *(m.)* en commun *public transportation; carpooling*
un tunnel
une usine
un véhicule (solaire, électrique, hybride, etc.)
une voiture (solaire, électrique, hybride, etc.)

G. Les atouts des U.S.A. Avec vos camarades, faites une liste des points d'intérêt des Etats-Unis. Consultez la **Fiche Vocabulaire** et le vocabulaire utile ci-dessous pour vous aider dans votre discussion. N'oubliez pas de prendre des notes. Vous allez rédiger un petit essai sur le même sujet dans le **Manuel de préparation**.

Vocabulaire: When you're talking about points of interest in the United States, most of the proper nouns you'll be referring to are in English. In some cases, you'll simply retain the proper nouns and in other instances you can translate part or all of the names into French. You can also add general French vocabulary and expressions, some of which are indicated below.

Examples:

le Grand Canyon (le parc national du Grand Canyon)
le parc national de Death Valley (la Vallée de la Mort)
le parc d'attractions Walt Disney World
le Lincoln Memorial
la statue de la Liberté
Ellis island
le parc de spectacles aquatiques SeaWorld
les montagnes Rocheuses *(Rocky Mountains)*
Boston (la ville de Boston)

Le Lincoln Memorial

© Denise Kappa/Shutterstock.com

Magazine Culture Le patrimoine français

Si jamais vous partez à la découverte des richesses culturelles, historiques et technologiques de la France, vous trouverez de tout pour satisfaire à vos goûts et à vos intérêts: châteaux, monuments, églises, cathédrales, sites préhistoriques, édifices antiques, musées, vieux villages pittoresques, jardins magnifiques, ponts, moyens de transports. Les Français connaissent bien leur pays et ils sont très fiers de ce passé historique qui fait partie intégrale de leur vie.

Patrimoine culturel: le château de Blois

Blois est une ville de 52 500 habitants, située de part et d'autre de la Loire entre Tours et Orléans dans la région du Centre. C'est une ville qui a gardé certains aspects de son passé médiéval avec des petites ruelles tortueuses et des escaliers qui s'adaptent au relief escarpé du paysage. Le tricolore donne à Blois un caractère tout à fait unique: façades blanches, toits d'ardoises bleues, cheminées de briques rouges.

Blois est le centre commercial d'une région dominée par l'agriculture. Parmi ses produits, les plus importants sont le blé, le vin, les fraises, les légumes et les asperges. Mais Blois est aussi une ville industrielle avec une économie qui comprend l'automobile, le chocolat Poulain, une industrie pharmaceutique importante et, chose remarquable, la fabrication de sushis congelés! En fait, Blois est le premier centre européen du sushi.

Le château royal de Blois est situé en plein centre de la ville, sur la rive droite de la Loire. La construction du château de Blois a commencé au XIIIe siècle mais de cette forteresse il ne reste aujourd'hui que la grande salle et une tour cylindrique. Entre le XIIIe et le XVIIe siècle le château a été refait plusieurs fois. C'est au XVIe que le château est devenu la résidence principale des rois de France. Au début de ce siècle, le roi Louis XII et sa femme Anne de Bretagne ont entamé une reconstruction majeure du château et la construction de la chapelle Saint-Calais. Il y avait aussi des jardins de style Renaissance qui ont aujourd'hui disparu.

Vue sur Blois

Blason de Blois: fleur de lys d'or sur fond azur (accordée par le roi Louis XII) *(à gauche)*;
Le porc-épic est l'emblème de la ville *(à droite)*

Le château de Blois, un des grands châteaux du Val de Loire: vue de l'aile Louis XII avec, à gauche, la galerie Charles d'Orléans et à droite, la chapelle Saint-Calais

Quelques années après, François Ier a lancé la construction d'une nouvelle aile et un escalier monumental de style Renaissance et c'est ce roi qui a commencé la collection des livres et manuscrits les plus importants de l'époque. Cette collection impressionnante de Blois deviendra, vers 1524, la base de la Bibliothèque Nationale (Paris), une des plus grandes bibliothèques d'Europe.

Entre 1660 et 1841, le château a été abandonné et presque tous les meubles et les statues ont disparu. Mais, en 1841, sous le roi Louis-Philippe, le château de Blois a été désigné monument histori-que et la restauration a com-mencé pour le transformer en musée. Le château de Blois est aujourd'hui la propriété de la ville de Blois et il est devenu un centre important d'exposi-tions, de concerts et de produc-tions théâtrales. Avec toutes les reconstructions, les visiteurs peuvent aujourd'hui apprécier le mélange de styles architec-turaux (gothique, Renaissance, classique) et même les quelques vestiges du Moyen Age. En 1990, un son-et-lumière *(Ainsi Blois vous est conté…)* a été ajouté pour attirer l'attention sur un des plus grands châ-teaux du Val de Loire.

Aile François Ier avec l'escalier

Patrimoine biologique et paysager: la Guadeloupe

Les huit îles de la Guadeloupe administrative représentent un patrimoine biologique et paysager très important pour la France. Il est vrai que, depuis le début de la colonisation, la dégradation de l'environnement a beaucoup réduit la biodiversité de ces îles. Mais aujourd'hui, des arrêtés ministériels assurent la protection des paysages et espèces les plus fragiles. Voici quelques exemples des grottes, marais, bois, plages, étangs et mangroves qui constituent le patrimoine guadeloupéen.

GROTTES ABRITANT DES CHIROPTÈRES

En tout, il y a à peu près 170 espèces de chauve-souris dans le monde, dont 33 sur le territoire français, dont une dizaine dans les six grottes de la Guadeloupe. Ces mammifères se déplacent grâce à un système d'ultrasons perfectionné. Ils ont, à tort, une mauvaise réputation créée surtout par des contes et légendes. Mais on reconnaît aujourd'hui leur importance dans le contrôle des insectes, notamment dans les vergers. La protection de la chauve-souris est donc essentielle à l'équilibre écologique.

MARAIS ET BOIS

Un des derniers grands marécages se trouve dans l'île guadeloupéenne de Marie-Galante. Les conditions hydrologiques très spéciales de la basse vallée contribuent au développement d'une forêt mésophile où on peut voir des espèces végétales très rares. Ce qui est important, c'est que cette zone humide se trouve sur une île plutôt sèche. Les marais ainsi que la forêt servent donc d'environnement diversifié non seulement pour des plantes mais aussi pour plusieurs espèces d'amphibiens et tortues.

© Hemis/Alamy

Profil

Statut: département d'outre-mer (DOM) français et région française

Situation: archipel des Antilles à 7 000 km de la France

Géographie: Administrativement, la Guadeloupe regroupe 8 îles, mais deux îles (Basse-Terre et Grande-Terre) constituent la Guadeloupe proprement dite. Les deux îles sont réliées par deux ponts.

Fleur d'Alpinia en Guadeloupe

Préfecture: Basse-Terre

Chef-lieu: Pointe-à-Pitre

Population: 404, 394 (2010)

Langue officielle: le français

Langue régionale: le créole guadeloupéen

Monnaie: l'euro

Domaine Internet: .gp

Economie: L'agriculture (canne à sucre, banane, melon, avocat, ananas, orange, citron, aubergine, pample-mousse) est une industrie en crise; le tourisme est le secteur économique le plus important; le taux de chômage est de 27,8%.

Musique: la musique créole—le zouk, le gwo-ka, la biguine

LA PLAGE DE GRANDE-ANSE (TROIS-RIVIÈRES)

Cinq des sept espèces de tortues marines identifiées dans le monde passent par l'archipel de la Guadeloupe. Il faut donc savoir que toutes les espèces de tortues marines sont protégées dans toute l'île. Mais il y a certaines plages qui sont particulièrement importantes à leur survie. Par exemple, la plage de Grande-Anse, avec son sable gris-noir rare aux Antilles, attire la tortue luth qui, elle, a besoin d'une plage très large avec un sable profond pour pondre ses œufs.

ETANGS ET MANGROVES

Les étangs et les mangroves deviennent de plus en plus rares sur l'archipel guadeloupéen. Ceux qui existent encore doivent donc être préservés car c'est dans ces endroits que les oiseaux migrateurs trouvent du repos et de la nourriture. Sans même parler des autres créatures qui y trouvent refuge. Les étangs et les mangroves contribuent à la diversité écologique de cette région.

Le viaduc de Millau, le plus haut pont du monde

La France est renommée dans le monde entier pour ses accomplissements techniques et technologiques. Que ce soit la tour Eiffel (avec ses 18 038 pièces métalliques, 2 500 000 rivets et une hauteur de 300 mètres), le TGV (le train le plus rapide du monde), l'Airbus A380 (le plus grand avion jamais conçu) ou le viaduc de Millau (le plus haut pont du monde), les Français sont non seulement innovateurs au niveau des concepts mais ils savent comment réaliser des projets technologiques extraordinaires.

C'est le cas du viaduc de Millau, le pont autoroutier A75 à haubans qui enjambe la vallée du Tarn à une hauteur de 270 mètres. Après des années d'études, le pont a été construit entre 2001 et 2004 et inauguré le 14 décembre 2004 par le président Jacques Chirac. Pourquoi construire ce viaduc? Avant la construction du pont, il n'y avait que trois itinéraires nord-sud pour traverser la France. Avec le viaduc, une quatrième voie a été créée pour faciliter la communication entre Paris et le sud de la France et l'Espagne. Même les critiques de ce projet monumental en reconnaissent aujourd'hui les avantages économiques et commerciaux. Il va sans dire que le viaduc est aussi devenu un point d'intérêt qui attire de nombreux visiteurs.

Le viaduc de Millau—Records mondiaux

- **Hauteur générale:** 270 m (le tablier routier le plus haut du monde)
- **Hauteur de la pile N°2:** 245 m (la pile la plus haute du monde)
- **Hauteur de la flèche de la pile N°2:** 343 m (la flèche la plus haute du monde)
- **Longueur:** 2 460 m (le tablier routier à haubans le plus long du monde)
- **Largeur:** 32 m (2 fois 2 voies et 2 voies de secours)

DICO

à tort *wrongly*
abritant *sheltering*
aile *wing (of a building)*
arrêtés ministériels *ministerial decrees (legislation)*
aubergine *eggplant*
basse *lower*
Blason *Coat of arms*
blé *wheat*
bois *woods*
chauve-souris *bats*
chiroptères *the family of bats*
comprend *includes*
conçu *conceived*
congelés *frozen*
enjambe *spans*
escarpé *steep*
espèces *species*
étangs *ponds*
flèche *spire*
fleur de lys *the former royal arms of France (a lily composed of three petals)*
grottes *grottos*
la Guadeloupe proprement dite *Guadeloupe proper*
Il va sans dire *It goes without saying*
mammifères *mammals*
mangroves *stands of mangrove trees that grow on the edge of swamps*
marais *Swamps*
marécages *swamps*
mélange *mixture*
mésophile *mesophyte (plant needing a moderate amount of water)*
le monde entier *the whole world*
oiseaux migrateurs *migrating birds*
ont entamé *began*
Parmi *Among*
pile *support pillar*
pont *bridge*
(pont) à haubans *cable-stayed (bridge)*
porc-épic *porcupine*
pour pondre *to lay*
renommée *renowned*
rives *bank (of a river)*
ruelles *alleys*
sable *sand*
sèche *dry*
son-et-lumière *sound and light show*
survie *survival*
tablier routier *roadway*
toits d'ardoises *slate roofs*
tortues *turtles*
vergers *orchards*
viaduc *viaduct (a long bridge carrying a road)*
voies *lanes (road)*
voies de secours *emergency (breakdown) lanes*

H. Qu'est-ce que vous avez appris? Répondez aux questions suivantes.

1. Quels sont les deux symboles qui représentent la ville de Blois?
2. Où est située la ville de Blois?
3. Quels sont les aspects uniques de la ville?
4. Quel est le produit commercial le plus surprenant de l'économie de Blois?
5. Quand est-ce que la forteresse de Blois a été construite?
6. A quelle époque est-ce que le château de Blois est devenu la résidence principale des rois de France?
7. Qu'est-ce que le château de Blois a d'intéressant du point de vue de l'architecture?
8. Qu'est-ce qui est arrivé au château entre 1660 et 1841?
9. Et qu'est-ce qui est arrivé au château à partir de 1841?
10. Qu'est-ce qui assure la protection du patrimoine biologique et paysager en Guadeloupe?
11. Quels sont les aspects les plus importants du patrimoine biologique guadeloupéen?
12. Qu'est-ce que vous avez appris sur les chauve-souris?
13. Quels autres espèces et paysages sont protégés en Guadeloupe?
14. Quel est le secteur le plus important de l'économie guadeloupéenne?
15. Pourquoi est-ce que le viaduc de Millau a été construit?
16. Pourquoi est-ce que le viaduc de Millau est un accomplissement extraordinaire?
17. A part le côté technique et les avantages pour les voyageurs, qu'est-ce que le pont apporte aussi à la France?

I. Mini-discussion. Discutez des questions suivantes avec quelques camarades de classe.

1. En ce qui concerne le patrimoine culturel historique, quelle est la différence entre les points de repère des Français et les points de repère des Américains?
2. Qu'est-ce que vous savez sur le Val de Loire et son importance pour le patrimoine culturel français?
3. Qu'est-ce que vous avez appris sur la Guadeloupe dans le **Magazine Culture**?
4. Quand on parle de la France, quels sont les aspects ou les points d'intérêt qu'on mentionne presque toujours? Quelle autre dimension des Français est révélée par la construction du viaduc de Millau?

Contrôle des connaissances

Les verbes *avoir* et *être*

Le présent
avoir j'ai, tu as, il/elle/on a, nous avons, vous avez, ils/elles ont
être   je suis, tu es, il/elle/on est, nous sommes, vous êtes, ils/elles sont

Le passé composé
avoir j'ai eu, tu as eu, il/elle/on a eu, nous avons eu, vous avez eu, ils/elles ont eu
être   j'ai été, tu as été, il/elle/on a été, nous avons été, vous avez été, ils/elles ont été

L'imparfait
avoir j'avais, tu avais, il/elle/on avait, nous avions, vous aviez, ils/elles avaient
être   j'étais, tu étais, il/elle/on était, nous étions, vous étiez, ils/elles étaient

Le plus-que-parfait
avoir j'avais eu, tu avais eu, il/elle/on avait eu, nous avions eu, vous aviez eu, ils/elles avaient eu
être   j'avais été, tu avais été, il/elle/on avait été, nous avions été, vous aviez été, ils/elles avaient été

Le présent du subjonctif
avoir que… j'aie, tu aies, il/elle/on ait, nous ayons, vous ayez, ils/elles aient
être   que… je sois, tu sois, il/elle/on soit, nous soyons, vous soyez, ils/elles soient

Le passé du subjonctif
avoir que… j'aie eu, tu aies eu, il/elle/on ait eu, nous ayons eu, vous ayez eu, ils/elles aient eu
être   que… j'aie été, tu aies été, il/elle/on ait été, nous ayons été, vous ayez été, ils/elles aient été

J. Terminons les idées! Terminez les phrases suivantes avec vos propres idées. Attention aux temps des verbes. Chaque fin de phrase doit comprendre une forme du verbe **avoir** ou du verbe **être**.

> **Modèle:** Je suis content(e) que…
> Je suis contente que *tu aies téléphoné à ta mère.*

1. Je suis content(e) que…
2. Il est important que…
3. Je suis sûr(e) que…
4. Il faut que…
5. Pourquoi est-ce que vous…
6. A quelle heure est-ce que tu…
7. Quand j'habitais chez mes parents,…
8. Ma sœur (Mon frère, Mon père, Ma mère, Mon ami[e]) et moi, nous…
9. Il faut que vous…
10. Mon prof de français pense que…
11. Mon prof de français n'est pas content que…
12. Hier soir, je…

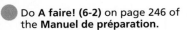 Do **A faire! (6-2)** on page 246 of the **Manuel de préparation.**

Fonction

Comment distinguer entre la voix active et la voix passive

RAPPEL

1. *La voix active*
   L'inondation **a détruit** plus de 200 maisons.
   Evelyne **va acheter** une nouvelle voiture.

2. *La voix passive sans agent*
   Mitterrand **a été élu** président pour la première fois en 1981.
   Notre maison **a été cambriolée.**

3. *La voix passive avec agent*
   Elles **vont être accueillies par** le président de l'université.
   Tous ses frais **ont été payés par** ses parents.

4. *La voix passive à valeur descriptive*
   Ce professeur **est respecté de** tous ses étudiants.
   La maison **était entourée d'**arbres.

🌐 Grammar Tutorials

K. Les dernières nouvelles: qu'est-ce qui s'est passé? En écoutant les actualités à la radio, indiquez si les verbes donnés ci-dessous sont conjugués à la voix active ou à la voix passive.

🔊 CD4, Track 11

1. demander
2. suspendre
3. retarder *(to delay)*
4. appuyer *(to support)*

5. tuer
6. appeler
7. chercher
8. saluer *(to greet)*

L. En lisant *Pariscope*... Quand on lit *Pariscope*, on apprend beaucoup de choses sur les films et sur le monde du cinéma. Transformez les phrases à la voix active en phrases à la voix passive.

Modèle: Dans le film noir français *Sur mes lèvres*, une jeune femme malentendante *(hearing-impaired)* et frustrée choisit comme assistant un repris de justice *(ex-con)*.
Dans le film noir français Sur mes lèvres, *un repris de justice est choisi comme assistant par une jeune femme malentendante et frustrée.*

1. Dans le film de Robert Altman *Gosford Park*, un double meurtre et quelques scandales provoquent des remous *(a stir)* dans le monde privilégié d'un manoir anglais.
2. Dans le drame français *A la folie... pas du tout*, une jolie artiste de 20 ans aime passionnément un cardiologue marié, bientôt papa.
3. Le film d'aventures canadien *Atanarjuat* a gagné le prix Caméra d'Or au festival de Cannes en 2001.

4. Les réalisateurs du documentaire américain-israélo-palestinien *Les Réalistes* ont interviewé sept enfants juifs et palestiniens à propos de leur vision des événements au Moyen-Orient.

5. Aux prochains Césars [équivalent français des Oscars], on va décerner un nouveau prix, celui du meilleur court métrage *(short subject)*.

6. On a tourné le film *L'Orphelin d'Anyang* dans une petite ville chinoise de province.

7. Dans le thriller américain *L'Intrus*, le divorce de ses parents perturbe la vie d'un jeune garçon.

8. Le comité de sélection du festival de Cannes a présenté *Hollywood Ending* (comédie de Woody Allen) en ouverture de la compétition 2002.

9. Dimanche prochain sur France 2, on va interviewer les acteurs principaux du drame psychologique franco-autrichien *La Pianiste.*

10. L'histoire vraie de Kurt Gerstein pendant la Seconde Guerre mondiale a inspiré le film de Costa-Gavras, *Amen.*

M. Dans notre université. Utilisez les mots suggérés pour faire une description de votre université. Exprimez autant que possible vos idées en employant la voix active et la voix passive.

Modèle: *Dans notre université, les assistants font les cours pour débutants.*
Dans notre université, les cours pour débutants sont faits par des assistants.

Vocabulaire:

faire les cours	le/la président(e)
corriger les devoirs	le/la/les vice-président(e)(s)
corriger les examens	le doyen / la doyenne (dean)
établir les règles	le chef du département
punir les infractions aux règles	les professeurs
engager les nouveaux professeurs	les étudiants
organiser les activités	les administrateurs
organiser le programme d'études	remettre les diplômes

Témoignages: «A votre avis, quels sont les problèmes les plus graves dans le monde d'aujourd'hui?»

N. A vous d'abord! Voilà une liste des dangers qui menacent notre planète. Avec vos camarades de classe, mettez-vous d'accord sur les trois dangers qui vous semblent être les plus graves. Quand vous aurez choisi les dangers, donnez quelques exemples qui justifient votre choix.

la pollution	le terrorisme
la discrimination et la haine *(hate)*	la guerre
les maladies comme le SIDA	la criminalité et la violence
la faim	la disparition des forêts tropicales
le chômage	la disparition des espèces animales et
le réchauffement de la planète	végétales
(global warming)	

O. Les témoins vous parlent. En écoutant quelques Français et Francophones parler des problèmes qui menacent la terre, faites les exercices selon les indications données.

 CD4, Tracks 12–16

 Visit the **témoins** in their home-town on Google Earth.

Christophe Mouraux
Liège, Belgique

Vocabulaire utile

dix fois trop *(ten times too much)*, **à résoudre** *(to resolve)*, **SIDA** *(AIDS)*, **de moins en moins** *(less and less)*, **banalisé** *(trivialized)*, **meurent** *(die)*, **engendrer** *(engender, cause)*, **réchauffement de la planète** *(global warming)*, **passer sous silence** *(not mention)*, **auparavant** *(earlier)*, **subi** *(undergone, experienced)*, **au cours du** *(during the)*, **se sont améliorées** *(have gotten better)*, **nettement** *(clearly)*, **de par le fait** *(by the fact, because)*, **vague** *(wave)*, **provenait de** *(came from)*, **sachant que** *(knowing that)*, **je côtoyais** *(I frequented, I was around)*, **quoi qu'elles fassent** *(whatever they do)*, **n'auront pas** *(will not have)*, **s'en sortir** *(get out of their situation)*

1. Dites si les phrases sont vraies ou fausses selon ce qu'a dit Christophe.
   a. Le premier problème que mentionne Christophe, c'est le SIDA.
   b. Du point de vue humanitaire, Christophe a des difficultés à accepter l'idée qu'il y a beaucoup de gens dans le monde qui n'ont pas assez à manger.
   c. Ce qui choque Christophe, c'est que les médias banalisent les maladies comme le SIDA parce qu'ils en parlent de moins en moins.
   d. La pollution de l'eau est le problème qui préoccupe Christophe particu-lièrement.
   e. Il reconnaît que le terrorisme est un problème, mais pour lui, ce n'est pas un problème aussi grave que la faim, les maladies et la pollution.

f. La discrimination n'est pas un problème en Belgique.

g. Après la Seconde Guerre mondiale, la première vague d'immigrants en Belgique était constituées d'Italiens.

h. Ces premiers immigrants sont arrivés en Belgique pour travailler dans les mines.

i. Le travail dans les mines était un travail que les Belges ne voulaient pas faire.

j. Selon Christophe, la discrimination n'existe plus en Belgique.

k. Actuellement, les immigrants sont les gens des pays d'Afrique du Nord.

l. Ces immigrants sont traités avec beaucoup de respect.

m. Les immigrants d'Afrique du Nord n'ont pas le même accès aux emplois et aux logements.

Corinne Bernimoulin-Schmid
Genève, Suisse

Vocabulaire utile

réchauffement climatique *(global warming)*, **scolarisés** *(educated)*, **hautes études** *(higher education)*, **n'auront pas** *(will not have)*, **xénophobes (la xénophobie)** *(xenophobic, xenophobia, a deep dislike of foreigners)*, **dû à** *(due to)*, **volent** *(steal)*, **une montée de** *(a rise in)*, **due à** *(due to)*, **avenir proche** *(near future)*, **guerre** *(war)*, **actuellement** *(currently)*, **ça nous brise le cœur** *(it's heart breaking)*, **pourrait faire** *(could do)*, **Il faudrait prendre exemple sur nous** *(You should take us as an example)*, **assiettes en carton** *(paper plates)*, **fourchettes** *(forks)*, **couteaux** *(knives)*, **ceux** *(those)*, **en porcelaine** *(china)*, **camions de recyclage** *(recycling trucks)*, **verre** *(glass)*, **boîtes de conserve** *(cans)*, **voisins** *(neighbors)*, **vous font remarquer** *(let you know)*, **sacs à poubelle** *(trash bags)*, **on les économise** *(we save them)*, **le moins possible** *(the least amount possible)*, **ménage** *(household)*, **glaciers** *(glaciers)*, **reculent** *(retreat)*, **prendre soin de** *(take care of)*, **taille** *(size)*, **grosses** *(large)*

2. Répondez aux questions selon ce qu'a dit Corinne.

a. Quels sont les cinq grands problèmes énumérés par Corinne?

b. Selon Corinne, quel est le problème des jeunes?

c. Pourquoi est-ce que la xénophobie monte en Suisse et à Genève en particulier?

d. Quel est le résultat de la xénophobie et de l'insécurité?

e. De quoi est-ce que les Suisses ont peur?

f. Que font les Suisses pour protéger l'environnement?

g. Quel pourcentage de Suisses n'a pas de voiture?

Pierre Hurel
Paris, France

Vocabulaire utile

époque charnière *(pivotal period)*, **bloc de l'Est** *(Eastern Block)*, **ère** *(era)*, **espèce d'** *(kind of, type of)*, **lié à** *(tied to)*, **nous interpelle** *(concerns us)*, **s'ennuient** *(are bored, have nothing to do)*, **ne devraient pas faire** *(shouldn't do)*, **manifestations** *(demonstrations)*

3. Notez au moins cinq idées que vous avez repérées dans les commentaires de Pierre.

P. Qu'est-ce que vous en pensez? Chacun des trois témoins donne son propre point de vue sur les problèmes du monde. Discutez des questions suivantes avec vos camarades de classe.

1. Quels sont les problèmes identifiés par chaque témoin? Quels problèmes est-ce que vous voulez ajouter à cette liste?

2. Qu'est-ce que tous les témoins ont en commun dans leurs réponses? En quoi leurs réponses sont-elles différentes?

3. Pierre présente un point de vue un peu différent. Que pensez-vous de son idée selon laquelle l'égoïsme est à la base de la plupart des problèmes que nous avons, y compris du problème de la pollution?

Do **A faire!** (6-3) on page 254 of the **Manuel de préparation.**

Et vous?

FICHE VOCABULAIRE

LES RELATIONS ENTRE L'HOMME ET L'ENVIRONNEMENT / LES RELATIONS ENTRE LES ETRES HUMAINS

L'environnement
abîmer la nature *to damage, harm nature*
un accident (nucléaire, etc.)
avoir peur
le bruit *noise*
une catastrophe
une conséquence
dangereux(se)
les déchets (m.) (radioactifs, toxiques, nocifs, chimiques, etc.) *(radioactive, toxic, harmful, chemical) garbage, waste, trash*
la dégradation (de la faune, de la flore)
la destruction (des forêts, etc.)
la disparition (de la forêt amazonienne, etc.)
l'écologie *(f.)*
un écosystème
l'effet (m.) de serre *greenhouse effect*
l'énergie *(f.)*
l'environnement *(m.)*
être menacé(e) de disparition *to be endangered*
une espèce *species*
les espèces en voie de disparition *endangered species*
le gaspillage *waste*
gaspiller *to waste*
l'impact *(m.)* sur l'environnement *environmental impact*
une industrie
industriel(le)
une menace
menacer
la nature sauvage *wilderness*
les ordures (f.) ménagères *household garbage*
polluer

un pollueur
la pollution (de l'eau, de l'atmosphère, des rivières, de la mer, des sols, etc.)
préserver (les espaces naturels, etc.)
le progrès
la protection
protéger (la nature, les espaces naturels, etc.)
la qualité de vie
le réchauffement de la planète *global warming*
le recyclage (du papier, des magazines, du carton, des vêtements, etc.)
le trou dans la couche d'ozone *tear in the ozone layer*

La discrimination
l'action (f.) en faveur des minorités *affirmative action*
l'antisémitisme *(m.)*
une attitude condescendante
avoir des préjugés contre *to be prejudiced against*
avoir l'esprit ouvert *to be open-minded*
la couleur de la peau *skin color*
la discrimination à l'envers *reverse discrimination*
l'égalité (l'inégalité) *(f.)*
l'égalité des droits *equal rights*
les émeutes raciales *(f.) race riots*
être étroit(e) d'esprit *to be narrow-minded*
être l'objet de discrimination *to be discriminated against*
la haine *hate*
l'homophobie *(f.)*
une insulte verbale
mépriser *to scorn; to detest*
la peur *fear*
un préjugé
le racisme
la ségrégation
le sexisme
la tolérance (l'intolérance)

Q. Les mots de la même famille. Consultez la **Fiche Vocabulaire** pour trouver le mot de la même famille pour chacun des mots donnés.

Modèle: énergique   *l'énergie*

1. catastrophique
2. une menace
3. l'industrie
4. le danger
5. la pollution
6. la protection
7. le mépris
8. tolérant
9. gaspiller
10. un écologiste
11. raciste
12. dégrader
13. détruire
14. disparaître
15. la biologie

ᵢᵢᵢᵢ R. Je suis d'accord parce que... Je ne suis pas d'accord parce que...

Choisissez deux ou trois points de vue de la liste ci-dessous. Dites si vous êtes d'accord ou pas et donnez des raisons pour justifier votre réponse. Consultez la **Fiche Vocabulaire** pour vous aider dans vos conversations.

Modèle: Les menaces de l'environnement sont une invention des écologistes! *C'est absurde! Ce n'est pas du tout une invention. Nous savons que des espèces animales disparaissent tous les jours. L'effet de serre est une réalité. La planète est polluée. Ce n'est pas le peine d'être écologiste pour savoir que les menaces sont réelles et qu'il faut trouver des solutions si nous voulons protéger notre avenir.*

1. Il y a certaines cultures qui n'ont aucun respect pour l'environnement!
2. Nous sommes tous obligés de protéger l'environnement.
3. La discrimination se manifeste rarement aux Etats-Unis.
4. Il y a très peu de choses qu'un individu peut faire pour protéger l'environnement.
5. La discrimination se voit partout: dans les lieux de travail, dans les universités, dans les affaires, en politique... enfin partout.

Magazine Culture Les relations entre l'environnement et l'homme / Les relations entre les êtres humains

Si l'on ne se penche que sur les problèmes de notre planète, on pourrait facilement devenir pessimiste face à l'avenir. Mais il est aussi important de regarder ce que nous faisons pour protéger l'environnement par exemple, et on peut même espérer que les choses vont s'améliorer. En fait, il y a des solutions à nos problèmes écologiques. Mais il faut que chaque individu participe de façon sérieuse aux efforts pour protéger notre patrimoine naturel. Il en est de même pour la discrimination, la haine, la guerre et les autres problèmes qui menacent notre bien-être et notre planète.

GESTES ECOLOGIQUES

Etre conscient de l'environnement veut dire faire attention à tous les gestes qui réduisent le gaspillage. Ça veut dire quoi, exactement?

© mangostock/iStockphoto

© maxstockphoto/Shutterstock.com

- Trier les déchets.
- Recycler le carton, le papier, les boîtes de conserve, les barquettes d'aluminium, le verre, les piles, les aérosols, le plastique, etc.
- Utiliser des piles rechargeables.
- Limiter les photocopies.
- Utiliser une tasse ou un verre au bureau, plutôt que des gobelets plastiques.
- Composter les déchets de cuisine ou du jardin.

© joingate/Shutterstock.com

- Acheter des cadeaux sans emballages (billets de concert, chèque cadeau pour un restaurant ou pour une excursion, etc.).
- Acheter des produits avec peu d'emballages.
- Rapporter les cartouches d'encre aux vendeurs.
- Donnez les vêtements à des organisations caritatives.
- Redonnez les livres.
- Utiliser des sacs réutilisables dans les magasins.
- Eviter les produits jetables à usage unique (appareils-photo, rasoirs, assiettes, stylos, etc.).

- Boire l'eau du robinet plutôt que d'acheter de l'eau en bouteille.
- Acheter des produits alimentaires locaux.
- Utiliser des ampoules longue durée.
- Payer les factures en ligne.
- Eviter le gaspillage de la nourriture.
- Conduire une voiture électrique ou hybride.
- Faire les courses à pied ou à vélo.
- Eteindre les lumières en sortant d'une pièce.

- Acheter moins, réutiliser plus.
- Quels autres gestes pouvez-vous ajouter à cette liste?

© Elena Schweitzer/Shutterstock.com

Sauvegarder la planète

La Smart Car

Les voitures électriques sont de plus en plus nombreuses, surtout dans les grandes villes comme Paris. Ces voitures sont économiques, elles ne polluent pas l'atmosphère et elles sont très pratiques dans des villes à stationnement limité. La Smart Car est maintenant adaptée aux besoins américains. Il faut que tout le monde pense à acheter une voiture électrique ou, au moins, hybride. Notre air sera beaucoup plus respirable!

© David Frazier

La vie sans voitures

Des livraisons de pizzas faites à Vespa, le métro ou le tramway pour aller au travail, le train pour se déplacer en vacances, des journées officielles sans voitures, des voies piétonnières qui traversent des espaces verts, aller à pied plutôt qu'en voiture, voilà des solutions assez faciles pour réduire la pollution atmosphérique dans les centres urbains. Nous avons tous le moyen de modifier, même pour une journée par semaine, notre comportement et nos habitudes. Et une journée peut devenir deux, trois, quatre…

60 minutes pour la planète: éteindre la lumière pendant une heure

www.earthhour.org

Earth Hour (traduisez: 60 minutes pour la planite) est un happening auquel des millions de gens ont participé. Cet événement a duré 60mn, le samedi 28 mars 2009 entre 20h30 et 21h30. De nombreuses personnes, entreprises, villes et personnalités y ont participé en éteignant symboliquement la lumière pendant une heure.

L'histoire

Le 1er février 2007, les associations écologistes de l'Alliance pour la Planète appellent la France à éteindre ses lumières pendant 5 minutes. Trois millions de foyers se mobilisent, les villes éteignent leurs monuments les plus emblématiques. L'initiative est reprise spontanément dans de nombreux pays et devient le symbole de l'engagement de tous contre le péril climatique. Pour renforcer le caractère spectaculaire de cet événement, l'Australie étend les 5 minutes à une heure. Earth Hour (60 minutes pour la planète) est née.

En 2009, la mobilisation est devenue internationale et 80 pays et 930 villes se sont engagés pour cette opération, 1ère initiative mondiale en matière de changement climatique, en éteignant les lumières des mairies et des bâtiments [...].

DICO

ampoules *lightbulbs*
barquettes d'aluminium *aluminum cans*
caritatives *charitable*
carton *cardboard*
cartouches d'encre *ink cartridges*
comportement *behavior*
déchets *scraps*
emballages *wrappers*
éteindre *turn off*
étend *extends*

factures *bills*
foyers *households*
gobelets plastiques *plastic glasses*
jetables *throw-away; disposable*
livraisons *deliveries*
mairies *town halls*
piles *batteries*
respirable *breathable; clean*
robinet *faucet*
trier *separate*
verre *glass*
voies piétonnières *pedestrian walkways*

Le racisme expliqué à ma fille (extrait)

Tahar Ben Jelloun

Tahar Ben Jelloun, sociologue et romancier, est né à Fès (Maroc) en 1944. Il a obtenu le prix Goncourt français en 1987 pour *La Nuit sacrée*.

—Dis, Papa, c'est quoi le racisme?

—[…] Il consiste à se méfier°, et même à mépriser°, des personnes ayant des caractéristiques physiques et culturelles différentes des nôtres. […]

to mistrust, distrust, be suspicious of; to despise, look down on, scorn

La **différence**, c'est le contraire de la ressemblance, de ce qui est identique. La première différence manifeste° est le sexe. Un homme se sent différent d'une femme. Et réciproquement. […]

visible, obvious

Par ailleurs, celui qu'on appelle «différent» a une autre couleur de peau° que nous, parle une autre langue, cuisine autrement que nous, a d'autres coutumes, une autre religion, d'autres façons de vivre, de faire la fête, etc. Il y a la différence qui se manifeste par les apparences physiques (la taille, la couleur de la peau, les traits du visage, etc.), et puis il y a la différence du comportement, des mentalités, des croyances°, etc.

skin color

beliefs

—Alors le raciste n'aime pas les langues, les cuisines, les couleurs qui ne sont pas les siennes°?

his own

—Non, pas tout à fait; un raciste peut aimer et apprendre d'autres langues parce qu'il en a besoin pour son travail ou ses loisirs, mais il peut porter un jugement négatif et injuste sur les peuples qui parlent ces langues. De même, il peut refuser de louer une chambre à un étudiant étranger, vietnamien par exemple, et aimer manger dans des restaurants asiatiques. Le raciste est celui qui pense que tout ce qui est trop différent de lui le menace° dans sa tranquillité.

threatens him

—C'est le raciste qui se sent menacé°?

feels threatened

—Oui, car il a peur° de celui qui ne lui ressemble pas. Le raciste est quelqu'un qui souffre d'un complexe d'infériorité ou de supériorité. […]

he's afraid

—Il a peur?

—L'être humain a besoin d'être rassuré. Il n'aime pas trop ce qui risque de le déranger° dans ses certitudes. Il a tendance à se méfier de ce qui est nouveau. Souvent, on a peur de ce qu'on ne connaît pas. […] Ce n'est pas logique. Le racisme n'est pas quelque chose de juste ou de raisonnable. […]

upset him

Source: Extrait de Tahar Ben Jelloun, *Le racisme expliqué à ma fille*. Paris: Editions du Seuil, 1998.

ŤŤŤ S. L'environnement: Causes et solutions. Pour chaque problème, votre groupe donne d'abord une cause et ensuite propose une ou plusieurs solutions. Consultez le **Magazine Culture** et les autres parties du chapitre pour vous aider.

> **Modéle:** la pollution des villes
> *Les villes sont très polluées parce qu'il y a trop de voitures.*
> *Voilà quelques solutions possibles: Il faut créer des voies piétonnières, augmenter le nombre de voitures électriques, etc.*

1. le manque d'eau
2. la pollution atmosphérique
3. le problème des déchets ménagers
4. le problème des emballages
5. la surutilisation de l'électricité (le gaspillage de l'énergie)
6. la pollution de l'eau

†††† T. *Le racisme expliqué à ma fille:* **Vous avez bien compris?** Répondez aux questions suivantes selon ce que vous avez lu dans l'extrait de Ben Jelloun.

1. Selon le père, quelle est la définition du racisme?
2. Et quels exemples est-ce qu'il donne du mot «différence»?
3. Comment se manifeste le racisme dans la vie quotidienne?
4. De quoi est-ce que le raciste a peur?

†††† U. *Le racisme expliqué à ma fille:* **Discussion.** Voici quelques citations du texte de Ben Jelloun. Donnez des exemples qui illustrent chaque citation. Donnez également des exemples qui montrent que les généralités de Ben Jelloun s'appliquent aussi à d'autres formes de discrimination (le sexisme, l'homophobie, l'antisémitisme, les préjugés contre les plus démunis et les personnes âgées, etc.).

1. «Le raciste peut aimer et apprendre d'autres langues…, mais il peut porter un jugement négatif et injuste sur les peuples qui parlent cette langue.»
2. «Le raciste est celui qui pense que tout ce qui est trop différent de lui le menace dans sa tranquillité.»
3. «… il a peur de celui qui ne lui ressemble pas.»
4. «L'être humain a besoin d'être rassuré.»
5. «Souvent, on a peur de ce qu'on ne connaît pas.»
6. «Le raciste est quelqu'un qui souffre d'un complexe d'infériorité.»
7. «Le raciste est quelqu'un qui souffre d'un complexe de supériorité.»

«Aux Arbres Citoyens» par Yannick Noah

Yannick Noah: (né en 1960 en France) Dans le monde des sports, Yannick Noah est tout d'abord connu comme champion de tennis. Il a commencé à jouer très jeune, à Yaoundé (Cameroun), pays natal de son père. Sa carrière professionnelle a commencé en 1978. Son plus grand a succès a été en juin 1983, quand il a gagné à Roland-Garros *(French Open, Paris)*. Il a pris sa retraite du tennis en 1990. En 1991, il a commencé sa carrière de chanteur avec l'album *Black and What*. En tout, il a fait neuf albums.

La chanson «Aux Arbres Citoyens»: Cette chanson, qui imite la phrase de l'hymne national français *(La Marseillaise)*, «Aux armes citoyens», est la déclaration écologique de Yannick Noah. Dans la chanson, il dit que c'est à nous tous de «changer les choses» pour protéger la nature. Dans le refrain, il insiste que c'est le moment de proposer «un monde pour demain».

A discuter

A votre avis, que veut dire Yannick Noah avec le titre de cette chanson, *Aux Arbres Citoyens*? Symboliquement, qu'est-ce qu'il nous demande de faire? Pourquoi pensez-vous qu'il ait mis ce message dans une chanson?

© Zak Brian/SIPA/Associated Press

Fonction

Comment exprimer l'hypothèse

🌐 Grammar Tutorials

RAPPEL

Le conditionnel

1. LE PRÉSENT DU CONDITIONNEL

Conditional endings: -ais, -ais, -ait, -ions, -iez, -aient
Regular stems: infinitive of -er or -ir verbs + endings (je **parlerais** / tu **finirais**)
Regular stems: infinitive of -re verbs (drop -e) + endings (il **attendrait**)
Irregular stems:

aller	ir-	j'irais
avoir	aur-	tu aurais
devoir	devr-	il devrait
envoyer	enverr-	elle enverrait
être	ser-	on serait
faire	fer-	nous ferions
falloir	faudr-	il faudrait
pouvoir	pourr-	vous pourriez
savoir	saur-	ils sauraient
voir	verr-	elles verraient
vouloir	voudr-	je voudrais

2. LE CONDITIONNEL PASSÉ

Conjugation of past conditional

Use the conditional form of the auxiliary **avoir** or **être** + past participle of main verb:

j'aurais fait / elle serait allée / ils se seraient disputés

3. LES PHRASES CONDITIONNELLES

One sentence clause: **si** + imperfect   *The other sentence clause*: conditional

Si tu *finissais* tes devoirs, tu *pourrais* aller au cinéma avec nous.
Tu *pourrais* aller au cinéma avec nous *si* tu *finissais* tes devoirs.

One sentence clause: **si** + pluperfect   *The other sentence clause*: past conditional

Si tu *avais fini* tes devoirs, tu *aurais pu* aller au cinéma avec nous.
Tu *aurais pu* aller au cinéma avec nous *si* tu *avais fini* tes devoirs.

One sentence clause: **si** + pluperfect   *The other sentence clause*: present conditional

Si j'*avais étudié*, j'*aurais* de meilleures notes.
Elle *serait* plus heureuse si elle *était restée* avec son fiancé.

†††† V. Que feriez-vous si... ? Utilisez les éléments donnés pour expliquer à vos camarades ce que vous feriez dans les cas hypothétiques suivants. N'oubliez pas d'utiliser l'imparfait avec **si** et le présent du conditionnel pour exprimer les conséquences. Vos camarades vont vous donner des conseils pour suggérer d'autres possibilités.

Modèle: Que feriez-vous si vous ne trouviez pas un poste qui vous plaît?
(prendre n'importe quoi *[anything at all]* / travailler pour un membre de ma famille / continuer mes études / parler à une conseillère *[advisor]* / ?)
—*Si je ne trouvais pas un poste qui me plaît, je prendrais n'importe quoi pour gagner de l'argent.*
—*Moi, à ta place, j'irais travailler pour un membre de ma famille.*
—*Si j'étais toi, je continuerais mes études.*
—*A mon avis, tu devrais parler à ta conseillère.*

Que feriez-vous...

1. si un(e) camarade de classe vous demandait de copier vos devoirs?

   (le signaler à mon prof / refuser et dire pourquoi / lui donner mes devoirs / ?)

2. si votre père (mère, femme, mari) perdait son poste?

   (aider la personne financièrement / faire des suggestions pour trouver un autre poste / lui proposer d'habiter chez moi / ?)

3. si vous n'aviez pas assez d'argent pour terminer vos études?

   (emprunter de l'argent à la banque / demander de l'argent à mes parents / trouver un job et abandonner mes études / trouver un job et rester à l'université / quitter l'université, trouver un job, reprendre mes études plus tard / ?)

4. si vous aviez un problème avec un(e) ami(e)?

   (discuter du problème avec mon ami[e] / parler à un[e] autre ami[e] / oublier le problème / faire semblant *[pretend]* que le problème n'existe pas / ?)

5. si vous aviez à vous adapter à une culture étrangère?

   (apprendre la langue / étudier la culture sur Internet / voir des films de la culture étrangère / lire les journaux et magazines / parler aux gens le plus possible / demander des renseignements quand j'en aurais besoin / se faire des amis / ?)

6. si vous trouviez un petit chat perdu dans la rue?

   (l'emmener chez *[take it to]* le vétérinaire / essayer de trouver la personne qui en est responsable / ne pas trouver la personne, garder le chat / ?)

7. si vous saviez qu'un(e) ami(e) se droguait?

   (parler d'abord à l'ami[e] / demander l'avis d'un prof / consulter la clinique de l'université / refuser de sortir avec l'ami[e] et lui dire pourquoi / ?)

8. si vous saviez que votre meilleur(e) ami(e) buvait de l'alcool tous les jours?

   (parler d'abord à l'ami[e] / ne pas acheter d'alcool / ne pas être dans une voiture avec lui [elle] et lui dire pourquoi / lui dire de consulter le médecin / offrir d'aller dans un centre de désintoxication avec lui [elle] / ?)

W. Qu'est-ce que vous auriez fait (feriez maintenant) si… ? Répondez aux questions en utilisant le conditionnel passé et le présent du conditionnel pour exprimer les conséquences.

Modèle: Qu'est-ce que vous auriez fait si vous n'étiez pas venu(e) à l'université?
J'aurais trouvé un job près de ma famille.
J'aurais travaillé pour gagner de l'argent.
J'aurais acheté une voiture et ensuite je serais allé(e) à l'université.
Je n'aurais pas de job.
J'habiterais encore avec mes parents.

Qu'est-ce que vous auriez fait (feriez)…

1. si vous n'étiez pas venu(e) à l'université?
2. si vous vous étiez disputé(e) avec votre meilleur(e) ami(e)?
3. si vous aviez gagné des millions à la loterie?
4. si vous aviez trouvé un portefeuille qui contenait 1 000 dollars sur le trottoir?
5. si vous n'aviez pas étudié le français?
6. si vous aviez oublié d'étudier pour un examen?

Do **A faire! (6-4)** on page 265 of the **Manuel de préparation**.

REPRISE

L'emploi de la voix active et de la voix passive

Le conditionnel

X. Actif et passif. Inventez des phrases avec les éléments donnés. Utilisez soit la voix active soit la voix passive. Dans certains cas, vous avez le choix des temps des verbes que vous voulez utiliser.

Modèle: construire / l'arc de triomphe / XIXe siècle
L'arc de triomphe a été construit au XIXe siècle.

1. ouvrir / la porte / le professeur
2. inaugurer / le viaduc de Millau / le président de la République
3. construire / le pont / des ingénieurs français
4. faire / la robe / une couturière célèbre
5. entourer de / le Mont St. Michel / eau
6. respecter / le prof / tous ses étudiants
7. accompagner / Angèle / mari
8. entourer de / la villa / arbres

Y. Causes et effets. Pour chaque phrase, donnez d'abord la forme passive. Terminez ensuite les phrases avec les verbes indiqués.

Modèle: Ils ont inauguré le viaduc de Millau en 2004.
Le viaduc de Millau a été inauguré en 2004.

Si le viaduc de Millau n'avait pas été construit, le trajet nord-sud… (être beaucoup plus long)
Si le viaduc de Millau n'avait pas été construit, le trajet nord-sud serait beaucoup plus long.

1. Autrefois, des jardins entouraient le château de Blois.

   S'il n'y avait pas eu de jardins à Blois, les membres de la famille royale... (ne pas pouvoir se promener en plein air)

2. La famille royale a abandonné le château de Blois entre 1660 et 1841.

   Si le roi Louis-Philippe n'avait pas désigné le château monument historique, le château... (tomber en ruines)

   Si le château n'avait pas été acheté par la ville de Blois, il... (ne pas faire partie du patrimoine culturel français aujourd'hui)

3. François Ier a lancé la construction d'un escalier de style Renaissance au château de Blois.

   Si l'escalier n'avait pas été construit, les appartements du roi... (être difficilement accessibles)

4. Les membres de la famille royale ont construit la plupart des grands châteaux de la Loire.

   S'ils n'avaient pas construit ces châteaux, ils... (s'amuser beaucoup moins)

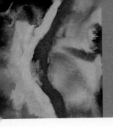

Témoignages: «Quels scénarios envisagez-vous pour l'an 2040? Quels aspects de la vie auront changé?»

ᵻᵻᵻᵻ Z. A vous d'abord! Imaginez certains aspects de votre avenir avec vos camarades de classe. Utilisez les questions suivantes pour vous guider.

Dans votre imagination:

1. Quelle sorte de job est-ce que vous avez dans vingt ans?
2. Où est-ce que vous habitez dans vingt ans? Dans quelle sorte de logement?
3. Avec qui habitez-vous? Est-ce que vous avez une famille? Est-ce que vous habitez seul(e)?
4. Comment est-ce que vous passez votre temps libre?
5. Qu'est-ce que vous faites pendant les vacances?

CD4, Tracks 17–20

Visit the **témoins** in their hometown on Google Earth.

AA. Les témoins vous parlent. Ecoutez comment les témoins français et francophones envisagent la vie en l'an 2040 et faites les exercices selon les indications données.

Emmanuel Roger
Lille, France

Vocabulaire utile

auront changé *(will have changed)*, **sera** *(will be)*, **vu** *(given)*, **montée** *(rise)*, **vivra** *(will live)*, **ça nous occupe un peu trop l'esprit** *(that's a bit too much on our minds)*, **je vis** *(I live)*, **branchés** *(connected)*, **reliés à** *(connected to)*, **j'appartiens à** *(I belong to)*, **valeurs** *(values)*

1. Reformulez ce que dit Emmanuel en ajoutant les mots qui manquent. Utilisez une autre feuille de papier.

—Quels _____ envisagez-vous pour l'an 2040? Quels aspects de la vie auront changé?
—Ah, c'est une question _____ évidemment. Comment sera _____ en l'an 2040? Euh… j'ai plutôt tendance à être euh pessimiste. Euh c'est difficile de ne pas l'être, vu euh l'état du _____ aujourd'hui, si on pense aux _____, euh aux problèmes euh de l'_____, euh à la _____ de toutes sortes de fondamentalismes, d'extrêmismes, au terrorisme. _____ de rester positif mais euh c'est un peu difficile. Je pense quand même que la technologie continuera _____ certains aspects de notre vie. Euh _____ de la _____ euh sont extraordinaires. Et _____ qu'on va continuer à faire des progrès et à trouver des cures à des _____ jusqu'à maintenant _____. Donc j'ai espoir qu'on vivra _____ de ce côté-là. Euh… j'ai un peu _____ de, de l'invasion de la technologie, de l'information dans notre vie _____. On est déjà bombardés d'informations et euh ça nous occupe un peu trop l'esprit.

Et j'ai peur que ça continue hein, je vois les _____ de _____, là où je vis, euh constamment _____, euh reliés à quelque chose, avec un iPod dans les _____ ou avec le cell phone et _____ un vrai progrès mais, encore une fois, j'appartiens à la génération précédente et j'ai des _____ différentes alors euh c'est difficile pour moi de _____.

Pierre Hurel
Paris, France

Vocabulaire utile

d'autant plus difficile que *(all the more difficult in that)*, **sera réglé** *(will be settled)*, **changera** *(will change)*, **surpopulation** *(overpopulation)*, **aura** *(will have)*, **taxer** *(strain)*, **doit nous inquiéter** *(has to [should] worry us)*, **aura sans doute changé** *(will doubtlessly have changed)*, **crainte** *(fear)*, **enregistrer** *(record)*, **inquiétant** *(worrysome)*, **pourra-t-on** *(will one be able to)*, **angoissante** *(agonizing)*

2. Choisissez la bonne réponse selon ce que vous savez de Pierre.

- Pierre pense que le problème de la pollution…
  a. sera résolu en 2040.
  b. ne changera pas.
  c. va continuer.
  d. est déjà réglé.

- Selon Pierre, le problème numéro un de l'an 2040 sera…
  a. l'environnement.
  b. le manque de ressources naturelles.
  c. le fait qu'il y aura trop de gens sur la terre.
  d. le fait qu'il y aura trop de jeunes sur la terre.

- Ce qui fait peur à Pierre, c'est…
  a. le rôle du gouvernement dans notre vie.
  b. qu'il y aura trop de systèmes GPS dans le monde.
  c. que la vie sera trop compliquée.
  d. qu'on sera toujours surveillé par quelqu'un.

- En ce qui concerne l'avenir, Pierre est…
  a. plus pessimiste qu'optimiste.
  b. plus optimiste que pessimiste.
  c. plutôt neutre.

Christophe Mouraux
Liège, Belgique

Vocabulaire utile

par rapport à *(about)*, **moyens** *(means, ways)*, **on ira vivre** *(we'll go live)*, **En étant plus terre à terre** *(Being more down-to-earth)*, **dans lequel** *(in which)*, **de par leur faute** *(because of them)*, **notamment** *(especially)*, **polluants** *(polluting)*, **à prendre conscience** *(to realize, to become aware)*, **doit passer** *(has to come)*, **on ira** *(we'll go)*, **un mieux** *(something better)*, **robotique** *(robotics)*, **indéniable** *(undeniable)*, **en marche depuis toujours** *(moving forward forever)*, **apports** *(contributions)*, **on n'y échappera pas** *(we will not be able to escape it)*, **effectivement** *(really)*, **dira** *(will say)*, **SIDA** *(AIDS)*, **acharnement thérapeutique** *(prolongation of life by medical means [when the patient would otherwise die])*, **à un tel âge** *(to such an [old] age)*, **quand ça vaut la peine** *(when it's worth it [because there's a cure])*, **on ne s'acharne pas** *(we don't prolong life)*, **après avoir lutté** *(after having fought)*, **pourront** *(could)*

3. Répondez aux questions selon ce que dit Christophe.

   a. Est-ce que Christophe imagine un monde futuriste très différent de celui d'aujourd'hui?
   b. Quelle sorte de personne est Christophe?
   c. Christophe est très préoccupé par les problèmes de l'environnement. Selon lui, qui est surtout responsable de ces problèmes?
   d. Pour Christophe, les apports technologiques peuvent être positifs ou négatifs. Pourquoi est-ce qu'il dit ça?
   e. En médecine, qu'est-ce qu'il pense de l'acharnement thérapeutique que pratiquent certains médecins et certaines familles?

Anne-Marie Floquet
Paris, France

Vocabulaire utile

dur *(difficult)*, aura changé *(will have changed)*, se seront posées *(will have been asked)*, graves *(serious)*, davantage *(more, increasingly)*, utiliseront *(will use)*, outrée *(outraged)*, au boulot *(to work)*, transports en commun *(public transportation)*, me font enrager *(infuriate me)*, il y aura *(there will be)*, tellement *(so much)*, ce sera *(it will be)*, plus permis *(no longer allowed)*, se noircissent *(are getting black, dirty)*, pierre *(stone)*, couleur dorée *(golden color)*, réglementations *(rules, regulations)*, je vivrais *(I would live)*, rapports *(rapports, interactions)*, les uns aux autres *(with each other)*, Est-ce que ça enrichit? *(Does it enrich [us]?)*, il y aura *(there will be)*, recherche *(research)*, cellules souches *(stem cells)*, par rapport à *(related to)*, cauchemardesques *(nightmarish)*, nettement *(clearly)*, comme le nôtre *(like ours)*, tout d'un coup *(suddenly)*, auront *(will have)*

4. Notez au moins cinq idées que propose Anne-Marie pour l'avenir.

BB. Et qu'est-ce que vous pensez? Les témoins présentent leurs idées sur les changements qu'ils envisagent pour l'an 2040. Avec vos camarades de classe, faites une liste des domaines dans lesquels ces changements vont être les plus remarquables. Quand vous aurez noté les domaines, mettez-les dans un ordre de priorité. Par exemple, à votre avis, quel est le changement numéro un, etc.?

Do **A faire! (6-5)** on page 270 of the **Manuel de préparation**.

Et vous?

LE MONDE FUTURISTE

Tous les domaines
l'accélération *(f.)*
l'ADN *(m.) DNA*
un alicament (aliment + médicament)
améliorer
automatiser
autonettoyant(e) *self-cleaning*
un biocarburant
la biosphère
les biotechnologies *(f.)*
les carburants *(m.)* fossiles (pétrole, gaz)
un carburant végétal
le clonage
un clone
cloné(e)
cloner
contrôler
un croquis *draft, sketch*
le cyberespace
la cybersphère
une découverte *discovery*
découvrir
développer
diminuer *to reduce*
e-commerce (e-éducation, e-bike, e-livre, etc.)
écosystème informationnel, Internet
faire des recherches
fonctionner *to work, function*
un gadget
gagner du temps *to save time*
un gène
génétique
le GPS (géopositionnement par satellite)
hybride

imaginer
l'infopollution *(f.)*
une innovation
inventer
une invention
un i-pet (i = intelligent), i + objet
un machin *thing, object*
une manière de (une façon de) faire quelque chose *a way to do something*
un médicament *medicine, drug*
miniaturiser
le monde (un objet) virtuel
les multimédias multi-fonctions
prévenir *to prevent*
prévoir *foresee*
un produit bio *organic food*
le progrès
la réalité virtuelle
réduire les heures de travail
remplacer *to replace*
un robot
la robotique
le sang artificiel (synthétique) *synthetic blood*
le sans-fil *wi-fi*
une simulation
solaire
supprimer (les efforts physiques) *to eliminate (physical work)*
un système
la technosphère
la thérapie génique *gene therapy*
la traçabilité
un traitement
travailler chez soi
un truc *thing, object*

Pour mieux vous exprimer

faire une expérience (expérimenter)	*to experiment*
une télécommande	*remote control*
allumer (le gaz, une lampe, le chauffage, la télé)	*to turn on*
éteindre (le gaz, une lampe, le chauffage, la télé)	*to turn off*
faire démarrer	*to get started (machine)*
mettre en marche, faire marcher	*to get running (machine)*
arrêter (un appareil)	*to stop (machine)*
appuyer sur (un bouton)	*to push (a button)*
ouvrir (un robinet, une fenêtre, etc.)	*to open (a faucet, a window, etc.)*
fermer (un robinet, une fenêtre, etc.)	*to shut (turn off) (a faucet, a window, etc.)*
brancher	*to plug in*
débrancher	*to unplug*
attacher	*to attach*
détacher	*to detach*
remplir	*to fill*
vider	*to empty*
c'est un truc (machin, gadget) qui sert à…	*it's a thing that's used to . . .*

CC. Comment ça sera? Imaginez comment sera la vie en l'an 2040. Consultez la **Fiche Vocabulaire** et **Pour mieux vous exprimer** pour vous aider. N'oubliez pas d'utiliser le futur et des phrases conditionnelles.

Modèle: le frigo
Il y aura un ordinateur dans le frigo qui contrôlera les aliments à l'intérieur. Par exemple, s'il n'y a plus de lait, un message sera transmis automatiquement au supermarché et le lait sera livré (delivered) *au domicile en peu de temps.*

1. le frigo
2. la voiture
3. les cours à l'école / à l'université
4. le logement
5. les transports
6. les communications
7. les villes
8. les aliments / la cuisine
9. la santé / la médecine
10. les voyages
11. les loisirs
12. la sécurité

Magazine Culture Scénarios de l'an 2040

Personne ne peut savoir avec précision comment sera le monde en l'an 2040. Mais, étant donné la rapidité des innovations des dernières années, on peut imaginer toutes sortes de choses. Il y a même des experts pour qui l'avenir est un sujet de recherches. Ces futuristes dans tous les domaines sont aidés par la technologie qui leur permet de créer des mondes virtuels ou des croquis précis d'un objet, d'un être, ou même d'un environnement entier. Cette réalité virtuelle sert ensuite d'inspiration à ceux qui transforment le virtuel en réel. Mais est-ce que toutes les innovations et changements auront des résultats positifs? Le changement, c'est inévitable. Ce que nous, les êtres humains, ferons de ces changements restera peut-être la question la plus importante.

Et l'homme créa le cyberespace... (Joël de Rosnay)

Des millions d'années ont été nécessaires pour procéder, en tâtonnant, par «essais» et par «erreurs». L'organisme lui-même réalisait alors des «tests» de validité du système. Puis l'homme apparaît… et invente. Une invention est un peu l'analogue d'une mutation. L'homme invente la roue, le crayon, l'aile, le moteur… Ses inventions vont créer—telles des mutations—une possibilité d'accélération. En effet, l'homme peut imaginer dans son cerveau, puis dessiner un croquis et, éventuellement, déposer un brevet… J'utilise ce raccourci un peu simpliste pour démontrer que l'évolution technologique est capable d'une plus grande accélération que l'évolution biologique. La biosphère a évolué au cours de milliards d'années, la technosphère en quelques dizaines de siècles.

© ktsimage/iStockphoto

Soudain, l'homme invente le cyberespace. Un monde virtuel où—mieux que dans sa tête—il peut construire un objet virtuel sur son ordinateur. Un architecte proposera par exemple aux internautes de visiter une maison virtuelle. Voilà bien une extraordinaire possibilité d'accélération! L'évolution de la cybersphère se réalise en quelques décennies. […]

Dans le cyberespace, de nombreux programmes seront (un peu comme l'ADN, d'une certaine manière) téléchargés, utilisés, copiés, améliorés, etc., par des utilisateurs. En reproduisant ces programmes, les internautes vont parfois commettre des erreurs, parfois les améliorer. Certains vont développer de nouveaux programmes à partir des programmes originaux que les internautes, d'une manière variée, vont alors choisir de conserver ou d'éliminer selon leur intérêt pour les fonctions proposées. Les mauvais programmes seront rejetés. Ceux qui seront adaptés à un usage donné viendront renforcer l'existant. On note que les mêmes mécanismes de reproduction, de copie, de variation, de disparition et d'adaptation s'appliquent aux objets du cyberespace comme à l'ADN.

Ce phénomène crée la complexité, et donc des systèmes de plus en plus variés, interdépendants, sélectifs et adaptés à l'environnement dans lequel ils évoluent.

[…] Internet est considéré aujourd'hui comme un véritable phénomène de société, qui fait apparaître, à l'échelle mondiale, de nouveaux pouvoirs, de nouveaux enjeux, de nouveaux défis, de nouveaux espoirs donc. Mais aussi, bien entendu, de nouveaux risques et de nouvelles craintes.

[…] Nos prévisions [pour l'avenir] dépendront nécessairement de l'usage que choisiront d'en faire les utilisateurs.

QUELS SCÉNARIOS PROPOSE JOËL DE ROSNAY POUR L'AVENIR? DES EXEMPLES PAS SI LOIN DE LA RÉALITÉ FUTURE!

[…] une adolescente pourra communiquer avec ses amies grâce à un téléphone-écran se portant, comme une montre, au poignet. L'écran sera souple, comme il en existe déjà. Quand la jeune fille se connectera, elle entendra son amie. Les deux ados pourront proposer à un de leurs camarades de les rejoindre alors que celui-ci se promène au milieu de la foule, dans les rues de Londres. Une fois repéré grâce à la localisation GPS, le garçon, équipé du même appareil, pourra accepter ou non de se connecter et envoyer un message *via* la messagerie ou leur parler grâce à son téléphone-écran. […]

Il existe des quantités de situations possibles grâce à ces nouveaux outils. Une personne pourra rester en contact permanent avec ses parents ou ses enfants. Ainsi, une mère pourra suivre les déplacements de son enfant sur l'écran fixé à son brace-let, et lui rappeler qu'il doit aller à son cours de musique . . . De retour à la maison, cet enfant chaussera sa paire de lunettes spéciales, connectée à l'Internet du futur, et suivra un match de football sur l'écran flottant projeté devant ses lunettes. Tout en regardant le match, il pourra accéder à des informations sur les joueurs ou à des statistiques sur les actions, les buts, etc.

L'Internet du futur offrira de nouvelles applications dans le secteur de la santé également. Par exemple, un patient (ou un sportif) pourra être suivi médicalement par des spécialistes l'informant en permanence de son état de santé. Même la pratique quotidienne du vélo d'appartement pourra connaître une petite révolution. Un vélo un peu particulier, équipé d'un écran et connecté en permanence à un centre médical, transmettra chaque jour aux médecins des informations sur l'état de santé du patient (paramètres cardiaques, tension artérielle, etc.). […]

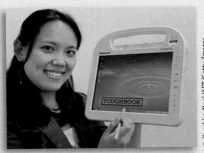

Les objets familiers vont de plus en plus communiquer avec nous. Il peut s'agir de nos clés de voiture, d'un parapluie, de notre téléphone portable, d'un sac à main. Ces objets seront dotés de puces électroniques . . . […]

Qui n'a pas égaré sa voiture dans un parking? Avec cet appareil intégré à votre trousseau de clés, une sorte de petite boussole équipée d'une aiguille indiquera dans quelle direction est garée votre voiture, laquelle allumera ses phares à votre approche . . . Il en sera de même avec votre téléphone portable ou tout autre objet égaré.

Source: Joël de Rosnay, *2020 Les Scénarios du futur: Comprendre le monde qui vient*. Paris: Des Idées & des Hommes, 2007.

Le T-shirt qui vous oblige à vous tenir droit

L'Ergoskin est typiquement le genre de concept qui ne verra jamais la lumière du jour. Malgré tout, de nombreuses personnes adoptent une mauvaise posture (les nerds étant particulièrement concernés), et l'idée d'un vêtement qui corrige notre attitude devant l'écran est suffisamment intrigante pour qu'on ait envie d'en savoir plus.

Le concept propose d'utiliser des capteurs cousus directement dans le tissu et de délivrer le cas échéant des petites impulsions électriques lorsque vous maintenez trop longtemps une posture inadaptée. Au fil du temps, le procédé permettrait de vous rééduquer en vous faisant adopter une posture anatomiquement correcte.

Et même si l'Ergoskin a peu de chances de devenir réalité en l'état, il faut peut-être faire quelque chose, car le look de Quasimodo hypnotisé par l'écran est tout sauf flatteur.

Un seul bouton pour les contrôler tous

Voici un amusant concept de télécommande multi-fonctions qui vient se clipser sur les boutons de vos vêtements.

Evidemment, l'idée occulte complètement l'invention de la fermeture à glissière, qui a rendu les boutons obsolètes. Mais l'idée d'intégrer à nos vêtements un objet capable de piloter tous nos gadgets est plutôt séduisante.

Source: http://www.gizmodo.fr

DICO

à l'échelle mondiale *on a global scale*
à partir des *from*
aiguille *needle*
l'aile *the wing*
Ainsi *In this way*
allumera *will put on*
alors que celui-ci *while he*
attitude *here, posture*
au cours de *over*
Au fil du temps *Over time*
au poignet *on the wrist*
boussole *compass*
brevet *patent*
buts *goals (soccer)*
capteurs *sensors*
Ceux *Those*
chaussera *will put on*
clipser *clip on*
cousus *sewn*
craintes *fears*
décennies *decades*
défis *challenges*
déplacements *movements*
dotés *equipped*
égaré *lost*

enjeux *stakes*
en tâtonnant *tentatively*
en vous faisant adopter *by making you adopt*
est tout sauf *is anything but*
l'existant *what exists*
fermeture à glissière *zipper*
flatteur *flattering*
foule *crowd*
garée *parked*
grâce à *thanks to*
le cas échéant *if need be, if the need arises*
l'homme *human beings, humans, "man" in a general sense*
inadaptée *unsuitable, wrong*
les rejoindre *join them*
lumière du jour *light of day*
occulte *eclipses*
outils *tools*
par essais et par erreurs *by trial and error*
paramètres cardiaques *heart functions*
phares *headlights*
pourra être suivi *will be able to be followed*

pouvoirs *powers*
puces électroniques *microchips*
Quasimodo *name of the hunchback in Victor Hugo's novel Notre-Dame de Paris (translated as The Hunchback of Notre-Dame)*
raccourci *short-cut*
réalisait *carried out*
rejetés *rejected*
repéré *located*
sac à main *handbag, purse*
se portant *being worn*
se réalise *happens*
souple *pliable*
téléchargés *downloaded*
téléphone-écran *phone with screen*
telles des *like*
tenir droit *to sit up (stand) straight*
tension artérielle *blood pressure*
tissu *fabric*
trousseau de clés *key chain*
utilisateurs *users*
vélo d'appartement *stationary bike*
viendront renforcer *will reinforce*

DD. Qu'est-ce que vous avez compris? Les textes de ce **Magazine Culture** présentent non seulement des idées intéressantes mais utilisent aussi des structures grammaticales qui sont particulièrement bien liées au contenu (e.g., la voix passive, le futur). Répondez aux questions suivantes pour examiner le double aspect de cette lecture.

1. Comment est-ce que le monde a évolué avant les inventions de l'homme? Ça a pris combien de temps?
2. Qu'est-ce que c'est qu'une mutation?
3. Pourquoi est-ce que les inventions de l'homme ressemblent aux mutations?
4. En général, quelle est la différence entre l'évolution biologique et l'évolution technologique?
5. Qu'est-ce qui est possible avec l'invention du cyberespace?
6. L'auteur compare l'évolution technologique à l'ADN, qui suggère l'idée de sélection naturelle de Darwin. Quelles sont les étapes de l'évolution du cyberespace si on accepte cette comparaison?
7. Quel est le résultat de ce système d'essais et d'erreurs dans le cyberespace?
8. Selon l'auteur, de quoi dépendent les prévisions du futur?
9. Quels sont les domaines que l'auteur donne comme exemples des innovations technologiques?
10. Quelle est la fonction du T-shirt innovateur?
11. Quel est l'avantage de la télécommande multi-fonctions qu'on peut porter sur un vêtement?
12. Quels sont les cinq exemples de voix passive dans le **Magazine Culture**?
13. Le futur est le temps grammatical logiquement utilisé quand on parle d'un avenir assez lointain. Notez tous les exemples du futur dans le **Magazine Culture**.

EE. Mini-discussion: Des scénarios du futur. Vous venez de lire plusieurs exemples de choses qu'on pourra faire à l'avenir avec de nouvelles technologies. Maintenant c'est à vous d'inventer vos propres exemples. Rappelez-vous aussi de ce que vous avez fait dans l'Exercice DD (le futur: le frigo, la voiture, le logement, les transports, les cours, la communication, la santé, etc.).

Fonction

Comment parler de l'avenir

Grammar Tutorials

> ### RAPPEL
>
> ## Le futur
>
> **1. LES FORMES DU FUTUR**
>
> J'*irai* en Espagne dans deux ans.
> Tu fer*as* cet exercice pour demain.
> Il aur*a* assez de patience pour finir ce puzzle?
> Nous enverr*ons* un mél à Carla.
> Vous ser*ez* à la réunion demain matin?
> Elles apprendr*ont* les phrases conditionnelles.
>
> **2. LES EMPLOIS DU FUTUR**
>
> *Future event:* Nous *aurons* un examen la semaine prochaine.
>
> *Command:* Vous *mangerez* tous vos légumes.
>
> *Polite request:* Tu *iras* à la boulangerie pour moi?
>
> *With* quand, lorsque, dès que, aussitôt que:
> Je les verrai dès qu'ils *arriveront*.
>
> **3. LES PHRASES CONDITIONNELLES**
>
> | | |
> |---|---|
> | si + present + future | Si tu *as* assez d'argent, tu *pourras* acheter ce DVD. |
> | + present | Si tu *as* assez d'argent, tu *peux* acheter ce DVD. |
> | + imperative | Si tu *as* assez d'argent, *achète* ce DVD. |
> | si + imperfect + present conditional | Si tu *avais* assez d'argent, tu *pourrais* acheter ce DVD. |
> | si + pluperfect + past conditional | Si tu *avais eu* assez d'argent, tu *aurais pu* acheter ce DVD. |
> | si + pluperfect + present conditional | Si tu n'*avais* pas *acheté* cette voiture, tu *pourrais* nous accompagner en Europe. |

FF. Un entretien pour un job. Complétez l'entretien en utilisant le futur des verbes entre parenthèses.

1. —Est-ce que vous (être) _____ prêt à déménager?

2. —Oui, tout à fait. Ma femme et moi, nous (aller) _____ dans n'importe quelle partie de la France ou même à l'étranger, si c'est nécessaire.

3. —Est-ce que vous (pouvoir) _____ commencer dans quinze jours?

4. —Oui, absolument. Ma femme (rester) _____ ici pour s'occuper de nos affaires et moi, je (partir) _____ quand vous (vouloir) _____.

5. —Est-ce que vous (prendre) _____ vos vacances en juillet?

6. —Oui. Ça vous (arranger) _____? Ma femme et mes enfants (aller) _____ au bord de la mer et moi, je les y (retrouver) _____ pour quinze jours. Les enfants (voir) _____ leurs grands-parents et moi, j'(avoir) _____ le temps de me reposer un peu.

7. —Quinze jours, oui, ça (aller) _____ très bien pour nous. Moi, aussi, je (être) _____ en vacances à ce moment-là. Ma fille ne cesse de me répéter: «Tu (prendre) _____ des vacances cette année?» Elle (être) _____ très contente quand je vais lui dire qu'on (visiter) _____ la Grèce cette année. Ça (être) _____ une grande surprise pour elle.

8. —En effet! Elle a quel âge, votre fille?
   —Elle (avoir) _____ douze ans le mois prochain. Bon, alors, on est d'accord. Vous (commencer) _____ dans quinze jours et je vous (voir) _____ donc à ce moment-là. Et si vous avez d'autres questions, vous (pouvoir) _____ me téléphoner ou vous m'(envoyer) _____ un mél.

9. —D'accord. Et merci, madame. Je (faire) _____ de mon mieux pour remplir les responsabilités du poste.

ᎥᎥᎥ GG. Des conséquences... Faites des phrases avec le futur pour indiquer ce qui arrivera si on ne fait rien pour protéger l'environnement.

Modèle: Si on ne fait rien pour conserver l'eau douce...
Si on ne fait rien pour conserver l'eau douce, on n'aura pas assez d'eau pour les plantes, les animaux et les personnes.

1. Si on ne fait rien pour limiter la pollution de l'eau...
2. Si on ne fait rien pour protéger les forêts...
3. Si on ne fait rien pour limiter la pollution de l'air...
4. Si on ne fait rien pour protéger les espèces animales et végétales...

Do **A faire! (6-6)** on page 280 of the **Manuel de préparation.**

Littérature

«Un monde futuriste»

(Claude Jasmin)

Claude Jasmin (1930–) est né à Montréal. C'est un des écrivains québécois les plus connus. Il a écrit de nombreux romans (*La Corde au cou*), des nouvelles (*Le Veau dort*) et des scénarios pour la radio et la télévision.

Dans sa nouvelle Le Cosmonaute romantique, *l'écrivain québécois Claude Jasmin transporte ses lecteurs dans le monde de l'avenir. En racontant l'histoire de l'amour entre deux Montréalais au XXIᵉ siècle, il nous donne sa vision d'une société à venir. Voici quelques extraits de cette nouvelle fantaisiste. Les astérisques (*) signalent des mots inventés par l'auteur pour parler de ce monde futur.*

Tous les soirs, c'est la même chose, la même manie°. Après le travail, vers deux ou trois heures de l'après-midi,—ah! l'ancien «9 à 5» est bien fini!—Paulette saute° dans le métro et file° vers les pistes aériennes. Comme je travaille sur une autre équipe, de onze à quatre heures, je ne peux pas l'empêcher° de se livrer°
5 à son triste vice. Car c'est un vice: elle passe toutes les soirées… à Paris! Elle en est folle. Folle à lier°. On m'a dit qu'elle y bouquine°, qu'elle traîne° aux terrasses des anciens cafés littéraires, dans les bibliothèques visuelles, dans des caves à disques°, jusqu'à des heures impossibles, parfois trois heures du matin.

Elle ferait pire°. Mais le dernier omnibus pneumatique pour Montréal, le Fusik
10 6, quitte Paris à cette heure-là. Alors, elle revient, elle n'a pas de choix. Il y a que° je l'aime et cette manie nous sépare. Je ne peux plus lui parler que le matin lorsqu'elle rentre aux bureaux de la compagnie. Elle m'étonne, elle apparaît pour l'heure d'entrée pile° fraîche et en pleine forme. Oui, j'aime Paulette, sans trop savoir pourquoi. C'est mon type de femme. Je l'ai dans la peau.° C'est sans raison. Je l'aime.

15 Et je l'ai prouvé. Plus d'une fois. Pour son anniversaire, je lui ai offert un joli plusistor*. Ainsi, elle peut écouter toutes les émissions du globe. M'a-t-elle manifesté de la gratitude? Elle a fait°: «Très gentil, ça. Je vais le montrer à mes copains parisiens… Dès ce soir!» Zut!

Et j'en fus quitte° pour aller encore me balader, tout seul, dans le vide cos-
20 mique. Je voudrais tant que Paulette aime aussi la nature cosmique comme moi. Dans l'ionosphère°, le soleil est magnifique à examiner.

Je fais du temps supplémentaire à l'usine. Je fais des semaines de vingt heures parfois! Même de vingt-cinq heures certains mois d'hiver. La semaine dernière, la section que je dirige a réussi à sortir mille combinaisons pressurisées°. Ceci
25 grâce à ma vaillance° de chef d'atelier°. Je veux m'acheter, au plus tôt, un de ces petits engins° merveilleux, à pile° nucléaire, qui me conduirait partout dans l'ionosphère. Oui, avec un de ces Exik-1, je pourrais m'abandonner à ma manie à moi: les balades dans le vide cosmique. Et tant pis pour Paulette. Je finirais bien par me l'enlever° de la tête.

30 Je suis le cours du fameux Zimenov à la télévision, tous les mercredis matins, pendant que les ouvriers vont aux bains de vapeur° et au gymnase. Et bientôt, j'irai passer l'examen d'astronaute, grade 7, le plus haut degré chez les amateurs. Quand j'aurai mon certificat, je ferai une demande pour aller travailler sur les quais satellisés, dans les gares spatiales du côté de Vénus ou de Mars. Là où il y a de la vie!

---

obsession

jumps; goes off
prevent / to indulge in

Raving mad / browses for books / hangs out

discotheques
worse
Il y a que = Le problème est que

on the dot
She's gotten under my skin.

said

I was left

upper atmosphere of the earth

pressurized suits
diligence / foreman
aircrafts / battery

to get out of

steam

Je m'exilerai loin d'elle. 35

Rendu là-haut, peut-être, découvrira-t-elle mon existence enfin et que je
will be distressed l'aimais. Elle aura du chagrin°. Saura ce que c'est que l'ennui. Et se décidera enfin
to take into account à tenir un peu compte de° moi, de mon existence, de ma vie. Car c'est vite passé
une vie: deux cents pauvres petites années. […]

Paulette n'est pas du tout intéressée par les voyages interplanétaires. Elle adore 40
l'art du passé, de la «préhistoire» (les surréalistes, les cubistes); elle se plaît dans
«ce Paris-de-musée». Par conséquent, quand le narrateur propose qu'ils aillent
vivre tous les deux sur Mars, elle lui répond que c'est impossible.

Bref, elle a catégoriquement refusé de se lier à moi «pour le meilleur et le pire»
comme disaient les vieux. Elle veut vivre à Paris. C'est là sont idéal, son vœu° le 45
wish plus cher. Eh bien, qu'elle y aille! Qu'elle y passe ses soirs et ses fins de semaine,
sa vie entière. Moi, je n'ai plus qu'à essayer de me défaire de ces liens° que j'avais
links, ties si patiemment tissés° entre nous deux. Ce sera long, pénible°. J'étais bien ficelé°.
woven / hard / tied up Mais je l'oublierai. Elle me rendra mes présents, mes cartes, mes billets doux°.
love notes J'étais fou, ces cadeaux idiots: le plurimètre* comptable, la machine à peindre, le 50
plusistor…

Si j'arrive pas à l'oublier, je me prêterai aux expériences° du fameux souve-
will take part in the experiments nak* dont tout le monde parle. Il paraît que cette merveilleuse machine peut
effacer jusque dans le subconscient toute trace de n'importe quel souvenir désa-
Freud, father of psychoanalysis / would géable. Le père Freud° en baverait° de satisfaction! 55
drool

Le narrateur prend donc le parti de quitter Paulette, qui souffre de ce qu'il ap-
pelle «l'aliénation terrestre». Il va par conséquent reprendre sa vie à lui.

straight out Il faut maintenant que j'aille carrément° vers ma vraie nature. Le biologiste-
psychologue de l'usine, lors de sa récente visite, m'a bien expliqué l'importance
faithful vitale d'être fidèle° à sa nature. Je n'ai pu m'empêcher de lui parler de ma grande 60
maniac Paulette. De son goût de forcenée° pour le passé, pour les vieilles cultures euro-
scratching his chin péennes. «C'est un cas», m'a-t-il dit en se frottant le bout du menton°, «un cas
intéressant, faudrait que je puisse l'examiner pour savoir si elle obéit vraiment à
la nature biologique!» Hein? Mais c'est trop tard.

Je regrette de n'être pas demeuré aux études plus de dix ans. Aujourd'hui 65
je pourrais mieux participer aux nouvelles découvertes. Je pourrais m'inscrire
comme chercheur national dans les équipes de sondage interspatial.
tired On en est tous las° de nos neuf planètes, de notre petit système solaire!
scientists Des savants° parlent d'un certain point où se trouvent une centaine d'astres-
blinking soleils, étoiles clignotantes°, qui se refroidissent et se rallument toutes les heu- 70
res, dans un ordre précis. C'est, paraît-il, passionnant, le jour, la nuit, d'heure en
heure! Ces petits soleils pivotent, gravitent autour d'une planète habitée baptisée
giants / gifted «Lumi». Ses habitants sont des géants° sur-doués° mais immobiles. Ils sont plan-
roots / grow tés comme des arbres, avec des racines° qui croissent°, se multiplient. Etranges
sédentaires forcés qui réfléchissent énormément. Ils auraient résolu tous les prob- 75
lèmes de la pensée moderne.

Déjà, la télévision, à son émission, «Aujourd'hui», y a consacré plusieurs ép-
from the Gaspé peninsula (Canada) isodes. Le professeur Martin, le grand savant gaspésien°, prédit qu'il s'agit de
l'anti-homme dont il était question ces dernières années. Il serait impossible de
les toucher! Au moindre contact, ce serait l'explosion. Il n'y aurait qu'à entretenir 80
l'amitié! A moins d'inventer des antennes spéciales. Ne pas pouvoir se toucher!
Serait-ce la solution?

Tiens, tiens! Pas besoin d'aller si loin, si haut. Voilà ce qui est arrivé entre Paulette et moi. On ne peut plus s'approcher sans exploser! Au moindre contact, paf!
Tout nous sépare. 85

Il me reste à suivre les cours du soir pour l'embarquement. J'irai dans l'ionosphère. Oh! oui, à toute vitesse. Je suis peut-être d'essence anti! J'en ferais le pari°. Je vais pouvoir aller vivre en paix, enfin, avec une de ces anti-femmes. Sans pare-chocs° sans rien, tout nu° avec une de ces géantes philosophes, sages
90 comme on n'imagine pas. Et j'aurai, comme on dit, de nombreux petits anti-enfants. Adieu, ma belle Parisienne attardée°!

bet

fenders (protection) / naked

behind the times

Source: Claude Jasmin, *Le Cosmonaute romantique,* Châtelaine, avril 1965.

HH. Le monde futuriste de Claude Jasmin. Dans le **Manuel de préparation,** on vous a demandé de faire une liste des détails qui montrent que la vie à l'avenir sera bien différente de celle que nous connaissons. Vous allez maintenant refaire cette liste en cours.

II. Avez-vous compris? Discutez des questions suivantes avec vos camarades de classe.

1. Malgré l'amour que le narrateur a pour sa bien-aimée, Paulette et lui forment un couple très mal assorti *(poorly matched).* Qu'est-ce qui les sépare l'un de l'autre?
2. Selon le dictionnaire, l'adjectif «romantique» veut dire «qui touche la sensibilité, invite à l'émotion, à la rêverie». Dans quel sens le narrateur est-il romantique? Paulette l'est-elle aussi? Comment comprenez-vous donc le titre de la nouvelle *Le Cosmonaute romantique?*
3. A la fin de la nouvelle, le narrateur projette d'embarquer pour la planète «Lumi». A votre avis, cette fin est-elle optimiste ou pessimiste? Positive ou négative? Expliquez.

REPRISE

Le futur / Les phrases conditionnelles

JJ. Qu'est-ce qui arrivera? Faites des phrases avec le futur pour indiquer ce qui arrivera si on ne fait rien dans les circonstances suivantes.

Modèle: Si on passe de plus en plus de temps à l'ordinateur,...
Si on passe de plus en plus de temps à l'ordinateur, on ne communiquera plus face à face avec nos proches.

1. Si on passe de plus en plus de temps à l'ordinateur,...
2. Si les gens peuvent tout télécharger légalement,...
3. Si on peut tout faire chez soi électroniquement (projeter les peintures de tous les musées sur un grand écran, etc.),...
4. Si on peut suivre tous les cours d'université sur Internet,...
5. Si les robots font toutes les tâches ménagères,...
6. Si tout ce que nous avons est autonettoyant,...
7. Si tout fonctionne sans être touché (e.g., les portes s'ouvrent automatiquement, l'eau coule sans ouvrir le robinet, le lave-vaisselle se met en marche automatiquement quand il est plein, l'ordinateur s'allume quand on entre dans la pièce, les lumières s'éteignent automatiquement quand on se couche, etc.).

Do **A faire! (6-7)** on page 282 of the **Manuel de préparation.**

C'est à vous maintenant!

KK. Mon scénario pour le futur (suite). Voici enfin votre opportunité de créer votre scénario du futur dans un domaine que vous avez choisi. En utilisant le bilan que vous avez fait dans l'Exercice XXXXII dans le **Manuel de préparation,** présentez votre scénario à votre camarade de classe. Cet exercice vous prépare à faire une rédaction sur ce même sujet. N'oubliez donc pas de prendre des notes et de demander à votre camarade (ou à votre prof) de vous aider si vous avez des questions. N'oubliez pas d'utiliser le futur et, si nécessaire, des phrases conditionnelles.

1. Identifiez le domaine dont vous allez parler: **les villes / le travail / les études / les transports / la vie familiale / les loisirs / les rapports entre individus / l'environnement / la communication / la médecine / le logement / les aliments / la santé**

2. Pour chaque changement que vous envisagez dans l'avenir:
   - Donnez au moins un exemple qui l'illustre ou l'explique.
   - Faites des commentaires pour dire si vous êtes ou n'êtes pas content(e) des changements imaginés.

3. Essayez de créer un plan préliminaire pour la rédaction qu'on vous demandera de faire dans le **Manuel de préparation.**

Do **A faire! (6-8)** on page 282 of the **Manuel de préparation.**

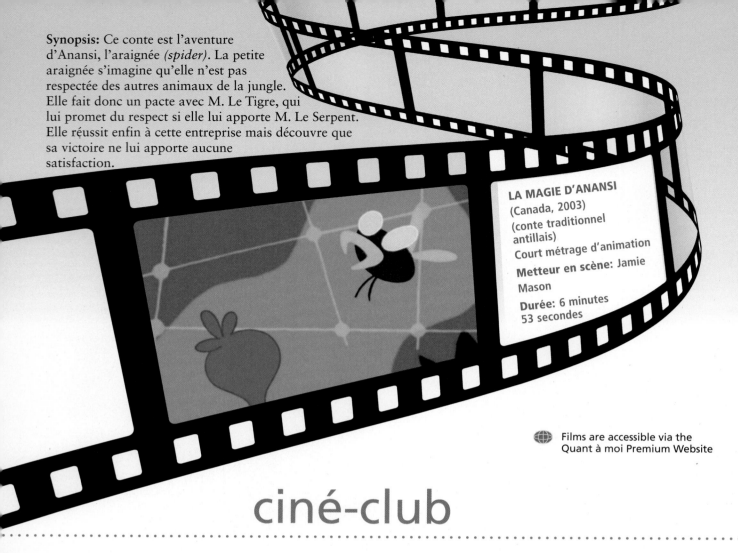

Synopsis: Ce conte est l'aventure d'Anansi, l'araignée *(spider)*. La petite araignée s'imagine qu'elle n'est pas respectée des autres animaux de la jungle. Elle fait donc un pacte avec M. Le Tigre, qui lui promet du respect si elle lui apporte M. Le Serpent. Elle réussit enfin à cette entreprise mais découvre que sa victoire ne lui apporte aucune satisfaction.

LA MAGIE D'ANANSI
(Canada, 2003)
(conte traditionnel antillais)
Court métrage d'animation

Metteur en scène: Jamie Mason

Durée: 6 minutes 53 secondes

Films are accessible via the Quant à moi Premium Website

ciné-club

Avant le film

1. Quand vous étiez jeune, est-ce qu'on vous racontait des contes ou des fables qui avaient comme personnages principaux des animaux? Lesquel(le)s? Quel était le message de ces contes?
2. Est-ce qu'il y a un conte de votre jeunesse qui vous a impressionné(e) particulièrement? Pourquoi?

Commentaire culturel

Aujourd'hui, aux Etats-Unis, on trouve de plus en plus souvent des raconteurs de contes *(storytellers)* professionnels qui partagent des histoires avec leur public. On les rencontre dans les rues, sur les «bancs de contes» *(story benches)* des villes, dans des clubs et des écoles, etc. Ils font partie de la tradition des griots d'Afrique et des fables et des contes de fées des cultures du monde entier.

VISIONNAGE

1. Qui sont les trois personnages principaux de ce conte?
2. Quel est le problème?
3. Quel pacte est-ce qu'Anansi fait avec M. Le Tigre?
4. Que fait Anansi enfin pour réussir dans son entreprise?
5. Quelle est la réaction de M. Le Tigre? Qu'est-ce qu'il dit à Anansi?
6. Quelle est la réaction d'Anansi?
7. Quel est le résultat des actions d'Anansi?

APRÈS LE FILM

Discussions avec vos camarades de classe
1. Quelle est la morale du conte d'Anansi?
2. A votre avis, pourquoi est-ce que les animaux sont des personnages parfaits pour les contes pour enfants?
3. Recréez l'histoire d'Anansi en utilisant des êtres humains comme personnages principaux. Imaginez les circonstances sous lesquelles des personnes se comporteraient comme les animaux du conte.

Source: The National Film Board of Canada

Appendices

Appendice A
Fiches Grammaire

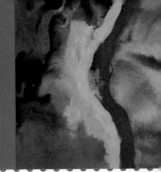

The answers to the exercise can be found at the end of the *Fiches Grammaire*.

FICHE GRAMMAIRE (Chapitre 1)

L'inversion avec un nom

Les Sénégalais mangent-ils du fast-food?
Do Senegalese people eat fast food?

Pourquoi les Américains boivent-ils du lait avec leurs repas?
Why do Americans drink milk with their meals?

Pour qui votre père a-t-il travaillé?
Who did your father work for?

When asking a question, inversion can also be used when the subject is a noun. This type of inversion tends to be found in more formal French—in writing, in speeches, in public interviews. It can be used in yes-no questions, with information questions, and with questions involving a preposition. In all cases, a pronoun corresponding to the noun subject is added to the verb. Reminder: when a pronoun beginning with a vowel follows a verb ending in a vowel, **-t-** must be added.

L'inversion avec un nom. Utilisez l'inversion et les mots proposés pour poser des questions à une Sénégalaise nouvellement arrivée en France à propos de sa famille. Utilisez une autre feuille de papier.

> **Modèle:** vos parents / être / de nationalité française
> *Vos parents sont-ils de nationalité française?*

1. votre famille / habiter / en France
2. vos grands-parents / parler / français
3. depuis combien de temps / vos cousins / être / à Paris
4. pourquoi / votre oncle et votre tante / rester *(passé composé)* / au Sénégal
5. à qui / vos parents / s'adresser *(passé composé)* / en arrivant en France
6. de quoi / votre belle-sœur / avoir besoin
7. où / votre mère / faire / les courses
8. combien de fois par semaine / vos parents / sortir / dîner

The answers to the exercises can be found at the end of the *Fiches Grammaire.*

FICHE GRAMMAIRE (Chapitre 1)

L'expression *ne... que*

Je n'ai que cent euros.
I only have 100 euros.

Vous n'avez acheté que deux biftecks?
You only bought two steaks?

On n'a que des oranges d'Espagne aujourd'hui.
We only have Spanish oranges today.

Although **ne... que** structurally resembles a negative expression (i.e., **ne** before the verb and **que** after the verb), it serves to *limit* a noun rather than to negate it (i.e., it expresses the idea of *only*). Note that **que** always *precedes* the noun that it limits.

A traduire en anglais. It's important that you be able to recognize the use of **ne... que** in French sentences. Give the English equivalent of the following. Use a separate sheet of paper.

1. Elle n'a qu'un frère et pas de sœurs.
2. Nous ne travaillons que le matin.
3. Nous n'avons qu'une chambre chez nous.
4. Comment? Tu n'as vu qu'un alligator en Floride?
5. Ils n'ont pu parler qu'à une secrétaire; le directeur n'était pas là.

Ne... *que* = synonyme de *seulement*. Récrivez les phrases suivantes en mettant **ne... que** à la place de **seulement.** Utilisez une autre feuille de papier.

1. J'ai seulement trois cours ce semestre.
2. Il faut seulement quatre personnes pour jouer au bridge.
3. Nous avons visité seulement trois pays en Afrique.
4. Comment? Tu prends seulement un repas par jour?
5. Elles ont acheté seulement une baguette.

The answers to the exercises can be found at the end of the *Fiches Grammaire.*

FICHE GRAMMAIRE (Chapitre 1)

Les expressions négatives *ne... aucun(e) et ne... ni... ni*

Aucun de mes amis ne joue au tennis.
None of my friends play tennis.

Je n'ai aucune idée.
I've no idea.

Ni les Chartier ni les Durant ne peuvent venir.
Neither the Chartiers nor the Durants can come.

Je n'ai vu ni lions ni éléphants.
I saw neither lions nor elephants.

The negative expressions **ne... aucun(e)** *(none, no)* and **ne... ni... ni...** *(neither . . . nor)* can be used both as a subject and as an object of the verb. When used as a subject, **aucun(e)** and **ni... ni...** precede **ne**; when used as an object, **aucun(e)** and **ni... ni...** follow the complete verb (i.e., helping verb + past participle). Notice that **aucun(e)** as a subject is always *singular* and that **ni... ni...** as a subject is always *plural*. In addition, **ne... ni... ni...** can be followed by a definite article (**le, la, l', les**) but not by an indefinite article (**un, une, des**) or a partitive (**du, de la, de l', des**).

L'expression négative *ne... aucun(e)*. Donnez le contraire des phrases suivantes. Utilisez une autre feuille de papier.

Modèle: Il a une explication.
Il n'a aucune explication.

1. Nous avons une raison pour aller en Allemagne.
2. Tous mes amis travaillent pendant l'année universitaire.
3. Je voudrais voir un de mes cousins.
4. Chaque étudiant a le droit d'insulter le professeur.
5. J'ai visité toutes les cathédrales à Paris.

L'expression négative *ne... ni... ni*. Donnez le contraire des phrases suivantes en utilisant **ne... ni... ni**. Utilisez une autre feuille de papier.

Modèle: Mon père et ma mère aiment dîner au restaurant.
Ni mon père ni ma mère n'aiment dîner au restaurant.

1. Denise et Chloé sont étudiantes à la Sorbonne.
2. J'aime le thé et le café.
3. Nous avons mis des tomates et des oignons dans la salade.
4. Toi et moi, nous pouvons aller loin dans la vie.
5. Elle voudrait aller en Chine et au Japon.

The answers to the exercise can be found at the end of the *Fiches Grammaire.*

FICHE GRAMMAIRE (Chapitre 2)

Le sens des adjectifs

Un bâtiment **ancien**.	An **old** building.
Un **ancien** étudiant.	A **former** student.
Une chambre **propre**.	A **clean** room.
Sa **propre** chambre.	His/Her **own** room.
Une femme **pauvre**.	A **poor** (not rich) woman.
Une **pauvre** femme.	An **unfortunate** (unhappy) woman.

A number of adjectives change meaning depending on whether they're placed after or before a noun. In general, an adjective placed *after* the noun retains its basic, concrete meaning. The same adjective placed *before* the noun is used in an abstract or figurative manner. The following is a list of some of the most commonly used adjectives that change meaning according to their placement.

	AFTER THE NOUN	BEFORE THE NOUN
ancien	*old, ancient*	*former*
cher	*expensive*	*dear, well-loved*
dernier	*last (before this one)*	*last (in a series)*
grand	*tall; large*	*great*
pauvre	*poor (not rich)*	*poor (unfortunate)*
prochain	*next (after this one)*	*next (in a series)*
propre	*clean*	*own*

Le sens des adjectifs. Traduisez le(s) mot(s) entre parenthèses et ajoutez-le(s) à la phrase. Attention à l'accord et à la place des adjectifs. Utilisez une autre feuille de papier.

Modèle: C'est un appartement. (very expensive)
C'est un appartement très cher.

1. C'est une maison. *(very expensive)*
2. Mes enfants sont toujours prêts à m'aider. *(dear)*
3. J'ai ma chambre. *(own)*
4. C'est un bâtiment. *(old, ancient)*
5. C'est une cuisine. *(very clean)*
6. Nous avons aidé ce chat. *(unfortunate)*
7. C'est un homme. *(great)*
8. Thomas est un étudiant. *(former)*
9. Les nouvelles que nous avons eues de lui n'étaient pas bonnes. *(last)*
10. Ce sont des gens qui vivent dans la rue. *(very poor)*

The answers to the exercise can be found at the end of the *Fiches Grammaire.*

FICHE GRAMMAIRE (Chapitre 2)

Les pronoms relatifs qui remplacent une proposition *(clause)*

a. The relative pronoun **ce qui** replaces a clause (stated or unstated) that is the subject.

Tu as tort. C'est évident.
Tu as tort, **ce qui** est évident.　*You're wrong, **that's (which is)** obvious.*

Je veux savoir. Quelque chose est arrivé.
Je veux savoir **ce qui** est arrivé.　*I want to know **what** happened.*

b. The relative pronoun **ce que** (**ce qu'**) replaces a clause (stated or unstated) that is a direct object.

Je ne comprends pas. Tu dis quelque chose.
Je ne comprends pas **ce que** tu dis.　*I don't understand **what** you're saying.*

c. The relative pronoun **ce dont** replaces a clause (stated or unstated) that is the object of the preposition **de.**

Il a réussi à l'examen. Il est content d'avoir réussi à l'examen.
Il a réussi à l'examen, **ce dont** il est content.　*He passed the exam, **about which** he's happy.*

Ce n'est pas compliqué, ce que vous faites! Faites une seule phrase de chaque paire de phrases en utilisant les pronoms relatifs **ce qui, ce que** et **ce dont.** Utilisez une autre feuille de papier.

Modèles:　J'ai appris à faire des phrases complexes. C'est très intéressant.
J'ai appris à faire des phrases complexes, ce qui est très intéressant.

Je ne sais pas. Ils ont besoin de quelque chose.
Je ne sais pas ce dont ils ont besoin.

1. Elle ne comprend pas. Tu parles de quelque chose.
2. Vous avez vu? Quelque chose est arrivé.
3. Nous ne savons pas. Ils ont fait quelque chose.
4. Je n'ai pas pu finir mon travail. Ça m'irrite.
5. Nous ne comprenons pas très bien. Elles veulent quelque chose.
6. Elle a entendu. Vous avez dit quelque chose.
7. Ils doivent finir. Ils ont commencé quelque chose.
8. Je sais. Tu as besoin de quelque chose.
9. Tu n'as pas aimé? J'ai préparé quelque chose à manger.
10. Vous n'avez pas mangé? Quelque chose est dans le frigo.

The answers to the exercise can be found at the end of the *Fiches Grammaire.*

FICHE GRAMMAIRE (Chapitre 2)

C'est (Ce sont), Il/Elle est (Ils/Elles sont)

Ça, **c'est** Janine. **C'est** ma meilleure amie.	*That's Janine. **She's** my best friend.*
C'est elle qui habite à Rouen. **Elle est** très sympa, n'est-ce pas?	*She's the one who lives in Rouen. **She's** very nice, isn't she?*
Tu as vu les portraits de François Ier?	*Did you see the portraits of Francis I?*
Ils sont dans le Salon Carré. **Ce sont** des exemples de l'art de la Renaissance.	*They're in the Salon Carré. They're examples of Renaissance art.*

Generally, the expressions **c'est** and **ce sont** are used before a noun (**C'est Janine; Ce sont des exemples**) or a pronoun (**C'est elle; C'est lui; C'est vous,** etc.). The expressions **il/elle est** and **ils/elles sont** are usually used before an adjective (**Elle est très sympa; Ils sont malades**) or a preposition (**Ils sont dans le Salon Carré**).

There are, however, several exceptions:

1. **Nouns of nationality, occupation, religion, social class**

Elle est française.	*She's French.*
C'est une Française.	*She's a French woman.*
Il est journaliste.	*He's a journalist.*
C'est un journaliste.	
Ils sont catholiques.	*They're Catholic.*
Ce sont des catholiques.	*They're Catholics.*
Ils sont bourgeois.	*They're upper-middle-class.*
Ce sont des bourgeois.	*They're upper-middle-class people.*

Unmodified nouns (i.e., nouns not accompanied by an adjective or descriptive relative clause) of nationality, occupation, religion, and social class may be treated as adjectives or as nouns in French. When treated as adjectives, they're introduced by **il/elle est** or **ils/elles sont** and are *not* preceded by an article. When treated as nouns, they're introduced by **c'est** or **ce sont** and require the use of an article.

il/elle est **ils/elles sont**	+ adjective of nationality (not capitalized), occupation, religion, social class
c'est (ce sont)	+ article + noun of nationality (capitalized), occupation, religion, social class

However, when nouns of nationality, occupation, religion, and social class are modified, they must be treated as nouns, i.e., they're introduced by **c'est** or **ce sont** and are preceded by an article. **C'est** and **ce sont** can also be followed by an indefinite expression (**quelqu'un, quelque chose**) instead of a noun.

C'est le jeune homme assis près de la porte.	*He's/It's the young man sitting next to the door.*
C'est un journaliste très connu.	*He's a very well-known journalist.*
C'est une personne qui est honnête.	*He/She is an honest person.*
C'est quelqu'un que tu connais.	*He/She/It is someone you know.*
Ce sont des enfants bien élevés.	*They're well-behaved children.*

FICHE GRAMMAIRE (Chapitre 2, suite)

2. Indefinite adjectives

C'est vrai.	*It's/That's true.*
Comment? Ils ne viennent pas? C'est impossible!	*What? They're not coming? That's impossible!*

Adjectives referring to an idea or to a previous sentence are introduced by **c'est**.

Ce ou il/elle? Complétez les phrases suivantes en y ajoutant **c'est (ce sont)** ou **il/elle est (ils/elles sont)**. Utilisez une autre feuille de papier.

1. _____ une bonne idée!
2. _____ très intelligent, ce garçon!
3. _____ agent de voyage.
4. _____ elle qui nous a trouvé ce joli petit hôtel à Alger.
5. _____ de vrais aristocrates.
6. _____ américaine, mais _____ une Américaine qui est très différente de l'Américaine typique.
7. Le monsieur là-bas, _____ mon oncle.
8. _____ boulanger.
9. _____ une personne qui n'aime pas la nature.
10. Elle a fini? _____ formidable!
11. _____ moi qui m'occuperai de la maison pendant leur absence.
12. _____ un bel exemple de l'architecture de la région.
13. _____ quelqu'un à qui tu as parlé.
14. _____ avocate.
15. Tu as fait ça pour lui? _____ très généreux.
16. _____ protestants, n'est-ce pas?
17. _____ une personne que j'admire beaucoup.
18. _____ des Japonaises.
19. _____ très ambitieuses.
20. _____ un quartier populaire.

The answers to the exercise can be found at the end of the *Fiches Grammaire*.

FICHE GRAMMAIRE (Chapitre 3)

L'accord du participe passé

Verbes conjugués avec être: past participle agrees in gender and number with the subject

Sophie est retourné*e* en Martinique.
Les deux garçons sont parti*s* sans nous.

Verbes conjugués avec avoir: past participle agrees in gender and number with the direct object IF it precedes the verb:

- direct object pronoun:
  Sophie? Je ne l'ai pas vu*e* récemment. (**l' = la = Sophie**)

- relative pronoun **que:**
  Où sont **les outils que j'ai achetés?** (**que = outils**)

Verbes pronominaux: conjugated with **être**; the past participle agrees NOT with the subject, BUT with a preceding direct object (reflexive) pronoun:

- pronoun = direct object
  Micheline et moi, **nous nous sommes embrassé*es*.** (agreement)

- pronoun = indirect object
  Micheline et moi, **nous nous sommes parlé.** [parler à] (no agreement)

Il faut faire l'accord? Ajoutez le participe passé entre parenthèses en le faisant accorder ou non selon le cas.

1. (allé) Anne-Marie est _____ chercher ses amis à la gare.
2. (disputé) Georges et son frère se sont _____ au sujet de l'héritage de leur grand-père.
3. (vu) Comment s'appelle la petite Italienne que nous avons _____ au concert?
4. (envoyé) Nous nous sommes _____ plusieurs méls.
5. (amusé) Malheureusement elles ne se sont pas _____ à la plage.
6. (acheté) Combien coûtent les chaussures que tu as _____ avant-hier?
7. (rencontré) Tes cousins? Je ne les ai jamais _____ à la fac.
8. (parlé) Comment s'appelle les étudiants à qui nous avons _____ à la réunion syndicale?
9. (adressé) A qui est-ce qu'elle s'est _____ au commissariat?
10. (donné) Il se sont _____ un coup de main *(a helping hand)*.
11. (acheté) Elle est très grande, la maison que tes parents ont _____.
12. (téléphoné) Vos enfants? Elle ne leur a jamais _____.
13. (trompé) Oh là là! Nous nous sommes _____ d'adresse.
14. (cassé) Je suis désolé. Ta nouvelle calculatrice, je l'ai _____.
15. (écrit) Je n'aime pas tellement les livres qu'il a _____.

The answers to the exercise can be found at the end of the *Fiches Grammaire.*

FICHE GRAMMAIRE (Chapitre 3)

Des verbes conjugués avec *avoir* ou avec *être*

Certain verbs usually conjugated with être—in particular, **monter, descendre, passer, sortir,** and **retourner**—can, in certain circumstances, also be conjugated with **avoir.**

- When used *alone* or when followed by a *preposition,* these verbs use **être.**
  Elle **est** sortie. Ils **sont** descendus de l'autobus.

- When followed by a *direct object,* these verbs require **avoir.**
  Elle **a sorti sa carte d'identité.** Ils **ont** descendu **l'escalier.**

- These verbs have two different meanings, depending on whether they're used with **être** or **avoir.**

  Il **est** monté dans l'autobus. *(got on)*
  Il **a** monté **mes valises** au quatrième étage. *(carried up)*

  Il **est** descendu du train. *(got off)*
  Il **a** descendu **l'escalier.** *(went down)*

  Nous **sommes** passés devant la maison. *(passed)*
  Nous **avons** passé **deux heures** ensemble. *(spent)*

  Ils **sont** sortis avec nous. *(went out)*
  Ils **ont** sorti **leurs mouchoirs.** *(took out)*

  Pourquoi est-ce qu'elle **est** retournée en Afrique? *(did . . . go back)*
  Pourquoi **as-tu** retourné **sa photo?** *(did . . . turn over)*

Avec *avoir* ou avec *être*? Mettez le verbe au passé composé en faisant attention à l'emploi d'**avoir** ou d'**être.** Puis donnez l'équivalent anglais de la phrase. Utilisez une autre feuille de papier.

1. Un petit garçon passe devant la fenêtre.
2. Quand est-ce qu'ils retournent en Chine?
3. Je descends l'escalier en courant.
4. Comment est-ce que vous passez l'après-midi?
5. Qu'est-ce que le criminel sort de sa poche?
6. Ils montent en haut de la tour de Notre-Dame.
7. Nous descendons dans un très bon hôtel à Lyon.
8. Il retourne le morceau de viande sur le gril.
9. La vieille dame monte l'escalier avec difficulté.
10. A quelle heure est-ce qu'elle sort?

The answers to the exercises can be found at the end of the *Fiches Grammaire.*

FICHE GRAMMAIRE (Chapitre 3)

L'expression *venir de* + infinitif

The expression **venir de** *(to have [had] just)* can be used only with two tenses—the present or the imperfect.

The PRESENT tense of the verbal expression **venir de** is used to connect an activity to the *immediate past* by indicating that the action *has just* been completed. Notice that English uses a past tense *(had, went out)* whereas French uses the present (**viens de, vient de**).

> **Je viens de recevoir** un coup de téléphone de Stéphanie. Elle veut sortir ce soir.
> *I just had a call from Stephanie. She wants to go out tonight.*

> Hervé? Non, il n'est pas là. **Il vient de sortir.**
> *Hervé? No, he's not here. He just went out.*

The IMPERFECT tense of the verbal expression **venir de** is used to connect one past activity to the *immediate past of another past activity* by indicating that the action *had just* been completed. English uses the equivalent of the **plus-que-parfait** *(we had just done, she had just learned)*; French uses the imperfect tense (**nous venions de, elle venait d'**).

> Quand ils sont arrivés, **nous venions de faire** la vaisselle.
> *When they arrived, **we had just done** the dishes.*

> Quand je l'ai vue, **elle venait d'apprendre** la nouvelle.
> *When I saw her, **she had just gotten** the news.*

It's important to distinguish between the **plus-que-parfait** and **venir de** used with the imperfect. The **plus-que-parfait** indicates that one action had been completed some time before the other.

> Quand ils sont arrivés, j'avais déjà parlé à leurs parents.
> (Note: There could have been several hours between the two actions.)

Venir de used in the imperfect stresses that one action had been completed *just before* the other.

> Quand ils sont arrivés, je venais de parler à leurs parents.
> (Note: There were probably only a few minutes between the actions.)

Notre arrivée chez les Matheron

A. Vos amis Michel et Caroline Matheron vous invitent à dîner chez eux un samedi soir. Ils ont deux enfants—Thierry (3 ans) et Cécile (15 mois). Ils ont aussi un chat. En vous inspirant des mots suggérés, utilisez **le présent** de l'expression *venir de* + **infinitif** pour compléter le monologue de Caroline. Utilisez une autre feuille de papier.

> **Modèle:** le plombier / partir
> *Ah, bonsoir, mes amis. Entrez. Oh… je m'excuse… tout est en désordre. Vous n'allez pas me croire! Le plombier vient de partir. Il a réparé le lave-vaisselle…*

1. je / se couper le doigt en préparant le dîner
2. mon mari / renverser un vase sur la nouvelle nappe *(tablecloth)*
3. mon fils / attraper le chat par la queue *(tail)*
4. le bébé / casser sa poupée préférée
5. ma sœur / téléphoner pour dire que Maman est à l'hôpital.

B. Maintenant utilisez **l'imparfait** de l'expression *venir de* + **infinitif** pour raconter à quelqu'un d'autre votre arrivée chez les Matheron. Utilisez les mêmes suggestions. Utilisez une autre feuille de papier.

> **Modèle:** *Quand nous sommes arrivés chez les Matheron, la pauvre Caroline était complètement bouleversée. Tout était en désordre. Le plombier venait de partir; il avait réparé le lave-vaisselle. Caroline, elle…*

The answers to the exercise can be found at the end of the *Fiches Grammaire.*

FICHE GRAMMAIRE (Chapitre 3)

Autres expressions qui fonctionnent comme *depuis*

The expressions **Il y a… que, Voilà… que** and **Ça fait… que** are the equivalents of **depuis.**

> **Il y a** une heure **que** nous attendons.
> *We've been waiting for an hour.*

> **Voilà** trois mois **que** je cherche un appartement.
> *I've been looking for an apartment for three months.*

> **Ça fait** dix ans **qu'**ils sont mariés.
> *They've been married for ten years.*

Il y a combien de temps? Refaites les phrases suivantes en utilisant (a) **Il y a… que,** (b) **Voilà… que** et (c) **Ça fait… que.** Utilisez une autre feuille de papier.

1. Il pleut depuis trois jours.
2. Je connais les Mirabeau depuis très longtemps.
3. Ils sont à Madrid depuis quatre mois.

FICHE GRAMMAIRE (Chapitre 4)

Comment exprimer les rapports temporels: Conjonctions et prépositions

The following conjunctions and prepositions are used to relate events to each other, i.e., to indicate whether two events occur simultaneously or whether one precedes or follows the other. The chart below summarizes these temporal relationships; the explanations and exercises that follow offer details and practice.

Résumé: Prépositions et conjonctions temporelles		
	DEUX SUJETS	UN SUJET
Simultanéité	**pendant que** + *indicatif*	**en** + *participe présent*
Antériorité	**avant que** + *subjonctif*	**avant de** + *infinitif*
Postériorité	**après que** + *indicatif*	**après** + *passé de l'infinitif*

1. Les rapports de simultanéité

When each verb has a *different* subject, you use **pendant que** to indicate that the actions occur (will occur, did occur) at the same time. **Pendant que** is followed by a verb in the indicative.

Pendant qu'elle est au travail, ses enfants sont à la garderie.	*While she's at work, her children are at day care.*
Le téléphone a sonné **pendant que** nous regardions les photos de mon voyage.	*The phone rang **while** we were looking at my travel photos.*

When both verbs have the same subject, you can use the preposition **en** *(while)* and a *present participle* (**participe présent**) to indicate that the actions occur (will occur, did occur) at the same time.

Elle s'est fait mal à la cheville **en dansant**.	*She hurt her ankle **while dancing**.*
En sortant du parking, nous avons eu un petit accident.	*While leaving the parking lot, we had a little accident.*

To form the present participle of a verb, take the **nous** form of the present tense, drop the **-ons**, and add **-ant**. For example:

regarder	nous regardons	en regardant
choisir	nous choisissons	en choisissant
partir	nous partons	en partant
attendre	nous attendons	en attendant
faire	nous faisons	en faisant
lire	nous lisons	en lisant

There are three exceptions:

avoir / (en) ayant   être / (en) étant   savoir / (en) sachant

Reminder: The French equivalents of the English *-ing*

The present participle in English ends in *-ing*. However, English uses the *-ing* form of the verb in many instances where French requires a different construction.

present tense	*I am watching*	je regarde
imperfect tense	*they were waiting*	ils attendaient
infinitive	*Seeing is believing.*	**Voir, c'est croire.**

FICHE GRAMMAIRE (Chapitre 4, suite)

Le participe présent. Complétez les phrases suivantes en y ajoutant le participe présent des verbes entre parenthèses. Utilisez une autre feuille de papier.

1. (arriver) En _____ à la gare, nous avons été surpris de voir le nombre de gens qui attendaient.
2. (faire) Elle a perdu cinq kilos en _____ du jogging.
3. (attendre) En _____ l'arrivée de leur avion, il s'est amusé à regarder les gens.
4. (se dépêcher) En _____, nous pourrons y être avant les autres.
5. (aller) Elle a eu un accident en _____ chez son grand-père.
6. (rougir) Il a répondu en _____.
7. (lire) En _____ des livres au sujet d'autres pays, on apprend beaucoup.
8. (se réveiller) En _____, j'ai parfois du mal à savoir où je suis.
9. (partir) Je ne les ai pas vus en _____.
10. (prendre) Il s'est coupé la moustache tout en _____ son café au lait matinal.

2. Les rapports d'antériorité

When each verb in the two clauses of a sentence has a *different* subject, use **avant que** *(before)* to indicate that one action precedes (will precede, did precede) the other. **Avant que** is followed by a verb in the *present subjunctive* (even if the main action is in the past).

Téléphone-lui **avant que** ce ne soit trop tard.	*Call him **before** it's too late.*
Il est parti **avant que** nous prenions le dessert.	*He left **before** we had dessert.*

When both verbs have the same subject, you must use **avant de** instead of **avant que**; the preposition **avant de** is followed by an *infinitive*.

Et puis… Combinez les deux phrases en utilisant **avant de** ou **avant que** et en faisant les changements nécessaires. Utilisez une autre feuille de papier.

Modèles: Georges a téléphoné à sa sœur. Et puis il est sorti.
Georges a téléphoné à sa sœur avant de sortir.

Georges est sorti. Et puis sa sœur lui a téléphoné.
Georges est sorti avant que sa sœur (lui) téléphone.

1. M. Delaudin a fait la vaisselle. Ensuite sa femme est rentrée.
2. M. Delaudin fera la vaisselle. Ensuite sa femme rentrera.
3. Tous les matins Rosine fait sa toilette. Et puis elle s'habille.
4. Le candidat socialiste à téléphoné à son rival. Et puis on a annoncé les résultats.
5. Jean-Pierre a fait ses valises. Ensuite il est descendu dire au revoir à sa famille.
6. J'espère qu'ils arriveront. Et puis tu partiras.

3. Les rapports de postériorité

When both verbs have the same subject, use the preposition **après** and a *past infinitive* (**passé de l'infinitif**) to indicate that one action follows (will follow, followed) the other.

Tu pourras sortir **après avoir fait** la vaisselle.	*You can go out **after you** do the dishes.*
Après m'être levée, j'ai pris une douche.	*After I got up (getting up), I took a shower.*

FICHE GRAMMAIRE (Chapitre 4, suite)

To form the *past infinitive*, use the infinitive of either the verb **avoir** or the verb **être** with the past participle of the main verb. All the rules of agreement you've learned about compound tenses apply also to the *past infinitive*.

> **Après être allée** à l'épicerie, Marie-Jo a préparé un dîner fantastique.
> *After having gone to the grocery store, Marie-Jo prepared a fantastic dinner.*

When the verbs in the two clauses have different subjects, use the preposition **après** and a *noun* or a *pronoun* (**moi, toi, lui, elle, nous, vous, eux, elles**).

> **Après le départ** de Jeanne, les autres se sont mis à raconter des histoires à son sujet.
>
> *After Jeanne left, the others started telling stories about her.*

> Nous avons dîné **après leur arrivée.**
>
> *We ate after they arrived.*

> Je suis partie **après lui.**
>
> *I left after him (after he did).*

Et puis... Combinez les deux phrases en utilisant **après** suivi du passé de l'infinitif ou bien d'un nom ou d'un pronom. Faites les changements nécessaires. Utilisez une autre feuille de papier.

Modèles: Georges a téléphoné à sa sœur. Et puis il est sorti.
Georges est sorti après avoir téléphoné à sa sœur.

La sœur de Georges lui a téléphoné. Puis il est sorti.
Georges est sorti après le coup de téléphone de sa sœur.

après + passé de l'infinitif

1. Tous les matins Rosine fait sa toilette. Et puis elle s'habille.
2. Jean-Pierre rentrera du travail. Et puis il préparera quelque chose à manger.
3. D'habitude, je me couche. Et puis je lis pendant une heure ou deux.

après + nom ou pronom

4. J'espère que son ex-mari partira et puis qu'elle arrivera.
5. Ils ont dîné à la Tour d'Argent. Mais je ne les ai pas vus après.
6. J'ai parlé au directeur. Ensuite elle lui a parlé.

Les voyageurs. On appelle les premiers explorateurs français qui sont partis à la découverte du Nouveau Monde «les voyageurs». Expliquez ce que vous savez au sujet de ces explorateurs—Cartier, Champlain, Joliet, Marquette et La Salle. Combinez les phrases données en utilisant l'expression entre parenthèses et en faisant tous les changements nécessaires. Utilisez une autre feuille de papier.

*D'abord, indiquez des rapports de **simultanéité**.*

1. Cartier est arrivé à Gaspé en 1534. Il a trouvé des Amérindiens qui y habitaient depuis longtemps. (en)
2. En 1541, lors de son troisième voyage au Nouveau Monde, Cartier s'est attiré la défaveur du roi François Ier. Cartier a désobéi aux ordres du nouveau gouverneur du «Canada». (en)
3. En 1615 Champlain a remonté l'Ottawa. Il a découvert le lac Huron. (en)
4. La Salle a été tué en 1684. Il explorait le delta du Mississippi. (en)

*Indiquez ensuite des rapports **d'antériorité**.*

5. Cartier a pris possession du nouveau pays au nom de la France. Puis il est rentré à Saint-Malo. (avant de)
6. Cartier a remonté le Saint-Laurent jusqu'à l'emplacement actuel de Montréal en 1535. Champlain a fondé la ville de Québec en 1608. (plus de 70 ans avant que)

7. La femme de Champlain a passé dix ans seule en France. Enfin, son mari l'a emmenée à Québec. (avant que)

8. Champlain a fait la paix avec les Iroquois. Puis il est mort. (avant de)

Indiquez enfin des rapports de postériorité.

9. Champlain a visité la Nouvelle-France pour la première fois en 1603. En 1608, il y est retourné pour fonder la ville de Québec. (cinq ans après)

10. Champlain s'est marié en 1610. L'année suivante, il est rentré en Nouvelle-France. (après)

11. Champlain a découvert le lac Ontario en 1615. Ensuite il a été blessé *(wounded)* par les Iroquois. (après)

12. Joliet et Marquette ont découvert le Mississippi en 1673. La Salle est descendu jusqu'au golfe du Mexique en 1682. (neuf ans après)

FICHE GRAMMAIRE (Chapitre 5)

Deux pronoms compléments d'objet direct et indirect

Je les lui ai déjà donnés.
I already gave them to him.

Quand est-ce que tu vas me la montrer?
When are you going to show it (her) to me?

Elle nous en parle souvent.
She often talks to us about it.

When two object pronouns (one direct, one indirect) are used with the same verb, they follow a specific order:

me					
te	le		lui		
(se) BEFORE	la BEFORE	leur	BEFORE	y BEFORE	en
nous	les				
vous					

This order works for all pronoun positions except with *affirmative commands,* where the pronoun follows and is attached to the verb. In this case, the pronouns follow a different order:

Direct object (le, la, les)	BEFORE	Indirect object (lui, leur, moi, toi, nous, vous)	BEFORE	y BEFORE	en

Donne-le-moi!   **Mettez-les-y!**
Give it to me!   *Put them there!*

When used with *a negative command,* the pronouns follow the basic word order.

Ne me le donne pas!
Don't give it to me!

Oui ou non? Répondez aux questions en utilisant deux pronoms compléments d'objet. Utilisez une autre feuille de papier.

Modèle: Je peux te donner mon adresse? (oui, bien sûr)
Oui, bien sûr, tu peux me la donner.

1. Vos amis vous prêtent souvent de l'argent? (oui, de temps en temps)
2. Ils vous prêtent souvent leur voiture? (non, ne... jamais)
3. Tu vas m'envoyer tes notes? (oui, demain)
4. Tu vas m'envoyer ton examen? (mais non)
5. Tu vois souvent tes cousins au bord de la mer? (oui, tous les étés)
6. Tu vois souvent ma sœur à l'opéra? (non, ne... jamais)
7. Est-ce que je peux te donner la clé? (mais oui)
8. Est-ce que je peux te donner des conseils? (non, absolument pas)
9. Quand est-ce que tu as rendu les clés à M. et à Mme Bertoli? (avant-hier)
10. Quand est-ce que tu as rendu la calculatrice à Jean-Jacques? (ne... pas encore)
11. Quand est-ce qu'elle a envoyé le cadeau à Anne-Marie? (mardi dernier)
12. Est-ce qu'elle va envoyer des cadeaux à ses amis canadiens? (je ne sais pas si)

FICHE GRAMMAIRE (Chapitre 5, suite)

Oui ou non (suite). Répondez aux questions en utilisant l'impératif (affirmatif ou négatif, selon l'indication) et deux pronoms compléments d'objet. Utilisez une autre feuille de papier.

Modèles: J'envoie les résultats à vos parents? (oui, tout de suite)
Oui, envoyez-les-leur tout de suite.

Je te donne encore de la viande. (non merci, ne... plus)
Non merci, ne m'en donne plus.

13. Je laisse les clés sur la table? (oui, si tu veux)

14. Je donne la lampe à tes parents? (oui, si tu veux)

15. Nous envoyons des cartes postales aux professeurs? (oui, c'est une bonne idée)

16. Nous montrons la statue au directeur? (non, il ne s'intéresse pas à l'art)

17. Je te montre ma nouvelle voiture. (oui, bien sûr)

18. Je vous montre les cadeaux pour la famille. (non, nous ne voulons pas les voir)

FICHE GRAMMAIRE (Chapitre 5)

Les pronoms accentués

The stress pronouns in French (**pronoms accentués**), also called disjunctive pronouns (**pronoms disjonctifs**) because they are *not* placed directly next to a conjugated verb, are the following:

moi	nous
toi	vous
lui	eux
elle	elles

They are used in the following situations:

1. To emphasize a subject pronoun (In English, this emphasis is often expressed by speaking more loudly.)

   Moi, je ne veux pas y aller!   ***I** don't want to go!*
   Eux, ils ne savent pas ce qu'ils font.   ***They** don't know what they're doing.*

2. To answer a question without using a verb or by using the expression **c'est**

   Qui veut le savoir?   *Who wants to know?*
   Moi. / C'est moi.   *I do. / I'm the one.*

3. To indicate or stress possession

   Ce chien n'est pas **à moi**, c'est son chien **à elle**.   *This dog is not **mine**, it's **hers**.*

4. With **-même** as the equivalent of *-self*

   Je le ferai **moi-même**.   *I'll do it **myself**.*
   Il l'a écrit **lui-même**.   *He wrote it **himself**.*

5. With a compound subject

   Lui et moi, nous comptons y aller ce soir.   ***He and I** are planning on going this evening.*

6. In a comparison

   Georges est beaucoup **plus fort que moi**.   *George is a lot **stronger than I am**.*
   Je suis **plus grande qu'elle**.   *I'm **taller than she is**.*

7. To refer to a person or persons after a preposition other than **à**

   Nous avons passé la nuit **chez eux**.   *We spent the night **at their place**.*
   Je ne veux pas travailler **pour elle**.   *I don't want to work **for her**.*
   Tu y vas **avec lui**?   *Are you going **with him**?*

NOTE: When referring to **à** + a person, normally an indirect object (**me, te, nous, vous, lui, leur**) is used. There are a few exceptions; one of the most frequently used is **penser à**.

   Tu **penses à moi**?   *Are you **thinking about me**?*
   Bien sûr, je **pense** toujours **à toi**.   *Of course, **I'm** always **thinking about you**.*

FICHE GRAMMAIRE (Chapitre 5, suite)

Les pronoms accentués D'abord, mettez l'accent sur le sujet en italique. Utilisez une autre feuille de papier.

Modèle: Qu'est-ce que tu fais?
Qu'est-ce que tu fais, toi?

1. *Je* n'ai pas l'intention de rester.
2. *Il* a deux frères et trois sœurs.
3. Qu'est-ce qu'*ils* cherchent?

Ensuite, combinez les deux phrases en utilisant des pronoms accentués.

Modèle: Jeanne veut sortir ce soir. Je veux sortir ce soir aussi.
Elle et moi, nous voulons sortir ce soir.

4. Je peux le faire. Tu peux le faire aussi.
5. Où est-ce qu'il va? Où est-ce qu'elle va?
6. Elle a assez de temps pour le finir. J'ai assez de temps pour le finir aussi.

Remplacez les mots en italique par un pronom accentué.

7. J'aime bien manger chez *mes grands-parents*.
8. Allons au cinéma avec *Julien et Anne-Marie*.
9. Quel est le nom du type assis devant *Hervé*?
10. Pourquoi est-ce que je pense toujours *à mes amies d'autrefois*?
11. Je ne me souviens pas de *mes grands-parents*.

Donnez l'équivalent français des phrases suivantes.

12. I'm going to read the book myself.
13. We're a lot smarter than they are.
14. He's the one who lives in Bordeaux.
15. It's not his boat, it's her boat (**bateau**, *m.*).

FICHE GRAMMAIRE (Chapitre 6)

The answers to the exercises can be found at the end of the *Fiches Grammaire*.

Le futur antérieur

The future perfect (**le futur antérieur**) is a compound tense that is formed by combining the future tense of the helping verb **avoir** or **être** with the past participle of the main verb. All of the rules for compound tenses that you've learned already also apply to the future perfect.

Est-ce que tu **auras fini** de nettoyer la maison quand ils arriveront?	*Will you have finished cleaning the house when they arrive?*
Quand vous **aurez terminé** cet exercice, vous ferez le suivant.	*When you've finished this exercise, you'll do the next one.*

LE FUTUR ANTÉRIEUR

faire	aller	se lever
j'aurai fait	je serai allé(e)	je me serai levé(e)
tu auras fait	tu seras allé(e)	tu te seras levé(e)
il/elle/on aura fait	il/elle/on sera allé(e)(s)	il/elle/on se sera levé(e)(s)
nous aurons fait	nous serons allé(e)s	nous nous serons levé(e)s
vous aurez fait	vous serez allé(e)(s)	vous vous serez levé(e)(s)
ils/elles auront fait	ils/elles seront allé(e)s	ils/elles se seront levé(e)s

When you're dealing with future events, you use the future perfect to show that one event *will have* occurred before another. This is the equivalent of the **plus-que-parfait** tense that precedes the **passé composé**. Study the following timeline to understand the relationships between events in the future with the parallel construction in the past.

```
plus-que-      passé                      futur
parfait       composé      présent      antérieur      futur
   |─────────────|────────────|────────────|────────────|
```

The expressions **aussitôt que, dès que, lorsque,** and **quand** are followed by the future perfect when they refer to an event that will have occurred before something else will occur. In that case, the **futur antérieur** is accompanied by the future tense.

Aussitôt que tu **auras fait** tes devoirs, tu **iras** chercher du pain.	*As soon as you've done your homework, you'll go get some bread.*
Tu me le **diras dès qu**'ils t'**auront téléphoné.**	*You'll tell me as soon as they've called you.*
Lorsque Marc **sera arrivé,** on **commencera** la fête.	*As soon as (When) Marc arrives, we'll start the party.*
Quand vous **aurez fini** les fenêtres, vous **pourrez** partir.	*When you've finished the windows, you can leave.*

Chaque chose en son temps. Complétez les phrases suivantes en utilisant le futur antérieur des verbes entre parenthèses. Utilisez une autre feuille de papier.

Modèle: (parler) Dès que je lui _____, je prendrai ma décision.
　　　　　　Dès que je lui aurai parlé, je prendrai ma décision.

1. (partir) Dès qu'elle _____, je vous avertirai.

2. (finir) Je suis sûr que vous _____ vos devoirs avant le dîner.

FICHE GRAMMAIRE (Chapitre 6, suite)

3. (apprendre) Ils _____ suffisamment de grammaire avant l'examen final.

4. (faire) Nous _____ les valises la veille *(the night before)*.

5. (prendre) Aussitôt que tu _____ de l'aspirine, tu te coucheras.

6. (faire) Elle _____ les réservations avant de partir.

7. (aller) Je ne _____ pas encore _____ au marché quand tu arriveras.

8. (se laver) Dès que tu _____ les mains, nous nous mettrons à table.

Futur ou futur antérieur? Utilisez le futur ou le futur antérieur pour refaire les phrases suivantes. Utilisez une autre feuille de papier.

Modèles: Il va faire ses valises et il va partir tout de suite.
   Il fera ses valises et il partira tout de suite.

   Nous parlons au prof. Ensuite nous allons à la bibliothèque. (dès que)
   Dès que nous aurons parlé au prof, nous irons à la bibliothèque.

1. Elle va laver la voiture. Ensuite elle va faire un tour en ville. (quand)

2. Je vais acheter le gâteau, je vais aller chercher les enfants à l'école et on va aller directement à la fête.

3. Tu prends ta décision. Ensuite tu nous téléphones. (lorsque)

4. Vous pouvez aller à la plage. Mais avant ça, vous rangez votre chambre. (aussitôt que)

5. Le prof va corriger les devoirs et il va les rendre tout de suite.

6. Tu vas déménager. Tes parents vont te rendre visite. (quand)

Chapitre 1

L'inversion avec un nom

1. Votre famille habite-t-elle en France?
2. Vos grands-parents parlent-ils français?
3. Depuis combien de temps vos cousins sont-ils à Paris?
4. Pourquoi votre oncle et votre tante sont-ils restés au Sénégal?
5. A qui vos parents se sont-ils adressés en arrivant en France?
6. De quoi votre belle-sœur a-t-elle besoin?
7. Où votre mère fait-elle les courses?
8. Combien de fois par semaine vos parents sortent-ils dîner?

A traduire en anglais

1. She only has one brother and no sisters.
2. We only work in the morning (mornings).
3. We only have one bedroom at home (in our house).
4. What? You only saw one alligator in Florida?
5. They were only able to speak with (talk to) a secretary; the director was not there.

Ne... que = synonyme de seulement

1. Je n'ai que trois cours ce semestre.
2. Il ne faut que quatre personnes pour jouer au bridge.
3. Nous n'avons visité que trois pays en Afrique.
4. Comment? Tu ne prends qu'un repas par jour?
5. Elles n'ont acheté qu'une baguette.

L'expression négative ne... aucun(e)

1. Nous n'avons aucune raison pour (d')aller en Allemagne.
2. Aucun de mes amis ne travaille pendant l'année universitaire.
3. Je ne voudrais voir aucun de mes cousins.
4. Aucun étudiant n'a le droit d'insulter le professeur.
5. Je n'ai visité aucune cathédrale à Paris.

L'expression négative ne... ni... ni

1. Ni Denise ni Chloé ne sont étudiantes à la Sorbonne.
2. Je n'aime ni le thé ni le café.
3. Nous n'avons mis ni tomates ni oignons dans la salade.
4. Ni toi ni moi ne pouvons aller loin dans la vie.
5. Elle ne voudrait aller ni en Chine ni au Japon.

Chapitre 2

Le sens des adjectifs

1. C'est une maison très chère.
2. Mes chers enfants sont toujours prêts à m'aider.
3. J'ai ma propre chambre.
4. C'est un bâtiment ancien.
5. C'est une cuisine très propre.
6. Nous avons aidé ce pauvre chat.
7. C'est un grand homme.
8. Thomas est un ancien étudiant.
9. Les dernières nouvelles que nous avons eues de lui n'étaient pas bonnes.
10. Ce sont des gens très pauvres qui vivent dans la rue.

Ce n'est pas compliqué, ce que vous faites!

1. Elle ne comprend pas ce dont tu parles.
2. Vous avez vu ce qui est arrivé?
3. Nous ne savons pas ce qu'ils ont fait.
4. Je n'ai pas pu finir mon travail, ce qui m'irrite.
5. Nous ne comprenons pas très bien ce qu'elles veulent.
6. Elle a entendu ce que vous avez dit.
7. Ils doivent finir ce qu'ils ont commencé.
8. Je sais ce dont tu as besoin.
9. Tu n'as pas aimé ce que j'ai préparé à manger?
10. Vous n'avez pas mangé ce qui est dans le frigo?

Ce ou il/elle?

1. C'est	11. C'est
2. Il est	12. C'est
3. Il est	13. C'est
4. C'est	14. Elle est
5. Ce sont	15. C'est
6. Elle est / c'est	16. Ils sont
7. c'est	17. C'est
8. Il est	18. Ce sont
9. C'est	19. Elles sont
10. C'est	20. C'est

Chapitre 3

Il faut faire l'accord?

1. allée	9. adressée
2. disputés	10. donné
3. vue	11. achetée
4. envoyé	12. téléphoné
5. amusées	13. trompé(e)s
6. achetées	14. cassée
7. rencontrés	15. écrits
8. parlé	

Avec avoir ou avec être?

1. Un petit garçon est passé devant la fenêtre. (passed)
2. Quand est-ce qu'ils sont retournés en Chine? (did . . . go back)
3. J'ai descendu l'escalier en courant. (went down)
4. Comment est-ce que vous avez passé l'après-midi? (did . . . spend)
5. Qu'est-ce que le criminel a sorti de sa poche? (did . . . take out)
6. Ils sont montés en haut de la tour de Notre-Dame. (went up)
7. Nous sommes descendu(e)s dans un très bon hôtel à Lyon. (stayed)
8. Il a retourné le morceau de viande sur le gril. (flipped)
9. La vieille dame a monté l'escalier avec difficulté. (went up)
10. A quelle heure est-ce qu'elle est sortie? (did . . . go out)

Notre arrivée chez les Matheron

A. 1. Je viens de me couper le doigt en préparant le dîner.
2. Mon mari vient de renverser un vase sur la nouvelle nappe.
3. Mon fils vient d'attraper le chat par la queue.
4. Le bébé vient de casser sa poupée préférée.
5. Ma sœur vient de téléphoner pour dire que Maman est à l'hôpital.

B. 1. Elle venait de se couper le doigt en préparant le dîner.
2. Son mari venait de renverser un vase sur la nouvelle nappe.
3. Son fils venait d'attraper le chat par la queue.
4. Le bébé venait de casser sa poupée préférée.
5. Sa sœur venait de téléphoner pour dire que Maman était à l'hôpital.

Il y a combien de temps?

1. Il y a trois jours qu'il pleut. / Voilà trois jours qu'il pleut. / Ça fait trois jours qu'il pleut.
2. Il y a très longtemps que je connais les Mirabeau. / Voilà très longtemps que je connais les Mirabeau. / Ça fait très longtemps que je connais les Mirabeau.
3. Il y a quatre mois qu'ils sont à Madrid. / Voilà quatre mois qu'ils sont à Madrid. / Ça fait quatre mois qu'ils sont à Madrid.

Chapitre 4

Le participe présent

1. arrivant
2. faisant
3. attendant
4. nous dépêchant
5. allant
6. rougissant
7. lisant
8. me réveillant
9. partant
10. prenant

Et puis...

1. M. Delaudin a fait la vaisselle avant que sa femme rentre.
2. M. Delaudin fera la vaisselle avant que sa femme rentre.
3. Tous les matins Rosine fait sa toilette avant de s'habiller.
4. Le candidat socialiste a téléphoné à son rival avant qu'on annonce les résultats.
5. Jean-Pierre a fait ses valises avant de descendre dire au revoir à sa famille.
6. J'espère qu'ils arriveront avant que tu partes.

Et puis...

1. Tous les matins, Rosine s'habille après avoir fait sa toilette.
2. Jean-Pierre préparera quelque chose à manger après être rentré du travail.
3. D'habitude, je lis pendant une heure ou deux après m'être couché(e).
4. J'espère qu'elle arrivera après le départ de son ex-mari.
5. Je ne les ai pas vus après le dîner à la Tour d'Argent.
6. Elle a parlé au directeur après moi.

Les voyageurs

1. En arrivant à Gaspé en 1534, Cartier y a trouvé...
2. En désobéissant aux ordres du nouveau gouverneur du «Canada», Cartier s'est attiré...
3. En remontant l'Ottawa en 1615, Champlain a découvert...
4. La Salle a été tué en 1684 en explorant...
5. Cartier a pris possession du nouveau pays au nom de la France avant de rentrer...
6. Cartier a remonté le Saint-Laurent... plus de 70 ans avant que Champlain (qu'il) fonde la ville de Québec.
7. La femme de Champlain a passé 10 années seule en France avant que son mari l'emmène à Québec.
8. Champlain a fait la paix avec les Iroquois avant de mourir.
9. Cinq ans après avoir visité..., Champlain y est retourné...
10. Après s'être marié en 1610, Champlain est rentré...
11. Après avoir découvert..., Champlain a été blessé...
12. Neuf ans après la découverte du Mississippi par Joliet et Marquette, La Salle est descendu...

Chapitre 5

Oui ou non?

1. Oui, ils nous (m')en prêtent de temps en temps.
2. Non, ils ne nous (me) la prêtent jamais.
3. Oui, je vais te (vous) les envoyer demain.
4. Mais non, je ne peux pas te (vous) l'envoyer.
5. Oui, je les y vois tous les étés.
6. Non, je ne l'y vois jamais.
7. Mais oui, tu peux me la donner.
8. Non, tu ne peux absolument pas m'en donner.
9. Je les leur ai rendues avant-hier.
10. Je ne la lui ai pas encore rendue.
11. Elle le lui a envoyé mardi dernier.
12. Je ne sais pas si elle va leur en envoyer.
13. Oui, laisse-les-y, si tu veux.
14. Oui, donne-la-leur, si tu veux.
15. Oui, envoyez-leur-en, c'est une bonne idée.
16. Non, ne la lui montrez pas, il ne s'intéresse pas à l'art.
17. Oui, bien sûr, montre-la-moi.
18. Non, ne nous les montrez pas, nous ne voulons pas les voir.

Les pronoms accentués

1. Moi, je n'ai pas l'intention de rester.
2. Lui, il a deux frères et trois sœurs.
3. Qu'est-ce qu'ils cherchent, eux?
4. Toi et moi, nous pouvons le faire.
5. Où est-ce qu'ils vont, lui et elle?
6. Elle et moi, nous avons assez de temps pour le finir.
7. J'aime bien manger chez eux.
8. Allons au cinéma avec eux (avec lui et avec elle).
9. Quel est le nom du type assis devant lui?
10. Pourquoi est-ce que je pense toujours à elles?
11. Je ne me souviens pas d'eux.
12. Je vais lire le livre moi-même.
13. Nous sommes beaucoup plus intelligent(e)s qu'eux (elles).
14. C'est lui qui habite à Bordeaux.
15. Ce n'est pas son bateau à lui, c'est son bateau à elle.

Chapitre 6

Chaque chose en son temps

1. sera partie
2. aurez fini
3. auront appris
4. aurons fait
5. auras pris
6. aura fait
7. serai... allé(e)
8. te seras lavé

Futur ou futur antérieur?

1. Quand elle aura lavé la voiture, elle ira faire un tour en ville.
2. J'achèterai le gâteau, j'irai chercher les enfants à l'école et on ira directement à la fête.
3. Lorsque tu auras pris ta décision, tu nous téléphoneras.
4. Vous pourrez aller à la plage aussitôt que vous aurez rangé votre chambre.
5. Le prof corrigera les devoirs et (il) les rendra tout de suite.
6. Tu auras déménagé quand tes parents te rendront visite. (Quand tu auras déménagé, tes parents te rendront visite.)

Appendice B
Les temps littéraires

There are four literary verb tenses in French. Their use is usually limited to a written context; they are almost never heard in conversation.

It is unlikely that you will be called upon to produce these tenses, but you should be able to recognize them. They appear in classical and much of the contemporary literature that you will read, especially in the **je** and **il** forms. Passive recognition of these tenses is not difficult since the verb endings are usually easy to identify.

The **passé simple** and the **passé antérieur** belong to the indicative mood; the two other tenses, also presented below, are the imperfect subjunctive and the pluperfect subjunctive.

The *passé simple*

As its name indicates, this is a simple past tense, involving no auxiliary verb. It will be easier for you to recognize it if you become familiar with the endings of the three regular conjugations and certain irregular forms.

A. Regular Forms

To form the **passé simple** of regular -er verbs, take the stem of the infinitive and add the appropriate endings: -ai, -as, -a, âmes, âtes, -èrent.

parler	
je parlai	nous parlâmes
tu parlas	vous parlâtes
il/elle/on parla	ils/elles parlèrent

To form the **passé simple** of regular -ir and -re verbs, take the stem of the infinitive and add the appropriate endings: -is, -is, -it, îmes, îtes, -irent.

réfléchir	
je réfléchis	nous réfléchîmes
tu réfléchis	vous réfléchîtes
il/elle/on réfléchit	ils/elles réfléchirent

rendre	
je rendis	nous rendîmes
tu rendis	vous rendîtes
il/elle/on rendit	ils/elles rendirent

B. Irregular Forms

Most verbs that have an irregularly formed **passé simple** have an irregular stem to which you add one of the following groups of endings:

-is	-îmes		-us	-ûmes
-is	-îtes		-us	-ûtes
-it	-irent		-ut	-urent

Below is a partial list of the most common verbs in each category.

-is		-us	
faire	**je fis**	boire	**je bus**
mettre	**je mis**	croire	**je crus**
prendre	**je pris**	devoir	**je dus**
rire	**je ris**	plaire	**je plus**
voir	**je vis**	pleuvoir	**il plut**
écrire	**j'écrivis**	pouvoir	**je pus**
conduire	**je conduisis**	savoir	**je sus**
craindre	**je craignis**	falloir	**il fallut**
peindre	**je peignis**	valoir	**je valus**
vaincre	**je vainquis**	vouloir	**je voulus**
		vivre	**je vécus**
		connaître	**je connus**
		mourir	**il mourut**

Avoir and **être**, which are frequently seen in the **passé simple**, have completely irregular forms.

avoir	
j'eus	nous eûmes
tu eus	vous eûtes
il/elle/on eut	ils/elles eurent

être	
je fus	nous fûmes
tu fus	vous fûtes
il/elle/on fut	ils/elles furent

Two additional common verbs with irregular forms in the **passé simple** are **venir** and **tenir**.

venir	
je **vins**	nous **vînmes**
tu **vins**	vous **vîntes**
il/elle/on **vint**	ils/elles **vinrent**

tenir	
je **tins**	nous **tînmes**
tu **tins**	vous **tîntes**
il/elle/on **tint**	ils/elles **tinrent**

C. Use of the **passé simple**

The **passé simple** is often thought of as the literary equivalent of the **passé composé**. To an extent this is true. Both tenses are used to refer to specific past actions that are limited in time.

Victor Hugo **est né** en 1802.   (passé composé)
Victor Hugo **naquit** en 1802.   (passé simple)

The fundamental difference between these two tenses is that the **passé simple** can never be used in referring to a time frame that has not yet come to an end. There is no such limitation placed on the **passé composé**.

Look at this sentence: **J'ai écrit deux lettres aujourd'hui.** This thought can only be expressed by the **passé composé**, since **aujourd'hui** is a time frame that is not yet terminated. **Robert Burns a écrit des lettres célèbres à sa femme** could also be expressed in the **passé simple: Robert Burns écrivit des lettres célèbres à sa femme.** The time frame has come to an end.

Descriptions in the past that are normally expressed by the imperfect indicative are still expressed in the imperfect, even in a literary context.

The *passé antérieur*

A. Formation

The **passé antérieur** is a literary compound tense that is the **passé simple** of the auxiliary verb **avoir** or **être** and a past participle.

parler	j'**eus parlé**, etc.
sortir	je **fus sorti(e)**, etc.
se lever	je me **fus levé(e)**, etc.

B. Use of the **passé antérieur**

The **passé antérieur** is used to refer to a past action that occurred prior to another past action. It is most frequently found in a subordinate clause following a conjunction such as **quand, lorsque, après que, dès que, aussitôt que.** The conjunction indicates that the action in question immediately preceded another action in the past. The latter action will generally be expressed in the **passé simple** or the imperfect.

Hier soir, après qu'il **eut fini** de manger, il **sortit**.
Le soir, après qu'il **eut fini** de manger, il **sortait**.

The imperfect subjunctive

A. Formation

The imperfect subjunctive is most often encountered in the third-person singular. The imperfect subjunctive is formed by taking the **tu** form of the **passé simple**, doubling its final consonant, and adding the endings of the present subjunctive. The third-person singular (il/elle/on) does not follow the regular formation. To form it, drop the consonant, place a circumflex accent (ˆ) over the final vowel, and add a **t**.

aller (tu allas → allass-)	
que j'**allasse**	que nous **allassions**
que tu **allasses**	que vous **allassiez**
qu'il/elle/on **allât**	qu'ils/elles **allassent**

B. Use of the imperfect subjunctive

Like the other tenses of the subjunctive, the imperfect subjunctive is most often found in a subordinate clause governed by a verb in the main clause that requires the use of the subjunctive. The verb of the main clause is either in a past tense or in the conditional. In order for the imperfect subjunctive to be used in the subordinate clause, the action expressed in this clause must occur at the same time as the action of the main verb or later on.

Je **voulais** qu'elle me **répondît**.
Elle **voudrait** qu'on l'**écoutât**.

The pluperfect subjunctive

A. Formation

The pluperfect subjunctive is formed with the imperfect subjunctive of the auxiliary verb **avoir** or **être** and a past participle. Like the imperfect subjunctive, this tense is mostly used in the third-person singular.

que j'**eusse parlé**, qu'il **eût parlé**, etc.
que je **fusse sorti(e)**, qu'il **fût sorti**, etc.
que je me **fusse lavé(e)**, qu'elle se **fût lavée**, etc.

B. Use of the pluperfect subjunctive

The pluperfect subjunctive, like the imperfect subjunctive, is usually found in a subordinate clause. It is used when the main verb is either in a past tense or in the conditional and the action expressed in the subordinate clause has occurred prior to the action of the main clause.

Il **déplora qu'elle fût** déjà **partie.**

In reading, you may occasionally encounter a verb form identical to the pluperfect subjunctive that does not follow the usage outlined above. In such cases, you will be dealing with an alternate literary form of the past conditional, and you should interpret it as such.

J'**eusse voulu qu'**elle m'**accompagnât.**
(J'aurais voulu qu'elle m'accompagne.)

In lighter prose and conversation, the imperfect subjunctive is replaced by the present subjunctive, and the pluperfect subjunctive is replaced by the past subjunctive.

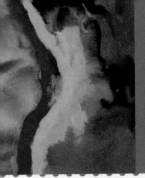

Appendice C
Conjugaison des verbes

Les verbes réguliers

INFINITIF	PRÉSENT	IMPÉRATIF	PASSÉ COMPOSÉ	IMPARFAIT
parler *(to talk, speak)*	je **parle** tu **parles** il **parle** nous **parlons** vous **parlez** ils **parlent**	**parle** **parlons** **parlez**	j'**ai parlé** tu **as parlé** il **a parlé** nous **avons parlé** vous **avez parlé** ils **ont parlé**	je **parlais** tu **parlais** il **parlait** nous **parlions** vous **parliez** ils **parlaient**
finir *(to finish)*	je **finis** tu **finis** il **finit** nous **finissons** vous **finissez** ils **finissent**	**finis** **finissons** **finissez**	j'**ai fini** tu **as fini** il **a fini** nous **avons fini** vous **avez fini** ils **ont fini**	je **finissais** tu **finissais** il **finissait** nous **finissions** vous **finissiez** ils **finissaient**
rendre *(to give back)*	je **rends** tu **rends** il **rend** nous **rendons** vous **rendez** ils **rendent**	**rends** **rendons** **rendez**	j'**ai rendu** tu **as rendu** il **a rendu** nous **avons rendu** vous **avez rendu** ils **ont rendu**	je **rendais** tu **rendais** il **rendait** nous **rendions** vous **rendiez** ils **rendaient**
se laver *(to wash oneself)*	je **me lave** tu **te laves** il **se lave** nous **nous lavons** vous **vous lavez** ils **se lavent**	**lave-toi** **lavons-nous** **lavez-vous**	je **me suis lavé(e)** tu **t'es lavé(e)** il/elle **s'est lavé(e)** nous **nous sommes lavé(e)s** vous **vous êtes lavé(e)(s)** ils/elles **se sont lavé(e)s**	je **me lavais** tu **te lavais** il **se lavait** nous **nous lavions** vous **vous laviez** ils **se lavaient**

PASSÉ SIMPLE	FUTUR	CONDITIONNEL	SUBJONCTIF	PARTICIPE PRÉSENT
je **parlai**	je **parlerai**	je **parlerais**	que je **parle**	**parlant**
tu **parlas**	tu **parleras**	tu **parlerais**	que tu **parles**	
il **parla**	il **parlera**	il **parlerait**	qu'il **parle**	
nous **parlâmes**	nous **parlerons**	nous **parlerions**	que nous **parlions**	
vous **parlâtes**	vous **parlerez**	vous **parleriez**	que vous **parliez**	
ils **parlèrent**	ils **parleront**	ils **parleraient**	qu'ils **parlent**	
je **finis**	je **finirai**	je **finirais**	que je **finisse**	**finissant**
tu **finis**	tu **finiras**	tu **finirais**	que tu **finisses**	
il **finit**	il **finira**	il **finirait**	qu'il **finisse**	
nous **finîmes**	nous **finirons**	nous **finirions**	que nous **finissions**	
vous **finîtes**	vous **finirez**	vous **finiriez**	que vous **finissiez**	
ils **finirent**	ils **finiront**	ils **finiraient**	qu'ils **finissent**	
je **rendis**	je **rendrai**	je **rendrais**	que je **rende**	**rendant**
tu **rendis**	tu **rendras**	tu **rendrais**	que tu **rendes**	
il **rendit**	il **rendra**	il **rendrait**	qu'il **rende**	
nous **rendîmes**	nous **rendrons**	nous **rendrions**	que nous **rendions**	
vous **rendîtes**	vous **rendrez**	vous **rendriez**	que vous **rendiez**	
ils **rendirent**	ils **rendront**	ils **rendraient**	qu'ils **rendent**	
je **me lavai**	je **me laverai**	je **me laverais**	que je **me lave**	**se lavant**
tu **te lavas**	tu **te laveras**	tu **te laverais**	que tu **te laves**	
il **se lava**	il **se lavera**	il **se laverait**	qu'il **se lave**	
nous **nous lavâmes**	nous **nous laverons**	nous **nous laverions**	que nous **nous lavions**	
vous **vous lavâtes**	vous **vous laverez**	vous **vous laveriez**	que vous **vous laviez**	
ils **se lavèrent**	ils **se laveront**	ils **se laveraient**	qu'ils **se lavent**	

Les verbes en -er avec changement d'orthographe

INFINITIF	PRÉSENT	IMPÉRATIF	PASSÉ COMPOSÉ	IMPARFAIT
acheter *(to buy)*	j'achète tu achètes il achète nous achetons vous achetez ils achètent	achète achetons achetez	j'ai acheté tu as acheté il a acheté nous avons acheté vous avez acheté ils ont acheté	j'achetais tu achetais il achetait nous achetions vous achetiez ils achetaient
Verbs like **acheter**:	**amener** *(to bring [someone])*, **élever** *(to raise)*, **emmener** *(to take away [someone])*, **enlever** *(to take off, remove)*, **peser** *(to weigh)*			
appeler *(to call)*	j'appelle tu appelles il appelle nous appelons vous appelez ils appellent	appelle appelons appelez	j'ai appelé tu as appelé il a appelé nous avons appelé vous avez appelé ils ont appelé	j'appelais tu appelais il appelait nous appelions vous appeliez ils appelaient
Verbs like **appeler**:	**épeler** *(to spell)*, **jeter** *(to throw)*, **rappeler** *(to recall, call back)*, **rejeter** *(to reject)*			
préférer *(to prefer)*	je préfère tu préfères il préfère nous préférons vous préférez ils préfèrent	préfère préférons préférez	j'ai préféré tu as préféré il a préféré nous avons préféré vous avez préféré ils ont préféré	je préférais tu préférais il préférait nous préférions vous préfériez ils préféraient
Verbs like **préférer**:	**célébrer** *(to celebrate)*, **espérer** *(to hope)*, **inquiéter** *(to worry)*, **posséder** *(to own)*, **protéger** *(to protect)*, **répéter** *(to repeat)*, **sécher** *(to dry)*, **suggérer** *(to suggest)*			
manger *(to eat)*	je mange tu manges il mange nous mangeons vous mangez ils mangent	mange mangeons mangez	j'ai mangé tu as mangé il a mangé nous avons mangé vous avez mangé ils ont mangé	je mangeais tu mangeais il mangeait nous mangions vous mangiez ils mangeaient
Verbs like **manger**:	**arranger** *(to fix, arrange)*, **changer** *(to change)*, **corriger** *(to correct)*, **déménager** *(to move one's residence)*, **déranger** *(to disturb)*, **diriger** *(to manage, run)*, **nager** *(to swim)*, **négliger** *(to neglect)*, **obliger** *(to oblige)*, **partager** *(to share)*, **plonger** *(to dive)*, **protéger** *(to protect)*, **ranger** *(to put in order, put away)*, **songer à** *(to think of)*, **voyager** *(to travel)*			
commencer *(to start, begin)*	je commence tu commences il commence nous commençons vous commencez ils commencent	commence commençons commencez	j'ai commencé tu as commencé il a commencé nous avons commencé vous avez commencé ils ont commencé	je commençais tu commençais il commençait nous commencions vous commenciez ils commençaient
Verbs like **commencer**:	**annoncer** *(to announce)*, **avancer** *(to move forward)*, **effacer** *(to erase)*, **lancer** *(to throw, launch)*, **menacer** *(to threaten)*, **placer** *(to put, set, place)*, **remplacer** *(to replace)*, **renoncer** *(to give up, renounce)*			
payer *(to pay, pay for)*	je paie tu paies il paie nous payons vous payez ils paient	paie payons payez	j'ai payé tu as payé il a payé nous avons payé vous avez payé ils ont payé	je payais tu payais il payait nous payions vous payiez ils payaient
Verbs like **payer**:	**employer** *(to use, employ)*, **ennuyer** *(to bore, annoy)*, **envoyer** *(to send)* *(except in future and conditional)*, **essayer** *(to try)*, **essuyer** *(to wipe)*, **nettoyer** *(to clean)*			

PASSÉ SIMPLE	FUTUR	CONDITIONNEL	SUBJONCTIF	PARTICIPE PRÉSENT
j'achetai	j'achèterai	j'achèterais	que j'achète	achetant
tu achetas	tu achèteras	tu achèterais	que tu achètes	
il acheta	il achètera	il achèterait	qu'il achète	
nous achetâmes	nous achèterons	nous achèterions	que nous achetions	
vous achetâtes	vous achèterez	vous achèteriez	que vous achetiez	
ils achetèrent	ils achèteront	ils achèteraient	qu'ils achètent	
j'appelai	j'appellerai	j'appellerais	que j'appelle	appelant
tu appelas	tu appelleras	tu appellerais	que tu appelles	
il appela	il appellera	il appellerait	qu'il appelle	
nous appelâmes	nous appellerons	nous appellerions	que nous appelions	
vous appelâtes	vous appellerez	vous appelleriez	que vous appeliez	
ils appelèrent	ils appelleront	ils appelleraient	qu'ils appellent	
je préférai	je préférerai	je préférerais	que je préfère	préférant
tu préféras	tu préféreras	tu préférerais	que tu préfères	
il préféra	il préférera	il préférerait	qu'il préfère	
nous préférâmes	nous préférerons	nous préférerions	que nous préférions	
vous préférâtes	vous préférerez	vous préféreriez	que vous préfériez	
ils préférèrent	ils préféreront	ils préféreraient	qu'ils préfèrent	
je mangeai	je mangerai	je mangerais	que je mange	mangeant
tu mangeas	tu mangeras	tu mangerais	que tu manges	
il mangea	il mangera	il mangerait	qu'il mange	
nous mangeâmes	nous mangerons	nous mangerions	que nous mangions	
vous mangeâtes	vous mangerez	vous mangeriez	que vous mangiez	
ils mangèrent	ils mangeront	ils mangeraient	qu'ils mangent	
je commençai	je commencerai	je commencerais	que je commence	commençant
tu commenças	tu commenceras	tu commencerais	que tu commences	
il commença	il commencera	il commencerait	qu'il commence	
nous commençâmes	nous commencerons	nous commencerions	que nous commencions	
vous commençâtes	vous commencerez	vous commenceriez	que vous commenciez	
ils commencèrent	ils commenceront	ils commenceraient	qu'ils commencent	
je payai	je paierai	je paierais	que je paie	payant
tu payas	tu paieras	tu paierais	que tu paies	
il paya	il paiera	il paierait	qu'il paie	
nous payâmes	nous paierons	nous paierions	que nous payions	
vous payâtes	vous paierez	vous paieriez	que vous payiez	
ils payèrent	ils paieront	ils paieraient	qu'ils paient	

Les verbes irréguliers

In the list below, the number at the right of each irregular verb corresponds to the number of the verb, or of a similarly conjugated verb, in the tables that follow. Verbs conjugated with **être** as an auxiliary verb in the compound tenses are marked with an asterisk (*). All other verbs are conjugated with **avoir**.

absoudre (to forgive) 1
accueillir (to receive, welcome) 15
acquérir (to acquire, get) 2
admettre (to admit) 26
***aller** (to go) 3
***s'en aller** (to go away) 3
apercevoir (to catch a glimpse of) 34
***apparaître** (to appear) 10
appartenir (to belong) 43
apprendre (to learn) 33
***s'asseoir** (to sit down) 4
atteindre (to attain) 13
avoir (to have) 5
battre (to beat) 6
***se battre** (to fight) 6
boire (to drink) 7
combattre (to combat) 6
comprendre (to understand) 33
conclure (to conclude) 8
conduire (to drive; to conduct) 9

connaître (to know) 10
conquérir (to conquer) 2
construire (to construct) 9
contenir (to contain) 43
convaincre (to convince) 41
convenir (to agree) 43
coudre (to sew) 11
courir (to run) 12
couvrir (to cover) 29
craindre (to fear) 13
croire (to believe) 14
cueillir (to pick, gather) 15
cuire (to cook) 9
décevoir (to deceive) 34
découvrir (to discover) 29
décrire (to describe) 19
déplaire (to displease) 30
détruire (to destroy) 9
***devenir** (to become) 43
devoir (must, to have to; to owe) 16

dire (to say, tell) 17
disparaître (to disappear) 10
dormir (to sleep) 18
écrire (to write) 19
élire (to elect) 25
***s'endormir** (to fall asleep) 18
envoyer (to send) 20
éteindre (to turn off) 13
être (to be) 21
faire (to do, make) 22
falloir (to be necessary) 23
fuir (to flee) 24
***s'inscrire** (to join, sign up) 19
interdire (to forbid, prohibit) 17
joindre (to join) 13
lire (to read) 25
maintenir (to maintain) 43
mentir (to lie) 38
mettre (to put, place) 26
***mourir** (to die) 27

INFINITIF	PRÉSENT	IMPÉRATIF	PASSÉ COMPOSÉ	IMPARFAIT
1. absoudre (to forgive)	j'**absous** tu **absous** il **absout** nous **absolvons** vous **absolvez** ils **absolvent**	**absous** **absolvons** **absolvez**	j'**ai absous** tu **as absous** il **a absous** nous **avons absous** vous **avez absous** ils **ont absous**	j'**absolvais** tu **absolvais** il **absolvait** nous **absolvions** vous **absolviez** ils **absolvaient**
2. acquérir (to acquire, get)	j'**acquiers** tu **acquiers** il **acquiert** nous **acquérons** vous **acquérez** ils **acquièrent**	**acquiers** **acquérons** **acquérez**	j'**ai acquis** tu **as acquis** il **a acquis** nous **avons acquis** vous **avez acquis** ils **ont acquis**	j'**acquérais** tu **acquérais** il **acquérait** nous **acquérions** vous **acquériez** ils **acquéraient**
3. aller (to go)	je **vais** tu **vas** il **va** nous **allons** vous **allez** ils **vont**	**va** **allons** **allez**	je **suis allé(e)** tu **es allé(e)** il/elle **est allé(e)** nous **sommes allé(e)s** vous **êtes allé(e)(s)** ils/elles **sont allé(e)s**	j'**allais** tu **allais** il **allait** nous **allions** vous **alliez** ils **allaient**
4. s'asseoir (to sit down)	je **m'assieds** tu **t'assieds** il **s'assied** nous **nous asseyons** vous **vous asseyez** ils **s'asseyent**	**assieds-toi** **asseyons-nous** **asseyez-vous**	je **me suis assis(e)** tu **t'es assis(e)** il/elle **s'est assis(e)** nous **nous sommes assis(es)** vous **vous êtes assis(e)(s)** ils/elles **se sont assis(es)**	je **m'asseyais** tu **t'asseyais** il **s'asseyait** nous **nous asseyions** vous **vous asseyiez** ils **s'asseyaient**

*naître *(to be born)* 28
obtenir *(to obtain, get)* 43
offrir *(to offer)* 29
ouvrir *(to open)* 29
paraître *(to appear)* 10
parcourir *(to travel over)* 12
*partir *(to leave)* 38
*parvenir *(to arrive; to succeed)* 43
peindre *(to paint)* 13
permettre *(to permit)* 26
*se plaindre *(to complain)* 13
plaire *(to please)* 30
pleuvoir *(to rain)* 31
poursuivre *(to pursue)* 39
pouvoir *(can, to be able)* 32
prédire *(to predict)* 17
prendre *(to take)* 33
prévoir *(to foresee)* 45
produire *(to produce)* 9
promettre *(to promise)* 26

recevoir *(to receive, get)* 34
reconnaître *(to recognize)* 10
reconstruire *(to reconstruct)* 9
recouvrir *(to recover)* 29
*redevenir *(to become again)* 43
réduire *(to reduce)* 9
remettre *(to postpone)* 26
reprendre *(to take back)* 33
résoudre *(to resolve, solve)* 35
retenir *(to reserve)* 43
*revenir *(to come back)* 43
revoir *(to see again)* 45
rire *(to laugh)* 36
rompre *(to break)* 6
savoir *(to know)* 37
sentir *(to smell)* 38
*se sentir *(to feel)* 38
servir *(to serve)* 38
*se servir de *(to use)* 38
*sortir *(to go out)* 38

souffrir *(to suffer)* 29
soumettre *(to submit)* 26
sourire *(to smile)* 36
soutenir *(to support)* 43
*se souvenir *(to remember)* 43
suivre *(to follow)* 39
surprendre *(to surprise)* 33
survivre *(to survive)* 44
*se taire *(to be quiet)* 40
tenir *(to hold)* 43
traduire *(to translate)* 9
transmettre *(to transmit)* 26
vaincre *(to conquer)* 41
valoir *(to be worth; to deserve, merit)* 42
*venir *(to come)* 43
vivre *(to live)* 44
voir *(to see)* 45
vouloir *(to wish, want)* 46

PASSÉ SIMPLE	FUTUR	CONDITIONNEL	SUBJONCTIF	PARTICIPE PRÉSENT
n'existe pas	j'**absoudrai**	j'**absoudrais**	que j'**absolve**	**absolvant**
	tu **absoudras**	tu **absoudrais**	que tu **absolves**	
	il **absoudra**	il **absoudrait**	qu'il **absolve**	
	nous **absoudrons**	nous **absoudrions**	que nous **absolvions**	
	vous **absoudrez**	vous **absoudriez**	que vous **absolviez**	
	ils **absoudront**	ils **absoudraient**	qu'ils **absolvent**	
j'**acquis**	j'**acquerrai**	j'**acquerrais**	que j'**acquière**	**acquérant**
tu **acquis**	tu **acquerras**	tu **acquerrais**	que tu **acquières**	
il **acquit**	il **acquerra**	il **acquerrait**	qu'il **acquière**	
nous **acquîmes**	nous **acquerrons**	nous **acquerrions**	que nous **acquérions**	
vous **acquîtes**	vous **acquerrez**	vous **acquerriez**	que vous **acquériez**	
ils **acquirent**	ils **acquerront**	ils **acquerraient**	qu'ils **acquièrent**	
j'**allai**	j'**irai**	j'**irais**	que j'**aille**	**allant**
tu **allas**	tu **iras**	tu **irais**	que tu **ailles**	
il **alla**	il **ira**	il **irait**	qu'il **aille**	
nous **allâmes**	nous **irons**	nous **irions**	que nous **allions**	
vous **allâtes**	vous **irez**	vous **iriez**	que vous **alliez**	
ils **allèrent**	ils **iront**	ils **iraient**	qu'ils **aillent**	
je m'**assis**	je m'**assiérai**	je m'**assiérais**	que je m'**asseye**	**s'asseyant**
tu t'**assis**	tu t'**assiéras**	tu t'**assiérais**	que tu t'**asseyes**	
il s'**assit**	il s'**assiéra**	il s'**assiérait**	qu'il s'**asseye**	
nous **nous assîmes**	nous **nous assiérons**	nous **nous assiérions**	que nous **nous asseyions**	
vous **vous assîtes**	vous **vous assiérez**	vous **vous assiériez**	que vous **vous asseyiez**	
ils s'**assirent**	ils s'**assiéront**	ils s'**assiéraient**	qu'ils s'**asseyent**	

INFINITIF	PRÉSENT	IMPÉRATIF	PASSÉ COMPOSÉ	IMPARFAIT
5. avoir (to have)	j'ai tu as il a nous avons vous avez ils ont	aie ayons ayez	j'ai eu tu as eu il a eu nous avons eu vous avez eu ils ont eu	j'avais tu avais il avait nous avions vous aviez ils avaient
6. battre (to beat)	je bats tu bats il bat nous battons vous battez ils battent	bats battons battez	j'ai battu tu as battu il a battu nous avons battu vous avez battu ils ont battu	je battais tu battais il battait nous battions vous battiez ils battaient
7. boire (to drink)	je bois tu bois il boit nous buvons vous buvez ils boivent	bois buvons buvez	j'ai bu tu as bu il a bu nous avons bu vous avez bu ils ont bu	je buvais tu buvais il buvait nous buvions vous buviez ils buvaient
8. conclure (to conclude)	je conclus tu conclus il conclut nous concluons vous concluez ils concluent	conclus concluons concluez	j'ai conclu tu as conclu il a conclu nous avons conclu vous avez conclu ils ont conclu	je concluais tu concluais il concluait nous concluions vous concluiez ils concluaient
9. conduire (to drive; to conduct)	je conduis tu conduis il conduit nous conduisons vous conduisez ils conduisent	conduis conduisons conduisez	j'ai conduit tu as conduit il a conduit nous avons conduit vous avez conduit ils ont conduit	je conduisais tu conduisais il conduisait nous conduisions vous conduisiez ils conduisaient
10. connaître (to know)	je connais tu connais il connaît nous connaissons vous connaissez ils connaissent	connais connaissons connaissez	j'ai connu tu as connu il a connu nous avons connu vous avez connu ils ont connu	je connaissais tu connaissais il connaissait nous connaissions vous connaissiez ils connaissaient
11. coudre (to sew)	je couds tu couds il coud nous cousons vous cousez ils cousent	couds cousons cousez	j'ai cousu tu as cousu il a cousu nous avons cousu vous avez cousu ils ont cousu	je cousais tu cousais il cousait nous cousions vous cousiez ils cousaient
12. courir (to run)	je cours tu cours il court nous courons vous courez ils courent	cours courons courez	j'ai couru tu as couru il a couru nous avons couru vous avez couru ils ont couru	je courais tu courais il courait nous courions vous couriez ils couraient
13. craindre (to fear)	je crains tu crains il craint nous craignons vous craignez ils craignent	crains craignons craignez	j'ai craint tu as craint il a craint nous avons craint vous avez craint ils ont craint	je craignais tu craignais il craignait nous craignions vous craigniez ils craignaient

PASSÉ SIMPLE	FUTUR	CONDITIONNEL	SUBJONCTIF	PARTICIPE PRÉSENT
j'eus tu eus il eut nous eûmes vous eûtes ils eurent	j'aurai tu auras il aura nous aurons vous aurez ils auront	j'aurais tu aurais il aurait nous aurions vous auriez ils auraient	que j'aie que tu aies qu'il ait que nous ayons que vous ayez qu'ils aient	ayant
je battis tu battis il battit nous battîmes vous battîtes ils battirent	je battrai tu battras il battra nous battrons vous battrez ils battront	je battrais tu battrais il battrait nous battrions vous battriez ils battraient	que je batte que tu battes qu'il batte que nous battions que vous battiez qu'ils battent	battant
je bus tu bus il but nous bûmes vous bûtes ils burent	je boirai tu boiras il boira nous boirons vous boirez ils boiront	je boirais tu boirais il boirait nous boirions vous boiriez ils boiraient	que je boive que tu boives qu'il boive que nous buvions que vous buviez qu'ils boivent	buvant
je conclus tu conclus il conclut nous conclûmes vous conclûtes ils conclurent	je conclurai tu concluras il conclura nous conclurons vous conclurez ils concluront	je conclurais tu conclurais il conclurait nous conclurions vous concluriez ils concluraient	que je conclue que tu conclues qu'il conclue que nous concluions que vous concluiez qu'ils concluent	concluant
je conduisis tu conduisis il conduisit nous conduisîmes vous conduisîtes ils conduisirent	je conduirai tu conduiras il conduira nous conduirons vous conduirez ils conduiront	je conduirais tu conduirais il conduirait nous conduirions vous conduiriez ils conduiraient	que je conduise que tu conduises qu'il conduise que nous conduisions que vous conduisiez qu'ils conduisent	conduisant
je connus tu connus il connut nous connûmes vous connûtes ils connurent	je connaîtrai tu connaîtras il connaîtra nous connaîtrons vous connaîtrez ils connaîtront	je connaîtrais tu connaîtrais il connaîtrait nous connaîtrions vous connaîtriez ils connaîtraient	que je connaisse que tu connaisses qu'il connaisse que nous connaissions que vous connaissiez qu'ils connaissent	connaissant
je cousis tu cousis il cousit nous cousîmes vous cousîtes ils cousirent	je coudrai tu coudras il coudra nous coudrons vous coudrez ils coudront	je coudrais tu coudrais il coudrait nous coudrions vous coudriez ils coudraient	que je couse que tu couses qu'il couse que nous cousions que vous cousiez qu'ils cousent	cousant
je courus tu courus il courut nous courûmes vous courûtes ils coururent	je courrai tu courras il courra nous courrons vous courrez ils courront	je courrais tu courrais il courrait nous courrions vous courriez ils courraient	que je coure que tu coures qu'il coure que nous courions que vous couriez qu'ils courent	courant
je craignis tu craignis il craignit nous craignîmes vous craignîtes ils craignirent	je craindrai tu craindras il craindra nous craindrons vous craindrez ils craindront	je craindrais tu craindrais il craindrait nous craindrions vous craindriez ils craindraient	que je craigne que tu craignes qu'il craigne que nous craignions que vous craigniez qu'ils craignent	craignant

INFINITIF	PRÉSENT	IMPÉRATIF	PASSÉ COMPOSÉ	IMPARFAIT
14. croire *(to believe)*	je **crois** tu **crois** il **croit** nous **croyons** vous **croyez** ils **croient**	**crois** **croyons** **croyez**	j'ai **cru** tu as **cru** il a **cru** nous avons **cru** vous avez **cru** ils ont **cru**	je **croyais** tu **croyais** il **croyait** nous **croyions** vous **croyiez** ils **croyaient**
15. cueillir *(to pick, gather)*	je **cueille** tu **cueilles** il **cueille** nous **cueillons** vous **cueillez** ils **cueillent**	**cueille** **cueillons** **cueillez**	j'ai **cueilli** tu as **cueilli** il a **cueilli** nous avons **cueilli** vous avez **cueilli** ils ont **cueilli**	je **cueillais** tu **cueillais** il **cueillait** nous **cueillions** vous **cueilliez** ils **cueillaient**
16. devoir *(must, to have to; to owe)*	je **dois** tu **dois** il **doit** nous **devons** vous **devez** ils **doivent**	**dois** **devons** **devez**	j'ai **dû** tu as **dû** il a **dû** nous avons **dû** vous avez **dû** ils ont **dû**	je **devais** tu **devais** il **devait** nous **devions** vous **deviez** ils **devaient**
17. dire *(to say, tell)*	je **dis** tu **dis** il **dit** nous **disons** vous **dites** ils **disent**	**dis** **disons** **dites**	j'ai **dit** tu as **dit** il a **dit** nous avons **dit** vous avez **dit** ils ont **dit**	je **disais** tu **disais** il **disait** nous **disions** vous **disiez** ils **disaient**
18. dormir *(to sleep)*	je **dors** tu **dors** il **dort** nous **dormons** vous **dormez** ils **dorment**	**dors** **dormons** **dormez**	j'ai **dormi** tu as **dormi** il a **dormi** nous avons **dormi** vous avez **dormi** ils ont **dormi**	je **dormais** tu **dormais** il **dormait** nous **dormions** vous **dormiez** ils **dormaient**
19. écrire *(to write)*	j'**écris** tu **écris** il **écrit** nous **écrivons** vous **écrivez** ils **écrivent**	**écris** **écrivons** **écrivez**	j'ai **écrit** tu as **écrit** il a **écrit** nous avons **écrit** vous avez **écrit** ils ont **écrit**	j'**écrivais** tu **écrivais** il **écrivait** nous **écrivions** vous **écriviez** ils **écrivaient**
20. envoyer *(to send)*	j'**envoie** tu **envoies** il **envoie** nous **envoyons** vous **envoyez** ils **envoient**	**envoie** **envoyons** **envoyez**	j'ai **envoyé** tu as **envoyé** il a **envoyé** nous avons **envoyé** vous avez **envoyé** ils ont **envoyé**	j'**envoyais** tu **envoyais** il **envoyait** nous **envoyions** vous **envoyiez** ils **envoyaient**
21. être *(to be)*	je **suis** tu **es** il **est** nous **sommes** vous **êtes** ils **sont**	**sois** **soyons** **soyez**	j'ai **été** tu as **été** il a **été** nous avons **été** vous avez **été** ils ont **été**	j'**étais** tu **étais** il **était** nous **étions** vous **étiez** ils **étaient**
22. faire *(to do, make)*	je **fais** tu **fais** il **fait** nous **faisons** vous **faites** ils **font**	**fais** **faisons** **faites**	j'ai **fait** tu as **fait** il a **fait** nous avons **fait** vous avez **fait** ils ont **fait**	je **faisais** tu **faisais** il **faisait** nous **faisions** vous **faisiez** ils **faisaient**
23. falloir *(to be necessary)*	il **faut**	*n'existe pas*	il a **fallu**	il **fallait**

| --- | --- | --- | --- | --- |
je **crus**	je **croirai**	je **croirais**	que je **croie**	**croyant**
tu **crus**	tu **croiras**	tu **croirais**	que tu **croies**	
il **crut**	il **croira**	il **croirait**	qu'il **croie**	
nous **crûmes**	nous **croirons**	nous **croirions**	que nous **croyions**	
vous **crûtes**	vous **croirez**	vous **croiriez**	que vous **croyiez**	
ils **crurent**	ils **croiront**	ils **croiraient**	qu'ils **croient**	
je **cueillis**	je **cueillerai**	je **cueillerais**	que je **cueille**	**cueillant**
tu **cueillis**	tu **cueilleras**	tu **cueillerais**	que tu **cueilles**	
il **cueillit**	il **cueillera**	il **cueillerait**	qu'il **cueille**	
nous **cueillîmes**	nous **cueillerons**	nous **cueillerions**	que nous **cueillions**	
vous **cueillîtes**	vous **cueillerez**	vous **cueilleriez**	que vous **cueilliez**	
ils **cueillirent**	ils **cueilleront**	ils **cueilleraient**	qu'ils **cueillent**	
je **dus**	je **devrai**	je **devrais**	que je **doive**	**devant**
tu **dus**	tu **devras**	tu **devrais**	que tu **doives**	
il **dut**	il **devra**	il **devrait**	qu'il **doive**	
nous **dûmes**	nous **devrons**	nous **devrions**	que nous **devions**	
vous **dûtes**	vous **devrez**	vous **devriez**	que vous **deviez**	
ils **durent**	ils **devront**	ils **devraient**	qu'ils **doivent**	
je **dis**	je **dirai**	je **dirais**	que je **dise**	**disant**
tu **dis**	tu **diras**	tu **dirais**	que tu **dises**	
il **dit**	il **dira**	il **dirait**	qu'il **dise**	
nous **dîmes**	nous **dirons**	nous **dirions**	que nous **disions**	
vous **dîtes**	vous **direz**	vous **diriez**	que vous **disiez**	
ils **dirent**	ils **diront**	ils **diraient**	qu'ils **disent**	
je **dormis**	je **dormirai**	je **dormirais**	que je **dorme**	**dormant**
tu **dormis**	tu **dormiras**	tu **dormirais**	que tu **dormes**	
il **dormit**	il **dormira**	il **dormirait**	qu'il **dorme**	
nous **dormîmes**	nous **dormirons**	nous **dormirions**	que nous **dormions**	
vous **dormîtes**	vous **dormirez**	vous **dormiriez**	que vous **dormiez**	
ils **dormirent**	ils **dormiront**	ils **dormiraient**	qu'ils **dorment**	
j'**écrivis**	j'**écrirai**	j'**écrirais**	que j'**écrive**	**écrivant**
tu **écrivis**	tu **écriras**	tu **écrirais**	que tu **écrives**	
il **écrivit**	il **écrira**	il **écrirait**	qu'il **écrive**	
nous **écrivîmes**	nous **écrirons**	nous **écririons**	que nous **écrivions**	
vous **écrivîtes**	vous **écrirez**	vous **écririez**	que vous **écriviez**	
ils **écrivirent**	ils **écriront**	ils **écriraient**	qu'ils **écrivent**	
j'**envoyai**	j'**enverrai**	j'**enverrais**	que j'**envoie**	**envoyant**
tu **envoyas**	tu **enverras**	tu **enverrais**	que tu **envoies**	
il **envoya**	il **enverra**	il **enverrait**	qu'il **envoie**	
nous **envoyâmes**	nous **enverrons**	nous **enverrions**	que nous **envoyions**	
vous **envoyâtes**	vous **enverrez**	vous **enverriez**	que vous **envoyiez**	
ils **envoyèrent**	ils **enverront**	ils **enverraient**	qu'ils **envoient**	
je **fus**	je **serai**	je **serais**	que je **sois**	**étant**
tu **fus**	tu **seras**	tu **serais**	que tu **sois**	
il **fut**	il **sera**	il **serait**	qu'il **soit**	
nous **fûmes**	nous **serons**	nous **serions**	que nous **soyons**	
vous **fûtes**	vous **serez**	vous **seriez**	que vous **soyez**	
ils **furent**	ils **seront**	ils **seraient**	qu'ils **soient**	
je **fis**	je **ferai**	je **ferais**	que je **fasse**	**faisant**
tu **fis**	tu **feras**	tu **ferais**	que tu **fasses**	
il **fit**	il **fera**	il **ferait**	qu'il **fasse**	
nous **fîmes**	nous **ferons**	nous **ferions**	que nous **fassions**	
vous **fîtes**	vous **ferez**	vous **feriez**	que vous **fassiez**	
ils **firent**	ils **feront**	ils **feraient**	qu'ils **fassent**	
il **fallut**	il **faudra**	il **faudrait**	qu'il **faille**	*n'existe pas*

INFINITIF	PRÉSENT	IMPÉRATIF	PASSÉ COMPOSÉ	IMPARFAIT
24. **fuir** *(to flee)*	je **fuis** tu **fuis** il **fuit** nous **fuyons** vous **fuyez** ils **fuient**	**fuis** **fuyons** **fuyez**	j'ai **fui** tu as **fui** il a **fui** nous avons **fui** vous avez **fui** ils ont **fui**	je **fuyais** tu **fuyais** il **fuyait** nous **fuyions** vous **fuyiez** ils **fuyaient**
25. **lire** *(to read)*	je **lis** tu **lis** il **lit** nous **lisons** vous **lisez** ils **lisent**	**lis** **lisons** **lisez**	j'ai **lu** tu as **lu** il a **lu** nous avons **lu** vous avez **lu** ils ont **lu**	je **lisais** tu **lisais** il **lisait** nous **lisions** vous **lisiez** ils **lisaient**
26. **mettre** *(to put, place)*	je **mets** tu **mets** il **met** nous **mettons** vous **mettez** ils **mettent**	**mets** **mettons** **mettez**	j'ai **mis** tu as **mis** il a **mis** nous avons **mis** vous avez **mis** ils ont **mis**	je **mettais** tu **mettais** il **mettait** nous **mettions** vous **mettiez** ils **mettaient**
27. **mourir** *(to die)*	je **meurs** tu **meurs** il **meurt** nous **mourons** vous **mourez** ils **meurent**	**meurs** **mourons** **mourez**	je suis **mort(e)** tu es **mort(e)** il/elle est **mort(e)** nous sommes **mort(e)s** vous êtes **mort(e)(s)** ils/elles sont **mort(e)s**	je **mourais** tu **mourais** il **mourait** nous **mourions** vous **mouriez** ils **mouraient**
28. **naître** *(to be born)*	je **nais** tu **nais** il **naît** nous **naissons** vous **naissez** ils **naissent**	**nais** **naissons** **naissez**	je suis **né(e)** tu es **né(e)** il/elle est **né(e)** nous sommes **né(e)s** vous êtes **né(e)(s)** ils/elles sont **né(e)s**	je **naissais** tu **naissais** il **naissait** nous **naissions** vous **naissiez** ils **naissaient**
29. **ouvrir** *(to open)*	j'**ouvre** tu **ouvres** il **ouvre** nous **ouvrons** vous **ouvrez** ils **ouvrent**	**ouvre** **ouvrons** **ouvrez**	j'ai **ouvert** tu as **ouvert** il a **ouvert** nous avons **ouvert** vous avez **ouvert** ils ont **ouvert**	j'**ouvrais** tu **ouvrais** il **ouvrait** nous **ouvrions** vous **ouvriez** ils **ouvraient**
30. **plaire** *(to please)*	je **plais** tu **plais** il **plaît** nous **plaisons** vous **plaisez** ils **plaisent**	**plais** **plaisons** **plaisez**	j'ai **plu** tu as **plu** il a **plu** nous avons **plu** vous avez **plu** ils ont **plu**	je **plaisais** tu **plaisais** il **plaisait** nous **plaisions** vous **plaisiez** ils **plaisaient**
31. **pleuvoir** *(to rain)*	il **pleut**	*n'existe pas*	il a **plu**	il **pleuvait**
32. **pouvoir** *(can, to be able)*	je **peux** tu **peux** il **peut** nous **pouvons** vous **pouvez** ils **peuvent**	*n'existe pas*	j'ai **pu** tu as **pu** il a **pu** nous avons **pu** vous avez **pu** ils ont **pu**	je **pouvais** tu **pouvais** il **pouvait** nous **pouvions** vous **pouviez** ils **pouvaient**
33. **prendre** *(to take)*	je **prends** tu **prends** il **prend** nous **prenons** vous **prenez** ils **prennent**	**prends** **prenons** **prenez**	j'ai **pris** tu as **pris** il a **pris** nous avons **pris** vous avez **pris** ils ont **pris**	je **prenais** tu **prenais** il **prenait** nous **prenions** vous **preniez** ils **prenaient**

PASSÉ SIMPLE	FUTUR	CONDITIONNEL	SUBJONCTIF	PARTICIPE PRÉSENT
je fuis	je fuirai	je fuirais	que je fuie	fuyant
tu fuis	tu fuiras	tu fuirais	que tu fuies	
il fuit	il fuira	il fuirait	qu'il fuie	
nous fuîmes	nous fuirons	nous fuirions	que nous fuyions	
vous fuîtes	vous fuirez	vous fuiriez	que vous fuyiez	
ils fuirent	ils fuiront	ils fuiraient	qu'ils fuient	
je lus	je lirai	je lirais	que je lise	lisant
tu lus	tu liras	tu lirais	que tu lises	
il lut	il lira	il lirait	qu'il lise	
nous lûmes	nous lirons	nous lirions	que nous lisions	
vous lûtes	vous lirez	vous liriez	que vous lisiez	
ils lurent	ils liront	ils liraient	qu'ils lisent	
je mis	je mettrai	je mettrais	que je mette	mettant
tu mis	tu mettras	tu mettrais	que tu mettes	
il mit	il mettra	il mettrait	qu'il mette	
nous mîmes	nous mettrons	nous mettrions	que nous mettions	
vous mîtes	vous mettrez	vous mettriez	que vous mettiez	
ils mirent	ils mettront	ils mettraient	qu'ils mettent	
je mourus	je mourrai	je mourrais	que je meure	mourant
tu mourus	tu mourras	tu mourrais	que tu meures	
il mourut	il mourra	il mourrait	qu'il meure	
nous mourûmes	nous mourrons	nous mourrions	que nous mourions	
vous mourûtes	vous mourrez	vous mourriez	que vous mouriez	
ils moururent	ils mourront	ils mourraient	qu'ils meurent	
je naquis	je naîtrai	je naîtrais	que je naisse	naissant
tu naquis	tu naîtras	tu naîtrais	que tu naisses	
il naquit	il naîtra	il naîtrait	qu'il naisse	
nous naquîmes	nous naîtrons	nous naîtrions	que nous naissions	
vous naquîtes	vous naîtrez	vous naîtriez	que vous naissiez	
ils naquirent	ils naîtront	ils naîtraient	qu'ils naissent	
j'ouvris	j'ouvrirai	j'ouvrirais	que j'ouvre	ouvrant
tu ouvris	tu ouvriras	tu ouvrirais	que tu ouvres	
il ouvrit	il ouvrira	il ouvrirait	qu'il ouvre	
nous ouvrîmes	nous ouvrirons	nous ouvririons	que nous ouvrions	
vous ouvrîtes	vous ouvrirez	vous ouvririez	que vous ouvriez	
ils ouvrirent	ils ouvriront	ils ouvriraient	qu'ils ouvrent	
je plus	je plairai	je plairais	que je plaise	plaisant
tu plus	tu plairas	tu plairais	que tu plaises	
il plut	il plaira	il plairait	qu'il plaise	
nous plûmes	nous plairons	nous plairions	que nous plaisions	
vous plûtes	vous plairez	vous plairiez	que vous plaisiez	
ils plurent	ils plairont	ils plairaient	qu'ils plaisent	
il plut	il pleuvra	il pleuvrait	qu'il pleuve	pleuvant
je pus	je pourrai	je pourrais	que je puisse	pouvant
tu pus	tu pourras	tu pourrais	que tu puisses	
il put	il pourra	il pourrait	qu'il puisse	
nous pûmes	nous pourrons	nous pourrions	que nous puissions	
vous pûtes	vous pourrez	vous pourriez	que vous puissiez	
ils purent	ils pourront	ils pourraient	qu'ils puissent	
je pris	je prendrai	je prendrais	que je prenne	prenant
tu pris	tu prendras	tu prendrais	que tu prennes	
il prit	il prendra	il prendrait	qu'il prenne	
nous prîmes	nous prendrons	nous prendrions	que nous prenions	
vous prîtes	vous prendrez	vous prendriez	que vous preniez	
ils prirent	ils prendront	ils prendraient	qu'ils prennent	

INFINITIF	PRÉSENT	IMPÉRATIF	PASSÉ COMPOSÉ	IMPARFAIT
34. recevoir (to receive, get)	je **reçois** tu **reçois** il **reçoit** nous **recevons** vous **recevez** ils **reçoivent**	**reçois** **recevons** **recevez**	j'ai **reçu** tu **as reçu** il **a reçu** nous **avons reçu** vous **avez reçu** ils **ont reçu**	je **recevais** tu **recevais** il **recevait** nous **recevions** vous **receviez** ils **recevaient**
35. résoudre (to resolve, solve)	je **résous** tu **résous** il **résout** nous **résolvons** vous **résolvez** ils **résolvent**	**résous** **résolvons** **résolvez**	j'ai **résolu** tu **as résolu** il **a résolu** nous **avons résolu** vous **avez résolu** ils **ont résolu**	je **résolvais** tu **résolvais** il **résolvait** nous **résolvions** vous **résolviez** ils **résolvaient**
36. rire (to laugh)	je **ris** tu **ris** il **rit** nous **rions** vous **riez** ils **rient**	**ris** **rions** **riez**	j'ai **ri** tu **as ri** il **a ri** nous **avons ri** vous **avez ri** ils **ont ri**	je **riais** tu **riais** il **riait** nous **riions** vous **riiez** ils **riaient**
37. savoir (to know)	je **sais** tu **sais** il **sait** nous **savons** vous **savez** ils **savent**	**sache** **sachons** **sachez**	j'ai **su** tu **as su** il **a su** nous **avons su** vous **avez su** ils **ont su**	je **savais** tu **savais** il **savait** nous **savions** vous **saviez** ils **savaient**
38. sortir (to go out)	je **sors** tu **sors** il **sort** nous **sortons** vous **sortez** ils **sortent**	**sors** **sortons** **sortez**	je **suis sorti(e)** tu **es sorti(e)** il/elle **est sorti(e)** nous **sommes sorti(e)s** vous **êtes sorti(e)(s)** ils/elles **sont sorti(e)s**	je **sortais** tu **sortais** il **sortait** nous **sortions** vous **sortiez** ils **sortaient**
39. suivre (to follow)	je **suis** tu **suis** il **suit** nous **suivons** vous **suivez** ils **suivent**	**suis** **suivons** **suivez**	j'ai **suivi** tu **as suivi** il **a suivi** nous **avons suivi** vous **avez suivi** ils **ont suivi**	je **suivais** tu **suivais** il **suivait** nous **suivions** vous **suiviez** ils **suivaient**
40. se taire (to be quiet)	je **me tais** tu **te tais** il **se tait** nous **nous taisons** vous **vous taisez** ils **se taisent**	**tais-toi** **taisons-nous** **taisez-vous**	je **me suis tu(e)** tu **t'es tu(e)** il/elle **s'est tu(e)** nous **nous sommes tu(e)s** vous **vous êtes tu(e)(s)** ils/elles **se sont tu(e)s**	je **me taisais** tu **te taisais** il **se taisait** nous **nous taisions** vous **vous taisiez** ils **se taisaient**
41. vaincre (to conquer)	je **vaincs** tu **vaincs** il **vainc** nous **vainquons** vous **vainquez** ils **vainquent**	**vaincs** **vainquons** **vainquez**	j'ai **vaincu** tu **as vaincu** il **a vaincu** nous **avons vaincu** vous **avez vaincu** ils **ont vaincu**	je **vainquais** tu **vainquais** il **vainquait** nous **vainquions** vous **vainquiez** ils **vainquaient**
42. valoir (to be worth; to deserve, merit)	je **vaux** tu **vaux** il **vaut** nous **valons** vous **valez** ils **valent**	**vaux** **valons** **valez**	j'ai **valu** tu **as valu** il **a valu** nous **avons valu** vous **avez valu** ils **ont valu**	je **valais** tu **valais** il **valait** nous **valions** vous **valiez** ils **valaient**

PASSÉ SIMPLE	FUTUR	CONDITIONNEL	SUBJONCTIF	PARTICIPE PRÉSENT
je **reçus**	je **recevrai**	je **recevrais**	que je **reçoive**	recevant
tu **reçus**	tu **recevras**	tu **recevrais**	que tu **reçoives**	
il **reçut**	il **recevra**	il **recevrait**	qu'il **reçoive**	
nous **reçûmes**	nous **recevrons**	nous **recevrions**	que nous **recevions**	
vous **reçûtes**	vous **recevrez**	vous **recevriez**	que vous **receviez**	
ils **reçurent**	ils **recevront**	ils **recevraient**	qu'ils **reçoivent**	
je **résolus**	je **résoudrai**	je **résoudrais**	que je **résolve**	résolvant
tu **résolus**	tu **résoudras**	tu **résoudrais**	que tu **résolves**	
il **résolut**	il **résoudra**	il **résoudrait**	qu'il **résolve**	
nous **résolûmes**	nous **résoudrons**	nous **résoudrions**	que nous **résolvions**	
vous **résolûtes**	vous **résoudrez**	vous **résoudriez**	que vous **résolviez**	
ils **résolurent**	ils **résoudront**	ils **résoudraient**	qu'ils **résolvent**	
je **ris**	je **rirai**	je **rirais**	que je **rie**	riant
tu **ris**	tu **riras**	tu **rirais**	que tu **ries**	
il **rit**	il **rira**	il **rirait**	qu'il **rie**	
nous **rîmes**	nous **rirons**	nous **ririons**	que nous **riions**	
vous **rîtes**	vous **rirez**	vous **ririez**	que vous **riiez**	
ils **rirent**	ils **riront**	ils **riraient**	qu'ils **rient**	
je **sus**	je **saurai**	je **saurais**	que je **sache**	sachant
tu **sus**	tu **sauras**	tu **saurais**	que tu **saches**	
il **sut**	il **saura**	il **saurait**	qu'il **sache**	
nous **sûmes**	nous **saurons**	nous **saurions**	que nous **sachions**	
vous **sûtes**	vous **saurez**	vous **sauriez**	que vous **sachiez**	
ils **surent**	ils **sauront**	ils **sauraient**	qu'ils **sachent**	
je **sortis**	je **sortirai**	je **sortirais**	que je **sorte**	sortant
tu **sortis**	tu **sortiras**	tu **sortirais**	que tu **sortes**	
il **sortit**	il **sortira**	il **sortirait**	qu'il **sorte**	
nous **sortîmes**	nous **sortirons**	nous **sortirions**	que nous **sortions**	
vous **sortîtes**	vous **sortirez**	vous **sortiriez**	que vous **sortiez**	
ils **sortirent**	ils **sortiront**	ils **sortiraient**	qu'ils **sortent**	
je **suivis**	je **suivrai**	je **suivrais**	que je **suive**	suivant
tu **suivis**	tu **suivras**	tu **suivrais**	que tu **suives**	
il **suivit**	il **suivra**	il **suivrait**	qu'il **suive**	
nous **suivîmes**	nous **suivrons**	nous **suivrions**	que nous **suivions**	
vous **suivîtes**	vous **suivrez**	vous **suivriez**	que vous **suiviez**	
ils **suivirent**	ils **suivront**	ils **suivraient**	qu'ils **suivent**	
je me **tus**	je me **tairai**	je me **tairais**	que je me **taise**	se taisant
tu te **tus**	tu te **tairas**	tu te **tairais**	que tu te **taises**	
il se **tut**	il se **taira**	il se **tairait**	qu'il se **taise**	
nous **nous tûmes**	nous **nous tairons**	nous **nous tairions**	que nous **nous taisions**	
vous **vous tûtes**	vous **vous tairez**	vous **vous tairiez**	que vous **vous taisiez**	
ils se **turent**	ils se **tairont**	ils se **tairaient**	qu'ils se **taisent**	
je **vainquis**	je **vaincrai**	je **vaincrais**	que je **vainque**	vainquant
tu **vainquis**	tu **vaincras**	tu **vaincrais**	que tu **vainques**	
il **vainquit**	il **vaincra**	il **vaincrait**	qu'il **vainque**	
nous **vainquîmes**	nous **vaincrons**	nous **vaincrions**	que nous **vainquions**	
vous **vainquîtes**	vous **vaincrez**	vous **vaincriez**	que vous **vainquiez**	
ils **vainquirent**	ils **vaincront**	ils **vaincraient**	qu'ils **vainquent**	
je **valus**	je **vaudrai**	je **vaudrais**	que je **vaille**	valant
tu **valus**	tu **vaudras**	tu **vaudrais**	que tu **vailles**	
il **valut**	il **vaudra**	il **vaudrait**	qu'il **vaille**	
nous **valûmes**	nous **vaudrons**	nous **vaudrions**	que nous **valions**	
vous **valûtes**	vous **vaudrez**	vous **vaudriez**	que vous **valiez**	
ils **valurent**	ils **vaudront**	ils **vaudraient**	qu'ils **vaillent**	

INFINITIF	PRÉSENT	IMPÉRATIF	PASSÉ COMPOSÉ	IMPARFAIT
43. venir (to come)	je **viens** tu **viens** il **vient** nous **venons** vous **venez** ils **viennent**	**viens** **venons** **venez**	je **suis venu(e)** tu **es venu(e)** il/elle **est venu(e)** nous **sommes venu(e)s** vous **êtes venu(e)(s)** ils/elles **sont venu(e)s**	je **venais** tu **venais** il **venait** nous **venions** vous **veniez** ils **venaient**
44. vivre (to live)	je **vis** tu **vis** il **vit** nous **vivons** vous **vivez** ils **vivent**	**vis** **vivons** **vivez**	j'**ai vécu** tu **as vécu** il **a vécu** nous **avons vécu** vous **avez vécu** ils **ont vécu**	je **vivais** tu **vivais** il **vivait** nous **vivions** vous **viviez** ils **vivaient**
45. voir (to see)	je **vois** tu **vois** il **voit** nous **voyons** vous **voyez** ils **voient**	**vois** **voyons** **voyez**	j'**ai vu** tu **as vu** il **a vu** nous **avons vu** vous **avez vu** ils **ont vu**	je **voyais** tu **voyais** il **voyait** nous **voyions** vous **voyiez** ils **voyaient**
46. vouloir (to wish, want)	je **veux** tu **veux** il **veut** nous **voulons** vous **voulez** ils **veulent**	**veuille** **veuillons** **veuillez**	j'**ai voulu** tu **as voulu** il **a voulu** nous **avons voulu** vous **avez voulu** ils **ont voulu**	je **voulais** tu **voulais** il **voulait** nous **voulions** vous **vouliez** ils **voulaient**

PASSÉ SIMPLE	FUTUR	CONDITIONNEL	SUBJONCTIF	PARTICIPE PRÉSENT
je **vins**	je **viendrai**	je **viendrais**	que je **vienne**	**venant**
tu **vins**	tu **viendras**	tu **viendrais**	que tu **viennes**	
il **vint**	il **viendra**	il **viendrait**	qu'il **vienne**	
nous **vînmes**	nous **viendrons**	nous **viendrions**	que nous **venions**	
vous **vîntes**	vous **viendrez**	vous **viendriez**	que vous **veniez**	
ils **vinrent**	ils **viendront**	ils **viendraient**	qu'ils **viennent**	
je **vécus**	je **vivrai**	je **vivrais**	que je **vive**	**vivant**
tu **vécus**	tu **vivras**	tu **vivrais**	que tu **vives**	
il **vécut**	il **vivra**	il **vivrait**	qu'il **vive**	
nous **vécûmes**	nous **vivrons**	nous **vivrions**	que nous **vivions**	
vous **vécûtes**	vous **vivrez**	vous **vivriez**	que vous **viviez**	
ils **vécurent**	ils **vivront**	ils **vivraient**	qu'ils **vivent**	
je **vis**	je **verrai**	je **verrais**	que je **voie**	**voyant**
tu **vis**	tu **verras**	tu **verrais**	que tu **voies**	
il **vit**	il **verra**	il **verrait**	qu'il **voie**	
nous **vîmes**	nous **verrons**	nous **verrions**	que nous **voyions**	
vous **vîtes**	vous **verrez**	vous **verriez**	que vous **voyiez**	
ils **virent**	ils **verront**	ils **verraient**	qu'ils **voient**	
je **voulus**	je **voudrai**	je **voudrais**	que je **veuille**	**voulant**
tu **voulus**	tu **voudras**	tu **voudrais**	que tu **veuilles**	
il **voulut**	il **voudra**	il **voudrait**	qu'il **veuille**	
nous **voulûmes**	nous **voudrons**	nous **voudrions**	que nous **voulions**	
vous **voulûtes**	vous **voudrez**	vous **voudriez**	que vous **vouliez**	
ils **voulurent**	ils **voudront**	ils **voudraient**	qu'ils **veuillent**	

Lexique

A

à at, in, on, to
à bientôt see you soon
à bord de aboard
à cause de because of
à côté near; l'un — de l'autre side by side
à égalité equally
à la traîne to lag behind
à l'égard de towards, concerning
à long terme in the long run
à mesure que as
à moins que unless
à part ça besides that
à partir de (du) from . . . on
à propos de concerning, about
à quelle heure (at) what time
à tort wrongly
à tout à l'heure see you soon
à toute allure quickly
abandonner to give up
abattre to gun down
abattu(e) shot down
abîmer to damage, harm
aboiement m barking
abonnement m subscription
abords m pl outskirts, surroundings;
  d'abord first
aboutir to result in
abri m shelter; — de fortune makeshift
  shelter; à l'— sheltered; sans-abri m pl
  homeless
abricot m apricot
abriter to shelter
absolument absolutely
accélérer: s'— to speed up
accentuer to stress; pronoms m pl
  accentués stress pronouns
accès: avoir — à to have access to
accidenté(e) an injured person
acclamé(e) praised, acclaimed
accommodant(e) easygoing
accord m agreement; d'— okay, all right;
  être d'— to agree
accorder to grant
accoucher to give birth
accouder: s'— to lean
accroc m complication
accrocher to hang; s'— à to hold on to
accroissant(e) increasing
accroissement m increase, soaring
accroître (pp accru) to increase
accroupir: s'— to crouch down
accueillant(e) welcoming
accueillir to welcome, receive

acharnement m thérapeutique
  prolongation of life by medical means
achat m purchase; faire des —s en
  ligne to shop online; pouvoir d'—
  purchasing power
acheminer to transport
acheter to buy
achever to complete, finish
acier m steel
acquérir (pp acquis) to acquire
acte m act
acteur (actrice) actor
action f action; — en faveur des
  minorités affirmative action
actualités f pl news, current events
actuel(le) current
actuellement actually, currently
adepte m f follower
adhérent(e) member of a group
adhérer to adhere, agree with
adieu m good-bye, farewell
ADN m DNA
adolescent(e) teenager
adonner: s'— à to devote oneself to
adoucir to sweeten, soften
adresser: s'— à to talk to
affaiblir to weaken
affaires f pl business; homme (femme)
  d'— businessman (woman)
affamer: être affamé(e) to starve
affecter to assign
afficher to post, advertise
affinage m maturing
affirmer to assert
affligeant(e) distressing, painful
affolant(e) alarming
affranchir: s'— to free oneself
affreux(se) terrible, hideous
afin: — de in order to; — que so that
agacer (fam) to annoy; ça m'agace it
  irritates me
âge m age; du troisième — senior citizens
agent m agent; — de change stockbroker;
  — de conduite train conductor; — de
  voyage travel agent; — immobilier real
  estate agent
agglomération f urban area
aggraver to make worse; s'— to get
  worse
agir to act; s'— de to be about
agité(e) stormy
agiter to shake
agneau m lamb; — en croûte lamb in a
  pastry casing
agrandir to enlarge, make bigger

agréable pleasant
agresser to assault, mug
agression assault, mugging
agricole agricultural
agriculteur(trice) agricultural worker
agronomie f study of agriculture
agrumes m pl citrus fruits
aguets: être aux — to be on the watch
aider to help
aigu(ë) acute
aiguille f needle
ail m garlic
aile f wing
ailleurs elsewhere; d'— besides; par —
  moreover
aimable lovely, friendly
aimer (bien) to love, to like
aîné(e) oldest, eldest
ainsi in this manner, thus; c'est — que
  that's the way
air m air; — conditionné air-
  conditioning; au grand — outdoors;
  avoir l'— to look like
aire f area
aisé(e) financially well-off
ajouter to add
ajuster to adjust
aléatoire risky
alentours: aux — de around, about
alerte agile, nimble
alerte f scare
algue f seaweed
alicament m food + medication
aliment m food
alimentation f food, feeding
alléché(e) attracted
allégé(e) light, low calorie
allégement m lightening
Allemagne f Germany
aller to go, walk
allocation f allowance, compensation;
  —s chômages unempoyment benefits;
  — familiale family allowance
allonger: s'— to lie down
allophone m who doesn't speak the
  language of the community
allouer to grant, allocate
allumer to light; — (la télé, le chauffage)
  to turn on
alors then, so
amasser to raise, collect
ambiance f atmosphere, environment
âme f soul
amélioration f improvement
améliorer to improve

aménagé(e) set up

aménageable ready to be finished

aménagement *m* planning, management

amener to bring, take along; — à (au) to take out

amer(ère) bitter

ami(e) friend

amicale: **Amicale** *f* **des locataires** Renter's (Building) Association

amicalement friendly, with friendship

amitié *f* friendship

amorce *f* beginning

amphithéâtre *m* large lecture hall

ampleur *f* importance

amusant(e) amusing, funny

amuse-gueule *m (fam)* snack

amuser: s'— to have fun / a good time, to enjoy oneself

an *m* year; **Nouvel** — New Year

analphabète illiterate

ananas *m* pineapple

anarchique anarchic; random

ancien(ne) old, ancient; former

ancrage: **point d'**— anchor, foundation

ancre *f* anchor; **jeter l'**— to anchor

anecdote *f* plot, story

anglais(e) English

angoissant(e) agonizing

angoisse *f* anguish

animateur(trice) facilitator, counselor

année *f* year; —**s trente** thirties

anniversaire *m* birthday; anniversary

anodin(e) harmless, inoffensive

Antarctique *m* Antarctic

août *m* August

apanage *m* privilege

apercevoir *(pp* aperçu*)* to notice, see; s'— to become aware

apéro *m (fam)* for **apéritif**

aplatir to flatten

apparaître to appear

appareil *m* machine; — **ménager** appliance

apparition *f* appearance

appartement *m* apartment

appartenance belonging to

appartenir *(pp* appartenu*)* to belong

appât *m* bait

appeler to call, phone; s'— to be named

appétissant(e) tasty

apport *m* contribution

apporter to bring

apprécier to appreciate

apprendre *(pp* appris*)* to learn, teach

apprenti(e) apprentice

apprentissage *m* learning

apprêter: s'— to get ready

approbation *f* approval

approcher: s' — (de) to come close (to)

approfondi(e) thorough

appuyer to lean; — **sur** to push (the button)

après after; **d'**— according to; —-**midi** *m* afternoon

aptitude *f* ability

aquaculture *f* cultivation of fish

aquilin curved (nose)

arachide *f* peanut

araignée *f* spider

arbre *m* tree; — **fruitier** fruit tree

arc-en-ciel *m* rainbow

archéologie *f* archeology

archéologue *m f* archeologist

argent *m* money; silver

argenterie *f* silverware

argile *f* clay

arme *f* weapon

armée *f* army; **Armée du Salut** Salvation Army

armer: s'— to arm oneself

armoire *f* free-standing closet; cabinet; — **de toilette** medicine cabinet

aromatisé(e) seasoned, flavored

arracher to pull up, uproot

arrêt *m* stop; — **de bus** bus stop; **en** — stopped; **sans** — increasingly

arrêté *m* **ministériel** ministerial decree

arrêter to stop; to arrest, to bust

arrière back; —-**plan** *m* background; **en** — to the past; —-**grands-parents** *m pl* great-grandparents

arrivée *f* arrival

arriver to arrive; — **à** to succeed; **y** — to manage it

arrondissement *m* neighborhood, administrative division

arrosé(e) watered down (as in drinking)

arroser to water; to wash down

arrosoir *m* watering can

artichaut *m* artichoke

artisanal(e) artisan, craft

artisanat *m* (arts) craft industry

ascenseur *m* elevator

asphyxier: s'— to suffocate

aspirateur *m* vacuum cleaner

assainissement *m* stabilization

assaisonnement *m* seasoning

assemblage *m* assembling

asseoir to sit down (somebody); s'— to sit down (at the table)

asservi(e) enslaved

assez (de) enough

assiduité *f* attendance

assiette *f* plate; — **creuse en terre cuite** shallow clay plates; — **en carton** paper plate

assistance *f* help; — **sociale** welfare

assister to help; — **à** to attend, witness

association *f* organization; — **écologiste** environmental organization

assortir to match (up)

assouplir to soften

assourdir to lower, deafen

assouvir to satisfy

assurance *f* insurance; — **santé** health insurance

assuré(e) certain, assured

atelier *m* workshop

atout *m* asset

attardé(e) behind the times

attarder to make late / behind the time; s'— to linger; stay late

atteindre *(pp* atteint*)* to reach

attelage *m* team harnessed together

attenant(e) adjoining

attendre *(pp* attendu*)* to wait (for); — **avec impatience** to anticipate eagerly, to look forward to; s'— **à** to expect

attention *f* attention; care; **faire** — to be careful

attentionné(e) attentive

atterrir to land

attirer to attract

attiser to stir; — **le feu** to stir the fire

attitude *f* behavior

attraper to catch

attribuer (à) to attribute (to)

au-delà de beyond

au-dessus de beyond

au fur et à mesure as, gradually

au revoir *m* good-bye

aubaine *f* godsend

aube *f* dawn

auberge *f* hostel, inn

aubergine *f* eggplant

aubergiste *m f* innkeeper

aucun(e) no, none; no one; **aucune idée** no idea

audacieux(se) daring

auditeur (trice) listener

augmentation *f* surge, increase

augmenter to increase

aujourd'hui today

auparavant earlier, before

auprès de close to, next to

auquel (à laquelle) to which

aussi too, also; — ... **que** as . . . as

aussitôt: — **que** as soon as; — **dit** — **fait** no sooner said than done

autant as much; **d'**— **plus que** especially

autel *m* altar

auteur *m* perpetrator, author

automatiser to automate

automne *m* autumn, fall

autonettoyant(e) self-cleaning

autonome independent

autoritaire authoritarian

autoroute *f* freeway

autour around; — **de nous** around us

autre other

autrefois in the old days, before

autrement otherwise

Autriche *f* Austria

autrui *m* other people, peers; **pression** *f* **d'**— peer pressure

avaler to swallow up

avance *f* advance

avant before

avantage *m* advantage

avare *m f* miser

avec with

avènement *m* coming (advent) [event]

avenir *m* future; — **proche** near future

avérer to recognize; to know

avertir to warn, inform
aveu *m* confession
aveugle blind
avion *m* airplane
avis *m* opinion; **à (ton/votre) —** in your opinion
aviser to notice
avocat(e) lawyer
avoine *f* oat
avoir *(pp* **eu)** to have; **— besoin (de)** to need; **— faim** to be hungry; **— l'air de** to look like; **— lieu** to happen; **— soif** to be thirsty; **n'— que** to only have; **qu'est-ce que tu as (vous avez)** what's the matter
avoisinant(e) nearby
avoisiner to come close to
avortement *m* abortion; **droit** *m* **à l'—** abortion right
avouer to admit, confess
avril *m* April
ayatolla *m* Islamic religious leader

B

bagarre *f* brawl, fight
bac *m* barrel
baccalauréat (bac) *m* competitive exams, with diploma, at the end of secondary school
bagage *m* luggage; **— à main** hand luggage; **fouiller les —s à main** to search hand luggage
bagnole *f (fam)* car
baie *f* bay
baigner: se — to swim; to bathe
baignoire *f* bathtub
bâiller to yawn
bain *m* bath
baiser *m* kiss
baisse *f* drop
baisser to lower
balade *f* stroll, tour
balader: se — to go for a stroll
balance *f* scale
balayer to sweep
banalisé(e) trivialized
banane *f* banana
bananeraie *f* banana plantation
banc *m* bench
bande *f* group; **en —** in a group; **— dessinée** cartoon
bandeau *m* headband
banlieue *f* suburbs, outskirts
banlieusard(e) suburbanite
banque *f* bank; **—s alimentaires** food shelves
banquier(ère) banker
baptême *m* baptism
baraque *f* hut
baron *m* nobleman
barrage *m* dam
barre *f* lock
barrière *f* border; rail
bas *m* stocking

bas(se) low
basse-cour *f* farm yard
bassin *m* pond
bastonnade *f* beating
bateau *m* boat
bâtiment *m* building
bâtir to build
battre *(pp* **battu)** to beat; **se —** to fight
battu(e) battered
bavard(e) talkative, *(fam)* chatterbox
baver to drool
beau (belle) beautiful; **il fait —** it's beautiful weather
beau-frère *m* brother-in-law
beau-père *m* stepfather, father-in-law
beaucoup (de) a lot (of)
beauté *f* beauty
beaux-arts *m pl* fine arts
beaux-parents *m pl* in-laws
beignet *m* doughnut, fritter
belle-mère *f* stepmother, mother-in-law
belle-sœur *f* sister-in-law
bénéfice *m* benefit
bénévole *m f* volunteer
bénévolement voluntarily
berceau *m* baby crib
bercer to rock
besogne *f* task
besoin *m* need; **avoir — de** to need; **vivre dans le —** to live in poverty, be in need
bétail *m* livestock
bête *f* beast
bêtise *f* stupid thing; stupidity
béton *m* concrete, cement
betteraves *f pl* beets
beurre *m* butter; **faux-—** butter substitute; **petit-—** butter cookie
bibliothécaire *m f* librarian
bibliothèque *f* library; bookcase
bidonville *m* slum
bien well, good; **— entendu** of course
bienfait *m* godsend, kindness
biens *m pl* property, goods
bienséant(e) proper
bientôt soon; **à —** see you soon
bienveillance *f* kindness
bienvenu(e) welcome
bijou *m (pl* **bijoux)** jewel
bilan *m* list
bilingue bilingual
billet *m* ticket; **— doux** love note
bio organic
biocarburant *m* biofuel
biotechnologie *f* biotechnology
bistrot *m* restaurant-bar
blague *f* joke
blanc(he) white
blason *m* coat of arms
blé *m* wheat
blesser to wound, injure
bleu very rare (beefsteak)
bloc: — *m* **de l'Est** Eastern Block; **— opératoire** operating room

bloguer to write in a blog
blottir: se — to huddle
bobine *f* spool
bocal *m* container, can
bœuf *m* beef; ox
boire *(pp* **bu)** to drink; **— un pot** to go out for a drink
bois *m* wood; **charbon** *m* **de —** charcoal
boisson *f* beverage, drink
boîte *f* box; *(fam)* office, shop; **— de conserve** can (food); **— (de nuit)** nightclub; **en —** canned
boîter to limp
bon *m* coupon
bon(ne) good, nice; **bon gré mal gré** whether they liked it or not
bonbons *m pl* candy
bond *m* leap, jump
bondé(e) crowded
bonheur *m* happiness
bonne *f* housekeeper, maid
bonsoir *m* good evening
bord *m* edge; **à — de** aboard; **au — de** on the banks of; **— de la mer** seaside; **de tous les —s** from all walks of life
bordelais(e) from Bordeaux
borné(e) narrow-minded, limited
bosquet *m* grove
bossu(e) hunchbacked
botte *f* boot
bouche *f* mouth; **— d'aération** steam / air vent
boucher(ère) butcher
boucherie *f* butcher shop; **— au détail** non-prepackaged meat
boudin *m* blood sausage
boue *f* mud
bouffe *f (slang)* food
bouffon(ne) clowning
bouger to move
bouillie: en — mashed
boulanger(ère) baker
boulangerie *f* bakery; **— pâtisserie** bakery and pastry shop
bouleversement *m* disruption
bouleverser to turn upside down
boulot *m (fam)* job, work
bouquin *m (fam)* book
bouquiner *(fam)* to browse for books; to read
bourg *m* village
bourgeois(e[s]) middle-class people
bourse *f* **d'études** scholarship
boursier(ière) related to the Stock Exchange
boussole *f* compass
bout *m* end; **au — de son rouleau** at the end of one's rope
bouteille *f* bottle
bouton *m* button
braillard(e) people howling
branchement *m* connection
brancher to plug in, connect
braquer to aim

brassage *m* mixing
brave courageous
brebis *f* sheep (ewe)
Bretagne *f* Brittany
bref(ève) short, concise; en — in short
brevet *m* certificate, diploma; patent
bricoler (faire du bricolage) to putter, do home repairs, do handiwork
brièvement briefly
brique *f* alimentaire food packaging
briser: se — to break
brocolis *m* broccoli
broncher to react
bronzé(e) tanned
brosse *f* brush; en — crewcut (hair)
brosser to brush
brouhaha *m* hubbub
brouillard *m* fog
brouillon *m* first draft
brousse *f* bush
broyer to grind
bruit *m* noise
brûler to burn
brun(e) brown; dark
brut(e) abrupt, rough
BTS (brevet de technicien supérieur) *m* French technical certificate
bruyant(e) noisy
bûche *f* log
bureau *m* office; desk; chaise *f* de — typing chair; employé(e) de — office clerk
but *m* goal, aim
butin *m* loot

C

ça/cela that
c'est/ce sont it is; c'est vrai that's true; c'est impossible that's impossible
cabine *f* de douche shower stall
cabinet *m* d'affaires business agency
câbleur *m* worker who lays wires
cacahuète *f* peanut
cacher to hide, put out; — à la vue to put out of sight; se — to hide
cadeau *m* gift, present
cadre *m* executive; — supérieur high-level executive
cafard *m* cockroach
cahier *m* notebook
caille *f* quail
caillé(e) curds
cailler: faire — to curdle
caissier(ère) cashier, teller
calcul *m* calculation, arithmetic
calendrier *m* agenda; calendar
calme quiet
camarade *m* *f* friend; — de chambre roommate
caméscope *m* camcorder
camion *m* truck; — de recyclage recycling truck
campagne *f* suburb; countryside; campaign

campement *m* campgrounds, encampments
camping car *m* motor home
canapé *m* sofa
canard *m* duck
candidature *f* application (for a job)
caneton *m* duckling
caniculaire scorching
canne *f* stick; — à sucre sugar cane; — à pêche fishing pole
canoë *m* canoe; faire du —-kayak to go canoeing, go kayaking
canot *m* boat
cantine *f* cafeteria
canular *m* hoax, false alarm
caoutchouc *m* rubber
capteur *m* sensor
car because
car *m* bus (with routes outside the city); — de ramassage school bus
carafe *f* pitcher
caravane *f* trailer
carburant *m* fuel; — fossile fossil fuel
cardiologue *m* *f* cardiologist
Carême *m* Lent
carnet *m* booklet; — de circulation permit to move around
carotte *f* carrot
carré *m* square; patch
carreau *m* tile; à —x checked
carrefour *m* crossroads, intersection
carrément straight out
carriole *f* horsedrawn carriage on runners
carrure de camionneur *f* build of a truck driver
carte *f* card; jouer aux —s to play cards
cas *m* case; dans ce — in this case; en — *m* quick meal, snack; en — de in case of; le — échéant if need be, if the need arises
casanier(ère) homebody
case *f* box, compartment
casse-croûte *m* snack
casser to break; — le moule to break the mold
cathédrale *f* cathedral
cauchemar *m* nightmare; vivre un — to live through a nightmare
cauchemardesque nightmarish
cause *f* reason; à — (de) because (of)
causer to chat, talk
cave *f* (wine) cellar; basement; — à disques discotheque
ce, cet(te) this; ce que what; ce dont about which
céder to give in; to cave in
ceinture *f* belt
cela that; — dit that having been said
célèbre famous
célibataire unmarried
cellule *f* unit; prison cell; — familiale family unit; — souche stem cell
celui (celle) that; —-ci the latter
cendre(s) *f (pl)* ash(es)

Cendrillon Cinderella
centaine *f* hundred
centrale *f* power plant; — de tri recycling station; — nucléaire nuclear plant
centre *m* center; — d'accueil shelter; — commercial shopping center; — culturel cultural center; — ville *m* downtown
cependant therefore, however
cerise *f* cherry
certain(e)s some
cerveau *m* brain
cervelle *f* brain(s)
chacun(e) each, every (one)
chagrin *m* distress, —s sorrows
Chah (Shah) autocratic hereditary ruler
chahut *m (fam)* noise
chaîne *f* channel (TV); — du câble cable channel
chaise *f* chair; — de bureau typing chair
chambre *f* room; — de bonne small room (literally, maid's room)
champ *m* field
champignon *m* mushroom
chance *f* luck
changer to exchange; to change
chanson *f* song; — et variété referring to popular music
chant *m* song; singing
chanter to sing
chanteur(se) singer
chantier *m* construction site
chapeau *m* hat; — melon bowler hat
chapelet *m* rosary beads
chaque each
char *m* float
charbon *m* de bois charcoal
charcuterie *f* butcher's shop; cold cuts
charge *f* burden; freight
chargé(e) busy, full; — de in charge of
charger to load; se — de to take care of
charges *f pl* utilities; — comprises utilities included
chargeur *m* shipper
charmant(e) nice
chasse *f* hunting; aller à la — to go hunting
chasseur *m* hunter
chat(te) *m* *f* cat
châtaigne *f* chestnut
châtain chestnut
château *m* castle
chaud(e) hot, warm; avoir — to be warm / hot; il fait — it's hot / warm
chauffage *m* heating
chauffer: se — to get warm
chauffeur *m* driver
chaume *m* thatch
chausser to put on
chaussette *f* sock
chaussure *f* shoe
chauve-souris *f* bat
chaux *f* lime
chavirer to capsize

chef d'atelier *m* foreman

chef d'entreprise *m* business owner, company head

chef-d'œuvre *m* masterpiece

chemin *m* way, road; — faisant en route; — de fer railroad

cheminée *f* chimney, fireplace

cheminement *m* advance

cher(ère) expensive; dear, well-loved

chercher à to look for

chercheur *m* researcher; — enseignant-chercheur teacher-researcher

cheval *m* (*pl* chevaux) horse; faire du — to go horseback riding; queue *f* de — pony tail

cheveux *m pl* hair

cheville *f* ankle

chèvre *f* goat

chevreuil *m* deer

chez at; — moi at my place; — soi one's home

chic fashionable; dernier — last fad

chien(ne) dog; —s de traîneau sled dogs

chiffon *m* rag

chiffre *m* number

chineurs *m pl* people who like to visit flea markets

chiroptères *m pl* the family of bats

chirurgical(e) surgical

choc *m* shock

chœur *m* backup singer

choisir to choose, select

choix *m* (*pl*) choice(s)

chômage *m* unemployment; allocations *f* — unemployment benefits; être au — to be unemployed; taux de — *m* unemployment rate

chômeur(se) unemployed person

chose *f* thing; quelque — something

chou *m* (*pl* choux) cabbage

chou-fleur *m* cauliflower

choyé(e) coddled

chuchoter to whisper; — des paroles to whisper words

chute *f* fall; — de cheval fallen off a horse

chuter to fall

ciblé(e) targeted

ci-dessous following, below

ci-dessus above (mentioned)

ciel *m* sky

cime *f* top

cimenté(e) covered in asphalt

cimetière *m* cemetery

ciné *m* cinema

cinéaste *m f* film producer, film-maker

cinéphile movie bug

circulation *f* traffic

circuler to get around

cirque *m* circus

citadin(e) city-dweller

cité *f* housing project

citer to mention

citoyen(ne) citizen

citron *m* lemon

citronnelle *f* citronella (lemon bush)

citrouille *f* pumpkin

clandestin(e) underground

clapier *m* rabbit hutch

claquer: faire — to slam

classe *f* grade; salle *f* de — classroom; — supérieure upper class

classement *m* rank(ing)

classer to classify

clavier *m* keyboard

clé *f* key

client(e) customer

clientèle *f* customers, clientele

clignotant(e) blinking

climatisation *f* air-conditioning

climatisé(e) air-conditioned

climatiseur *m* air conditioner

clipser to clip on

clochard(e) tramp, hobo, vagrant

cloche *f* bell

clonage *m* cloning

clone *m* clone

cloner to clone

clou *m* nail

co-propriétaire *m f* co-owner

cocher to check (off)

cochon *m* pig; — d'Inde guinea pig

cocon *m* cocoon

cocotte *f* casserole

cœur *m* heart; avoir du — to be kindhearted; mal au — queasy

coiffeur(se) barber, hairdresser

coin *m* corner

coincer to corner

colère *f* anger

collé(e) stuck

collecte *f* fundraising drive

collectionner to collect

collège *m* junior high school

collègue *m f* colleague

coller to stick, to attach

colline *f* hill

colloque *m* discussion

colon *m* settler; colonist

colonisé(e) colonized

colonne *f* column

combat *m* fight, battle; — de coq cock fight

combustible *m* fuel

combien how much; — de how many; — de temps how long

combinaison *f* pressurisée pressurized suit

combler to satisfy

comédie *f* comedy

comédien(ne) stage actor (actress)

commande *f* order; —s controls; — d'ouvrages book order

comme as, like; — toujours as always

commencer to begin, start

comment how

commerçant(e) merchant, shopkeeper

commerce *m* business, trade; petit — small store

commissariat *m* police station

commode *f* dresser

commune *f* municipality

compagnie *f* house, company; companionship

compagnon *m* friend, fellow

Compère Lapin Brother Rabbit

compétence *f* authority, ability

complaisance *f* self-satisfaction

complexe *m* residential subdivision

complice *m* partner in crime

comportement *m* behavior, conduct

comporter: se — to behave

composé(e) mixed

compote *f* fruit sauce

comprendre (*pp* compris) to understand; to include; faire — to make understand; y compris including

comptabilisation *f* posting (accounting)

comptabilité *f* accounting

comptable *m f* accountant

compte *m* account; à bon — with accomplishment; entrer en ligne de — to enter into consideration; — rendu *m* summary, report; tenir — de to take into account

compter to count; to expect; — sur to rely on

concasser to crush, grind

concessionnaire *m f* car dealer

concevoir (*pp* conçu) to conceive, imagine

conclure to conclude, end

concombre *m* cucumber

concordant(e) in agreement

concours *m* (*pl*) contest(s), competitive exam(s)

concurrence *f* competition

concurrent(e) competitor

condescendant(e) condescending

conducteur (conductrice) driver

conduire (*pp* conduit) to drive; lead; se — to behave

conduite *f* conduct; — de vie lifestyle

conférence *f* lecture

confier to share, tell about

confiserie(s) *f* (*pl*) sweets, candies

confondre to confuse, mix up

confrère *m f* colleague (for doctors and lawyers only)

confus(e) confused; sorry; embarrassed

congé *m* leave (of absence); — payé paid leave (of absence)

congélateur *m* freezer

congelé(e) frozen

connaissance *f* knowledge; —s acquaintances

connu(e) known

consacrer to devote

conseil *m* advice

conseiller to advise; —(ère) advisor

conserve(s) *f* (*pl*) canned food; en conserve canned

console de jeu *f* handheld game

consommation *f* consumption
consommer to consume (to buy and use)
constater to notice
construire (*pp* construit) to build
contact: avoir le — facile to be easy to get to know
conte *m* tale; — de fée fairy tale
contenir (*pp* contenu) to contain, include
contenu *m* contents
content(e) happy
contenter to please; se — de to make do with
conteneur *m* container
conteur *m* storyteller
contestation *f* dispute, protest
contraindre (*pp* contraint) to force
contrainte *f* constraint, restriction
contraire opposite; au — on the contrary
contre against; par — on the other hand
contrefaçon *f* forgery
contremaître *m* foreman
contrepartie: en — in exchange
contrôler to control, check
contrôleur *m* ticket inspector
convaincre (*pp* convaincu) to convince
convenable appropriate
convenir (*pp* convenu) to agree, to suit
convive *m f* guest
convivialité *f* social interaction
copain (copine) boyfriend (girlfriend), pal
copeau *m* wood shaving
copieux(se) hearty, rich
coq *m* rooster
coquillage *m* shellfish
corbeau *m* crow, raven
corbeille: — *f* à linge laundry basket
corniche *f* coast road
corps *m* body
corvée *f* chore
costaud big (person)
cote: avoir la — to be very popular
côte *f* coast
côté *m* side; à — beside, next to; — montagne on the mountain side
côtier(ière) coastal
côtoyer to frequent, be around
cou *m* neck
couche *f* diaper; layer; — d'ozone ozone layer; —s de la société levels of society
coucher: se — to go to bed
couche-tôt *m f* person who goes to bed early
coude *m* elbow; — à — close together
coudre to sew
couffin *m* baby basket
couler to run (water)
couleur *f* color; — de la peau skin color
couloir *m* hallway, passage
coup *m* hit; — de bâton blow with a stick; — de feu shot; — de soleil sunburn; — de téléphone (phone) call; du — as a result; tout à — all of a sudden; tout d'un — suddenly

coupable *m f* guilty person
couper to cut
coupeur(se) cutter; — de route bandit
cour *f* courtyard; (school)yard
couramment fluently
courant(e) commune; every-day; common; c'est très courant it's very common; se tenir au courant to keep up with what is happening
courgette *f* zucchini
courir (*pp* couru) to run
courriel *m* email (Quebec)
courrier *m* mail; — du cœur advice column; — électronique e-mail
cours *m (pl)* class(es); au — de during
course *f* running; race; au pas de — on the run; — à pied running; —s *f pl* errands; faire les —s to go shopping
court(e) short; (à) court / long terme short / long term, in the short / long run
court-bouillon *m* water with spices
courtier(ière) stockbroker
couscous *m* dish made with semolina, meat, and vegetables
coussin *m* cushion
cousu(e) sewn
coût *m* price, cost; — de la vie cost of life; moindre — lower cost
couteau *m* knife
coûter to cost
coutume *f* habit
couture: haute — *f* high fashion
couturier(ère) fashion designer
couvert *m* serving; —(e) covered
couverture *f* blanket
couvre-lit *m* bedspread
crabe *m* crab
cracher to spit
craindre (*pp* craint) to fear, be scared of
crainte *f* fear
craquer *(fam)* to go wild, freak out
crasseux(se) grimy, grubby
crèche *f* day care center
créer to create
crème *f* cream
crémeux(se) creamy
crêpe *f* pancake
crépitement *m* crackling, rattling
crépu(e) frizzy
crépuscule *m* twilight
creuser to hollow out; to dig
creuset *m* center
creux *m* hollow
crever *(fam)* to be dying; — de faim to be dying of hunger
crevettes *f pl* shrimp
cri *m* scream
crier to shout
crime *m* crime
criminalité *f* crime
criminel(le) felon
crise *f* crisis; attack; — cardiaque heart attack
croire (*pp* cru) to believe

croiser: se — to pass each other
croissance *f* growth
croissant(e) increasing
croître to grow
croquer to bite into; — la vie à pleines dents to approach life with gusto
croquis *m* draft, sketch
crotte *f* dropping (excrement)
croûte *f* rind
croyance *f* belief
croyant(e) believer
crustacés *m pl* shellfish
cueillette: — *f* de fruits fruit picking
cueillir to pick / gather (flowers)
cuiller/cuillère *f* spoon
cuire (*pp* cuit) to cook
cuisine *f* kitchen; cuisine; — bio organic food; faire la — to cook
cuisiner to cook
cuisinier(ère) cook
cuisinière *f* stove
cuisson *f* cooking; à quel degré de cuisson how well cooked
cuit(e) cooked
cultivé(e) cultured
culture *f* crop
cuivre *m* copper, brass
cuivré(e) copper-colored
cul-de-sac *m* dead-end (street)
culot: avoir du — to have a lot of nerve
culotte *f* short pants
culpabilité *f* guilt
culture *f* cultivation
curé *m* priest
cuve *f* tank, vat
cyberespace *m* cyberspace
cyclable: piste *f* — bicycle trail

D

d'abord first (of all), at first
dactylo *f* typist
dames *f pl* ladies; checkers; jeu *m* de — checkers game
damier *m* checkerboard
dans in
danse *f* dance
danseur(se) dancer
dater de to date from
d'autrui from others
davantage more
débarbouiller: se — to wash up, to take a sponge bath
débarquement *m* landing
débarquer to unload, to land
débarrasser to clear; se — de to get rid of
débat *m* debate
débile mentally deficient
déborder to overflow
débouché *m* outlet
déboussolé(e) disoriented
debout standing
débraillé(e) (people) dressed sloppily
débrancher to unplug
débrouillard(e) smart, resourceful person

débrouiller: se — to manage
début *m* beginning; **au —** at the beginning
décalage *m* staggering
décennie *f* decade
décevoir (*pp* **déçu**) to disappoint
déchaîné(e) unleashed
décharge *f* dump; **—s** *f pl* discharges; **— sauvage** improvised dump
déchéance *f* downward mobility
déchets *m pl* garbage, waste, trash; **— chimiques** chemical waste; **— nocifs** harmful waste; **— radioactifs** radioactive waste; **— toxiques** toxic waste
déchirer: se — to be tearing
déclencher to set in motion, start; **— une bagarre** to start a fight
décolérer to cool down (anger)
décoller to take off
décolleté(e) with low-cut neckline
décombres *m pl* rubble
déconnecter to disconnect
déconseiller to advise against
décontracté(e) relaxed
décor *m* setting
découper to cut (up)
décourager to deter
découverte *f* discovery
découvrir to discover
décrire (*pp* **décrit**) to describe
décrocher to get; to pick up (telephone)
décroissant(e) decreasing
déculpabiliser to make feel less guilty
dédaigner to be averse to
dedans inside
défaut *m* flaw; defect
défavorisé(e) underprivileged, impoverished
défendre (*pp* **défendu**) to forbid; **— ses biens contre** to protect one's property from
défenseur *m* **de l'environnement** environmentalist
défi *m* challenge
défilé *m* parade
dégager to free, clear
dégourdir: se — les jambes to stretch one's legs
dégoût *m* dislike
dégraissage *m* cleaning out
déguster to taste, savor
dehors outside; **en — de** outside of, beyond
déjà already
déjeuner *m* lunch; **petit —** breakfast
délabré(e) run-down
délaisser to abandon
délice *m* delight
délicieux(se) delicious
délinquance *f* delinquency; **— juvénile** juvenile crime
délinquant(e) law breaker, offender, delinquent
demain tomorrow; **après-—** the day after tomorrow

demander to ask
démarrer to start; **faire —** to get started
déménager to move (change lodging)
demeure *f* residence, home
demeurer to remain, stay
demi(e) half; **demi-frère** *m* half-brother; stepbrother; **demi-sœur** *f* half-sister; stepsister
démissionner to resign
démolition *f* crushing, pulling down
dénoter to show
denrée *f* (**alimentaire**) foodstuff
dent *f* tooth; **brosse** *f* **à —s** toothbrush
dentifrice *m* toothpaste
dénuement *m* destitution
dépanner to help out
dépanneur *m* towtruck
départ *m* departure
dépasser to go beyond
dépaysé(e) uprooted; disoriented
dépêcher: se — to hurry
dépendre to depend; **ça dépend** that depends
dépense *f* expenditure, spending
dépenser to spend (money)
déplacement *m* movement; **en —** traveling
déplacer to move; **se —** to be displaced
déplier to unfold
déposer to put, lay down
dépourvu(e) lacking, without
déprimant(e) depressing
déprime *f* depression
déprimer to get depressed
depuis since, for; **— combien de temps** since when, how long; **— quand** since when; **— que** since
déranger to disrupt, upset, trouble, bother
déraper to slip
dernier(ère) last (before this one); last (in a series); **dernier cri** state-of-the-art
dérober: se — to run away
dérouler: se — to happen, unfold
derrière behind
dés *m pl* dice
désaccord *m* disagreement
désaffection *f* loss of interest
désagréger: se — to break up
désapprobateur(trice) disapproving
désarroi *m* confusion
descendre (*pp* **descendu**) to get off; to go down; **— (dans)** to stay (in); **— de** to get out of
désertique desert (*adjective*)
désespéré(e) discouraged
désigner to name, point out
désolé(e) sorry, distress
désormais from now on
desservi(e) served
dessin *m* drawing, sketch; **— animé** cartoon
dessous under, below; **en — de** below
dessus above, on top; **au-— (de)** on top (of); **ci-—** above (mentioned)

destin *m* fate
destination: à — de going to
détaillant(e) retailer
détendre (*pp* **détendu**): **se —** to relax
détenir to hold
détente *f* relaxation
détenu(e) detainee, prisoner
détonner to explode
détourné(e) hijacked; **avion** *m* **— détourné** hijacked plane
DEUG *m* (**diplôme d'études universitaires générales**) degree received after two years of college
deuxième second
devant in front of
développement *m* developing; **pays en voie de —** developing countries
développer to develop
déverser to pour out
deviner to guess
devinette *f* riddle
devoir (*pp* **dû**) to intend to; **se — de** to have the obligation to devote oneself
devoir *m* duty; **—(s)** homework
dévoué(e) devoted
diable *m* devil
diablotin *m* little devil
Dieu *m* God
difficile difficult
diffuser to broadcast
dimanche *m* Sunday
diminuer to reduce, decrease
dinde *f* turkey
dindon *m* turkey
dîner *m* dinner
diplôme *m* degree, diploma
dire (*pp* **dit**) to say, tell; **à vrai —** to tell the truth, in other words; **c'est-à-—** that is to say; **entendre — que** to hear that; **il va sans —** it goes without saying; **on dit que** it's said that
diriger: se — (vers) to head (for)
discipline *f* field (of study)
disco: aller en — to go to a nightclub
discrimination: discrimination *f* **à l'envers** reverse discrimination; **être l'objet de —** to be discriminated against
dissoudre (*pp* **dissous**) to dissolve
disparaître (*pp* **disparu**) to disappear
disparition *f* extinction
disponibilité *f* availability
disponible available; usable
disposer to set; fit; **— de** to have at one's disposal
disputer: se — to fight
distrayant(e) entertaining
distribuer to distribute
dit(e) called
divers(es) various, miscellaneous
divertir to entertain; to distract
dizaine *f* ten
documentaire *m* documentary
doigt *m* finger

domaine *m* field

dominical(e) (of) Sunday

donner to give; **étant donné** given; **— sur** to look out on, overlook

don *m* gift; **promesse** *f* **de —** pledge

donc then, therefore

donnée(s) *f (pl)* data, information

dont of whom, which, with which

doré(e) golden

d'ores et déjà already

dortoir *m* dormitory; **cité** *f* **—** bedroom community

dos *m* back; **en avoir plein le —** *(fam)* to have enough

dossier *m* back (of a seat)

doté(e) equipped

doucement slowly, softly

douceur *f* sweet

douche *f* shower; **cabine** *f* **de —** shower stall

doué(e) talented; **sur——** gifted

douloureux(se) painful

douteux(se) iffy

doux(ce) sweet; **en douce** subtlely, quietly

douzaine *f* dozen; **demi——** half a dozen

doyen(ne) dean; oldest resident

dramaturge *m* playwright

drame *m* drama; **— psychologique** psychological drama

drap *m* sheet

drapeau *m* flag

dresser to stand up; **être dressé(e)** to be well-trained

drogue(s) *f (pl)* drugs

droguer: se — to take drugs

droit *m* law, right; **—s d'inscription** tuition; **avoir — à** to be entitled / eligible to; **égalité** *f* **des —s** equal rights; **revendiquer ses —s** to demand one's rights

droit(e) straight; **à droite** to the right

drôle funny

dû (due) à due to

duquel/de laquelle of which/whom

dur(e) hard, difficult; **tête** *f* **dure** hard head; **vie** *f* **dure** hard life

durée *f* length, duration, period of time; **longue —** extended

durer to last

duvet *m* down (feathers)

E

eau *f* water; **—x-fortes** engravings; **salle** *f* **d' —** shower room, bathroom

éblouissant(e) dazzling

éblouissement *m* bedazzlement

éboueur *m* garbage collector

écart *m* distance, gap, extreme; **à l' —** off to the side

échappement *m* exhaust; **tuyau** *f* **d' —** exhaust pipe

échec *m* failure; **—s** *m pl* chess

échelle *f* scale; ladder; **à grande —** on a large scale; **à l' — mondiale** on a global scale; **à toute —** at every level

échouer to fail

éclairer to light on

éclat *m* bit, fragment

éclatant(e) glaring

éclatement *m* break-up

écloserie *f* hatchery [of shrimp]

écœurer to make one feel sick

école *f* school; **— primaire** primary school

écolo *m f (fam)* for **écologiste**

écologiste: association *f* **—** environmental organization

économies *f pl* savings

économiser to save

écorcher to skin

écouler to move (sell)

écouter to listen

écran *m* screen; **crever l' —** to break into film

écraser to crash

écrire *(pp* **écrit)** to write

écriture *f* writing

écrivain *m* writer; **une femme —** *f* writer

écrouler: s' — to collapse

éculé(e) worn

écureuil *m* squirrel

édition: — *f* **électronique** online newspaper

éducateur(trice) educator; **— de rue** social worker

éducation *f* upbringing; **sur——** overeducating

édulcorant *m* **de synthèse** artificial sweetener

effectivement in fact

effectuer: s' — to happen

effet *m* effect; **— spéciaux** special effects; **— de serre** greenhouse effect

efficace efficient, effective, in working order

efficacement efficiently

effigie *f* model, representation

effilocher: s' — to fray, break apart

effluent *m* contaminated waste

effondrement *m* collapse

effondrer: s' — to collapse

efforcer: s' — to make an effort

effrayant(e) frightening, traumatic, horrible

effrayer: s' — to be frightened

effriter to crumble (away)

égal(e) same, equal; **ça me serait égal** it shouldn't matter to me

également equally, evenly

égalité *f* equality; **— des droits** *m pl* equal rights

égard: à l' — de towards, concerning; **sans —** without regard

égaré(e) lost

égarer: s' — to get lost

égide *f* protection

église *f* church

égoïsme *m* selfishness

égorger to slit

égouts *m pl* sewers

égoutter to drip, strain, sieve

élaborer to work out carefully

élargir to widen

électroménager: petit — *m* small appliances

élevé: bien (mal) — well (badly) raised

élever to raise

éloignement *m* distance

élu(e) elected, chosen

émaner to come from

emballage *m* wrapping

emballeur *m* packer

embaucher to hire

embêter to bother, bug someone

emboîter le pas to follow

embouteillage *m* traffic jam

embrasser *to kiss*

embrasure *f* doorway

embrouillé(e) confused

émerveillé(e) amazed

émeute *f* riot; **— raciale** race riot

émission *f* program (TV, radio); **— radiophonique** radio program

emmener to take

émouvant(e) moving

emparer: s' — to seize

empêche: n' — que all the same, unless

empêchement *m* obstacle

empêcher (de) to prevent (from); **n'empêche que** all the same, unless

empirer to get worse

emplacement *m* place, site

emploi *m* work, job; **— du temps** schedule

employé(e) worker; **— de bureau** office worker, clerical personnel; **— de maison** housekeeper

emporter to take; **se laisser —** to be carried away

empreinte *f* imprint; fingerprint; **prise** *f* **d' —s** fingerprinting

emprunt *m* loan

emprunter to borrow

ému(e) nervous, excited

en in; **— plus** extra, surplus; moreover; **— bas** down below

enceinte *f* fence; **— d'un poste source électrique** fence of a power station

enchaîner to link

encordé(e) tied together

encore again; **pas —** not yet

encre *f* ink

endettement *m* debt

endormir to put to sleep; **s' —** to fall asleep

endroit *m* spot, place

endurci(e) hardened

énergie *f* energy; **— solaire** solar energy

énerver: s' — to get angry, be upset

enfermer: s' — to close oneself up

énergique energetic

enfance *f* childhood
enfant *m f* child
enfer *m* hell
enfermement *m* locking
enfin at last, finally
enflammé(e) brilliant, shining
enfuir: s'— to flee, run away
engager to hire
engendrer to generate, create
engin *m* aircraft; machine
engloutir to swallow
engouement *m* craze, fancy
engrais *m* fertilizer
engraissant fattening
enivrer: s'— to get drunk
enjamber to span
enjeu *m* stake
enlever de to get out of
enneigement *m* snow cover
ennui *m* boredom
ennuyeux(se) boring
enquête *f* inquiry, investigation
enrager: faire — to infuriate
enregistrer to record
enrichir to enrich
enrobé(e) coated
enrôler: s'— to join
enseignant(e) instructor, teacher
enseignement *m* teaching; — **supérieur**
   higher education
ensembles: grands —s *m pl* large
   apartment buildings (projects)
ensoleillé(e) sunny, light
ensuite then, next
entamer to begin
entasser to pile up, hoard
entendre (*pp* entendu) to hear; — **dire**
   que to hear that; s' — **bien (mal) avec**
   to get along well (not well) with
enterrer to bury
entier(ère) whole
entorse *f* stretching (of the law)
entourage *m* (family) circle
entourer to surround
entraînement *m* training, practice
entraîner to bring (with it); — (**dans**) to
   drag (into); s'— to work out
entre between
entrebâillé(e) ajar, half-open
entrechoquer: s'— to clash
entrée *f* entrance; entrée, first course
entreprise *f* company, business
entre-temps meanwhile
entretenir (*pp* entretenu) to keep up, to
   maintain; **facile à** — easy to maintain
entretien *m* interview, discussion;
   maintenance
entrevoir to glimpse
envahir to invade
envahissant(e) intrusive
envergure *f* scale, level
envers: à l'— reverse
envie: avoir — (**de**) to feel like
environ about; **aux** —**s** in the vicinity

environnement *m* environment; —
   planétaire global environment
envoler: s'— to fly off
envoyer to send
épais(se) thick
épanouir: s'— to bloom, blossom
épanouissement *m* blooming;
   expansion
épargner to save (money, time); to spare
éparpiller to scatter
épatant(e) amazing
épater to show off
épaule *f* shoulder
épave *f* wreck; —**s imbibées** drunken
   wrecks
épée *f* sword
épeler to spell
épicé(e) spiced
épinards *m pl* spinach
époque *f* period, time; — **charnière**
   pivotal period; — **des croisés** the time
   of the Crusades; — **islamique** Islamic
   period; — **romaine** Roman period
épouvantable terrible
éprouver to feel
époux(se) husband (wife)
éprendre (*pp* épris): s'— **de** to fall in love
   with
épuisé(e) exhausted, worn out
épuisement *m* exhaustion, depletion,
   using up
épuiser to wear out
épurer to purify
équilibré(e) balanced
équipage *m* crew
équipe *f* team
équitation *f* horseback riding
ère *f* era
errer to wander aimlessly
escale *f* stop
escalier(s) *m (pl)* stair(s); **cage** *f* **d'**—
   stairways
escamoter to skip
escargot *m* snail
escarpé(e) steep
esclave *m f* slave
Espagne *f* Spain
espagnol(e) Spanish
espèce *f* sort, type; species; — **en voie de**
   disparition endangered species
espérance *f* **de vie** life expectancy
espérer to hope
esprit *m* spirit; mind; **avoir de l'**— to be
   witty, intelligent; **avoir un** — **ouvert** to
   be open-minded; **étroit d'**— narrow-
   minded; **mots** *m pl* **d'**— witty remarks
essai *m* test; essay; **d'**— experimental; —
   nucléaire nuclear test; **par** —**s et par**
   erreurs by trial and error
essayer to try
essence *f* gas; **avoir une panne d'**— to be
   out of gas
essor *m* expansion; rise; **en plein** — in
   full expansion

essuyer to dry, wipe; s'— to dry oneself
   off
est *m* East
esthéticien(ne) beautician
établi *m* workbench
étage *m* floor
étagère *f* shelf
étaignant extinguishing
étalement *m* display(ing), spreading
étaler to spread
étang *m* pond
étape *f* stage
état *m* government, State; — **de santé**
   state of health; — **d'esprit** state of
   mind; — **d'urgence** state of emergency
étatique state run
Etats-Unis *m pl* United States
été *m* summer
éteindre (*pp* éteint): — (**le gaz, la télé, le**
   chauffage) to turn off; s'— to become
   dark; to die
étendre (*pp* étendu) to hang out; — **le**
   linge to hang out the laundry
ethnie *f* ethnicity; ethnic group
étincelant(e) sparkling
étincelle *f* spark
étirer to stretch
étoile *f* star
étonnant(e) surprising
étourdiment *m* carelessly
étrangement oddly, strangely
étranger(ère) foreign, stranger
étrangler: s'— to choke
être (*pp* été) to be; — **à l'heure** to be on
   time; — **en panne** to be out of order;
   — **en train de faire** to be (in the process
   of) doing; — *m* being (person)
étroit(e) narrow
étude(s) *f (pl)* study(ies); **étude du milieu**
   environmental studies; —**s générales**
   general education; **hautes** —**s** higher
   education
étudiant(e) student
évader: s'— to escape
évanouir: s'— to faint; to fade away
évantail *m* spectrum
éveiller to awake
événement *m* event
évertuer: s'— to struggle
évidemment evidently
évier *m* sink
éviter to avoid
examen *m* test, exam; — **de rattrapage**
   make-up exam
exclu(e) excluded, outcast
exécuter to carry out, execute
exigeant(e) fussy, demanding
exiger to require
exotique exotic
expérience *f* experiment
expliquer to explain
exploitation *f* project
exploser to explode
exposer to exhibit, show

exposition *f* exhibit
exprimer to express
expulser: se faire — de to be displaced from
extraordinaire extraordinary
extraterrestres *m pl* aliens from space

F

fabricant(e) manufacturer
fabrication *f* manufacturing
fac *f* short for **faculté**
face à facing; **en face de** in front of
facétieux(se) mischievous
fâché(e) angry
fâcheux(se) unfortunate
facile easy; **c'est —** it's easy
façon *f* way, manner; **d'une — ou d'une autre** one way or the other; **de — que** so that
facteur (factrice) mail carrier
faction *f* station
facture *f* bill, invoice
facturier(ère) billing clerk
fade bland
faiblard(e) weak
faible weak, low; **— revenu** *m* low income
faible *m* weakness
faiblement weakly
faiblesse *f* weakness
faillite *f* bankruptcy; **être en —** to be bankrupt
faim *f* hunger; **avoir —** to be hungry; **manger à sa —** to eat one's fill; **mourir de —** to starve to death
faire (*pp* **fait**) to do, to make; **— attention** to be careful; **— bien de** would do well; **— connaissance** to meet; **— de son mieux** to do one's best; **— des études à l'étranger** to study abroad; **— face à** to handle; **— la grasse matinée** to stay late in bed; **— la tête** to sulk; **— le malin** to show off; **— pipi** to pee *(used with children)*; **— sienne** to take as its own; **— une folie** to be extravagant; **s'y —** to get used to it; **— une partie de** to play a game of; **fait avec du (de)** made of; **il fait (beau, mauvais...)** it's nice, bad (weather); **se — avoir** to let oneself be had
fait: de par le — by the fact, because
falaise *f* cliff
falloir (*pp* **fallu**) to be necessary; have to; **il faut** it's necessary; **il me faut** I need
falsifier to forge; **document** *m* **falsifié** forgery
fameux(se) infamous; famous; good
familial(e) family
famille *f* family; **— éclatée** broken home; **— monoparentale** single-parent family; **— nombreuse** big family; **— nucléaire** nuclear family; **— recomposée** blended family; **— unie** close-knit family

famine *f* famine, hunger
fana(tique) de crazy about
faner: se — to be fading
fanfare *f* brass band
fantôme *m* ghost
farce *f* joke
farci(e) stuffed
fatigué(e) tired
faune *f* fauna
fauteuil *m* armchair
faux (fausse) false
faveur *f* favor; **en — de** in favor of
fécond(e) fruitful, fertile
féculent *m* starchy food
fée *f* fairy; **gentille —** good fairy
féérie *f* enchantment
femme *f* woman; wife; **— au foyer** housewife; **— de ménage** housemaid; **— politique** (female) politician
fenêtre *f* window
fer *m* iron; **main de —** iron hand; **— à repasser** iron
ferme *f* farm house
fermer to close
fermeté *f* firmness, confidence
fermeture *f* closing; **— à glissière** zipper
fermier(ère) farmer
ferrailleur *m* scrap metal collector / dealers
ferroviaire related to railroad
fête *f* feast, holiday; **— foraine** county fair
fêter to celebrate
feu *m* fire; **—x d'artifice** fireworks; **— rouge / vert** red / green light; **être en —** to be on fire
feuille *f* leaf; sheet; **— de papier** sheet of paper
feuilleton *m* soap opera
feutre *m* felt-tip pen
février *m* February
ficeler to tie up
fiche *f* card
fichier *m* filing cabinet
fichu(e) *(fam)* gone; **c'est —** it's over; **mal —** *(fam)* terrible
fidèle faithful
fidélité *f* faithfulness
fier: se — à to trust, rely on
fier(ère) proud
fierté *f* pride
figurant(e) walker; extra (movie)
fil *m* wire; thread
file *f* line, queue
filer to go off
filet *m* net; string bag
filiale *f* subsidiary
filière: — *f* de formation major (studies)
fille *f* girl; daughter
film *m* movie; **— comique** comedy; **— doublé** dubbed; **— en version originale (v.o.)** with subtitles; **— d'amour** love story; **— d'animation** animated film; **— d'auteur** director-centered film; **— d'épouvante / d'horreur** horror

film; **— d'espionnage** spy movie; **— de guerre** war movie; **— de science-fiction** science fiction movie; **— fantastique** fantasy movie; **— noir** detective, crime, or gangster film with "dark" outlook; **— policier** detective film
fils *m* son
filtrer to filter; to screen; **— les appels** *m pl* to screen the calls
fin *f* end; conclusion
fin(e) thin
finalement finally
finalité *f* aim
financement *m* financing
finir to end, finish; **— par** to end up with
fissure *f* tear; **— de la couche d'ozone** tear in the ozone layer
fixe permanent
fixer to set
flacon *m* small bottle, flask
flagrant: pris(e) en — délit be caught in the act
flambée *f* quick blaze
flâner to go for a stroll
flaque *f* puddle
flatteur(se) flattering
fléau *m* plague, epidemic
flèche *f* arrow; steeple; spire
fleur *f* flower; **— de lys** the former royal arms of France
fleuve *m* river
flic *m* *(slang)* cop
floraison *f* flowering
flore *f* flora
florissant(e) flourishing
foi *f* faith
foie *m* liver
foin *m* hay
fois *f* time; **à la —** at the same time; **une — (par jour)** once (a day)
folie *f* craziness
foncer to plunge ahead
fonceur(se) go getter
fonctionnaire *m f* civil servant
fonctionner to function, work
fond *m* bottom; **au — de** at the back (bottom) of; **fonds** *m pl* fund(s); **détournement de —** embezzlement, misappropriation of funds
fonder to set up, found
fonderie *f* foundery, smelting works
fondre (*pp* **fondu**) to melt
fondrière *f* hole
fondu(e) melted
football *m* soccer
forain(e) fair, of a fairground
force *f* strength
forcément by necessity
forcené(e) maniac
forêt *f* forest
forger to coin, create
formation *f* training
forme *f* shape; **être en —** to be in shape; **sous —** in form of, as

fort loudly; —(e) strong

fortement strongly

fossé *m* rift; — **entre les générations** generation gap

fouiller to search, rummage; — **dans** to go through; — **les bagages** *m pl* **à main** to search hand luggage

fou (folle) mad, crazy; — **à lier** raving mad

foule *f* crowd

four *m* oven; — **à micro-ondes** microwave oven; — **grille-pain** toaster oven

fourchette *f* fork

fourneau *m* stove

fournir to supply, provide

fournisseur *m* supplier; — **d'accès** cable provider

fourré *m* thicket

fourrure *f* fur

foutre (*pp* **foutu**): — **tout par terre** (*fam*) to destroy all the plans

foyer *m* entrance way; home; shelter; household; **femmes** *f* **au —** housewives

fraîcheur *f* freshness

frais (fraîche) fresh

frais *m pl* expense, cost; — **de scolarité** tuition; **à de moindres —** at a lower cost; — **médicaux** medical fees

fraise *f* strawberry

fraiseur *m* worker who mills wood

framboise *f* raspberry

franchir to cross over; to go through

frapper to hit, strike

frappé(e) cooled

freiner to curb

freins *m pl* brakes; **le bruit des —s** the sound of brakes

fréquentation *f* popularity

fréquenter to come regularly to, frequent

frère *m* brother; **demi-—** half-brother; stepbrother

friand(e) fond of

fric *m* (*slang*) money

frigidaire *m* (**frigo** [*fam*]) refrigerator

frisé(e) curly

frites *f pl* (French) fries

frivole shallow

froid(e) cold; **il fait froid** it's cold

fromage *m* cheese

front *m* forehead

fructueux(se) lucrative

fruit *m* fruit

fuir to avoid; to run away

fuite *f* escape

fumée *f* smoke; **nuage** *m* **de —** cloud of smoke

fumer to smoke

funèbre funereal

fusil *m* rifle

fût *m* container

G

gadget *m* (*fam*) thingamajig

gadjos *m* Romani word for **sédentaire**

gage *m* guarantee

gager to wager

gagner to win; to earn (money); — **du temps** to save time

gambas *f* large shrimp

gant *m* glove

garagiste-mécanicien(ne) mechanic

garantie *f* guarantee

garçon *m* boy

garde: —**-chasse** *m* gamekeeper; **être de —** to be on call; **être en — à vue** to be in police custody; **prendre —** to be careful

garder to keep, guard

gardien(ne) super(visor) of a building; keeper

gare *f* station; — **routière** bus station

garer to park; to put to bed (*fig*)

gars *m* (*fam*) guy

gasoil *m* diesel oil

gaspillage *m* waste

gaspiller to waste

gâteau *m* cake

gâter to spoil

gâterie *f* treat

gauche left; **à —** to the left

gauchement awkwardly

gaver: se — to stuff oneself

gazon *m* lawn

géant(e) giant

geler to freeze

Gémeau Gemini

gendarmerie *f* police station

gène *m* gene

gêne: sans — without consideration

gêner to bother, embarrass

génétique genetic

gens *m f pl* people; — **du voyage** people who travel in campers

gentil(le) good, nice; **je les trouve très gentils** I think they're very nice

gentillesse *f* kindness

gérant(e) manager

gérer to manage, administer

géreur *m* manager

gésier *m* gizzard

gestion *f* management

gestionnaire administrative

gestuelle *f* gestures

gibier *m* game (meat)

gifler to slap (on the face); — **à toute volée** to slap as hard as one can

gingembre *m* ginger

gilet *m* vest

girofle: clou *m* **de —** clove

girolle *f* Chanterelle mushroom

glace *f* ice cream

glacier *m* glacier

glisser: se — dans la peau to slip into the skin

glouton(ne) gluttonous (who eats excessively)

golfe *m* gulf

gonfler to inflate

gosse *m f* (*slang*) child

gourmand(e) someone who likes to eat a lot

goût *m* taste; **arrière-—** after-taste; —**s alimentaires** tastes in food; **sans —** tasteless

goûter to taste; **goûter** *m* afternoon snack

goutte *f* drop

goutter to drip

gouvernemental(e) government-sponsored

GPS (géopositionnement par satellite) *m* GPS

grâce à thanks to

grain(s) *m* (*pl*) bead(s)

graisse *f* fat

grand(e) big, tall, large; great; **grande surface** *f* hypermarket; **grand standing** luxurious

grand-mère *f* grandmother

grandir to grow (up)

grand-père *m* grandfather

gras(se) fat; **corps gras** *m pl* fats

gratiné(e) baked with bread crumbs

gratiner to sprinkle with bread crumbs and bake

gratte-ciel *m* skyscraper

gratuit(e) free; **crime** *m* **gratuit** gratuitous crime; **destruction** *f* **gratuite** wanton, gratuitous destruction

gravé(e) imprinted

gré: à notre — to our liking

greffe *m* clerk's office (justice)

greffer: se — to crop up (in connection with each other)

grève *f* strike

grignotage *m* nibbling, snacking

grignoter to nibble, snack

grille *f* gate, railings

grille-pain *m* toaster; **four —** toaster-oven

grimace: faire la — to make a face

grimper to climb up

grincer to grate; to creak

grincheux(se) grumpy

gris(e) gray

grisaille *f* grayness

gros(se) thick

grossir to fatten, get fat

grossiste *m f* wholesaler

grotte *f* grotto, cave

guère: ne — hardly (any), scarcely (any)

guérir to cure

guérison *f* healing, recovery

guerre *f* war; **après —** *m* post-war years

guetter to be watching

gui *m* mistletoe

guillemet: entre —s in quotes

guise: en — de (used) as; by the way of

gustatif(ve) involving taste (of food)

H

habillé(e) dressed (up)

habiller: s'— to get dressed

habitant(e) inhabitant

habitat: — *m* **collectif** apartment complex

habiter to live

habitude *f* habit; **d'—** in general, usually

habituer: s'— à to get used to

haine *f* hatred

harcèlement *m* harassment

haricot *m* (string) bean; **—s verts** green beans

hasard *m* chance; **au —** by chance; **par —** by accident, without thinking

hâte *f* haste

hausse *f* rise; **en —** on the rise; **— du niveau de vie** rise of standard of living

haut(e) high, elevated, tall; **en haut** up; **des hauts et des bas** ups and downs

hauteur *f* height

hebdomadaire *m* weekly newspaper (magazine)

héberger to house

herbe *f* grass; herb; **—s des champs** field herbs

héritage *m* heritage

hériter to inherit

héritier(ère) heir

heure *f* hour, time; **à l'— actuelle** at this point [in time]; **à quelle —** (at) what time; **aux — d'affluence** during rush hour; **être à l'—** to be on time; **—s supplémentaires** overtime; **quelle — est-il?** what is the time?

heureusement fortunately

heureux(se) happy

heurtant(e) shocking

heurter to hit; **se —** to bump, collide

hier yesterday; **avant —** the day before yesterday

hisser to raise

histoire *f* story; history

hiver *m* winter

HLM *f* (**habitation à loyer modéré**) low-income housing

homard *m* lobster

hommage: rendre — à to pay homage / tribute to

homme *m* man; human being; **— politique** politician; **honnête —** gentleman

homophobie *f* homophobia

honteux(se) ashamed

honnête honest

horaire *m* time schedule; **— des trains** train schedule; **contraintes** *f pl* **d'—s** time constraints

hors (de) outside, apart from

hors-d'œuvre *m* appetizer

hospitalier(ère) hospitable

hôte *m f* host

houlette: sous la houlette de under the leadership of

houleux(se) turbulent, stormy

huile *f* oil; **— d'arachide** peanut oil; **— de vidange** oil from oil changes

huilerie *f* mill that produces oil

humeur *f* mood; **mauvaise (bonne) —** bad (good) mood

humour *m* humor; **avoir (un sens) de l'—** to have a sense of humor

hurler to scream

I

ici here

idée *f* idea; **— principale** main idea

ignames *f pl* yams

ignorer to be unaware of

il y a there is/are; **il y a... que** it's been . . . since

île *f* island; **Ile de Beauté** Island of Beauty, nickname of Corsica

illettré(e) illiterate

illicite unlawful

illisible unreadable

îlot *m* small island

imaginer to imagine

immeuble *m* apartment building

immonde base, vile

impact *m* **sur l'environnement** impact on the environment

impasse *f* dead-end street

impassiblement impassively

impatience: avec — eagerly

impatienter: s'— to get impatient

impliqué(e) (dans) involved (in)

impotent(e) crippled

imprévisible unpredictable

imprévu *m* the unexpected

imprévu(e) unexpected, unpredictable

imprimante *f* printer

inadapté(e) unsuitable, wrong

inanition: mourir d'— to starve to death

inattendu(e) unexpected

incendie *m* fire (major)

incendié(e) set on fire, burnt

inconnu(e) unknown

inconstant(e) fickle

inconvénient *m* disadvantage

incroyable unbelievable

inculpé(e): être — pour to be charged with

indemnité *f* benefit; **—s de chômage** unemployment benefits

indéniable undeniable

indice *m* clue

indigence *f* extreme poverty

indigent(e) poor, destitute, indigent

industrie *f* industry

industriel(le) industrial

inédit(e) hitherto unheard of

inégalité *f* inequality

inéluctable inescapable

inépuisable inexhaustive

inespéré(e) unexpected

inexprimable inexpressible

infirme invalid

infirmier(ère) nurse

infopollution *f* infopollution

informaticien(ne) computer expert

infliger to inflict

informations *f pl* news

informatique *f* data processing, computer science

informer: s'— to get informed

injurier to insult

inlassablement tirelessly

inondation *f* flood

innovateur(trice) innovative

innovation *f* innovation

inquiétant(e) worrysome

inquiétude *f* worry, concern

insalubre unhealthy

inscrire (*pp* **incrit**): **s'—** to sign up, enroll

insertion: — *f* sociale social integration

instituteur(trice) elementary school teacher

insoutenable unbearable

inspecter to screen; **— les passagers** *m pl* to screen the passengers

instable *m* drifter

installer: s'— to move in

instant *m* moment; **dès l'—** starting with the moment

insultant(e) abusive

insupportable unbearable

intégrant(e) integral

intégrer to integrate, combine

intempéries *f pl* bad weather

intention: avoir l'— de to intend to

interdire (*pp* **interdit**) to forbid; **être interdit(e)** to make illegal

intériner to internalize

interloqué(e) taken aback

internaute *m f* Internet user

interpeller: s'— to shout at each other

interphone *m* intercom

interrogation *f* quiz; inquiry

intervenir (*pp* **intervenu**) to occur

intime private

intraveineux(se): voie *f* **intraveineuse** intravenous feeding

intrigue *f* plot (movie)

introuvable impossible to find

inutile useless

investir to invest

invité(e) guest

ionosphère *f* upper atmosphere of the earth

irréfléchi(e) impulsive; unpremeditated

irriguer to irrigate

isolement *m* isolation

issue *f* solution, exit

itinérants *m* itinerants, wanderers, travelers

ivre drunk

ivresse *f* drunkenness

ivrogne drunken

J

jadis formerly, in times past

jaillissement *m* outpouring

jamais never; **ne... —** never; not ever

jambe *f* leg

janvier *m* January

jardin *m* garden; **— public** public garden, park

jardinage *m* gardening

jardiner to garden
jaune yellow
jeter to throw; **se —** to throw oneself
jeu *m* game, play; gameshow (TV); **— de société** board or parlor game; **salle *f* de — game** room, recreation room
jeudi *m* Thursday
jeune young; **les —s** *m pl* young people
jeûner to fast
jeunesse *f* youth
joie *f* joy; **ne pas se sentir de —** to be overjoyed
joindre (*pp* **joint**) to reach (by telephone)
joli(e) pretty
joue *f* cheek; **pincement** *m* **de —s** pinching of cheeks
jouer to perform; to play; **— à** to play (sport); **— de** to play (instrument); **— la comédie** to act (in a film, on stage); **— un tour (à)** to play a trick (on)
jouir (de) to enjoy
jouissance *f* pleasure, delight
jour *m* day; **de nos —s** nowadays; **—s ouvrables** working days; **—s fériés** holidays (non-working days); **un de ces —s** one of these days; **tous les —s** everyday
journal *m* newspaper
journée *f* day
juillet *m* July
juin *m* June
jumeaux (jumelles) *m pl (f pl)* twins
jurer to swear
juron *m* swear word
jusqu'à (au) till, until; **— présent** until now
justement precisely, exactly

K

kaolin *m* clay
kiosque *m* street stand
klaxon *m* horn (of a car)
klaxonner to blow the horn

L

là there; **—-bas** over there
lac *m* lake
lacet *m* shoelace
lâcher to let go; **se —** to let each other go
lacté(e) made from milk
laid(e) ugly
laideur *f* ugliness
laine *f* wool
laisser to leave; **— tomber** to forget about; to quit; to leave (someone)
lait *m* milk; **— caillé** milk with curds
laitière *f* dairy woman
laitue *f* lettuce
lampion *m* Chinese lantern
lancer to launch, throw, start
lanceur *m* spatial rocket launcher
lancinant(e) obsessive
langoustines *f pl* prawns

langue *f* tongue; language; **— en partage** shared language
lapin(e) rabbit; **cage *f* à lapin** rabbit cage
larme *f* tear; **avoir les —s aux yeux** to be on the verge of crying
las(se) tired
lavabo *m* sink
lavage *m* laundry
lave-vaisselle *m* dishwasher
laver to wash; **se —** to get washed
laveur(se) washer; **— de carreaux** window washer
lecteur(trice) reader
lecture *f* reading
léger(ère) light; **quelque chose de —** something light
légume *m* vegetable
lendemain *m* the following day; **sur— *m*** two days after
lentement slowly
lentilles *f* lentils; contacts (eye)
lequel (laquelle) which; **dans —** in which
lessive *f* washing, laundry
lever to raise; **se —** to get up; **— *m* du jour** dawn; **— du soleil** sunrise
lèvre *f* lip
liane *f* tropical creeper (vine)
Liban *m* Lebanon
libanais(e) Lebanese
librairie *f* bookstore
libre free; available; **—-service** *m* self-service
licence *f* degree received after three years of college
licenciement *m* layoff, dismissal
lien *m* link, tie
lier to link together; **— à** to tie to
lièvre *m* hare
lieu *m* place; **au — de** instead of; **avoir —** to take place
linge *m* laundry; **sèche—** *m* (laundry) dryer
lire (*pp* **lu**) to read
lit *m* bed; **— pliant** folding bed; **—s superposés** bunkbeds
littérature *f* literature
littoral *m* coastal regions
livraison *f* delivery
livre *m* book
livrer to give; **se — à** to indulge in
livreur *m* delivery person
locataire *m f* renter, tenant
location *f* rental; **magasin** *m* **de —** rental store
logement *m* housing; **— social** low-income housing; **—s collectifs** projects
loger to live
logiciel *m* software
logis *m* dwelling; **sans—** homeless
loi *f* law
loin (de) far (from); **de —** by far; far away; **pas —** not far (from)
lointain(e) far away

loisir *m* leisure; **heure *f* / temps *m* de —** leisure time
long(ue) long; **longuement** at length; **mi- —** medium length
longtemps (for) a long time
lopin *m* plot (of land)
loqueteux(se) person dressed in rags
lorsque when
lotissement *m* housing development, subdivision
louange *f* praise
loubard *m* hooligan
louer to rent
lourd(e) heavy
loyer *m* rent
lucratif(ve) profitable; **sans but —** non-profit
lueur *f* glimmer
luge *f* sled
lugubre dismal, bleak
lumière *f* light; **— du jour** light of day
lundi *m* Monday
lune *f* moon
lunettes *f pl* glasses; **— de soleil** sunglasses; **porter des —** to wear glasses
lustre *m* chandelier; light
lustrer to polish
lutter to battle, fight
luxe *m* luxury; **produits** *m* **(pl) de —** luxury items
luxueux(se) luxurious, fancy, high-end
lycée *m* high school

M

macéré(e) soaked in liqueur
machin *m* thing, object
machine *f* machine; **— à écrire** typewriter; **— à laver** washing machine
magasin *m* store
magasinier *m* warehouse worker
magnifique magnificent
maigre very thin
maigrir to lose weight
maillon *m* link
main *f* hand; **à — armée** with a deadly weapon; **— de fer** iron hand; **serrer la —** to shake hands
main-d'œuvre *f* workforce
maintenant now
maintenir (*pp* **maintenu**) to maintain; **— en état (le tracteur)** to keep (the tractor) running
maintien *m* maintenance
maire *m* mayor
mairie *f* town hall
mais but; **— non** of course not; **— si** certainly
maïs *m* corn
maison *f* house; company; **— basse** single-story house; **— d'habitation** main house; **—-mère** company headquarters
maître (maîtresse) teacher, professor; **— assistant** assistant professor

maîtrise *f* control

majuscule capitalized, upper case

mal bad; avoir — to hurt; mal *m* difficulty; avoir du — (à comprendre) to have trouble, difficulty (understanding)

malade sick

maladroit(e) awkward

malaise *m* feeling of sickness or faintness, discomfort

malgré in spite of; — soi against one's will; — tout nevertheless

malheur *m* misfortune

malheureusement unfortunately

malin (maligne) clever

malnutrition *f* malnutrition

maltraiter to handle roughly

mammifère *m* mammal

manche *f* sleeve

mandat *m* money order

manger to eat

mangouste *f* mangoose

mangrove *f* stand of mangrove tree that grow on the edges of swamps

manie *f* obsession, habit

manifeste obvious, evident

manifestation *f* demonstration

manière *f* way

manioc *m* cassava

mannequin *m* model

manœuvres *m pl* workers

manquement *m* failure

manquer to miss (something); — à quelqu'un to be missed by somebody; — de to lack

manteau *m* coat

maquiller: se — to put on make-up

marais *m* swamp

marchand(e) shopkeeper, tradesman(woman)

marche *f* walk, hike; — à pied on foot; mettre en — to get running / working

marché *m* market; bon — cheap; — du travail labor market

marcher to walk; to work; faire — to get running / working

mardi *m* Tuesday

marécage *m* swamp

marée *f* tide

marge *f* margin; en — de on the edge of; vivre en — (de) to live on the margin (of)

marginal(e) (*pl* marginaux [marginales]) outcast, marginalized

mari *m* husband

mariage *m* wedding

marin *m* sailor

marin(e) sea

marmite *f* kettle

Maroc *m* Morocco

marocain(e) Moroccan

marque *f* brand

marquer to show, indicate

marraine *f* godmother

marre: en avoir — de to be sick of

marron brown, chestnut color

mars *m* March

mascotte *f* mascot

matelas *m* mattress

matériau *m* building material

matériel *m* hardware

maternelle *f* nursery school

matière *f* subject; — libre elective

matin *m* morning

matinée *f* morning; faire la grasse — to stay late in bed

maugréer to grumble

maussade sullen

mauvais(e) bad

méchant(e) bad, naughty

mécontent(e) dissatisfied

médicament *m* medicine

méfait *m* misdeed

méfiance *f* mistrust

méfiant(e) distrustful

méfier: se — to distrust, mistrust

meilleur(e) que better than

mél *m* email; consulter ses —s to check one's emails

mélange *m* mixing, mixture

membre: être — de to belong to

même same; au — titre in the same way

menacer (de) to threaten; être menacé(e) (de) to be threatened with

ménage *m* household; cleaning; combination; — à trois love triangle

ménagère *f* housewife

mendiant(e) beggar

mendicité *f* begging

mendier to beg, to ask for handouts

mener to conduct, lead; — une vie (de) to lead an existence

mensonge *m* lie

menteur(se) liar

mentir to lie

menton *m* chin

menuisier *m* carpenter

mépris *m* disdain

mépriser to despise, scorn

mer *f* sea; bord *m* de la — seaside; pleine — open sea; poisson *m* de — saltwater fish; prendre la — setting sail; produit *m* de — seafood

mercredi *m* Wednesday; — des Cendres Ash Wednesday

mère *f* mother

mésophile mesophyte (plant needing a moderate amount of water)

mesure *f* measure; à — que as

mesurer to measure, to be . . . tall (height)

météo *f* weather; weather forecast

métier *m* job, profession

mètre *m* meter; — carré square meter

métro *m* subway

met(s) *m (pl)* dish(es)

metteur en scène *m* director (of a play)

mettre (*pp* mis) to put; — à la rue to dump onto the street; — en fuite to

chase away; — l'accent (sur) to stress, point out; — la table to set the table; se — à to begin to; se — en condition to get work as a servant; s'y — to put one's mind to it

meuble *m* (piece of) furniture; — informatique computer table

meublé(e) furnished; hôtels *m* —s furnished hotel rooms

meurtre *m* (second degree) murder

miam-miam *(fam)* yum-yum

miel *m* honey

mielleux(se) sickly sweet

miette *f* crumb (of bread)

mieux better; aimer — to prefer, like better; — que better than; faire de son — to do one's best

mijoter to simmer

mil *m* millet

milieu *m* place; (social) class; environment; middle; au — de in the middle of

millier *m* thousand

mince thin

mineur(e) underage

minuit *m* midnight

ministère *m* ministry

miroir *m* mirror

mise en scène *f* staging

misère *f* poverty, wretchedness; — noire dire straits; salaire *m* de — bare subsistence wages

mistral *m* a dry, cold northerly wind that blows across the coast of southern France

mode *m* method; *f* style, fashion; — *m* de vie lifestyle

moelle *f* marrow

mœurs *f (pl)* custom(s)

moi-même myself

moineau *m* sparrow

moins less; de — en — less and less; du — at least; —. . . que less . . . than

mois *m* month

moisissure *f* mold

moisson *f* harvest

moitié *f* half

mollesse *f* softness

monde *m* people; world; le — entier the whole world; le — virtuel virtual world; tout le — everybody

monopole *m* d'Etat government monopoly

montage *m* editing (movie)

montagne *f* mountain

monter to get (into); to climb, to go up; to start; — à cheval to go horseback riding; — une pièce to put on a play

monteur *m* assembler; editor (movie)

montre *f* watch

moquer: se — de to make fun of

morale *f* ethics

morceau *m* piece; bite; manger un sur le pouce to have a bite

mordant(e) biting
mordre (*pp* **mordu**) to bite
mort *f* death
mosquée *f* mosque
mot *m* word; **—s croisés** crossword puzzles; **—s d'esprit** witty remarks
moteur: — *m* **de recherche** search engine
mou (molle) soft
mourir (*pp* **mort**) to die; **— de soif** to be dying of thirst
moustiquaire *f* mosquito netting
moutarde *f* mustard
mouton *m* lamb; sheep
moyen *m* means (transportation); financial capability; way; **avoir les —s (financiers)** to be able to afford to; **faute de —s** due to a lack of money; **s'il y a —** if there is a way
moyen(ne) middle, average; **classe** *f* **moyenne** middle class; **en moyenne** on the average; **niveau** *m* **moyen** average
moyenâgeux(se) of the Middle Ages
muet(te) silent; mute
muflerie *f* boorishness
muguet *m* lily-of-the-valley
multilinguisme *m* multilingual
muni(e) de armed with
mur *m* wall; **— antibruit** soundproof wall
musculation: faire de la — to lift weights
musée *m* museum
mutation *f* change
mutuel(le) cooperative
mythe *m* myth

N

nager to swim
naguère not long ago
naissance *f* birth
naître (*pp* **né**) to be born
nappage *m* coating
nappe *f* surface; tablecloth; **— phréatique** ground water
natal(e) native
natalité: taux *m* **de —** birthrate
natation *f* swimming; **faire de la —** to swim
navette *f* **intergalactique** intergalactic space shuttle
naviguer to surf (the Internet)
navré(e): être — to be sorry
ne... que only
néanmoins nevertheless
nécessaire: strict — *m* bare necessities of life
néfaste harmful
neige *f* snow; **pont** *m* **de —** ice bridge
nerf *m* nerve; **taper sur les —s** *(fam)* to get on one's nerves
net(te) clean
nettement clearly
nettoyage *m* clean-up
neuf(ve) (brand) new
neuvième ninth

neveu *m* nephew
nez *m* nose
nickel spotless
nièce *f* niece
niais(e) simple (silly)
nier to deny; **— toute responsabilité** *f* **dans** to deny any responsibility for
niveau *m* level; **— de vie** standard of living; **— moyen** average; **— relationnel** level of relationship
noce *f* wedding party
nocturne night; **vie** *f* **—** night life
Noël *m* Christmas
noir(e) black; **voir tout en noir** to have a bleak outlook
noircir: se — to become black (dirty)
noix *f (pl)* nut(s); **— de coco** coconut
nom *m* name; **au — de** in the name of
nomade nomadic
nomadisme *m* moving about
nombreux(euse) numerous
nommer to name, characterize as
non compris not included
nord *m* North
normalement normally, in general
notamment especially, in particular
note *f* grade; note
nouilles *f pl* noodles
nourri(e) fed; **mal —** undernourished, malnourished
nourrir to feed
nourriture *f* food
nouveau/nouvel (nouvelle) new; **de nouveau** again; **nouveau-né** *m* newborn
nouvelles *f pl* news
noyer to drown
nu(e) naked
nuage *m* cloud; **— de fumée** cloud of smoke
nuire (à) to be detrimental, harm
nuisance *f* environmental pollution
nuit *f* night; **boîte** *f* **de —** nightclub; **en pleine —** in the middle of the night
nul(le) no; zero
nullement the slightest
numérique digital
numérisation *f* digitizing
numéro *m* number; **— d'écrou** prisoner number

O

objet *m* thing; **être l'— de discrimination** to be discriminated against; **—s trouvés** lost and found
obligatoire required
obsédé(e) obsessed
obséder to obsess
occasion *f* chance, opportunity
occasionnel(le) on special occasions
occulter to eclipse
œil *m (pl* **yeux**) eye
œuvre *f* work; **— d'art** work of art; **chef-d'—** *m* masterpiece; **être l'— de** to be the work of; **main-d'—** *f* workforce

œuvrer to work
oie *f* goose
oignon *m* onion
oiseau *m* bird; **— migrateur** migrating bird
oisiveté *f* idleness
offre *f* offer; **— existante** current supply
offrir (*pp* **offert**) to offer
ombre *f* shadow
oncle *m* uncle
onde *f* waters, seas
ondulé(e) wavy
onirique dreamlike
ONU (Organisation des Nations Unies) *f* United Nations
opprimé(e) oppressed
optique *f* point of view
or *m* gold
orage *m* thunderstorm
orange *f* orange
ordinateur *m* computer
ordures *f pl* **(ménagères)** (household) garbage, trash
oreiller *m* pillow; **taie** *f* **d'—** pillowcase
orienter to point in the right direction
original(e) eccentric (person)
orphelin(e) orphan
os *m* bone
oser to dare
ostéopathe *m f* bone specialist
ôter to take away
ou or; **— bien** or else
où where, when; **d'—** from where
oublier to forget
ouest *m* West
oui yes
ours *m* bear
outil *m* tool
outillage *m* set of tools
outre: en — moreover, furthermore
outré(e) outraged
outre-mer overseas
ouvert(e) open
ouverture *f* opening; openness
ouvrier(ère) blue-collar worker
ouvrir (*pp* **ouvert**) to open

P

PDG *m* **(président-directeur général)** CEO (Chief Executive Officer)
pacifisme *m* pacifism, the idea of living in peace
pagne *m* loincloth
paillasse *f (fam)* mattress
paillote *f* straw hut
pain *m* bread; **— de mie** sliced white bread in a loaf
paisible peaceful
paix *f* peace
palace *m* luxury hotel
pâle pale
palier *m* hallway
palourdes *f pl* clams

pamplemousse *m* grapefruit
pan *m* patch
panier *m* basket
panne *f* breakdown (car); failure; — d'essence to be out of gas; en — broken down; tomber en — to have a break down
panneau *m* sign; board; — d'affichage billboard
pansement *m* dressing (surgical)
pantalon *m* trousers, pants
paperasserie *f* paperwork
par by; — ailleurs moreover; — contre on the other hand; — rapport à in relation to
parages: dans les — in these parts, in the area
paramètres *m pl* cardiaques heart functions
parapluie *m* umbrella
parc *m* park; — de loisir theme park
parce que because
parcimonieux(se) stingy
parcourir (*pp* parcouru) to cover
parcours *m* run; trip
pare-choc *m* bumper (of car); —s fenders (protection)
pare-brise *m* windshield
pareil(le) the same, similar
parents *m pl* parents; family; relatives; arrière-grands-parents great-grandparents; beaux-— mother- and father-in-law; grands-parents grandparents
paresser to laze
paresseux(se) lazy
parfaire (*pp* parfait) to make perfect
parfois sometimes
pari *m* bet
parler to talk, to speak; se — to speak (talk) to each other
parmi among, between
paroisse *f* parish
parole *f* word; —s *f pl* speech
parrain *m* godfather
parrainage *m* sponsorship
partager to share
partenaire *m f* partner
participer à to be party to
particulier *m* private individual
particulièrement particularly
partie *f* part; party; game; faire — de to be a part of
partir to go, to leave; à — de/du from
partout everywhere
pas *m* step; — à — step-by-step; prendre le — sur to supplant
passager(ère) passenger; inspecter les passagers to screen the passengers
passant(e) bystander; — innocent(e) innocent bystander
passer to pass; to spend; se — de to do without
passerelle *f* footbridge

pâte *f* pastry; cheese; —s *f pl* pasta
patience: jeu *m* de — solitaire
patin (à glace) *m* ice skating
patinage *m* ice skating
patiner to skate
patinoire *f* ice skating rink
patois *m* dialect
patrie *f* country, homeland
patron(ne) boss, owner; patron saint
pauvre poor (not rich); poor (unfortunate)
pauvreté *f* poverty; — chronique entrenched poverty
pavillon *m* house in the suburbs
payant(e) with a charge
paye *f* salary
payer to pay
pays *m* country
paysage *m* landscape, scenery
paysan(ne) peasant
Pays-Bas *m pl* Netherlands
péage *m* tollbooth
peau *f* skin; bien dans sa — good about oneself; couleur *f* de la — skin color; l'avoir dans la — to have gotten under one's skin
pêche *f* fishing; peach; aller à la — to go fishing; canne *f* à — fishing pole
péché *m* sin
pêcheur *m* fisherman
peindre (*pp* peint) to paint; draw
peine *f* sorrow, problem; avoir de la — to be difficult for someone
peiner to distress
peinture *f* drawing, painting; exposition de —s art exhibit
pelouse *f* lawn
pencher: se — to lean
pendant during; — que while
pendouiller to hang in a ridiculous manner
pendre (*pp* pendu) to hang
pénible hard, painful, difficult; être — to be a pain (a bother)
péniblement with difficulty
penser to think
pension *f* retirement benefit
pente *f* slope
percée *f* breakthrough
perdre (*pp* perdu) to lose; se — to get lost
père *m* father
périphérique *m* the Paris beltway; outside of France
périurbaine *f* urban periphery
permettre (*pp* permis) to allow, permit
persil *m* parsley
persillé(e) sprinkled with parsley; marbled, veined
personnage *m* (principal) (main) character
perte *f* loss
pervers(e) unfortunate
peser to weigh
pétillant(e) bubbly
petit(e) small, little

petit déjeuner *m* breakfast
petit-beurre *m* butter cookie
petit-enfant *m* grandchild
petit-fils *m* grandson
petite-fille *f* granddaughter
peu: un — (de) a little (of, about); encore un — a little more
peuple *m* people (ordinary)
peur *f* fear; avoir — to be afraid; de — que for fear that
peut-être maybe
phare *m* headlight
pharmacie *f* pharmacy
phénomène *m* phenomenon
philosophie *f* philosophy
phobie *f* phobia
photographie *f* photography
phrase *f* sentence
physiothérapeute *m f* physical therapist
piaillement *m* squawking
pic *m* à glace ice pick
pièce *f* room; — de théâtre play
pied *m* foot; aller à — to go on foot; casser les —s *(fam)* to get on one's nerves; —s de cochon pig's feet
pied-noir *m f* French person born in Algeria
piédestal *m* pedestal
piège *m* trap
pierre *f* stone
piéton(ne) pedestrian
piétonnier(ère) pedestrian
pigeonneau *m* squab, young pigeon
pile *f* battery; (*adv*) right, exact, on the dot
pillage *m* looting
piller to plunder
pilotage *m* flying; faire un stage de — to take flying lessons
piment *m* (red) pepper
pimenté(e) highly spiced
pinceau *m* brush
piqué(e) dotted
piqûre *f* shot; sting
pire (pis) worse; le — the worst
pis encore worse
piscine *f* swimming pool
piste *f* lead; trail; runway (airport); — cyclable bicycle trail; — de ski ski slope; suivre une — to follow a lead; tenir une — to have a lead
pittoresque picturesque
placard *m* closet
place *f* space
plafond *m* ceiling
plage *f* beach
plagiste *m* beachboy
plaie *f* wound, scourge
plaindre (*pp* plaint): se — to complain
plaire (*pp* plu) to like, please
plan *m* level; map
planche *f* board; — à repasser ironing board; faire de la — à voile to go windsurfing

planète *f* planet; **réchauffement** *m* **de la —** global warming

plat *m* dish; **—s préparés** precooked meals

plateau *m* tray

platine laser *f* CD player

plein(e) full

pleurer to cry

pleuvoir (*pp* **plu**) to rain

pliant(e) folding; **lit** *m* **—** folding bed

plomb *m* lead

plongeur(se) dishwasher

pluie *f* rain; **— acide** acid rain

plumage *m* feathers

plupart: la — most

plus more; no longer; **—… que** more . . . than; **— rien** nothing (more); **— tard** later

plutôt rather

pluvieux(se) rainy (weather)

pneu *m* tire; **— crevé** flat tire

poche *f* pocket

poésie *f* poetry

poète *m f* poet

poids *m* weight

poignée *f* handle

poignet *m* wrist

point *m* spot; period; **à —** medium well (beefsteak); **être sur le — de** to reach the point to, be about to

pointu(e) pointed

poire *f* pear

pois *m (pl)* pea(s); **petits —** green peas

poisson *m* fish; **— de mer** saltwater fish; **— d'eau douce / de rivière** freshwater fish

poivre *m* pepper

poivron *m* pepper; **— vert** green pepper

poli(e) polite

policier(ère) police officer; **policier** *m* detective novel

polir to polish

polluant *m* pollutant

polluant(e) polluting

polluer to pollute

pollueur(se) polluter

pommadé(e) wearing a pomade

pomme *f* apple; **— de terre** potato

pompeux(se) pompous

pompier *m* firefighter

pondre to lay eggs

pont *m* bridge

populaire lower class

porc *m* pork

porcelaine *f* china

porc-épic *m* porcupine

portable *m* cell phone

portatif(ve) portable

porte *f* door; **mis(e) à la —** thrown out, fired

porte-monnaie *m* wallet

porte-parole *m* spokesperson

portefeuille *m* wallet

porter to carry

poser to put (down); **— un problème** to be a problem; **— des questions** *f* to ask questions; **posé(e)** serious

poste *m* position, job

postier(ère) postal worker

pot: boire un — *(fam)* to go out for a drink

potage *m* soup

potager *m* kitchen garden

pote *m (fam)* pal

poteau *m* post; **— indicateur** sign-post

poubelle *f* garbage can; **sac** *m* **à —** trash bag

pouce thumb; **manger (un morceau) sur le —** to have a bite

poudre *f* powder, dust

poule *f* hen

poulet *m* chicken

pour to, for; **— que** so that

pourboire *m* tip

pourquoi why; **— (ne) pas** why not

pourrir to get rotten, get spoiled

poursuite *f* pursuit

poursuivre to chase

pourtant nevertheless

poussière *f* dust

pouvoir (*pp* **pu**) can, be able to; *n m* power, capacity; **— d'achat** purchasing power

pratique practical, useful

précaire limited

précipiter to push in

préciser to specify

prédécoupé(e) precut

préjugé *m* prejudice; **avoir des —s contre** to be prejudiced against

prélèvement *m* taking, removal

premier(ère) first

prendre (*pp* **pris**) to take, to have; to pick up; **— conscience** to realize, to become aware; **— du poids** to put on weight; **— garde** to be careful; **— la direction de** to take charge of; **— la route** to take the road; **— le large** to take off; **— le pas sur** to supplant; **— pour victime** to victimize; **— quelqu'un en otage** to take someone hostage; **— soin de** to take care of; **s'y —** to go about it

préoccuper to worry; **se —** to be concerned

préparer: se — (pour/à) to get ready (to)

près (de) near; **à peu —** almost

prescrire to prescribe; to require

présentateur(trice) host(ess)

présenter to introduce; to present

presqu'île *f* peninsula

presque almost

presse: — *f* écrite print media

pressé(e) be in a hurry

pressentir to sense

pression *f* pressure; **— d'autrui** peer pressure

présure *f* rennet

prêt *m* loan

prêt(e) ready

prêtre *m* priest

preuve *f* evidence, proof

prévenir (*pp* **prévenu**) to give notice, inform; **sans —** without notice

prévision *f* prediction

prévoir (*pp* **prévu**) to foresee, anticipate

prière *f* prayer

prime *f* subsidy

princier(ère) royal

principe *m* principle; **en —** in theory

printemps *m* spring

prioritaire having priority

prisé(e) highly valued

prise *f* **de conscience** awareness

prisonnier(ière) captive, prisoner; **— du ghetto** condemned to the slums

privation *f* deprivation, loss; want

privé(e) private

priver: se — to deprive oneself

prix *m* price; **— de vente** sale price

prochain(e) next (after this one); next (in a series)

proche close, near, closely connected; **avenir —** near future

progrès *m* progress

promesse *f* promise; **— de don** pledge

producteur(trice) producer

produit *m* product; **—s bios** organic foods; **— de luxe** luxury item; **— frais** fresh produce; **— laitier** dairy; **—s allégés (basses calories)** light (low calorie); **—s nettoyants** cleaning products

profession *f* occupation; **—s libérales** professionnals

profit *m* benefit; **au — de** to the advantage

profiter (de) to take advantage (of)

proie *f* prey

project *m* project

promener: se — to take a walk

promettre (*pp* **promis**) to promise

promouvoir (*pp* **promu**) to upgrade; to promote

propager: se — to spread

propos *m (pl)* term(s), word(s), idea(s); **à —** in fact; **à — de** about, concerning

propre clean; own

proprement dit(e) per se, proper

propriétaire *m f* owner

prospérer to prosper

protéger to protect

prouesse *f* feat

provenance: en — de coming from

provenir (de) to come (from)

provisoirement temporarily

proximité: à — de near

prudent(e) careful

prune *f* plum

pruneau *m* prune

public *m* audience

puce *f* **électronique** microchip

puiser to draw up

puisque since

puissance *f* power
puissant(e) powerful
punition *f* punishment

Q

quadrilingue quadrilingual
quai *m* platform
qualité *f* quality; **— de vie** quality of life; **vie** *f* **de —** quality life
quand when
quant à moi as far as I'm concerned
quartier *m* neighborhood, district; **— chaud** rough (troubled) neighborhood; **— défavorisé** impoverished neighborhood; **— sensible** sensitive (unstable) area
quasiment almost
quatuor *m* quartet
que (qu') what, whom, that; **ce que** what
quel(le) which, what; **— que soit** whatever
quelconque any
quelqu'un someone, somebody
quelquefois sometimes
quelque(s) some; **manger un petit quelque chose** to eat a little something; **quelque chose** something; **quelque chose de léger** something light; **quelque chose de rapide** something fast; **quelque part** somewhere
querelle *f* quarrel
querelleur(se) quarrelsome
queue *f* tail; **— de cheval** ponytail; **faire la —** to stand in line
qui who, that
quiconque anyone who
quitte: en être — to be left
quitter to leave
quoi what
quotidien *m* daily living; daily newspaper
quotidien(ne) daily

R

raccourci *m* short-cut
raccourcir to shorten
racine *f* root
raclette *f* melted cheese served with boiled potatoes, pickles, and cold cuts
raconter to tell
radin *(fam)* stingy
radiologie *f* x-ray
radis *m* radish
raffiné(e) refined
raffoler to be crazy about
rafraîchir to renew
râgout *m* stew
raid *m* long-distance trip
raide straight (hair)
rail *m* track (from railroad)
raisin *m* grapes
raison *f* reason; **à — de** at a rate of; **avoir —** to be right
rajeunir to make younger
ralentir to slow down

ramasser to gather, pick up
ramener: se — à to come down to
randonnée *f* hiking
rang *m* rank; row
rangée *f* row
ranger to pick up; **— la vaisselle** to put dishes away
rapatrier to return back to France
raphia *m* palm frond
rapidement rapidly
rappel *m* review; calling to arms
rappeler to remind, call back
rapport *m* relationship; **par — à** in relation to
rapprocher: se — de to get closer to
rarement rarely
raser to raze, to tear down; **se —** to shave
rassasier to satisfy the appetite (of)
rassemblement *m* assembly, gathering
rassembler: se — to gather
rassurer to reassure
rater to fail, go wrong
ravir to get back
ravi(e) delighted
ravoir to get back
rayon *m* ray; **— de soleil** ray of sunlight
rayonnant(e) shining
réagir to react
réalisateur(trice) movie director
réaliser: se — to happen
réalité *f* reality; **— virtuelle** virtual reality
rébarbatif(ve) disagreeable
rebut *m* scrap
récemment recently
recensement *m* survey
recette *f* recipe
recevoir *(pp* **reçu)** to receive; to host
réchauffement *m* warming; **— de l'atmosphère** global warming
réchauffer to heat up
réchaud *m* hot plate
recherche *f* research; **— appliquée** applied research
rechercher to look / search for
récit *m* story, short novel
réclamer to require
récolte *f* harvest
récompense *f* reward
reconnaissance *f* recognition; gratitude
reconnaître to recognize, accept
reconquête *f* recovery
reconvertir: se — to convert (oneself)
récréation *f* (lunch) break
recueil *m* book, collection
recul *m* reduction
reculer to go backward; to put off; to retreat
recyclage *m* recycling
rédacteur(trice) editor
redoutable formidable, frightening
redresser: se — to sit up
réduire *(pp* **réduit)** to reduce
refait(e) redone, renovated
réfléchi(e) reflexive

réfléchir to think, reflect
réfugier: se — to take refuge
régaler: se — to treat oneself
regarder to watch, look at
régi(e) governed
régime *m* diet
région *f* region, area
régir to govern
réglementation *f* regulations, rules
régler to take care of
regretter to miss
regroupement *m* grouping
régulièrement regularly
reine *f* queen
rejeter to throw back, reject, drive back
rejoindre *(pp* **rejoint)** to join
relâché(e) released
relayer: se — to take turns
relève: prendre la — to take over the shift
relever to pick out, raise
reloger to relocate
remettre *(pp* **remis)** to hand over to
remonter à to go back to
remord *m* remorse
remplacer to replace
remplir to fill (out)
remporter to win
remuant(e) fidgety
remue-méninges *m* brainstorming
renard *m* fox
rencontrer to meet
rendre *(pp* **rendu)** to give back, return; to yield; **— visite à** to visit; **— hommage** to pay homage / tribute; **se —** to go; **se — compte** to realize
renforcer to tighten; **— la sécurité** to tighten security
renfort *m* reinforcements, supplies
renommé(e) famous, renowned
renouvelable renewable
rénover to remodel
renseignement *m* information
renseigner: se — to get information
rentabilité *f* profitability
rentable profitable
rentrée *f* beginning of the school year
rentrer to get home; to put back
renvoyer to send (back), dismiss, kick out
répandre *(pp* **répandu)** to spread wide; **se —** to spread
répartition *f* division
repas *m (pl)* meal; **— principal** main meal
repassage *m* ironing
repasser to iron; **fer** *m* **à —** iron
repêchage *m* re-test
repère *m* (point of) reference
repéré(e) located
répéter to repeat; **— une pièce** to rehearse a play
répétition *f* repetition; rehearsal
repeuplement *m* restocking

réplique *f* response, reply

répondeur *m* **automatique** telephone answering machine

répondre (*pp* répondu) to answer

repos *m* rest

reposer: se — to relax, to rest

reprendre (*pp* repris): — **le dessus** to take over; se — to grab on to each other

repris taken back; adopted

rescousse *f* aid

réseau *m* circle, network, source; — **d'amis** circle of friends

résidence: — *f* **universitaire** (college) dormitories; — **secondaire** second home

respirable breathable; clean

responsabilité *f* responsibility; **nier toute** — **dans** to deny any responsibility for; **rejeter la** — **de l'attentat sur** to blame the attack on

réseau *m* network; — **terroriste** terrorist network

ressentir to feel

ressource *f* resource; **être sans** —**s** to be destitute

restauration *f* **collective** cafeteria (dining area) in a workplace

rester to stay, remain

resto *m* (*fam*) restaurant; **Restos du Cœur** food kitchens

résumé *m* summary

retenir: se — to control oneself

retenu(e) kept

retour *m* return; — **en arrière** return to the past

retourner to go back; to give back; (se) — to turn around / back

retraite *f* retirement; **prendre sa** — to retire

retraité(e) retired

retroussé(e) turned up

retrouver: se — to meet (each other); se — (**dans**) to wind up (on)

réunir to combine; — **des fonds** to raise money; se — to meet

réussir to succeed; — **à** (**un examen**) to pass; — **à passer** to make it through

réussite *f* success

revanche *f* revenge; **en** — on the other hand

rêve *m* dream

réveiller: se — to wake up

révélateur(trice) revealing

révéler to reveal

revendiquer to demand, lay claim to; — **ses droits** to demand one's rights

revenir (*pp* revenu) **à** to result in

revenu *m* income; **faible** — low income

rêver to dream

revers *m* backhand (tennis); — **à deux mains** two-handed backhand

reverser to give, transfer

rêveur(se) dreamer

réviser to service; to revise

révision *f* review

revue *f* magazine

rez-de-chaussée *m* ground floor

rideau *m* curtain

rien nothing; **pour** — **au monde** for anything in the world

rigoler (*fam*) to laugh, have a good laugh

rigolo(te) (*fam*) funny

rire *m* laughter; **fou** — uncontrollable laughter

ris de veau *m pl* calf sweetbreads

rite *m* ritual

rivage *m* river bank, shore

rive *f* bank (of a river)

riz *m* rice

rizière *f* rice paddy

RMI *m* (**revenu minimum d'insertion**) minimum income given by the French government to unemployed people

robe *f* dress

robinet *m* faucet

robot cuisine *m* food processor

robotique *f* robotics

rocher *m* rock

rôder to prowl, wander

rognon *m* kidney

rôle *m* role, function; **à tour de** — taking turns

roman *m* novel

romanche *m* language spoken in Eastern Switzerland, one of the four Swiss national languages

romancier(ière) novelist

rotant belching

rôtie *f* toast (*French Canadian*)

roue *f* wheel; — **de la fortune** wheel of fortune

rouge red

rougir to blush

rouler to drive

route *f* way, road; **de** — by car

routier(ière) related to roads; **routier** *m* long-distance truck driver

roux(sse) redhead

rue *f* street

ruelle *f* alley

ruine *f* ruin

S

sable *m* sand

sac *m* bag; — **à linge** laundry bag; — **à main** purse, handbag; — **à poubelle** trash bag; — **de couchage** sleeping bag

sachet *m* packet

sage well behaved; -**femme** *f* midwife

saignant(e) rare (beefsteak)

saillant(e) salient, outstanding

sain(e) healthy

saison *f* season

saisonnier(ère) seasonal

salade *f* salad; lettuce

sale dirty

salé(e) with salt, savory

saleté *f* dirt, filth; **vivre dans la** — to live in squalor, filth

salir to dirty

salle *f* room, hall; — **à manger** dining room; — **d'eau** bathroom; — **de bains** bathroom; — **de jeu** game room, recreation room; — **de séjour** living room; — **de spectacle** cultural events center; — **de théâtre** theater

saluer to greet

samedi *m* Saturday

sang *m* blood; — -**froid** *m* composure; **prise** *f* **de** — blood sample; — **artificiel** synthetic blood

sanguin(e) of blood

sans without; — **égard** without regard; — **entrave** without any hindrance

sans-abri *m pl* homeless

sans-fil *m* wireless

santé *f* health; **état** *m* **de** — state of health

saoûler: se — to get drunk

sapeur-pompier *m* firefighter

satellite *m* **de communication** communication satellite

sauf except

saumon *m* salmon

sauter to jump; **faire** — to brown

sauvage wild; **décharge** *f* — improvised dump; **nature** *f* — wilderness; **riz** — wild rice; **stationnement** *m* — random parking

sauvegarde *f* protection, preservation

sauvegarder to protect

sauver: se — to get away

sauvetage *m* rescue; **opération** *f* **de** — rescue operation

sauveteur(euse) rescuer

savant(e) scientist

saveur *f* taste, flavor

savoir (*pp* su) to know

savoir-faire *m* know how

savoir-vivre *m* etiquette, way of living

savon *m* soap

savonnette *f* cake of soap

savoureux(se) tasty

scellé(e) sealed

scénariste *m f* screenwriter

scolarisé(e) educated

sculpteur(se) sculptor

SDF (**sans domicile fixe**) with no permanent home

séance *f* showing (movie); session

sec (sèche) dry

séché(e) dried

sèche-cheveux *m* hair dryer

sèche-linge *m* clothes dryer

sécher to dry; — **un cours** (*fam*) to cut a class

sécheresse *f* drought

séchoir *m* dryer

secours *m* help

secousse *f* shaking

sécurité f safety; **être soucieux(se) de —** to be security conscious; **renforcer la —** to tighten security

secrétaire m f secretary; **— de direction** administrative assistant

secteur m market section

sédentaire m f person living in permanent housing

séduire (pp **séduit**) to seduce, charm, captivate

ségrégation f segregation; **— dans le logement** housing discrimination

Seigneur m Lord

sein m breast

séjour m stay

sel m salt

semaine f week

sembler to seem

semis m seedbed

sens m direction; meaning; **— unique** one way

sensibilité f sensitivity

sensible noticeable; sensitive

sentiment m feeling

sentinelle f guard

sentir to smell; **se —** to feel

série f sitcom (TV)

serpent m snake

serré(e) tightened, crowded, pressed

serrer to tighten; **— la main** to shake hands

serrure f keyhole

serviette f (**de toilette**) (bath) towel

services: — m pl adaptés asssisted living; **— sociaux** social services

servir: se — de to use

seuil m doorway; **— de la pauvreté** poverty level

seul(e) lonely; alone

seulement only

sida m AIDS

siècle m century

sieste f nap; **faire la —** to take a nap

sifflement m whistle (sound)

sifflet m whistle (object)

signaler (**un crime**) to report (a crime)

signe m sign

simplement simply; **tout —** simply

singe m monkey

sinistre sinister, ominous

sirène f siren

siroter to sip

situation f location; **avoir une bonne —** to have a good job

situé(e) located; **bien —** well located

ski m ski; **— de piste** (**alpin**) downhill skiing; **— de fond** cross-country skiing; **— nautique** waterski

SMIC m (**salaire minimum interprofessionnel de croissance**) minimum wage

smoking m tuxedo

société f company, business

sœur f sister; **demi-—** half-sister; stepsister

soie f silk

soigné(e) well-groomed

soigneusement carefully

soi-même oneself

soir m evening

soit... soit either . . . or

sol m ground

solaire solar

sole f sole

soleil m sun; **rayon** m **de —** ray of sunlight

solitaire m f loner

sombre dark

sommeil m sleep; **avoir —** to be tired

somnoler to doze

son m sound; **—-et-lumière** m sound and light show

sonner to ring

sonorisation f soundproofing

sorcier(ère) wizard, magician, witch

sordide squalid

sort m plight; spell

sortie f opening (of a film); exit

sortir to go out, to come out; to take out; **— dîner** to go out to eat

sou m penny; **sans le —** penniless

souci m concern, problem; **ne pas prendre le — de** to not bother to

soucieux(se) conscious; **— de sécurité** security conscious

souffler to breathe

souffrir to suffer

soufre m sulfur

souhaiter to wish, desire

soulager to relieve

soulever to lift, raise

souligner to underline; to stress

soupçon m suspicion

soupe: — f populaire soup kitchen, soup line, bread line

souple graceful; pliable

source f spring (water); source

sourd(e) deaf

souriant(e) cheerful

sourire m smile; **sourire** to smile

souris f mouse

sous under; **—-vide** vacuum packed; **—-culture** f subculture

sous-alimentation f malnutrition

sous-alimenté(e) malnourished, undernourished

sous-marin m submarine

sous-sol m basement

souterrain(e) subterranean, underground

soutien m support

souvenir (pp **souvenu**): **se —** to remember

souvent often, a lot

spacieux(se) large, roomy

speaker(ine) announcer

spécialisation f (academic) major

spécialité f culinaire food specialty

spectacle m show

spot m **publicitaire** commercial

stade m stadium

stage m internship

station f station; **— balnéaire** seaside resort; **— d'essence** gas station; **— de radio** radio station; **— de ski** ski resort

stationnement m parking; **— sauvage** random parking

studio m efficiency apartment

STT (**sciences et technologies tertiaires**) f pl science and technology in service industry

subir to undergo, experience; **faire —** to impose

subtile subtle

subvention f financial support (grants, subsidies)

succulent(e) delicious

succursale f branch office, branch

sucre m sugar

sucré(e) sweet, sugary

sud m South

sueur f sweat; **à la — de son front** sweat of one's brow

suffir to be enough; **ça suffit** it's enough

suffisant(e) sufficient

suite à due to, because of

suivant(e) next

suivre (pp **suivi**) to follow; to take (classes); to stalk

sujet m subject; **au — de** about, concerning

superflu(e) superfluous

supermarché m supermarket

suppléer to make up for

supplémentaire: faire des heures —s to work overtime

supprimer to suppress, take away

sûr(e) safe, secure; sure

surboum f party

surdité f deafness

surface: grande — f hypermarket

surfer to surf; **— sur Internet** m to surf the Internet

surgelé(e) frozen; **produits —s** frozen food

surgir to arise; **— de** to rise from

surlendemain m two days later

surmené(e) to be exhausted

surpeuplé(e) overcrowded, overpopulated

surpeuplement m overcrowding, overpopulation

surpopulation f overpopulation

surtout above all, especially

surveillant(e) guard

surveiller to supervise; watch

survenue f occurrence

survie f survival

survivre (pp **survécu**) to survive

susceptible (**de**) capable (of)

système m system

T

tabasser (fam) to beat up

table f table; **— basse** coffee table; **— de nuit** (**de chevet**) bedside table, nightstand; **— roulante** serving table; **mettre la —** to set the table

tablée *f* gathering at a table (for a big meal)
tableau *m* blackboard; chart; painting
tablette *f* shelf
tablier *m* **routier** roadway
tabouret *m* stool
tache *f* spot; stain; **—s de rousseur** freckles
tâche *f* chore; task; **—s ménagères** household chores
taille *f* height, size
tailler to cut
tailleur *m* tailor
taire (*pp* **tû**): **se —** to remain / to be quiet
tam-tam *m* drum
tandis (que) while
tant so much; **en — que** as; **— de** so many; **— mieux** so much the better
tante *f* aunt
tape *f* pat
taper à la machine to type (on a typewriter)
tapis *m* rug; carpet
tarif *m* fare
tard late; **plus —** later
tarte *f* pie; **— Tatin** caramelized apple pie
tartine *f* slice of bread with butter and/or jam
tasse *f* cup
tâter to try
tâtonner: en tâtonnant tentatively
taudis *m* slum; **quartier** *m* **de —** slum area
taurine of a bull
taux *m* (*pl*) rate(s); **— de chômage** unemployment rate; **— de criminalité** crime rate
taxer to tax; to strain
tchatter to chat (on the Internet)
technologie *f* technology
teint(e) colored, tinted
teinturerie *f* dry cleaner's
tel(le) like, such as
télécharger to download
télécommande *f* remote control
télécommandé(e) remote-controlled
télécopieur *m* fax machine
téléguidé(e) remote-controlled
téléphone-écran *m* telephone with screen
téléphoner: se — to call each other
téléspectateur(trice) TV viewer
télévisé(e) on TV
téléviseur *m* TV set
tellement so much; **— de** so many; **pas —** not so much
témoin *m* witness
temps *m* time; weather; **à plein —** full time; **à mi- —** half time; **à — partiel** part-time; **au fil du —** over time; **de — en —** from time to time; **emploi du —** schedule; **en même — que** at the same time as
tenace persistent
tendre (*pp* **tendu**) to stretch; **sous- —** to underlie

teneur *f* content; **forte —** high content
tenir (*pp* **tenu**) to take, hold (on); **— à** to insist on; **— compte de** to take into account; **— le coup** to hold out, last; **— pour acquis** to take for granted; **se — droit** to sit up (stand) straight
tension *f* pressure; **— artérielle** blood pressure
terrain *m* field; piece of land; **— de sports** sports field; **— vague** abandoned lot
terrasse *f* patio; **dîner à la — d'un café** to eat at a sidewalk café
terre *f* land, soil; mud; **tremblement** *m* **de —** earthquake
terre-à-terre down-to-earth
terroir *m* soil, land
tête *f* head; **—-à-— ** *m* one-to-one conversation, in private
têtu(e) stubborn
TGV *m* (**train à grande vitesse**) high speed train
thérapie *f* **génique** gene therapy
tiers *m* third
timbre *m* stamp
tintement *m* clanging
tirade *f* speech
tirer to shoot; to draw (something); **s'en — à bon compte** to accomplish
tiroir *m* drawer
tisser to weave
tissu *m* fabric, cloth
titre *m* title; **— de transport** type of ticket; **sous- —** *m* subtitles
toile *f* canvas
toilette: faire sa toilette to wash up
toiletteur *m* (**de chiens**) (dog) groomer
toit *m* roof; **— d'ardoises** slate roof; **sous le — familial** at home
tôle *f* metal
tomate *f* tomato
tomber to fall; **au — du jour / de la nuit** at nightfall; (*v*) to fall; **— de sommeil** to fall asleep; **— sur** to come upon
ton *m* color, hue, tone
tondeuse *f* **à gazon** lawn mower
tondre (*pp* **tondu**) to mow; **— la pelouse** to mow the lawn
torchon *m* kitchen towel
tortue *f* turtle
tôt early; **— ou tard** sooner or later
toucher (à) to be connected (to)
toujours always; still; **comme —** as always
toupie *f* top
tour *f* tower; **tour** *m* trick
tournage *m* filming
tournée: en — on rounds (on a tour)
tourner to turn; to make the rounds; **— un film** to shoot a movie
tourneur *m* worker who fashions wood
tournoi *m* tournament; **—s du Grand Chelem** grand slam tournaments (tennis)

Toussaint *f* All Saints Day
tout(e)/tous/toutes all; **tout** (*adv*) all; **— à coup** all of a sudden; **— à fait** absolutely; **— au long** for the duration; **— de même** all the same; **— de suite** right away, immediately; **— d'un coup** suddenly; **— en** all the while; **— simplement** simply
tout-à-l'égout *m* main sewer
traçabilité *f* traceability
traduire (*pp* **traduit**) to translate; to reveal
traînée *f* streak, trail
traîner to hang out, kick around, drag along
traire (*pp* **trait**) to milk (cows)
trait *m* feature
traite *f* trade; **— des esclaves** slave trade
traiter to treat
trajet *m* trip
tranche *f* slice; group; **— d'âge** age group
tranquille quiet
transmission *f* report (medical)
transports: — ** *m pl* **en commun public transportation, carpooling; **— publics** public transportation
trapu(e) thickest
traquer to track down
traumatisant(e) traumatic, horrible
travail *m* (*pl* **travaux**) work; **— à la chaîne** assembly-line work; **travaux dirigés** lab work; **travaux pratiques** lab work
travailler (chez, avec, dans) to work (at/for, with, in); **— chez soi** to work from home, to telecommute
travailleur(se) (à la chaîne) (assembly-line) worker
travers: à — through
treizième thirteenth
tremblement: — de terre *m* earthquake
trépidation *f* flurrying about
très very, a lot
trésor *m* treasure
tressé(e) woven, interlaced
tri *m* sorting out, selection
tribalisme *m* grouping of people who share similar interests
tribu *f* tribe; grouping of people who share similar interests
tribunal *m* court
tricher to cheat
tricot *m* knitting; **faire du —** to knit
tricoter to knit
trier to sort out
trilingue trilingual
tringle *f* rail
triompher: faire — to uphold
tripes *f pl* cow or beef intestines
troisième third
trompé(e) tricked
tromper: se — to make a mistake
trottoir *m* sidewalk

trou *m* hole; — **dans la couche d'ozone** tear in the ozone layer
troué(e) with holes
troupe: — *f* **de théâtre** theater group
troupeau *m* herd
trousseau *m* **de clés** key chain
trouver: se — to be, find oneself
truc *m* thing, object
truite *f* trout
tuer to kill
tuyau *m* pipe, tubing; hose

U

ultra-léger motorisé *m* microlight airplane
université *f* college, university
urbanisme *m* **moderne** modern urbanization
user: s'— to wear out
usine *f* factory
utile useful
utiliser to use

V

vacances *f pl* vacation
vache *f* cow
vagabond *m* tramp, vagrant, wanderer
vague *f* wave
vaillance *f* bravery; diligence
vaisselle *f* dishes; **lave-—** *m* dishwasher; **ranger la —** to put the dishes away
valeur *f* value; **mettre en —** to highlight
valoir: **lui vaut** to gain for him/her
valoriser to enhance; to validate
vandalisé(e) vandalized
vanier *m* basket-maker
vaniteux(se) vain, conceited (person)
vapeur *f* steam
variété: **émission** *f* **de —s** variety show (TV)
vautour *m* vulture
veau *m* veal; **ris de veau** *m pl* calf sweetbreads
vedette *f* movie star
véhicule *m* vehicle
veille *f* night before; **la — au soir** the night before
veillée *f* late evening
veiller to be awake
veine *f (fam)* luck; **avec de la —** with luck
vélo *m* bike; **faire du —** to go biking; — **d'appartement** stationary bike

vendre (*pp* **vendu**) to sell
vendredi *m* Friday
venir (*pp* **venu**) to come; — **de** to have just; to come from
vent *m* wind
vente *f* sale; **prix** *m* **de —** sale price
ventre *m* stomach; **avoir le — vide** to have an empty stomach
verdoyer to be green
verdure *f* greenery
verger *m* orchard
véritable genuine, real
vérité *f* truth
verre *m* glass
vers toward(s); around, about
verser to pay; to pour
vert(e) green
vertigineux(se) breathtaking
veste *f* jacket
vêtement(s) *m (pl)* clothing
vêtu(e) dressed
veuf (veuve) widower (widow)
viande *f* meat
victime *f* victim; **prendre pour —** to victimize
vide empty; **sous-—** vacuum packed
vider to empty
vie *f* life; **conduite** *f* **de —** lifestyle; **mode** *m* **de —** lifestyle; **niveau** *m* **de —** standard of living; — **de famille** family life; — **de qualité** quality life; — **dure** hard life; — **nocturne** night life
vieillard(e) old person
vieillir to get old, age
vieux/vieil (vieille) old
vif(ve) alive; lively; **au vif** on edge
vigne *f* vineyard
village *m* village, small town
ville *f* city, town; **en —** downtown
vin *m* wine
vinaigre *m* vinegar
vingtaine *f* twenty or so
violer to rape
violeur *m* rapist
vis *f* screw
visage *m* face
viser to aim at/for
vite quickly, fast
vitesse *f* speed; **à toute —** at high speeds; — **maximale** speed limit
viticulteur(trice) wine producer
viticulture *f* winegrowing
vitré(e) with a window (glass); **baie** *f* **vitrée** bay window
vivant(e) lively; alive

vivre (*pp* **vécu**) to live; — **d'expédients** to live from hand to mouth; **facile à —** easy to live with
vivres *m* food
vœu *m* wish
voici here is/are
voie *f* track; — **de secours** emergency (breakdown) lane; — **ferrée** railroad; — **piétonnière** pedestrian walkway
voilà here (is/are); there (is/are)
voile *m* veil
voile *f* sailing; **faire de la —** to go sailing; **faire de la planche à —** to go windsurfing
voilier *m* boat
voir (*pp* **vu**) to see; **se —** to see each other
voisin(e) neighbor
voisinage *m* neighborhood
voiture *f* car; **mini-—** very small car
voix *f (pl)* voice(s)
vol *m* theft
vol-au-vent *m* filled puff pastry shell
volaille *f* poultry
volée de bois *f* **vert** thrashing with unseasoned wood
voler to steal; to fly
voleur(se) thief
vouloir (*pp* **voulu**) to want; — **dire** to mean; **en — à** to bear a grudge against; **s'en —** to be angry with oneself
volonté *f* will, willingness
voyage *m* travel, journey; **gens du —** *m f pl* people who travel in campers
voyager to travel
voyelle *f* vowel
voyou *m* hoodlum
vrai(e) true; **c'est vrai** it's true
vraiment really
vu given
vue *f* sight
vulgaire common, popular; vulgar, rude

X

xénophobe xenophobic
xénophobie *f* xenophobia, a deep dislike of foreigners

Y

y there; — **compris** including
yaourt *m* yogurt

Z

zone *f* slums; — **de violence** violent neighborhood

Index

France

MER DU NORD

Pays-Bas

Angleterre

Allemagne

Belgique

•Dunkerque
•Calais
•Lille
NORD-PAS-DE-CALAIS
•Valenciennes

Luxembourg

LA MANCHE

•Cherbourg

HAUTE-NORMANDIE

PICARDIE

•Amiens

•Le Havre
•Rouen

Seine

•Reims

Metz
•

LORRAINE

ALSACE

Meuse

Rhin

•Caen

BASSE-NORMANDIE

☆•Paris

CHAMPAGNE-ARDENNE

Nancy
•

Strasbourg
•

VOSGES

•Saint-Malo

Versailles•

ÎLE-DE-FRANCE

Moselle

•Brest

BRETAGNE

•Fougères

•Troyes

Seine

Mulhouse
•

•Rennes

•Le Mans

PAYS DE LA LOIRE

•Orléans

BOURGOGNE

Saône

•Besançon

JURA

•St-Nazaire

Angers
•

Loire

Blois
•

•Chambord
•Chenonceaux

Dijon
•

FRANCHE-COMTÉ

Suisse

•Nantes

Chinon
•

Tours
•

Azay-le-Rideau
•

•Bourges

Chalon-sur-Saône
•

CENTRE

•Nevers

•Poitiers

Loire

•La Rochelle

LIMOUSIN

•Vichy

Rhône

•Annecy

POITOU-CHARENTES

•Limoges

Clermont-Ferrand
•

Lyon
•

OCÉAN

ATLANTIQUE

Saint-Étienne
•

RHÔNE-ALPES

Italie

ALPES

•Périgueux

AUVERGNE

•Grenoble

•Bordeaux

MASSIF CENTRAL

PROVENCE-ALPES-CÔTE-D'AZUR

Garonne

Rhône

AQUITAINE

Rodez
•

Monte-Carlo

Monaco

•Avignon

MIDI-PYRÉNÉES

Nîmes
•

Tarascon
•

Grasse
•

•Biarritz

•Toulouse

Montpellier

Aix-en-Provence

Nice

•Bayonne

Béziers
•

Marseille
•

Toulon
•

Cannes

•Pau

PYRÉNÉES

•Carcassonne

•Narbonne

Espagne

Andorre

LANGUEDOC-ROUSSILLON

•Perpignan

MER MÉDITERRANÉE

0   75 km

CORSE

©1993 Magellan Geographix℠Santa Barbara CA

Ajaccio
•

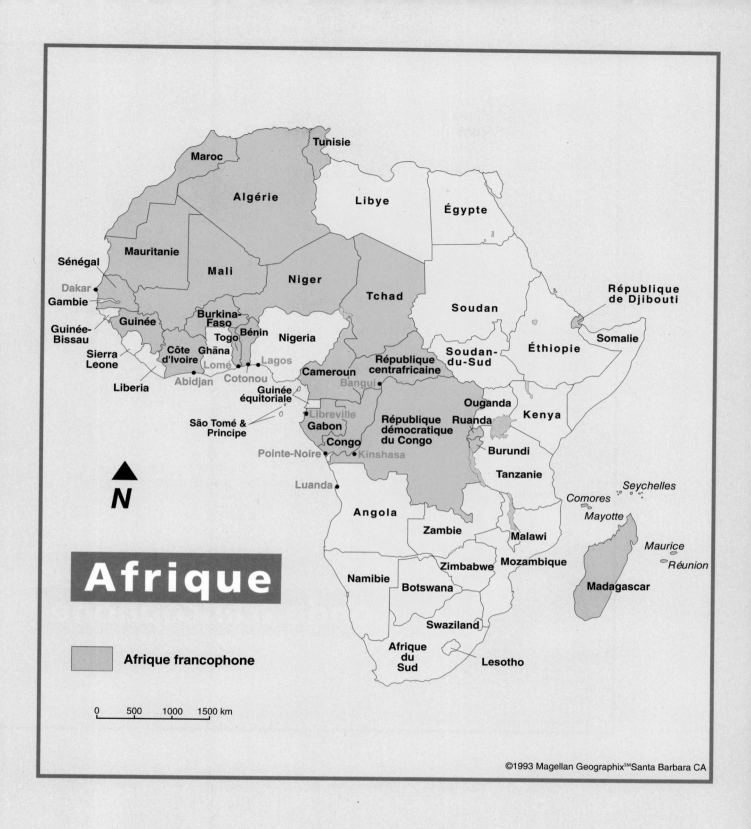

N

Afrique

Afrique francophone

0   500   1000   1500 km

Maroc
Tunisie
Algérie
Libye
Égypte
Mauritanie
Sénégal
Dakar
Gambie
Mali
Niger
Tchad
Soudan
République de Djibouti
Guinée-Bissau
Guinée
Burkina-Faso
Togo
Bénin
Nigeria
Soudan-du-Sud
Éthiopie
Somalie
Sierra Leone
Côte d'Ivoire
Ghāna
Lomé
Lagos
Cotonou
Abidjan
Liberia
Cameroun
République centrafricaine
Bangui
Guinée équitoriale
São Tomé & Principe
Libreville
Gabon
Congo
Pointe-Noire
Kinshasa
République démocratique du Congo
Ouganda
Ruanda
Kenya
Burundi
Tanzanie
Luanda
Seychelles
Comores
Mayotte
Angola
Zambie
Malawi
Maurice
Réunion
Namibie
Zimbabwe
Mozambique
Botswana
Madagascar
Swaziland
Afrique du Sud
Lesotho

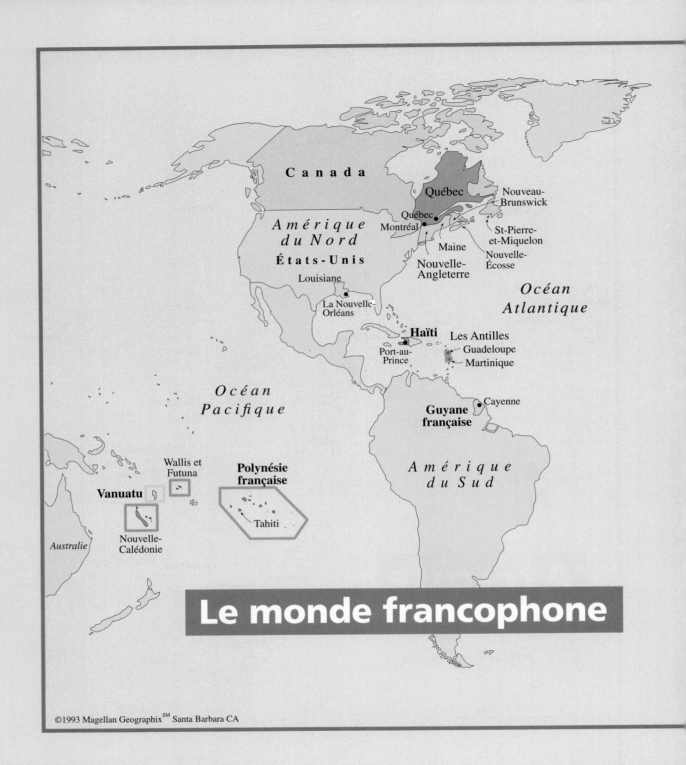

Le monde francophone

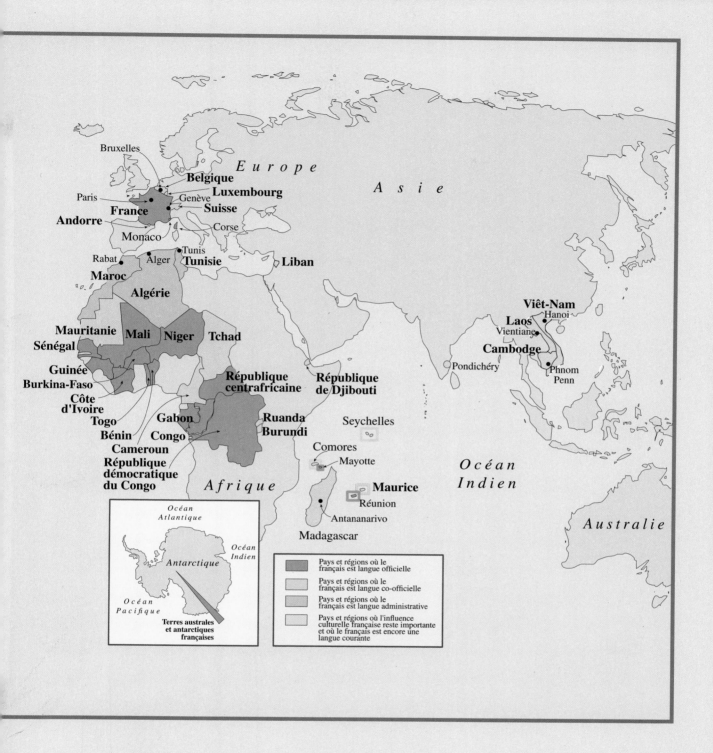

Bruxelles

Belgique

Europe

A s i e

Luxembourg

Paris

Genève

France — **Suisse**

Andorre

Corse

Monaco

Rabat • Tunis

Alger • **Tunisie** **Liban**

Maroc

Algérie

Viêt-Nam

Hanoi

Laos

Mauritanie **Mali** **Niger** **Tchad** Vientiane

Sénégal **Cambodge**

Guinée **République** **République** Phnom
Burkina-Faso **centrafricaine** **de Djibouti** Pondichéry Penn

Côte
d'Ivoire

Togo **Gabon** **Ruanda** Seychelles *Océan*
Bénin **Congo** **Burundi** *Indien*
Cameroun
République Comores
démocratique Mayotte
du Congo *Afrique* **Maurice**

Réunion *Australie*

Antananarivo

Madagascar

Océan
Atlantique

Océan
Indien

Antarctique

Océan
Pacifique

Terres australes
et antarctiques
françaises

Pays et régions où le
français est langue officielle

Pays et régions où le
français est langue co-officielle

Pays et régions où le
français est langue administrative

Pays et régions où l'influence
culturelle française reste importante
et où le français est encore une
langue courante